한국근대스포츠의 발자취

한국근대스포츠의 발자취

손 환 지음

경인문화사

머리말

이 책은 저자가 체육사에 입문하고 나서 그동안의 연구 성과를 정리한 결과물이다. 돌이켜보면 일본유학과 시간강사를 거쳐 지금에 이르기까지 여러 일들이 주마등처럼 스쳐 지나간다.

저자가 연구에 매진하게 된 데에는 특별한 계기가 있었다. 박사학위논문 최종 심사를 마치고 나서 아베 이쿠오(阿部生雄) 지도교수님이 한국에 돌아가거든 "청출어람"(靑出於藍)하라는 당부의 말씀을 해주셨다. 그리고 시간강사 시절 서울올림픽기념 국제스포츠과학학술대회에서 만난 이나가키 마사히로(稻垣正浩) 교수님은 "그동안 고생 많았고 지금도 많이 힘들겠지만 앞으로 10년 동안 연구 활동을 계속해봐라 그러면 그때 주위에서 너를 인정하고 찾을 것이다"는 말씀을 해주셨다.

이 귀중한 말씀들을 듣고 가슴 속 깊이 새기며 청출어람, 주위의 인정을 받기 위해 지금까지 연구를 하고 있으며, 앞으로도 계속해서 연구에 정진할 생각이다.

저자의 연구영역은 체육사 중에서도 한국근대스포츠사이다. 한국근대스포츠사를 연구하게 된 것은 학위논문을 작성하면서 우리나라 근대스포츠사가 미비하다는 사실을 알게 되었다. 그 이유는 여러 가지가 있겠지만 그중에서도 연구자의 부족과 새로운 사료(史料)를 찾는데 소홀해 그에 따른 연구의 부진한 성과 때문이라고 할 수 있겠다.

이에 저자는 한국근대스포츠사를 연구하기 위해 가장 기본적이면서 중요한 것은 사료(史料) 수집이라 생각하고 "역사는 발로 쓴다."는 말처럼 시간만 나면 우리나라와 일본의 헌책방, 국립중앙도서관을 비롯한 부산광역시립시민도서관, 중앙대학교 도서관, 손기정기념관 등을 돌아다니며 발품을 팔았다. 최근에는 인터넷 옥션과 중고나라에서도 사료를 수집하고 있다. 이러한 사료 수집을 통해 그동안 우리들 기억에서 사라지고 있는 한국근대스포츠사에 새로운 생명력을 불어넣기 위해 고군분투한지 벌써 20여년이 되었다.

이렇게 해서 지금까지 수집했던 사료들을 정리해 꾸준하게 학술대회에서 발표뿐만 아니라 학술지에 논문으로 게재되는 성과를 거두기도 했다. 논문의 주제는 주로 우리나라에 근대스포츠는 언제, 누구에 의해 어떻게 도입되었는지, 근대스포츠를 지도하기 위해 중심적인 역할을 담당했던 인물은 누구였는지, 그리고 근대스포츠를 보급, 발전시키기 위해 어떤 단체가 설립되었으며, 또한 근대스포츠 활동을 위해 어떤 시설이 건설되었는지 등이었다. 말 그대로 내용은 근대스포츠 도입, 근대스포츠 지도자, 근대스포츠 단체, 근대스포츠 시설이었으며 이 4영역은 저자의 라이프워크(Lifework)라고 할 수 있다.

이러한 라이프워크의 일환으로 그동안의 발표와 게재한 연구 성과를 한권의 책자로 발행하고 싶은 마음이 생겼다. 저자가 이 책을 집필하게 된 직접적인 이유는 여기에 있다고 해도 과언이 아닐 것이다.

이 책은 그동안 발표한 논문을 수정, 보완해 재구성한 것으로서 전체 4장과 부록으로 되어 있다. 1장에서는 문호개방 후 우리나라에 서구의 문화가 전해지면서 소개된 각종 근대스포츠를 그 성격에 따라 구기스포츠, 투기스포츠, 동계스포츠, 기타로 나누어 언제, 누구에 의해 도입되었는지 그 내용을 알아보았다. 2장에서는 근대스포츠 지도자의 활동을 알아보기 위해 한국역도의 창시자 서상천, 한국인 최초의 스포츠영웅 손기정, 한국스포츠의 선구자 여운형, 일장기말소사건의 주역 이길용, 한국올림픽운동의 개척자 이상백에 대해 살펴보았다. 3장에서는 근대스포츠 단체로서 설립된 한국스포츠의 리더 조선체육회, 식민지 통제 장치의 스포츠기관 조선체육협회, 스포츠의 대중화를 위한 연구기관 조선체육연구회, 식민지 스포츠의 통제기관 조선체육진흥회 등의 설립과 활동에 대해 알아보았다. 4장에서는 근대스포츠 시설로서 건설된 한국스포츠의 메카 경성운동장, 한국수영의 요람 경성운동장 수영장, 지방스포츠의 활성화 무대인 부산공설운동장, 대구공설운동장, 대구공설수영장과 식민지 여가시설의 무대 골프장 등의 실태에 대해 알아보았다.

부록에는 본문에서 다룬 근대스포츠 단체 및 시설에 대한 이해를 돕기 위해 저자가 수집한 사료 중에서 중요하다고 판단한 일제강점기 전국에 설립된 스포츠단체의 현황과 각 스포츠단체의 회칙 및 규약, 그리고 조선체육회 창립 취지서 원문을 소개했다. 또한 일제강점기 스포츠시설의 현황과 각 스포츠시설의 사용조례도 소개했다.

이 책은 지금까지 한국근대스포츠사에서 미비하게 다루어진 근대스포츠 도입, 근대스포츠 지도자, 근대스포츠 단체, 근대스포츠 시설 등의 내용을 그림엽서, 메달, 트로피, 상장, 팸플릿, 조사서, 신문, 잡지 등 1차 사료를 활용했다는 사실에 그 의미가 있다고 할 수 있다. 그러나 그동안의 연구 성과를 재구성한 탓에 한국근대스포츠사 전체를 고려할 때 내용적으로 누락되거나 부족한 부분이 있지 않나 걱정이 된다. 이 점 독자 여러분의 너그러운 양해를 바란다.

아무쪼록 이 책이 한국근대스포츠의 뿌리를 찾고 이해하는데 조금이라도 도움이 될 수 있다면 저자의 더할 나위 없는 기쁨이라고 생각한다.

끝으로 이 책이 세상의 빛을 볼 수 있도록 어려운 여건 속에서도 출판을 맡아주신 경인문화사 한정희 대표님과 편집을 위해 세심한 배려를 아끼지 않은 편집팀원 여러분께도 깊은 감사의 말씀을 전한다.

그리고 일본유학시절부터 지금까지 단 한마디의 불평도 없이 묵묵하게 내조를 해준 아내 서연에게 이 자리를 빌려 진심으로 감사하다는 말을 꼭 하고 싶다. 또한 학기 중이나 연구년에도 아빠는 뭐가 그렇게 바쁘냐고 불평 아닌 격려를 해준 두 딸 인제와 희나에게도 고맙다는 말을 전하고 싶다.

2020년 7월
흑석동 연구실에서 손 환

차 례

:: 머리말   4

1   근대스포츠의 도입

1-1. 구기스포츠   14
1-2. 투기스포츠   35
1-3. 동계스포츠   39
1-4. 기타   43

2   근대스포츠 지도자의 활동

2-1. 한국 역도의 창시자, 서상천   49
2-2. 한국 최초의 스포츠영웅, 손기정   68
2-3. 한국스포츠의 선구자, 여운형   90
2-4. 일장기말소사건의 주역, 이길용   113
2-5. 한국 올림픽운동의 개척자, 이상백   131

3   근대스포츠 단체의 설립

3-1. 한국스포츠의 리더, 조선체육회   159
3-2. 식민지 통제 장치의 스포츠단체, 조선체육협회   184
3-3. 스포츠의 대중화를 위한 연구기관,
조선체육연구회   202
3-4. 식민지 스포츠의 통제기관, 조선체육진흥회   218

4 근대스포츠 시설의 건설

4-1. 한국스포츠의 메카, 경성운동장   242

4-2. 한국수영의 요람, 경성운동장 수영장   258

4-3. 지방스포츠의 활성화 무대(1), 부산공설운동장   279

4-4. 지방스포츠의 활성화 무대(2), 대구공설운동장   302

4-5. 지방스포츠의 활성화 무대(3), 대구공설수영장   313

4-6. 식민지 여가시설의 무대, 골프장   327

:: 참고문헌   350

〈부록 1〉일제강점기 스포츠단체 현황   355

〈부록 2〉조선체육회 취지서(원문)   363

〈부록 3〉조선체육회 회칙   364

〈부록 4〉조선체육협회 회칙   368

〈부록 5〉조선체육진흥회 규약   371

〈부록 6〉일제강점기 스포츠시설 현황   380

〈부록 7〉경성운동장 사용조례   390

〈부록 8〉부산공설운동장 사용조례   396

〈부록 9〉대구공설운동장 사용조례   405

〈부록 10〉대구공설수영장 사용조례   408

1. 근대스포츠의 도입

한국에서 근대스포츠는 1876년 일본과 강화도조약의 체결을 계기로 문호를 개방한 후 유럽과 미국, 일본에서 근대적인 신문화와 함께 도입되었으며 일제강점기에도 계속되었다. 그러나 이들 근대스포츠의 대부분은 실제로 누가, 언제, 어디서, 어떤 경로를 통해 도입되었는지 아직 제대로 파악되고 있지 않다.

그 이유는 나현성의 『한국운동경기사』(1958)라는 선구적인 업적이 후 60여 년 동안 한국스포츠사 연구자의 부족과 새로운 사료(史料) 발굴의 노력이 미진했기 때문이라고 판단된다.

여기서 개화기와 일제강점기에 도입된 근대스포츠를 보면 〈표1〉과 같은데 이들 근대스포츠는 성격에 따라 구기스포츠, 투기스포츠, 동계스포츠, 기타로 나누어 살펴보기로 한다.

표1. 개화기와 일제강점기 근대스포츠의 도입 상황

종목	시기	내용
축구	1882. 06	영국 군함 플라잉피시호의 승무원에 의해 소개
육상	1895. 04	김윤식의 을미의숙 운동회에서 처음으로 시작
연식정구	1904. 이전	한일와사회사의 전무 무사(武者鍊三)에 의해 소개
야구	1904.	미국인 선교사 필립 질레트(Phillip L. Gillett)가 황성기독교청년회(YMCA) 회원에게 지도
유도	1906.	우치다(內田良平)에 의해 일본의 강도관 유도 소개
자전거	1900. 이전	윤치오에 의해 소개
농구	1907.	미국인 선교사 필립 질레트(Phillip L. Gillett)가 황성기독교청년회(YMCA) 회원에게 지도
스케이트	1908. 05	현동순이 필립 질레트(Phillip L. Gillett)에게 구입해 삼청동 강가에서 처음 탐

권투	1912.	단성사의 박승필이 유각권(柔角拳)구락부를 설립해 회원에게 지도
탁구	1914.	조선교육회 내에 조직된 경성구락부의 원유회에서 거행
배구	1914. 06 이전	조선중앙기독교청년회(YMCA) 체육부에서 거행
경식정구	1919.	조선철도국에 의해 소개
스키	1921.	원산중학교 체육교사인 나카무라(中村丘三)에 의해 소개
골프	1921. 06	조선철도국의 안도(安藤又三郞)에 의해 효창원골프장을 건설하면서 시작
럭비	1924. 가을	조선철도국의 사카구치(坂口正清)에 의해 소개
역도	1926.	일본체육회 체조학교를 졸업한 서상천에 의해 소개

1-1. 구기스포츠

1) 축구

축구는 언제, 누구에 의해 도입되었는지 현재 그 경로를 제대로 알 수 없다. 그러나 관계자의 증언과 문헌을 통해 축구의 도입을 어느 정도 파악할 수 있다. 우선 관계자의 증언을 보면 다음과 같다.

1882년 6월 인천 제물포에 영국 군함 플라잉피시호가 입항하였 다. 이때 들어온 군함의 승무원들은 선상생활의 지루함에서 벗어 나 휴식을 취하는 중에 부두에서 공을 찼다. ...중략... 승무원들은 관가의 허가도 없이 상륙했다 하여 우리나라 군졸들에게 쫓겨 가 게 되었다. 휴식을 취하고 있는 중에 당하게 된 일이라 영국 승무 원들은 볼을 차다가 그만 볼을 두고 가고 말았다. 이때 아이들이 볼을 주워 영국인들의 흉내를 낸 것이 우리나라에 축구가 들어오 게 된 연유이다.[1]

. . . .

1 대한축구협회, 『한국축구백년사』, 1986, 136-137쪽.

그로부터 약 1개월이 지난 뒤인 7월 이번에는 영국군함 엥가운드 호가 제물포에 다시 입항하였다. 양국 간의 친선을 목적으로 들어온 이들은 관가에 한성에 들어갈 것을 요청하였다. ...중략... 한성에 들어온 영국 승무원들은 플라잉피시호 승무원들과 마찬가지로 휴식을 취하며 훈련원 공지에서 공을 찼다. 물론 오늘날과 같은 형태의 축구경기를 했을 것이다. 이때 많은 사람들이 몰려들어 공차기 놀이를 신기하게 구경하였다고 한다. 그리고 영국인들은 그들이 차던 공을 구경하던 사람들에게 공을 주었는데 영국인들이 떠난 뒤 훈련원에서는 한동안 공차기를 했다는 것이다.[2]

이들 증언은 영국 케임브리지대학 출신으로 한국 최초의 축구심판이었던 서병희가 당시 관찰사인 부친 서승원으로부터 직접 들었다고 한다.[3] 다음으로 문헌에 따르면 YMCA의 명예회장을 역임한 전택부의 『남기고 싶은 이야기들』을 보면 다음과 같다.

한국에서 축구가 처음 보급되기에는 1898년쯤부터였다. 관립영어학교 학생들은 영국인 선생들이 가져온 축구공을 처음 보게 되었다. 축구공차기는 교내에서 인기를 끌었다. 학생들은 영국인 선생들이 가르쳐주는 대로 공을 찼다. 차츰 실력이 붙으면서 매주 수요일과 토요일 오후에는 훈련원에서 영국 공사관 팀과 경기를 하게 되었다.[4]

또한 『배재80년사』에는 "1902년 비로소 배재학당 운동장에서 풋볼이 구르기 시작했다"고 되어 있으며,[5] 나현성은 "우리나라 축구의 시

2 대한축구협회, 위의 책, 137쪽.
3 대한축구협회, 위의 책, 137쪽.
4 전택부, 『남기고 싶은 이야기들』, 종로서적, 1993, 101-102쪽.
5 김세한, 『배재80년사』, 배재학당, 1965, 299쪽.

작은 1906년 봄 관립외국어학교의 분교인 프랑스어학교 교사 마태을(Martel)이 그 학교 학생들에게 지도한 것이며"라고 되어 있다.[6]

이상의 내용들을 정리해보면 축구는 1882년 영국인에 의해 도입된 것을 알 수 있으며, 1898년 관립영어학교 교사의 지도로 학교에서 행해졌고 나중에는 경기도 하게 되었다. 한편 당시의 축구 모습은 1902년에 조직된 배재학당 축구부의 활동을 통해 엿볼 수 있다.

> 그때의 축구는 아식 축구라는 것이었다. 인원은 몇 사람이던지 제한이 없으며 양편이 같은 수이면 되었고 골대에 대해서도 넓이와 높이의 한정이 없이 골키퍼의 키를 표준으로 했으며 ...중략... 경기시간도 일정하지 않고 어느 편이고 항복을 하여 백기를 드는 시간이 끝나는 시간이며 점수가 많은 편이 이기는 편이었다. 기술에 있어서는 볼을 "트래핑"한다던가 "패스"하는 것은 염두에도 두지 않고 높이 차는 것을 "들어 뻥"이라 하여 이것을 기술로 알았다.[7]

이 내용을 보면 당시의 축구는 강인한 체력을 필요로 하고 있었으며 경기방법이나 규칙, 기술 등은 미숙한 상태였다.

2) 연식정구(軟式庭球)

연식정구는 언제, 누구에 의해 도입되었는지 전혀 알 수 없다. 그러나 1932년에 발간된 오시마(大島勝太郎)의 『조선야구사』(朝鮮野球史)에 따르면 다음과 같다.

- - - - - - - - - - - -

6 나현성, 『한국운동경기사』, 보문사, 1958, 50쪽.
7 김세한, 앞의 책, 299쪽.

1911년 이전으로 거슬러 올라가면 경성정구계의 창설시대라고 할 수 있는데 안타까운 것은 당시의 사정을 알 수 있는 자료가 부족해 그 자세한 내용을 언급할 수 없지만 야구보다는 오래되었다는 것은 확실하다. 당시 정구계의 선구자라고 하면 일한와사(지금의 경성전기주식회사)의 무샤(武者鍊三)였다. 도쿄고등상업학교 재학시절부터 전국에 이름을 떨친 무샤였다. 테니스라고 하면 외국인과 어울려 정식경기를 할 정도의 경성에서 무샤의 기량은 뛰어났다. 경성정구계, 나아가 반도정구계를 오늘날 있게 한 것은 그의 공적이었다고 할 수 있다.[8]

이처럼 연식정구는 야구보다 오래되었다는 사실에서 1904년 이전 일본인 무샤(武者鍊三)에 의해 도입되었던 것으로 보인다. 한편 『배재백년사』를 보면 당시의 연식정구 모습을 알 수 있다.

정구부는 1900년에 조직이 되었으나 처음에는 네트도 라켓도 없이 네트 대신에 새끼줄을 치고 라켓은 널조각을 가지고 장난삼아 시작한 것이 배재 정구부의 시작이니 후에 정구의 인구도 늘어남에 따라 정구부도 강화되었다.[9]

이 내용을 보면 배재학당에서는 1900년에 정구부를 만들었으나 당시 용구가 제대로 갖추어지지 않아 경기를 했다기보다 오히려 놀이에 가까웠다고 할 수 있겠다. 배재학당에서 연식정구가 본격적으로 행해지게 된 것은 아마도 그 후였다고 판단된다.

그리고 1908년 4월 18일에는 탁지부(현 기획재정부)의 관리에 의해 회동구락부가 설립되어 임원에는 위원장에 스즈키(鈴木穆), 부위원장

---

8 大島勝太郎, 『朝鮮野球史』, 朝鮮野球史發行所, 1932, 123쪽.
9 배재백년사편찬위원회, 『배재백년사』, 배재중·고교, 1985, 255쪽.

에 히사(久芳道), 고마츠(古松憲郎), 식장위원에 박용구외 12명, 접대위원에 한규복외 9명, 여흥위원에 김명규외 11명으로 구성되었다.[10] 회동구락부는 서로의 친목을 도모하기 위해 설립된 단체로서 바둑, 장기, 활쏘기, 정구 등의 활동을 했다.[11] 이듬해 5월 2일에는 요네쿠라초(米倉町)의 정구코트에서 정구경기를 했다.[12]

이상의 사실에서 연식정구는 1900년에 배재학당에서 정구부가 조직되어 행해졌으나 아직 미숙한 상태였으며 1900년대 중반 일본인 무샤에 의해 본격적으로 행해졌다. 그 후 연식정구는 회동구락부가 설립되어 주로 일반사회인을 대상으로 보급되었다.

3) 야구

야구는 1904년 미국인 선교사 필립 질레트(Phillip L. Gillett)가 황성기독교청년회(이하 YMCA) 회원에게 지도한 것이 처음이다.[13] 질레트는 경성에 부임하기 전 평양에 1, 2년 정도 근무한 적이 있었는데 2, 3명의 동호인과 함께 야구를 하고 숭실대학의 학생들에게 지도했다. 물론 규칙적으로 지도한 것은 아니었다.[14] 당시 「황성신문」을 보면 야구를 타구(打球), 타구(打毬)라는 명칭을 사용하기도 했다.[15]

1905년에는 관립한성고등학교 체육과 담임인 다카하시(高橋)가 야구팀을 만들었다. 다카하시는 반도야구사의 첫 페이지를 장식하는 최초의 경기인 YMCA와 관립한성고등학교의 심판을 맡을 정도로 당시

. . . .

10 『황성신문』 1908년 4월 18일.
11 민관식, 『대한체육회사』, 대한체육회, 1965, 34쪽.
12 『황성신문』 1909년 5월 4일.
13 『동아일보』 1930년 4월 2일 ; 大島勝太郎, 앞의 책, 1쪽.
14 大島勝太郎, 앞의 책, 1-2쪽.
15 『황성신문』 1906년 2월 17일, 4월 9일.

반도야구계의 1인자였다. 한국 최초의 야구경기는 1905년 여름 관립 한성고등학교가 YMCA에 신청을 해 훈련원에서 거행되었다.[16]

이 경기에서 관립한성고등학교가 승리했으며 그해 10월에는 YMCA의 설욕전이 훈련원에서 거행되어 YMCA가 승리했다. 이처럼 1905년경까지 야구는 YMCA와 관립한성고등학교의 독무대였다고 할 수 있다. 그러나 당시의 야구는 동네야구 수준으로 야구용구가 거의 갖추어져 있지 않았다. 초창기 야구의 모습을 보면 유니폼은 생각하지도 못했고 선수는 한복에 짚신을 신고 뛰었으며 하나의 배트를 교대로 사용했다.[17]

1906년에 들어와 야구는 성행하게 되었는데 그 이유는 기존에 팀끼리의 경기에 자극을 받아 각 학교에 야구팀이 생겼기 때문이다. 당시에 거행된 경기기록을 보면 1906년 2월 11일에는 YMCA와 관립독일어학교가 훈련원에서 경기를 해 관립독일어학교가 3점차로 승리했다.[18] 또한 그해 4월 7일에는 관립일본어학교와 관립영어학교가 독립관 앞에서 경기를 해 관립영어학교가 2점차로 승리했다. 그리고 경신학교에서 야구부를 조직해 관립한성고등학교, YMCA와 경기를 해 각각 1승, 1패 했다.[19]

이듬해 1907년에는 YMCA 선수들이 코치를 하고 있던 휘문의숙이 야구부를 조직해 YMCA와 경쟁했으나 미치지 못했으며 한번 YMCA를 이긴 적이 있었다. 이에 대해 당시의 「황성신문」에서는 "휘승황패(徽勝皇敗)"라고 제목을 붙여 대대적으로 보도했다. 그러나 당시는 일반인의 스포츠에 대한 이해가 없어 오히려 반감을 가진 자가 적지 않

16 大島勝太郎, 앞의 책, 2쪽.
17 大島勝太郎, 앞의 책, 2쪽.
18 『황성신문』 1906년 2월 17일.
19 『동아일보』 1930년 4월 3일.

았지만 이것이 한국에서 최초의 스포츠에 관한 기사였다는 것은 주목할 만하다.[20]

이상과 같이 야구가 도입, 보급되어 가는 과정에서 각 학교간의 대항경기가 행해지며 야구기술도 서서히 발전해갔다. 이러한 상황에서 국민적인 관심을 끄는 야구경기가 행해졌는데 그것은 재일한국인유학생단체의 본국 원정경기였다.

윤기현을 비롯해 25명으로 구성된 대한흥학회 야구부는 1909년 7월 21일 훈련원에서 재경서양선교사와 YMCA 연합팀과 야구경기를 해 19대9로 승리했다.[21] 이 경기에서 대한흥학회 야구부는 유니폼과 스파이크 복장으로 경기에 임했는데 이러한 모습은 처음 있는 일이었다. 또한 그때까지 규칙도 명확하지 않았으나 대한흥학회 야구부에 의해 선명해졌고,[22] 이들은 "소년남자"라는 운동가도 소개했다. 그 후 대한흥학회 야구부는 그해 7월 24일부터 개성, 평양, 선천, 안악 등지를 순회하며 야구보급에 힘썼다.[23]

《소년남자 운동가》
1. 무쇠골격될 근육 소년남자야 애국의 정신을 분발하여라
   다 닳았네 다 닳았네 우리나라에 소년의 활동시대 다 닳았네
   (후렴) 만인대적 연습해 후일 전공 세우세
   절세영웅 대업이 우리목적 아닌가
2. 신체를 발육하는 동시에 경쟁심력 주의 양성하려고
   공기 좋고 구역 넓은 연기장으로 활발활발 나는 듯이 나아가네
3. 충렬사의 더운 피 순환 잘 되고 확립군의 팔다리 민활하도다

• • • • • • • • • • • •
20 『동아일보』 1930년 4월 3일.
21 『황성신문』 1909년 7월 25일.
22 大島勝太郎, 앞의 책, 4쪽.
23 『황성신문』 1909년 7월 21일.

벽력과 부성이 당면하여도 우리는 조금도 두려움 없네
4. 돌리고 베여 쥐는 백륜 적기는 혹은 심처 번갯불 같고
   보내고 받아 차는 수구 축국은 분분함이 백일청천 소낙비로다
5. 매전과 육군의 모든 유희를 차츰 흥미 있게 승부 결하니
   개선문 두드려 열리는 곳에 승전고를 울려라 둥 둥 둥.[24]

4) 농구

농구는 1907년 봄 YMCA의 초대 총무였던 미국인 선교사 질레트에 의해 소개되었다.[25] 그러나 질레트가 1908년 5월 26일 미국에 귀국해버려,[26] 농구의 지도와 보급은 일시 중단되고 말았다. 한국에서 농구가 본격적으로 보급된 것은 1916년 3월 25일 미국인 선교사 반하트(Barnhart)가 YMCA의 간사로 부임하고 나서였다.[27]

한국 최초의 농구경기는 1920년 3월 12일 조선중앙기독교청년회(이하 YMCA) 회관에서 재경미국인 팀과 YMCA의 경기였다. 제1회 실내운동대회라고 불린 이 대회에서는 배구, 권투, 기계체조와 같이 개최되었으며 양 팀은 무승부로 끝났다. 이 실내운동대회는 그 후 연례행사로 농구를 비롯해 배구, 권투, 기계체조의 발전에 이바지했음은 물론 학교체육, 사회체육에도 많은 기여를 하면서 1928년 12회 대회까지 계속되었다.[28]

어느 정도 농구경기에 자신을 갖게 된 YMCA는 감독 현동완과 체육부 간사 반하트의 인솔로 1920년 3월 30일 일본 도쿄에 원정경기

24 『황성신문』 1909년 7월 22일.
25 『조선일보』 1931년 8월 18일.
26 『황성신문』 1908년 5월 28일.
27 전택부, 『한국기독교청년회운동사』, 범우사, 1994, 206쪽.
28 대한농구협회, 『한국농구 100년』, 2008, 50-51쪽.

를 갔는데 이것이 한국 농구의 첫 해외원정이었다.[29] 이와 같이 한국에서 농구는 도입 당시 우여곡절을 겪었으나 그 후 YMCA의 노력으로 대내외 경기를 통해 점차 보급, 발전되어 갔다.

5) 탁구

탁구는 언제, 누구에 의해 도입되었는지 알 수 없으나 나현성의 『한국운동경기사』를 보면 한국에서 최초의 탁구경기는 1924년 1월 경성일일신문사의 주최로 개최된 제1회 핑퐁경기대회라 하고 이 대회를 계기로 점차 보급되었으며, 이 무렵 YMCA에서도 탁구 하는 모습을 자주 볼 수 있었다고 되어 있다.[30] 그런데 조선교육회의 기관지 「조선교육회잡지」를 보면 다음과 같은 사실을 알 수 있다.

> 경성의 교육자는 실로 300명에 달해 많은 사람이 항상 심정의 융합통일을 도모하고 담소 중 스스로 정을 쌓고 지식의 증진을 목적으로 조선교육회에 경성교육구락부를 부설해 지난 일본 건국 기념일에 발회식을 거행했다. 우선 이사장(경기도 내무국장)의 개회사 및 경과, 설비, 부원 등에 관한 보고가 있었다. 이어서 우사미(宇佐美) 내무부장관, 히가키(檜垣) 경기도장관, 후지다(藤田) 총독부의원장의 축사가 있은 후 식을 마치고 원유회를 개최해 여흥, 핑퐁, 활쏘기로 반나절을 즐겼으며 참석자는 230여명이었다. ...중략... 설비는 도서 및 신문, 잡지 열람실, 오락실(바둑, 장기, 핑퐁), 담화실, 휴게실이 있다.[31]

．．．．．．．．．．．．
29 민관식, 앞의 책, 52-53쪽.
30 나현성, 앞의 책, 122쪽 ; 민관식, 앞의 책, 56쪽.
31 조선교육회, 「회보」『조선교육회잡지』26, 1914, 50-51쪽.

그리고 YMCA의 기관지 「청년」에는

> 2월 19일(토요) 하오 2시에 소년부에서 제2회 핑퐁대회를 개최했
> 는데 1등 김□□군, 2등 이민구군, 3등 박세영군이 입상했음으로
> 준비한 상품을 수여한 후 폐회했다.[32]

> 운동부에서는 라켓을 휘두르며 테니스를 하기도 하고 혹은 뻥뻥
> 하고 공중을 치받는 풋볼을 하기도 하고 혹은 대포알 같이 날아
> 오는 공을 배트로 받아치는 베이스볼을 하고 혹은 교실 지하 유
> 희실에서 핑퐁운동을 하며 ...중략... 토요일이나 일요일을 이용해
> 경성 내 각 학교와 더불어 경기운동도 하고 혹은 학생대회나 체
> 육협회나 기타 단체주최의 대운동경기회에 선수도 파송했다.[33]

고 되어 있어 탁구는 1914년경 조선교육회 내에 조직된 경성교육구
락부의 원유회에서 행해진 것이 시작이고, 또한 이 구락부에는 탁구
의 설비도 갖추고 있었다. 그리고 YMCA에서는 1921년 소년부의 탁
구경기대회를 개최했으며 대교시합과 전국대회 등에도 참가하고 있
었음을 알 수 있다. 이처럼 한국에서 탁구는 이미 1914년경 도입되어
있었으며 YMCA에서도 1921년 탁구를 도입해 경기를 했던 것으로
보인다.

한편 YMCA는 1922년 1월 탁구규칙을 만들었는데,[34] 이것은 일본
의 탁구규칙을 번역한 것으로서 한국 최초의 탁구규칙이었다. 그 내
용을 보면 탁구는 단식만으로 행해졌으며 1게임 10점 선취제와 듀

. . . .

32 조선중앙기독교청년회, 「회황」『청년』창간호, 1921, 37쪽.
33 조선중앙기독교청년회, 「학생청년방문기-연희전문학교학생 기독교청년회상황」
　　『청년』4, 1921, 31쪽.
34 조선중앙기독교청년회, 「핑퐁(탁구)규칙」『청년』1, 1922, 49-59쪽.

스의 3점 선취제를 제외하면 현재의 탁구규칙과 거의 같다고 할 수 있다.

6) 배구

배구의 도입에 대해서는 여러 주장이 있는데, 우선 나현성의 『한국 운동경기사』를 보면 다음과 같다.

> 배구가 우리나라에 소개되기는 1916년 3월 25일 YMCA 운동부와 유년부의 사무를 도와주기 위해 취임한 반하트(Barnhart)씨에 의해 처음으로 그 회원들에게 지도된 것으로서 이때부터 YMCA가 중심이 되어 점차로 보급발전이 된 것이다.[35]

그리고 전택부의 『남기고 싶은 이야기들』에는 김영구의 증언에 따라 당시 배구의 도입상황에 대해 다음과 같이 언급하고 있다.

> 1922년부터 10년간 YMCA 체육부 간사를 지낸 바 있는 한국체육계의 원로인 김영구씨는 1916년 YMCA 재학 당시 영국성서공회 페크씨의 아들이 운동을 좋아해서 그와 무척 가깝게 지냈다. 그는 지금의 연세대학이 YMCA 안에 있을 때 3년간이나 체육을 가르쳐준 사람이다. 김영구씨는 그에게서 배구에 대한 얘기를 처음 듣게 되었다. 그리고는 그에게 부탁해 배구 규칙에 대한 책을 주문했다. 국문으로 된 책이 없었기 때문에 그 뒤 한국야구계의 원로가 된 YMCA 영어과의 학생 이원용(李原容)씨와 기계체조의 원로가 된 이병삼(李丙三)씨와 Y학관 선생이던 이원창(李源昌)씨에게 번역을 부탁해 설명을 듣고 YMCA 뒷마당에서 줄을 긋고 코트를

----

35 나현성, 앞의 책, 102-103쪽.

만드는데 성공했다. 틀과 그물은 YMCA 목공과의 학생 홍지수(洪之秀), 철공과의 김종만(金鍾萬)씨 등에게 부탁해 만들고 배구를 시작했는데.[36]

이들 내용을 보면 한국에서 배구의 도입은 두 사람 모두 1916년으로 보고 있으나 도입자에 대해 나현성은 미국인 반하트(Barnhart)라 주장하고 전택부는 김영구라 주장하고 있어 두 사람의 의견이 달라 어느 쪽이 확실한지는 알 수 없다.

그러나 YMCA 운동부의 1914년 6월부터 1915년 5월까지의 통계를 보면 배구는 총 69회가 행해졌으며, 또한 참가자 수는 1,874명에나 달했다.[37] 이러한 사실을 통해 한국에서 배구는 누구에 의해 도입되었는지에 대해서는 알 수 없지만 이미 1914년 6월경에 행해지고 있었다는 것을 알 수 있다. 따라서 한국에서 배구는 1916년 반하트나 김영구에 의한 도입이 아니라 1914년 6월 이전에 도입된 것으로 보인다.

한국에서 최초의 배구경기는 1917년 3월 30일 YMCA 체육관에서 재경서양인과 YMCA의 경기로서 YMCA가 3대0으로 승리했다. 이날 경기에서는 체육관의 계단 위에 관람석을 만들어 일반인의 관람을 환영했는데,[38] 이것은 일반인에게 배구의 보급을 도모하기 위해서였다.

이 배구경기를 계기로 한국에서 배구는 YMCA가 중심이 되어 행해졌는데 1923년 7월 10일에는 재하와이학생단이 방한해 YMCA 체육관에서 YMCA와 경기를 해 재하와이학생단이 2대1로 승리했다.[39]

----

36 전택부, 앞의 책, 1993, 110-111쪽.
37 전택부, 앞의 책, 1994, 178쪽.
38 『매일신보』 1917년 3월 30일.

또한 1925년 7월 21일부터 9일간 YMCA 체육부에서는 운동무도회(運動舞蹈會)를 개최해 배구 등을 지도했다.[40] 이처럼 한국에서 배구는 1920년대 중반까지는 주로 YMCA에서 했을 뿐 대교시합이나 전국대회는 개최되지 않았다.

한편 당시 한국의 배구 상황은 대일본배구협회의 기관지 「배구」를 통해 엿볼 수 있다.

> 반도의 운동계는 매년 성대해졌다. 육상과 축구 등의 약진은 눈부실 정도이다. 단지 배구만이 뒤쳐져 있는 것은 유감이다.[41]

> 조선의 배구가 어떤 경로로 도입되었는지는 잘 모르지만 우리들이 배구를 알게 된 1923, 24년경은 아직 유치한 것으로서 배구는 네트를 사이에 두고 공을 배드민턴처럼 서로 치는 것이라는 생각밖에 없었다.[42]

이때 한국에서 배구는 다른 종목에 비해 뒤쳐지고 있었으며 경기 수준도 아직 초보적인 단계에 머물러 있었다. 한국에서 배구가 본격적으로 행해진 것은 1925년 10월 일본인의 조선신문사 주최로 개최된 제1회 전 조선배구대회였다.

이 대회는 매년 개최되었으며 당시 한국에서 배구팀은 학교의 경우 경성사범학교, 선린상업학교, 제일고등보통학교, 용산중학교가 있었고, 사회인의 경우 조선은행이 있었다.[43] 또한 1926년 여름에는 일

---

39 『동아일보』 1923년 7월 6일.
40 『동아일보』 1925년 7월 15일.
41 伊藤順助, 「朝鮮男子排球界」 『排球』 9, 大日本排球協會, 1931, 69쪽.
42 安武良劫, 「生立ちを語る」 『排球』 12, 大日本排球協會, 1934, 156쪽.
43 伊藤順助, 앞의 책.

본의 나라고조중학교(奈良五条中学校) 교사인 미에다(三枝祐龍)가 선린
상업학교에서 2일간 배구강습회를 개최했으며, 특히 감독 미야다(宮
田)는 오늘날 선린상업학교의 배구를 이끈 인물이었다.[44] 그리고 1932
년에는 대일본배구협회의 조선지부로서 경성에 조선배구협회가 설립
되어 조선배구계의 사업을 수행했고 1937년부터는 중앙을 비롯해 북선
(北鮮), 서선(西鮮), 남선(南鮮), 호남 등 각 지방에 지부를 조직했다.[45]

이상과 같이 한국에서 배구는 1914년 6월 이전에 도입되어 주로
YMCA를 통해 보급되었다. 그리고 1925년부터는 일본인에 의해 전
조선배구대회와 배구강습회 등이 개최되면서 본격적으로 행해졌는데
당시의 배구는 주로 경성의 학교를 중심으로 보급되다가 1932년 조
선배구협회의 설립에 따라 각 지방에 지부가 조직되어 전국적으로
확대되었다.

7) 경식정구(硬式庭球)

경식정구는 언제, 누구에 의해 도입되었는지 전혀 알 수 없고 경식
정구에 관한 자료 또한 거의 보이지 않는다. 그러나 유일하게 나현성
의 『한국운동경기사』에서 경식정구에 관한 기술을 볼 수 있으나 아쉽
게도 경기기록의 기술에 그치고 있으며, 어떠한 자료를 사용했는지도
나와 있지 않다.[46]

이러한 상황에서 『일본정구연감』을 통해 경식정구의 도입과 보급
과정을 살펴보기로 한다. 원래 조선에는 이미 연식정구가 보급되어
있었으며, 또한 우수선수도 많이 배출되어 조선인 사이에서 매우 성

---

44 三枝祐龍,「朝鮮排球界の近況」『排球』2, 大日本排球協會, 1927, 152쪽.

45 榊原敏郎,「朝鮮排球協會概要」『排球』13, 大日本排球協會, 1937, 162쪽.

46 나현성, 앞의 책, 95-101쪽.

행하고 있었다. 그래서 조선에서 테니스라고 하면 연식정구이며 경식정구는 특히 경식정구라고 하지 않으면 통하지 않을 정도였다.[47]

경식정구는 1919년 조선철도국이 처음 도입했으며 경성에서 소수의 사람들만이 하고 있어 1927년 무렵 선수는 20명 정도였다고 한다. 1933년 조선정구연맹이 설립되고 경성제대가 경식정구를 채용하자 하라다 다케시(原田武), 후쿠다(福田), 구와하라(桑原), 하라다 나오(原田直), 오하시(大橋亀) 등 여러 선수가 조선에 오면서 차츰 보급되었다. 그 후 대학예과, 경성사범학교 등의 학교와 일반사회인의 증가로 1941년 4월 1일에는 오랜 현안인 일본정구협회 조선지부의 설립을 보기에 이르렀다. 그러나 당시 조선에서는 조선철도국 정구부가 중심이 되어 있어 그 존재와 관계자의 노력은 빼놓을 수 없다.[48]

여기서 1941년도 조선정구계의 상황을 보면 1941년 4월 조선지부의 설립 당시에는 참가단체 13팀, 총인원 520명, 지부의 노력에도 불구하고 신입회원의 증가는 전혀 없었고, 학교는 대학예과, 경성사범학교가 학교운동경기의 혁신으로 중단해버려 경성제대뿐이었다. 그러던 중 1942년 일본대표감독 미키(三木), 후지쿠라(藤倉)와 와이마루(隈丸)가 조선에 왔다. 조선지부 조직의 조력자이며 초대 지부장이었던 야마시타(山下甚之助; 미츠비시상사 경성지점장, 도쿄대학 재학시절 유명한 선수)는 지부조직의 기념으로 반드시 일본대표선수의 환영경기를 하자고 많은 기부금을 알선했다. 환영경기는 조선의 정구발전을 위해서 입장료를 무료로 해 절대적인 인기와 효과를 거두었다.[49]

• • • • • • • • • • • •

47 今井道德, 「支部設置一年朝鮮庭球界」『日本庭球年鑑』1940-1942, 日本庭球協會·全日本學生庭球聯盟, 1942, 32쪽.
48 今井道德, 위의 책.
49 今井道德, 위의 책, 32-33쪽.

이상과 같이 한국에서 경식정구는 1919년 조선철도국에 의해 도입되었는데 당시에는 거의 경식정구를 하지 않고 몇몇 일본인에 의해 독점되어 행해졌다. 이는 일찍부터 연식정구가 보급되어 성행하고 있었으며, 또한 용구의 구입을 위한 경비의 문제도 있어 당시 조선인은 경식정구를 할 만한 상황이 아니었다고 판단된다.

8) 골프

골프는 언제, 누구에 의해 도입되었는지 정확히 알 수 없으나 19세기말에서 20세기 초 외국인에 의해 골프장이 만들어졌다고 한다. 이에 대한 내용은 1937년 다카하타(高畠種夫)가 기고한 「GOLF」에 잘 드러나 있다.

> 자료, 문헌의 존재가 없는 구전이지만 조선골프사의 한 부분일 것이다. 지금으로부터 40년 전 완전하다고는 할 수 없으나 골프 코스가 당시 조선북쪽의 개항장 원산항의 한쪽 구석이지만 동해안에 있었다. ...중략... 노인들에게 물어본 결과 놀랍게도 40년 전, 즉 1897년경 훌륭한 골프코스가 구 세관구내 부근에 걸쳐 있었다는 사실이 역사적 사실은 아니지만 판명한 것이다. ...중략... 한국 정부의 세관 관리로서 고용된 외국인들이 무료한 나머지 구 세관구내를 중심으로 6홀? 을 만들어 서로 즐겼다고 하는 것 외에 거의 모르고 그 후 외국인이 돌아간 후 집에서 오래된 클럽이 몇 개 나온 적이 있으며 그 외에 클럽과 볼 등도 나온 적은 있었는지 모르겠지만 이것으로 당시 불완전하지만 골프코스가 있었을 것이라는 것은 확실히 증명되었는데.[50]

• • • • • • • • • • • • •

50 高畠種夫, 「日本ゴルフの發祥地は朝鮮-四十年前話」『GOLF』7-9, 目黒書店, 1937, 21-22쪽.

그리고 다카하타는 1940년에도 골프도입에 대한 내용을 「GOLF」에 기고했는데 그 내용은 다음과 같다.

반도골프의 업적으로서 그 존재만큼은 분명하게 해두고 싶은 것이 있다. 그것은 정말로 옛날이야기에 지나지 않고 기억이나 문헌도 없는 단순한 노인의 이야기로 전해지기 때문에 역사라고는 못하고 업적으로 하고 싶다. ...중략... 정확하게는 말할 수 없지만 1900, 1901년경인가 당시 한국정부의 세관에는 거의 외국인 고문이 있어 대부분은 이들 고문과 그 부하가 세관 사무를 하고 있어 원산부의 세관에도 이들 외국인 몇 명이 고용되어 있었다고 생각된다. 아직 세관으로서 외국인이 집무하고 있던 시대 그 구내에 6홀의 골프코스가 이들 외국인의 손으로 만들어졌다는 것이다. ...중략... 그 구내에 있던 6홀의 골프코스, 물론 넓다고 해도 세관의 문으로 충분한 코스라고 해도 구내이다. 충분한 코스가 갖추어질 정도의 지역은 아니고 베이비골프에 가까운 정도였을 것이라고 상상되는데.[51]

이 골프코스는 그 후 원산부가 시가정리와 확장을 위해 잡목이 많은 산의 중턱에서 산기슭에 걸쳐 있던 외국인 주택을 해체했을 때 그 지붕 뒤에서 오래된 몇 개의 클럽이 발견되어 촌로의 이야기는 거짓말이 아니고 현재 원산의 골퍼가 보관하고 있다.[52]

이러한 사실에서 골프는 1897년이나 1900년대 초 세관업무를 보기 위해 고용된 외국인이 업무에서 벗어나 무료함을 달래기 위해 구내에 6홀의 코스를 만들었다는 것이다. 그러나 이것은 마을 노인의 구전으로 전해지고 있을 뿐 확실한 근거는 없고 원산의 시가정리를 위

51 高畠種夫, 「朝鮮ゴルフの小史-あれこれ思ひ出咄」『GOLF』10-11, 目黒書店, 1940, 44쪽.
52 高畠種夫, 위의 책, 45쪽.

해 외국인 주택을 해체할 때 오래된 골프클럽이 발견되어 원산의 골퍼가 보관하고 있다는 사실에서 앞으로 사료의 발굴을 통해 밝혀야 할 과제라고 생각한다.

한국에서 골프가 본격적으로 시작된 것은 1917년 7월 조선철도국의 이사인 안도(安藤又三郞)가 다롄의 호시가우라(星ヶ浦) 골프코스를 보고 매력을 느껴 경성에도 필요하다고 생각하면서 비롯되었다. 조선철도국장과 조선호텔지배인의 협력을 얻어 조선호텔의 부대시설로서 고객서비스와 손님유치를 위해 용산효창원 부근의 국유지 약 5만 8,000평을 임대해 골프코스를 건설하기에 이르렀다. 골프코스의 설계는 일본 코베(神戶)에 거주하고 있던 영국인 딘트(H. E. Dannt)에게 의뢰했고 1919년 5월 13일 조선철도국 공무과의 이시카와(石川) 기사의 감독으로 나무 베기, 코스의 잔디, 하우스, 파수꾼 오두막집의 건축비를 포함해 6,000엔의 예산으로 착공했다.[53]

이렇게 해서 한국 최초의 효창원골프코스는 1921년 6월 1일 개장했는데 코스는 9홀이고 길이는 2,322야드였다. 이용 시에는 하루 1엔의 그린피와 매월 5엔, 연 25엔의 회비를 납부했다.[54]

그러나 효창원골프코스의 공원화와 이상적인 코스의 신설요구로 이전설이 나와 후보지를 물색한 끝에 청량리 근처 이왕가 능림(陵林)을 임대하기로 했다. 이리하여 청량리골프코스는 4만엔의 기부금과 이노우에(井上信)의 설계, 조선철도국 공무과장의 공사로 18홀, 3,906야드, 파 70으로 1924년 12월 7일 개장했다. 개장 후 청량리골프코스는 일본의 프로골퍼를 초청해 회원의 기술향상을 도모했고, 또한 경성의 일류인사들로 구성된 경성골프구락부를 설립해 기존 조선호텔

----

53 高畠種夫, 위의 책, 45쪽.
54 高畠種夫, 위의 책, 46쪽.

의 부속시설에서 독립했다.[55]

그 후 회원들의 기술향상과 교통문제로 청량리골프코스에 대한 회원들의 불만이 생기면서 다시 골프코스의 이전설이 나오게 되었다. 그래서 이번에도 적당한 장소를 물색하던 중 영친왕의 공사비 2만엔 외에 3년간 매년 5,000엔씩 1만5천엔의 하사금과 은배(銀杯), 토지 30만평의 무상대여로 군자리에 골프코스를 만들게 되었다. 군자리골프코스는 1929년 6월 22일 개장했는데 기존의 코스와는 달리 18홀, 6,045야드, 파 69로 되어 있으며 설계는 골프계의 권위자인 아카보시(赤星六郎)에게 의뢰했다.[56]

이상과 같이 한국에서 골프는 1921년 효창원골프코스가 만들어지면서 시작되었으나 효창원골프코스의 공원화, 코스의 협소함, 교통의 불편 등으로 청량리골프코스, 군자리골프코스로 이전하면서 서서히 체계를 갖추며 보급되었다.

9) 럭비

럭비의 도입에 대해서는 여러 주장이 있는데 나현성의 『한국운동경기사』와 『대한체육회사』를 보면 다음과 같이 각각 언급하고 있다.

우리나라에 럭비가 최초로 소개된 것은 1923년 11월 22일부터 3일간 휘문운동장에서 거행된 조선체육회 주최의 제4회 전 조선 축구대회 중간에 럭비경기를 일반에게 보급하기 위해 처음으로 조직된 럭비구락부 대 중앙고보(22일), 럭비구락부 대 보성고보(23일)의 경기를 번외로 행한 것인데 그 당시의 멤버, 성적 등은

• • • • • • • • • • • •
55 高畠種夫, 위의 책, 48-49쪽.
56 高畠種夫, 위의 책, 51쪽, 54쪽.

알 길이 없으나 실질적인 지도보급의 결실을 보지 못했고 본격적으로 싹트기 시작한 것은 1927년 봄부터인 것이다.[57]

1928년 11월에 일본인들이 경성럭비연맹을 조직해 18일부터 용산철도구장과 경성중학 운동장에서 거행했는데 이것이 우리나라 럭비축구경기의 시초인 것이다. 그러나 이보다 앞서 1928년 10월 일본유학 때에 눈여겨 두었던 것을 보급하고자 이승렬, 안재학, 서상국, 박석윤 등 축구인이 럭비축구구락부를 조직했으나 별로 성과를 거둘 수가 없었다.[58]

이들 내용을 보면 한국에서 럭비의 도입에 대해 나현성은 1923년 럭비를 일반에게 보급하기 위해서 조직된 럭비구락부에 의해 최초로 소개되었다고 주장하고 있으며, 민관식은 1928년 일본유학출신자에 의해 소개되어 그해 일본인에 의해 설립된 경성럭비연맹을 통해 보급되었다고 주장하고 있어 양측의 의견이 달라 어느 쪽이 맞는지 확실하지 않다.

그러나 당시 일본인에 의해 만들어진 조선철도국 럭비부의 『선철럭비사』(鮮鐵ラグビー史)에 따르면 당시 조선에서 럭비에 관한 기술이 상세하게 기술되어 있다.

1924년 가을 한강변의 운동장에서 혼자 타원형의 풋볼을 하늘 높이 차서 쫓아가고 그것을 주워 달리고 추운 해질녘에도 반바지에 스타킹 차림으로 하고 있는 사람이 운전과(運轉課) 사카구치(坂口正淸)였다. 남만주공업전문학교시절에 럭비를 했으며 육상경기의 중단거리 선수였다.[59]

57 나현성, 앞의 책, 108쪽.
58 민관식, 앞의 책, 195쪽.

조선에서 럭비는 경성에서 1925년경 건강한 젊은이 사이에 태동
해 일본, 만주로부터 경험자에 의해 연습이 시작되어 애호자를
불러 마침내 철도국, 경성전기, 경성중학 졸업자의 팀이 조직되
어 부내의 스포츠유력자, 보도관계의 후원을 받아 1927년에 용산
철도운동장에서 공식시합이 거행되었다.[60]

그리고 경성럭비연맹은 1927년에 발족해 그해 12월 철도운동장에
서 제1회 경성럭비풋볼리그전을 했다고 되어 있다.[61] 이처럼 한국에
서 럭비는 1924년 가을 만주에서 럭비를 배운 조선철도국 사카구치
(坂口正淸)에 의해 도입되어 1927년 경성럭비연맹이 용산의 조선철
도국 운동장에서 개최한 경기가 최초의 럭비경기였다는 것을 알 수
있다.

한편 당시 조선인에 의해 조직된 럭비 팀은 보성전문(1929), 양정
고보와 중앙고보(1931), 배재고보(1932) 등이 있었다. 이들 팀은 1929
년 10월 제3회 경성럭비연맹전에 보성전문이 처음으로 참가한 것을
계기로 1931년부터 팀을 조직하기 시작해 매년 이 대회에 참가하게
되었다.[62]

이상과 같이 한국에서 럭비는 1924년 조선철도국의 사카구치(坂口
正淸)에 의해 도입되어 1927년 조선철도국이 중심이 되어 설립된 경
성럭비연맹의 대회를 통해 보급되어 갔다. 그리고 1929년에는 조선인
최초로 보성전문 럭비부가 조직되었으며 이 럭비부는 1929년에 개최
된 제3회 경성럭비연맹전에 참가했다. 이것을 계기로 조선인 각 학교
에서는 럭비부를 조직해 그때까지 일본인에 의해 독점되었던 럭비는

59 橫田諒, 「漢江の詞原. 鮮鐵ラグビー史」『元鮮鐵ラグビー部』, 1980, 40쪽.
60 田崎亮, 「橢圓球の魅力. 鮮鐵ラグビー史」『元鮮鐵ラグビー部』, 1980, 9쪽.
61 元鮮鐵ラグビー部, 『鮮鐵ラグビー史』, 1980, 판권.
62 민관식, 앞의 책, 195쪽.

조선인사이에서도 행해지며 점점 활기를 띄게 되었다.

1-2. 투기스포츠

1) 유도

유도의 도입에 대해서는 여러 주장이 있는데 『대한체육회사』에서는 "오늘날 유도는 1907년 경 일본인 아오야기(靑柳喜平)에 의해 전래되었으며…"[63]라고 되어 있다. 또한 이제황은 『신유도』에서 "근대화된 강도관 유도가 한국에 수입되어 처음으로 실시된 것은 1909년 황성기독교청년회였다"[64]라고 해 각각의 주장이 다르다는 것을 알 수 있다.

이에 대해 이홍종은 1927년 「경성일보」에 게재되어 있는 아베(阿部文雄)의 경성유도발달사를 활용해 자신이 집필한 『한국유도사』에서 "문헌상 근거가 확실한 우치다(內田良平)와 그의 도장을 최초로 인정하고 그 이전의 역사적 근거를 계속 연구할 것을 기대한다. 1906년에 우치다가 서울 메이지초(현 명동)에서 도장을 개설한 사실이 발견된다."고 했다.[65] 여기서 아베의 경성유도발달사의 내용을 보면 다음과 같다.

경성에 강도관 도장을 창시한 인물은 당시 통감부 촉탁 우치다(內田良平)이다. 그는 일진회에 관계한 인물로서 1906년 메이지초

---

63 민관식, 앞의 책, 57쪽.
64 이제황, 『신유도』, 수상계사, 1976, 22쪽.
65 이홍종, 『한국유도사』, 한강문화사, 1984, 20쪽.

(明治町)의 어느 일본식 건물의 공장에 도장을 개설했다. 그 크기는 다다미 30장(저자 주: 15평) 정도이고 초기에는 2, 30명의 수련생이 있었다. 사범에는 우치다(內田) 5단, 순경인 시가(志賀矩初), 실업가 아오야기(靑柳)가 있었다.[66]

그런데 일본 강도관의 기관지 「유도」에 나와 있는 오다(小田省吾)의 경성유도발달사를 보면 위에서 언급한 아베의 경성유도발달사의 내용과 같다는 것을 알 수 있다.[67] 참고로 오다는 아베보다 9년 전에 경성유도발달사를 작성했다. 이와 같이 유도는 현시점에서 1906년 우치다에 의해 일본 강도관 유도가 도입된 것으로 보인다.

최초의 유도경기는 1908년 3월 28일 비원에서 내각 원유회의 주최로 열린 경시청 순경간의 경기였다.[68] 그해 9월에는 무관학교장 이희두와 학무국장 윤치오가 교육계의 청년과 일반국민의 체육을 발전시키기 위해 무도기계체육부를 설립하고 활쏘기, 승마, 격검, 유술 등의 활동을 했다.[69]

한편 YMCA에서는 1906년 "장사 백 명을 양성하자"는 이상재의 발언으로 유도부를 조직하고 사범은 나수영이었으며,[70] 1909년에는 YMCA에 유도장을 설치하기도 했다. 이에 대해 「동아일보」를 보면 다음과 같이 언급되어 있다.

현재까지 계속해서 중앙기독교청년회의 지도사업은 주로 유도, 농구, 권투, 체조의 4부로 대략 소개할 수 있다. 유도는 1909년에

. . . .

66 『경성일보』 1927년 2월 2일.
67 小田省吾, 「京城柔道發達史」 『柔道』4-10, 柔道會本部, 1918, 31쪽.
68 『황성신문』 1908년 3월 28일.
69 『황성신문』 1908년 9월 4일.
70 전택부, 앞의 책, 1993, 102쪽.

나수영씨와 유근수씨를 초빙해 조선에 처음으로 도장을 창설했
으며 지금에 이르도록 26년간 입문자 총 90여명에 달하며.[71]

이상과 같이 한국인 최초의 유도사범은 나수영과 유근수이었고, 또
한 한국인에 의한 최초의 유도장은 YMCA에 만들어졌다.

2) 권투

권투는 1912년 광무대 단성사의 주인이었던 박승필이 "유각권구락
부"(柔角拳俱樂部)를 설립해 회원들에게 지도한 것이 처음이다.[72] 이에
대해 당시의 「매일신보」를 보면 다음과 같다.

유각권구락부는 단성사에서 그저께부터 흥행하는데 순전한 체육
을 목적으로 유술, 권투, 씨름 3가지로 점수의 다소를 취해 우수
한 상품을 나누어 준다고 하더라.[73]

이 내용을 보면 한국에서 권투는 1912년 박승필에 의해 소개된 것
으로 보이는데 실제로 그는 어떤 인물로서 누구에게 권투를 배웠는
지, 또한 유각권구락부는 그 후 어떠한 활동을 했으며 언제까지 존속
했는지 현재 알 수 없다.

한국에서 권투가 본격적으로 행해진 것은 1925년 1월 30일 YMCA
체육부 주최로 개최된 제9회 실내운동회 때 권투가 정식종목으로 채
택되면서였다. 이를 계기로 YMCA 체육부에서는 1927년 제1회 권투

• • • • • • • • • • •

71 『동아일보』 1934년 3월 3일.
72 나현성, 앞의 책, 163쪽.
73 『매일신보』 1912년 10월 9일.

선수권대회를 개최했는데 약 30명의 선수가 참가했다. 이 대회에서 우승한 선수는 미들급에 보성고보의 안태경, 라이트급에 양정고보의 홍윤식, 페더급에 제주도의 신태영, 밴텀급에 인천의 김충성, 플라이급에 보성고보의 이석산 등이었다. 이 30명 중에는 권투를 제대로 모르고 참가한 선수도 있었다.[74]

또한 당시에는 권투를 둘러싸고 재미있는 에피소드가 많았는데, 예를 들면 권투의 규칙을 몰라 연습도중에 싸움을 하기도 하고 상대선수가 링 밖으로 떨어지거나 도망을 가면 쫓아가서 때려 관중들이 둘로 나뉘어져 집단싸움을 일으키기도 했다.[75]

이상과 같이 한국에서 권투는 1912년 박승필에 의해 설립된 유각권구락부를 통해 소개되었으며 권투가 본격적으로 행해진 것은 YMCA 주최의 권투경기대회로 볼 수 있다. 처음에는 권투를 둘러싸고 여러 에피소드가 있었지만 그것을 계기로 권투는 서서히 보급되어 갔다.

1-3. 동계스포츠

1) 스케이트

스케이트는 1908년 5월 26일 미국인 선교사 질레트가 본국에 귀국하기 위해 짐정리를 할 때 이것이 무엇을 하는지 모르는 쇠붙이 물건이 있어 기이하게 생각해 일금 15전을 주고 샀다. 사기는 샀으나 이

----

74 전택부, 앞의 책, 1993, 112쪽.
75 전택부, 앞의 책, 1993, 113쪽.

것이 무엇을 하는 것인지 몰라서 그 후 질레트를 찾아가 물어 비로소 얼음지치는 기계라는 것을 알게 되었다. 이것을 산 사람이 현동순이다. 그는 집근처인 삼청동 강변에서 겨울이면 얼음지치기를 몇 번했으나 도무지 나가지를 않아 고심한 끝에 간신히 체득한 것이 스케이트사 첫 에피소드이며 이것이 처음이 아닐까 생각한다.[76]

이 스케이트는 지금의 롱 스케이트가 아니라 숏 스케이트로서 날이 짧고 두꺼운 것을 보통 구두 밑에 나사로 달았는데 현재의 피겨와 흡사한 모양이었다. 그리고 당시로서는 이마저도 입수가 대단히 어려워 그것을 모방해 목판에 붙인 칼날 스케이트 혹은 철사를 목판에 달고 이것을 발목에 매어 얼음지치기를 했다. 그 당시의 스케이팅은 육상에서 경주하듯이 급피치로 달리는 빙상유희의 여흥에 불과했다.[77]

한편 1908년 「대한매일신보」에는 "2월 11일 평양 대동강 빙상에서 일본인이 대운동회를 하는데 여흥으로 빙상에서 자전거경주를 한다."[78]고 되어 있어 현동순이 질레트에게 스케이트를 구입하기 약 3개월 반 전 이미 일본인에 의해 스케이트가 행해지고 있음을 알 수 있다. 이러한 사실에서 스케이트는 누구에 의해 도입되었는지 알 수 없으나 1908년 2월 이전 일본인에 의해 도입된 것으로 보인다.

1910년 2월 6일에는 조선일일신문사 주최로 한강에서 빙상운동회가 개최되어 오쿠보(大久保) 사령관을 비롯해 이시즈카(石塚) 장관, 문무관 수백 명이 모여 대성황을 이루었다. 당일은 일요일이었기 때문에 수만 명의 관람자가 참석해 전차 2, 3대를 늘렸다.[79]

이상과 같이 스케이트는 현동순이 질레트에게 스케이트를 구입해

• • • • • • • • • • •

76 이길용, 「현대조선스포츠사」『신동아』4-3, 신동아사, 1934, 17쪽.
77 민관식, 앞의 책, 53쪽.
78 『대한매일신보』 1908년 2월 6일.
79 『대한민보』 1910년 2월 6일.

행했는데 그것은 현동순 혼자서 했던 것에 지나지 않으며 실제로는 1908년 2월 이전에 일본인에 의해 도입되어 주로 일본인들의 운동회를 통해 보급되었다고 판단한다.

2) 스키

한국에는 옛날부터 현재의 스키와 비슷한 것이 있었다. 길이는 135cm, 폭 12cm 정도로서 양 끝을 둥글게 휘게 해 짚신을 장착하고 스톡은 150cm 정도의 나무 지팡이였다. 이것으로 산야를 종횡으로 다니며 주로 수렵에 사용했다.[80] 이에 대한 내용은 이익의 『성호사설』을 통해 확인할 수 있다.

> 함경도의 산수 갑산에는 ...중략... 겨울에 설마(雪馬)를 타고 손으로 곰 호랑이를 찔러 잡는다.[81]

이처럼 설마는 적설량이 많은 산간지방에서 수렵용으로 사용된 것이었다. 여기서 설마라는 용어를 볼 수 있는데 이것은 위에서 언급한 조선식 스키를 가리키는 것이다.

이 조선식 스키는 유가와(由川貞策)라는 독지가가 국경을 넘을 때 조선의 옛집에서 우연히 1대를 발견했다. 1912년경 20여엔이라는 당시로서는 매우 비싼 운임까지 지불해 다카다(高田)의 옛신(越信) 스키구락부에 보낸 것이 다카다 가이코샤(高田偕行社)에 보존되어 있다.[82]

・・・・・・・・
田眞弦,「朝鮮スキー界の現狀について」『スキー年鑑』4, 全日本スキー聯盟. 1930, 쪽.
1. 『한국체육사』, 교학연구사, 1981, 345쪽.
『日本スキー發達史』, 朋友堂, 1936, 327쪽.

한국에서 근대적 스키의 기원은 1904년 러일전쟁 직전 원산에 거주하고 있던 덴마크인 3명이 스키를 열심히 탄 것을 알고 있는 사람이 원산에 거주하고 있었는데 당시는 지금보다 적설량이 훨씬 많았다고 한다.[83] 그러나 현재 그 사실을 증명할 근거는 보이지 않는다.

한국에서 정식 스키는 1921년 나가노현(長野県) 이야마중학교(飯山中學校)에서 원산중학교로 전근 온 체육교사 나카무라(中村丘三)가 가져온 2대의 오스트리아식 스키를 원산중학교의 학생에게 지도한 것이 처음이다.[84] 당시 일본에는 니가타현(新潟県) 다카다시(高田市)에서 레루히 소좌에 의해 전래된 오스트리아식 스키가 상당히 보급되어 있었다. 나가노현 이야마지방에서 스키를 익힌 나카무라는 원산이 이야마지방과 마찬가지로 눈이 많은 곳이었기 때문에 배운 스키를 활용하기 위해 학생에게 가르쳐주고 이어서 일반인에게 홍보해 보급을 도모했던 것이다.[85]

그러나 당시 스키를 시작한 사람들 사이에는 위험한 것이라 생각해 별로 흥미를 끌지 못했다. 즉 취미나 실용적인 가치를 가진 장쾌한 겨울스포츠로서 인정을 받지 못하고, 오히려 위험한 놀이로서 일반에 저해를 받고 있었다. 그래서 나카무라는 우선 마을의 유력자와 체육협회 관계자 등 10명을 설득하고 중학교에 10대의 연습용 스키를 구입해서 학생에게 가르치는 동시에 강습회와 시연 등을 통해 홍보한 결과 마침내 각자 1대씩 구입하기에 이르렀다. 이러한 상태가 1921년과 1922년이 지나 1923년 봄 전 조선스키대회를 개최하게 되었다. 전 조선스키대회라고 하면 거창하게 보일지 모르겠으나 그 내용은 매우 빈약했다. 불과 20대의 스키를 서로 사용하며 15도 정도의

83 吉田眞弦, 앞의 책.
84 吉田眞弦, 앞의 책.
85 山崎紫峰, 앞의 책.

슬로프를 구르거나 떨어지는 사람이 많았다. 또한 참가선수가 없어 중학교 학생을 제외하고는 주최 측에서 우동과 단팥죽이라도 제공해야 할 정도의 소위 양반계급이었다.[86]

이상과 같이 한국에서 스키는 옛날부터 설마라는 현재의 스키와 비슷한 것이 존재했으나 그것은 어디까지나 수렵을 위해 사용된 것이었다. 한국에서 스키의 도입은 1921년 일본인 나카무라(中村丘三)가 가지고 온 오스트리아식 스키를 원산중학교의 학생에게 지도한 것이 시작이라고 할 수 있다. 처음에는 스키에 대한 일반인의 인식이 매우 낮아 주로 학교를 통해 보급되다가 서서히 일반사회에도 보급되면서 정착하게 되었다.

1-4. 기타

1) 육상

육상의 도입에 대해서는 여러 주장이 있는데 나현성은 『한국운동 경기사』에서 "한국의 육상경기는 1896년 5월 2일 동소문밖 삼선평에서 영국인 교사 허치슨(Hutchison), 헬리팩스(Hallifax)의 지도로 행해진 화류회"라고 했다.[87] 또한 이태웅은 1896년 5월 31일 훈련원에서 개최된 관립소학교 연합운동회를 한국 최초의 운동회라고 규정해도 손색이 없다고 했다.[88]

. . . .

86 斎藤英二郎, 「朝鮮におけるスキーの生立」『スキー年鑑』6, 全日本スキー聯盟. 1932, 136-137쪽.

87 나현성, 앞의 책, 1958, 4쪽.

88 이태웅, 「구한말 최초 운동회에 대한 이설」『한국체육학회지』44-4, 2005, 41쪽.

그러나 을미의숙(1895)을 설립한 김윤식의 일기 『속음청사』에 따르면 운동회의 내용은 다음과 같다.

> 十八日 己未陰微雨 午後大風 今日乙未義塾 六處學徒三百餘名 會于訓練院 設大運動會 余往觀之.[89]

이 내용을 보면 을미의숙에서는 1895년 4월 18일 이슬비가 내리며 오후에 바람이 강하게 부는 가운데 학생 300여명이 훈련원에서 대운동회를 개최했다고 되어 있다. 이를 통해 나현성과 이태웅이 언급한 것보다 1년 앞서 운동회가 개최되었다는 사실을 알 수 있다.

그 후 1897년 6월 16일에는 관립영어학교의 대운동회가 훈련원에서 행해졌다. 이 운동회에서는 각국의 영사와 공사, 정부의 국무대신, 그밖에 외국신사가 참석했다. 연병장에서 어깨에 총을 멘 학생들의 행진이 있은 후 각종 경주를 했는데 영국인 교사 허치슨과 터너(Turner)가 심판, 핼리팩스가 기록원이 되어 경주를 진행했다. 경주의 내용은 300보 경주, 600보 경주, 1350보 경주, 공 던지기, 포환던지기, 멀리뛰기, 높이뛰기, 이인삼각, 경마경주, 줄다리기 등이었다.[90]

이상과 같이 운동회는 을미의숙에서 개최된 것이 처음이며 오늘날의 육상과 거의 비슷하다는 것을 알 수 있다. 이 후 육상은 관립영어학교의 운동회를 계기로 매년 각 학교를 통해 일반사회로 보급되어 갔다.

· · · · · · · · · · · ·

89 박상석, 『구한말 운동회 풍경』, 한국학술정보. 2016, 29-30쪽.
90 『독립신문』 1897년 6월 19일.

2) 자전거

자전거는 언제, 누구에 의해 도입되었는지 전혀 알 수 없다. 그러나 최근 당시의 신문기사, 자전거 관계자와 면담, 개인이 소장하고 있는 자료를 통해 「한국 사이클경기의 변천과정」을 연구한 선봉옥은 자전거의 도입에 대해 다음의 3가지 견해를 제시하고 있다.[91]

첫째, 최초 도입한 인물은 한국인이 아니라 외국인이었다. 둘째, 만약 1883년 윤치오에 의해 도입되었다고 한다면 그가 최초 도입자이며 시기는 1883년이 된다. 셋째, 윤치오가 1895년 미국에서 귀국할 때 가지고 왔다고 해도 기존의 1896년에 도입했다고 하는 서재필, 고희성보다 시기적으로 빠르기 때문에 한국인으로서는 그가 최초로 도입했다.

이상의 사실에서 확인할 수 있는 것은 자전거는 대략 1880년대에 도입되었으며 한국인으로서는 윤치오가 최초였다는 것을 알 수 있다.

한국에서 최초의 자전거경기는 1906년 4월 22일 훈련원에서 육군참위 권원식과 일본인 요시카와(吉川)에 의해 거행되었다.[92] 1907년 6월 20일에는 경성의 자전거상회 주최로 훈련원에서 자전거경기가 열렸다.[93] 또한 1909년 4월 2일에는 조선일일신문사 주최로 훈련원에서 경용상점의 점원을 위로해주기 위해 자전거경기가 열렸는데 40회를 도는 이 경기에서는 헌병대의 후지다(藤田高助)가 우승했다.[94]

이와 같이 자전거경기는 다른 스포츠종목과는 달리 주로 일반사회인을 대상으로 행해졌다. 한편 당시의 자전거는 경기이외에도 사용되

• • • • • • • • • • • •

91 선봉옥, 「한국 사이클경기의 변천과정에 관한 연구」, 서울대 석사학위논문, 1997.
92 『황성신문』 1906년 4월 16일.
93 『황성신문』 1907년 6월 18일.
94 『경성일보』 1909년 4월 3일, 4월 6일.

었는데 「황성신문」에 따르면 "군부에서 긴급한 용무로 사용하기 위해 자전거 2대를 구입해 배치하고 급한 용무가 생기면 사용할 수 있다"[95]고 되어 있어 자전거는 경기뿐만 아니라 군부의 용무, 즉 생활에 필요한 도구로서도 사용되었다.

3) 역도

역도는 1926년 11월 일본체육회 체조학교(현 일본체육대학)를 졸업한 서상천에 의해 도입되어 그해 조선체력증진법연구회의 설립을 통해 학교와 일반사회에 보급되었다. 원래 역도는 일본의 주료아게(重量挙げ), 서양의 웨이트 리프팅(Weight Lifting)과 구별하기 위해 힘의 길이라는 뜻으로 서상천이 창안했는데 동서양의 철학을 통해 인간으로서 갖추어야 할 기본정신과 생활의 도(道)를 구한다는 의미를 가지고 있었다.[96]

그 후 역도는 1928년 2월 24일부터 2일간 YMCA의 주최와 조선일보사의 후원으로 제1회 역도대회가 YMCA 체육관에서 개최되었는데 이 대회가 한국 역도대회의 시작이었다. 1930년 11월 8일에는 중앙체육연구소와 조선체육회의 공동주최로 제1회 전 조선역도대회가 개최되었다. 이 대회는 YMCA 주최의 대회가 체중의 구별 없이 일정한 중량과 운동회수로 판정한 것에 대해 경체중(53.1kg이하)과 중체중(53.1kg이상)의 2체급으로 구분해서 행해졌다.[97]

그리고 1932년 12월 제3회 전 조선역도대회에서는 제10회 로스앤젤레스올림픽대회의 규정을 채택해 경경급(輕輕級 56.2kg), 경급(輕級

95 『황성신문』 1908년 11월 13일.
96 백용기, 「역도 재출판을 회고하면서」『역도』, 1987.
97 서상천외 3명, 『현대체력증진법』, 세광사, 1931, 185-188쪽.

63.7kg), 중급(中級 75kg), 경중급(輕重級 78.7kg), 중급(重級 78.7kg이상)의 5체급으로 나누어 열렸다.[98]

이상과 같이 역도는 이들 양 대회를 중심으로 보급, 발전되었으며 대회규정은 올림픽대회의 방식을 채택해 국제 역도계의 흐름에 따르려고 했다. 여기서 특기할만한 사실은 개화기와 일제강점기 각종 근대스포츠의 대부분이 유럽과 미국, 일본에서 도입되었는데 역도만큼은 한국인에 의해 도입되었다는 것이다.

---

98 서상천외 3명, 위의 책, 217-218쪽.

2. 근대스포츠
지도자의
활동

근대스포츠 지도자는 양성기관, 자격 등 제도적으로 전혀 정비되어 있지 않았다. 이러한 상황은 개화기, 일제강점기까지 계속되었으나 1920년대에 들어오면서 체육학을 전공한 일본유학출신자에 의해 바뀌게 되었다. 이들 대부분은 일본체육회 체조학교(현 일본체육대학)의 졸업생으로서 지금까지 지도자와는 그 성격을 달리했다. 이들 중에서 서상천은 귀국한 후 역도를 소개하고 조선체력증진법연구회를 설립해 국민의 체력증진에 힘썼다.

그밖에 체육학을 전공하지 않았지만 올림픽대회에 출전해 금메달을 획득한 후 후진양성에 힘쓴 손기정, 독립운동가로서 각종 스포츠단체의 회장과 고문 등을 맡은 여운형, 손기정 가슴의 일장기를 말소한 이길용, 스포츠행정가로서 한국의 올림픽운동에 앞장 선 이상백 등은 근대스포츠 지도자로서 한국스포츠의 발전에 많은 공헌을 했다. 여기에서는 이들의 활동에 대해 알아보기로 한다.

2-1. 한국 역도의 창시자, 서상천

지금까지 한국스포츠사에서는 근대스포츠 지도자로서 주로 외국인 선교사, 외국인교사, 군인의 역할이 중시되어 왔다. 그러나 한국스포츠의 전체상을 고려할 때 일본유학출신자가 한국스포츠의 보급, 발전에 기여한 역할을 빼놓을 수 없다. 그 이유는 그들은 일제강점기 조선체육회(1920), 조선체력증진법연구회(1926), 조선체육연구회(1929)

등의 설립에 많은 공헌을 했으며, 또한 광복 후에는 한국스포츠계를 주도한 대한체육회의 재건에도 많은 공헌을 해 한국스포츠의 발전에 중심적인 존재였다고 판단되기 때문이다.

그중에서도 서상천은 역도의 도입은 물론 스포츠를 과학적인 근거에 입각해 국민의 건강과 체력 향상을 도모하는데 일익을 담당한 인물이었다. 여기에서는 한국 역도의 창시자 서상천의 스포츠 활동에 대해 알아보기로 한다.

1) 서상천의 생애

1903년 경상북도 달성에서 태어난 서상천은 어렸을 때 신체가 허약해 육상, 기계체조, 축구 등의 스포츠를 통해 신체를 단련했다. 서상천은 1922년 일본에 건너가 도쿄물리학교를 거쳐 1923년 일본체육회 체조학교(현 일본체육대학) 고등과에 입학했다.[1] 당시 체조학교의 학제는 고등과(2년), 보통과(1년)로 되어 있었는데 여기서 고등과의 교육과정을 보면 〈표2〉와 같다.

서상천은 체조학교 재학 중에 체육학의 이론을 비롯해 체조, 유희, 경기, 유도와 검도 등의 실기를 배웠다. 그밖에 영국에서 건강과 체력 강장(Strengh & Health)의 월간지와 중량운동(Weight Lifting)에 관한 서적을 구독해 아령, 바벨엑스펜더를 연구하고 실천했다.[2]

1925년 3월 체조학교를 졸업한 서상천은 귀국해 1년간 평안북도 선천군에 있는 신성중학교의 체육교사를 거쳐 1926년부터는 휘문고등보통학교의 체육교사로 11년간 재직했다.[3] 휘문고등보통학교에 부

----

1 백용기, 「현대체력증진법의 재출판에 즈음하여」『현대체력증진법』, 1987.
2 백용기, 위의 책.
3 백용기, 위의 책.

임한 후 역도부를 조직해 역도를 지도하는 한편,[4] 그해 11월에는 체조학교의 동창생인 이병학(1925. 3 졸업), 이규현(1926. 3 졸업) 등과 경성 화동 42번지의 자택에 조선체력증진법연구회를 설립하고 이론과 실기에 근거를 둔 체력증진법을 연구하고 지도했다.[5]

표2. 일본체육회 체조학교 고등과의 교육과정

교과목	1학년	2학년	시수
수신	인륜도덕의 요지, 윤리학	좌동	1
교육	교육학, 교수법	좌동	2
생리	조직, 생리, 위생, 해부	좌동, 구급치료	2
영어	읽기, 해석	좌동, 문법 필기시험	2
체육학	체육원리, 체육사	좌동	2
병학	보병조전, 진중요무령, 사격교범, 군대 일반사항	좌동	2
체조	도수체조, 기구체조, 기계체조	좌동, 교수법	9
유희 및 경기	초등유희, 행진유희, 경기	좌동	3
교련	각개교련, 중대교련, 협착사격	좌동, 대대교련, 실탄사격, 진중요무	6
유도 및 검도	총론, 각론 및 시합	좌동, 교수법	6
창가	단음, 복음	좌동, 악기사용법	2

출처: 学校法人 日本体育大学百年史編纂委員会, 『学校法人 日本体育会百年史』, 学校法人 日本体育会, 1991, 792-793쪽.

특히 서상천이 고안한 서키트트레이닝 이론은 새로운 운동방법으로 독일에서는 1936년에, 영국에서는 1958년에 연구, 발표되었다.[6] 이러한 사실로 미루어 볼 때 그의 학문적인 노력과 연구는 과히 세계적

---

4 휘문70년사편찬위원회, 『휘문70년사』, 휘문중·고등학교, 1976, 519쪽.
5 『동아일보』 1930년 1월 27일.
6 백용기, 『나의 교직 40여년』, 도문사, 1978, 15쪽.

인 수준이었다고 할 수 있을 것이다. 1930년 9월 조선체력증진법연구회를 중앙체육연구소로 개칭한[7] 그는 역도를 전국에 보급하기 위해 각종 역도대회를 개최하고 전국에 중앙체육연구소의 지부도 설치했다.

지부는 북쪽으로는 신의주, 안천, 평양, 해주, 함흥, 원산, 개성, 남쪽으로는 부산, 대구, 광주, 청주, 서쪽으로는 인천, 강화도, 경성에는 평화체육회, 영등포체육회, 왕십리체육회, 경성전기, 보성전문학교, YMCA 등에 각각 조직해 역도의 보급을 통해 국민의 체력 향상에 힘썼다.[8]

한편 서상천은 1937년 교직을 그만두고 중앙체육연구소의 운영은 이사진에게, 회원의 지도는 제자들에게 맡기고 역도의 보급에 필요한 재정확보를 위해 만주에 가서 3년간 농장경영에 종사하기도 했다.[9] 그리고 1940년에는 조선역도연맹의 제2대 회장에 취임했으나,[10] 이듬해 태평양전쟁의 발발로 이 단체는 중앙체육연구소와 함께 해산되고 말았다. 광복 후에는 조선체육동지회(1945),[11] 조선체조협회장(1945-1952)과 조선씨름협회장(1946-1948)에 취임해,[12] 한국스포츠의 기반형성에 많은 공헌을 했다. 서상천의 제자 백용기는 그에 대해 다음과 같이 평가했다.

문곡 선생은 체육이론에 정통하셨고 해부학, 생리학, 물리학, 서양사, 국사, 수학, 영어 등에 해박한 석학자이시며 체육실기면에서도 체조, 기계체조, 빙구, 씨름, 유도, 축구에 이르기까지 만능

. . . .

7 『동아일보』 1930년 9월 4일.
8 백용기, 앞의 책.
9 백용기, 앞의 책.
10 대한체육회, 『대한체육회 70년사』, 1990, 565쪽.
11 대한체육회, 위의 책, 81쪽.
12 대한체육회, 위의 책, 575쪽, 589쪽.

하실 뿐 아니라 특히 우리나라 역도의 창설자로서 제자들에게 정확한 시범과 솔선수범으로 가리킴으로써 실로 한국체육사에 빛나는 공적을 남겼으며 문곡 선생의 체육정신은 제자들에 의하여 영원히 계승되리라고 믿는 바이다.[13]

이 내용을 통해 서상천은 체육이론을 비롯해 실기에 이르기까지 지도할 수 있는 능력을 갖추고 있었으며, 특히 역도의 창시자로서 한국근대스포츠의 발전에 많은 공헌을 했다는 사실을 알 수 있다.

2) 역도의 도입

한국에서 역도는 서상천 등이 1926년 조선체력증진법연구회를 설립하고 거기서 지도한 것이 시작이었다.[14] 원래 역도라는 명칭은 일본의 쥬료아게(重量挙げ), 서양의 웨이트 리프팅(Weight Lifting)과 구별하기 위해 서상천이 고안한 것으로 동서양의 철학을 통해 인간으로서 갖추어야 할 기본정신과 생활의 도를 요구한다는 의미를 가지고 있었다.[15]

한국에서 역도대회는 1928년 2월 24일부터 25일까지 YMCA 주최와 조선일보사 후원으로 제1회 역도대회가 YMCA에서 개최되었는데 이 대회가 한국에서 첫 역도대회였다.[16] 1930년 11월 8일에는 중앙체육연구소와 조선체육회의 공동주최로 제1회 전 조선역도대회가 개최되었다. 이 대회는 YMCA 주최의 대회가 체중의 구별 없이 일정한

· · · · · · · · · · · ·
13 백용기, 앞의 책.
14 『동아일보』 1930년 1월 27일.
15 백용기, 「역도 재출판을 회고하면서」, 『역도』, 1987.
16 서상천외 3명, 『현대체력증진법』, 세광사, 1931, 185쪽.

중량과 운동회수의 많고 적음으로 체력의 강약을 판정한 것에 대해 경체중(53.1kg 이하)과 중체중(53.1kg 이상)의 2체급으로 나누어 거행되었다. 또한 체력을 경쟁하는 종목은 1928년에 개최된 암스테르담올림픽대회 때 역도경기(3종목: 추상, 인상, 용상)와 동일한 방식으로 거행되었다.[17]

그리고 1932년 12월 제3회 전 조선역도대회에서는 일부 규정을 변경해 경기를 개최했다. 경기종목은 이전 대회와 같지만 체중별 경기는 국제올림픽대회의 규정을 채택했다. 즉 지금까지 경체중과 중체중의 2체급으로 나누어 거행한 경기를 1932년 로스앤젤레스올림픽대회처럼 경경급(輕輕級 56.2kg), 경급(輕級 63.7kg), 중급(中級 75kg), 경중급(輕重級 78.7kg), 중급(重級 78.7kg이상)의 5체급으로 나누어 경기를 거행했다.[18] 이 대회는 1934년 12월에 개최된 제5회 대회를 마지막으로 전 조선종합경기대회에 흡수되었다.[19]

한편 YMCA 주최의 역도대회는 그 후 매년 YMCA 회관에서 개최되었는데(제4회와 제5회는 사정에 의해 중지), 1933년 8월 제6회 대회부터는 경기규정을 전부 변경해 거행했다. 변경된 경기규정은 전 조선역도대회와 같이 체중별(5체급)로 나누고 중량의 합계에 의해 정했다.[20] 또한 이 대회에서는 조선체력증진법연구회를 설립해서 역도를 소개, 보급한 서상천, 이병학, 이규현 등이 심판으로 활약했다. 이 대회도 1935년 4월에 개최된 제8회 대회를 마지막으로 전 조선종합경기대회에 흡수되었다.[21]

· · · · · · · · · · · · ·

17 서상천외 3명, 위의 책, 187-188쪽.
18 서상천외 3명, 위의 책, 217-218쪽.
19 민관식, 『대한체육회사』, 대한체육회, 1965, 120쪽.
20 서상천외 3명, 앞의 책, 201쪽.
21 민관식, 앞의 책, 145쪽.

이와 같이 한국에서 역도는 일본유학출신자인 서상천 등에 의해 도입되어 조선체력증진법연구회의 활동을 통해 학교와 일반사회에 서서히 보급되어 갔다. 그 후 역도는 1928년 YMCA 주최의 역도대회를 비롯해 1930년에는 중앙체육연구소와 조선체육회의 공동주최로 개최된 전 조선역도대회를 중심으로 발전되었다. 당시의 한국에서 역도대회는 이 2대회에 의해 유지되었으며, 특히 경기규정은 국제올림픽대회 방식을 채택해 국제적인 역도계의 흐름에 따르려고 했다. 또한 여기서 주목할 만한 사실은 각종 근대스포츠가 유럽과 미국, 일본에서 도입되었으나 역도만큼은 한국인에 의해 도입되었다는 것이다.

3) 조선체력증진법연구회의 설립과 활동

조선체력증진법연구회는 1926년 11월 30일 서상천, 이규현 등에 의해 설립되었으며 그 목적은 조선민족의 건강증진과 체력 향상을 도모하는데 있었다. 이 단체는 경성 화동 42번지 서상천의 자택에 체육관을 설치하고 신체가 허약한 자, 각종경기에서 좋은 성적을 내려는 자, 신체를 튼튼하게 하려는 자를 대상으로 체력증진법을 이론과 실기에 입각해 정식으로 연구, 지도했다.[22]

회원은 약 20명 정도였고 회비는 매월 80전이었다. 강습일은 월, 화, 수, 금, 토 주 5일이었으며 강습시간은 오후 7시부터 9시까지 2시간이었다. 강습내용은 체력증진법을 비롯해 도수 및 기계체조, 씨름, 유도(도장의 사정에 의해 당분간 씨름과 유도는 중지), 올림픽대회 정식종목인 역도 등이었다.[23]

---

22 『동아일보』 1933년 12월 1일.
23 『동아일보』 1933년 12월 1일.

1930년 9월 역도에 대한 일반인의 인식이 높아짐에 따라 체육관의 협소함을 느낀 서상천은 단체의 명칭을 중앙체육연구소로 바꾸고 자택에 약 25평 크기의 벽돌로 만든 체육관을 신축했다.[24] 이후 중앙체육연구소는 1932년 3월 입회에 관한 규정을 개정해 회원을 모집했는데 그 내용을 보면 회원은 보통회원과 특별회원으로 구분하고 12세 이상의 남자 약 30명을 모집했다. 회비는 보통회원은 입회금 3엔에 월 회비 1엔이었고 특별회원은 입회금 5엔에 월 회비 1엔 20전이었다. 또한 반은 둘로 나누어 갑반은 월, 수, 금, 을반은 화, 목, 토였으며 강습시간은 매일 오후 7시 반부터 9시 반까지 2시간이었다.[25] 강습내용은 당시 지도자였던 백용기의 회고에 따르면 다음과 같다.

> 준비운동으로 30분 동안 덴마크체조, 달리기, 줄넘기, 텀블링을 한 후 철봉, 평행봉, 뜀틀, 역도 등의 운동. 10분간의 정리운동 순서로 강습을 했다.[26]

이 회고 내용을 보면 강습은 준비운동으로 가볍게 몸을 풀고 본 운동으로 기계체조와 역도를 한 다음 정리운동으로 마무리를 하는 운동의 순서를 제대로 지키며 행하고 있었음을 알 수 있다.

그리고 중앙체육연구소에서는 회원을 모집하기 위해 『현대체력증진법』(1931)에 "형제여 우리 중앙체육연구소에 모여라"는 광고를 실었다.

> 보라 최근 의학의 추세는 치료에서 예방으로 예방에서 운동으로

24 『동아일보』 1930년 9월 4일.
25 『동아일보』 1932년 3월 10일.
26 백용기, 앞의 책, 1978, 15쪽.

향하고 있지 않은가! 우리 중앙체육연구소는 여러분을 위해 노력을 아끼지 않고 모든 희생을 다하며 우리 동포의 건강과 갱생을 위해 사명을 수행하려고 하는 자들의 모임이다. ...중략... 오라! 연구소의 규칙 정연한 단련은 단기간에 당신의 육체를 이상화 하리라.[27]

중앙체육연구소는 국민의 건강을 위해 노력과 희생을 한다는 목적을 가지고 설립된 단체로서 규칙 바른 단련을 통해 건강한 신체조성을 강조했던 것이다. 그리고 중앙체육연구소에서는 1934년 1월 회원의 입회에 관한 내용을 개정하고 "동양 유일의 체격 개조기관인 경성중앙체육연구소 입회안내"를 했다.

- 연구종목: 체조(도수체조, 기구체조, 기계체조, 철봉, 평행봉, 링, 뜀틀, 텀블링), 경기, 씨름과 유도(당분간 중지), 일반 체력증진법
- 효과: 허약자, 소화불량, 신경쇠약, 그 외 일반병약자와 운동선수로서 기본이 되는 체력을 더 강장하려는 자, 적극적으로 강장하려는 자에게 유일무이한 기관이다.
- 소원별: 보통회원과 특별회원, 단 특별회원은 사범회의에서 결정함
- 반별: 월, 수, 금반과 화, 목, 토반(겨울철 오후 7시부터 9시까지, 그 외 오후 7시 반부터 9시 반까지), 월, 수, 금 특별반(오후 4시 반부터 오후 6시까지). 이상 어떤 반이든지 자기형편에 따라 가입할 수 있음
- 급과 단: 각자 성적에 따라 본 연구소 소정의 체육급과 체육단을 수여함
- 회비: 보통회원 입회금 3엔 월 회비 1엔, 특별회원 입회금 3엔 월 회비 1엔 20전

27 서상천외 3명, 앞의 책, 228쪽.

- 특전: 성적이 우수한 보통회원은 회비 반액, 혹은 전부 면제, 그 외 보조 등의 규정이 있음
- 입회자격: 12세 이상 남녀노소를 불문함
- 입회시기: 결원이 있을 경우 언제든지 입회를 허가함
- 지도자: 이규현, 이병학, 박종영, 서상천외 대가 및 기록보유자 다수[28]

이것으로 보아 중앙체육연구소에서는 지금까지 남자로 제한했던 회원의 자격을 남녀노소로 바꾸고 특별반의 신설과 특별회원의 입회금을 5엔에서 3엔으로 낮춘 것을 알 수 있다. 그리고 회원 입회의 규정을 개정한 후 1934년 10월 당시 여자체육의 부진을 느끼고 여자반을 신설했다. 여자반의 강습일은 매주 화, 목, 토의 3일이었으며 강습시간은 오후 4시 반부터 5시 반까지 1시간이었다. 강습내용은 기구, 기계응용체조, 보건체조, 체력증진법, 자전거운동 등이었다. 입회자격은 10세 이상인 자로서 회비는 매월 1엔(입회금 무료)이었고 지도자는 백용기 및 간부 여러 사람으로 구성되었다.[29]

이처럼 중앙체육연구소는 역도에 대한 일반인의 인식이 높아짐에 따라 단체명의 개칭, 체육관의 신축, 특별반 및 여자반의 신설, 회원의 입회에 관한 규정의 개정 등을 통해 단체로서 체제를 갖추게 되었다.

중앙체육연구소의 활동으로는 지방의 순회공연, 원유회, 역도대회의 개최 등이 있었다. 우선 지방의 순회공연은 1932년 2월 동아일보 부산지국의 초청을 받아 그해 2월 6일, 7일에 개최되는 역도, 영화대회에 출연하기 위해 전날 일행 11명이 부산으로 향했다. 공연내용은 보건체조, 체육강연, 체육무도(舞蹈), 기계체조, 중량응용 체력증진법,

28 서상천·이규현, 「부록」,『현대철봉운동법』, 한성도서주식회사, 1934, 10쪽.
29 『동아일보』 1934년 9월 30일.

역도 등이었다. 부산에서 이틀 동안의 공연은 대성황이었으며 돌아오는 길에는 대구에 들러 2월 8일 대구운동협회의 주최로 만경관에서 공연을 하고 다음날에는 대구고등보통학교 강당에서 직원과 학생, 내빈을 대상으로 2시간 반 정도의 공연을 했다.[30]

다음으로 원유회는 매년 여름 한강에서 거행했는데 1932년 6월에 있었던 프로그램을 보면 오전 9시 반 의전병원의 정문에 모여 10시에 장충단공원을 경유해 11시 반 한강인도교 상류 수영장에 도착, 12시 반부터 연구소 노래 합창, 단체경기, 개인경기, 특별회원의 릴레이를 거행하고 점심식사 후에는 뱃놀이, 보물찾기 등의 여흥을 즐겼다.[31] 그리고 역도대회는 전 조선역도대회, 홍백전, 대항전, 역도역예대회를 개최했다. 전 조선역도대회는 앞에서 언급한 관계로 생략하고 홍백전은 일반인에게 역도에 대한 관심을 갖도록 하기 위해 개최되었는데 그 내용에 대해 「동아일보」를 보면 "일반인의 견학 또는 내빈을 환영한다. 특히 중년 이상의 일반 위장병 환자나 허약자 내빈을 환영한다."고 되어 있다.[32] 또한 대항전은 휘문고등보통학교와 단체전을 거행했는데,[33] 그 이유는 중앙체육연구소 대표인 서상천이 휘문고등보통학교 체육교사로 재직하고 있어 서로 친선을 도모하기 위해 거행되었던 것으로 보인다.

역도역예대회는 1934년 11월 18일 하세가와초(현 소공로)의 공회당에서 거행되었다. 중앙체육연구소에서는 당일의 입장혼란을 피하기 위해 종로 삼성당 시계점, 화신백화점, 중학동의 최학기 운동구점, 교남동의 화신연쇄점에서 입장권을 판매했으며 입장료는 일반 30전,

30 『동아일보』 1932년 2월 4일.
31 『동아일보』 1932년 6월 19일.
32 『동아일보』 1934년 3월 14일.
33 『동아일보』 1934년 4월 14일.

학생 20전이었다. 대회 프로그램은 다음과 같다.

- 개회
- 도수체조: 제1부 중앙체육연구소
- 역예(1): 김낙순
  맥주병을 주먹으로 깨기
  철사를 가슴에 감고 호흡으로 끊기
  잣을 손으로 비벼 깨기
  큰 못을 손가락으로 꼬기
  배 위에서 널뛰기
- 추상(대항): 중앙체육연구소와 전 휘문
- 역기: 김낙순
- 평행봉운동: 중앙체육연구소
- 중량응용 체력증진법: 중앙체육연구소 사범 이규현
- 역예(2): 김낙순
  주먹으로 벽돌 깨기
  두 손가락으로 계란 깨기
  두께 0.6cm, 넓이 3cm의 철판을 팔에 감고 펴기
  망치로 2분 전신을 구타
  대나무 마디를 뽑아 끊기
- 역기운동의 효과: 중앙체육연구소 사범 서상천(실연)
- 인상(대항): 중앙체육연구소와 전 휘문
- 폐회[34]

이와 같이 중앙체육연구소에서는 국민에게 역도에 대한 관심을 갖도록 하기 위해 지방순회 공연과 각종 역도대회 등의 활동은 물론 부원의 단결과 친목을 도모하기 위해 매년 여름에 한강에서 원유회도

34 『동아일보』 1934년 11월 18일.

거행했다. 특히 역예대회의 프로그램은 요즈음 좀처럼 볼 수 없는 신기한 묘기로서 사람들의 관심을 끌기에 충분한 것이었다. 그리고 당시 경성시내의 유명한 가게에서 입장권을 판매한 것도 눈에 띈다.

4) 스포츠전문서의 간행

중앙체육연구소는 조선민족의 건강증진과 체력 향상을 도모하기 위한 하나의 방법으로『현대체력증진법』(1931),『현대철봉운동법』(1934),『역도』(1942) 등의 교재를 발행했다. 이들 교재는 과학적인 이론을 근거로 개인의 건강증진과 운동선수의 체력 향상을 위해 신체단련법에 중점을 두고 발행한 것이다. 여기에서는 중앙체육연구소의 운동총서로 발행된 현대체력증진법과 현대철봉운동법에 대해 알아보기로 한다.

(1) 현대체력증진법

『현대체력증진법』은 1931년 1월 중앙체육연구소의 사범인 서상천, 이규현, 이병학과 남대문상업학교 교사 이병삼에 의해 편찬되었다(그림1 참고).[35] 이 책의 편찬 동기는 공저의 한사람인 서상천에 따르면 다음과 같다.

저자는 어렸을 때 신체가 약한 편이었고 병이 많았다. ...중략... 어떻게 하면 좀 더 강한 신체로 만들어볼까 하는 마음은 항상 뇌리에 떠나 본적이 없었다. 불행히 저자 자신은 일찍이 상당한 지도를 받아 보지 못했고 뿐만 아니라 적극적 단련을 해보지 못했으나 이 마음만은 골똘해 10여년을 하루같이 지냈었다. 다행히

....

35 서상천외 3명, 앞의 책, 표지.

오늘날 저자로서는 이 문제의 해결을 얻을 최선의 방법을 어느 정도 깨달아 알게 되었다며 자신하고 저자의 어렸을 때 희망과 같은 체력증진에 뜻을 둔 청소년에게 적지 않은 도움이 되리라 생각해 이 소책자를 편찬하게 된 바이다.[36]

이 내용을 보면 서상천은 자신의 신체가 허약한 어린 시절을 생각해 자신과 같은 처지에 있는 청소년을 위해 이 책을 편찬했다는 것을 알 수 있다.

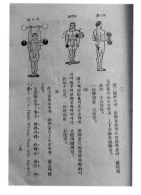

그림 1. 현대체력증진법(출처: 손환 소장)

이 책의 목적은 남녀노소의 일과적 보건법, 운동선수의 기초훈련법, 적극적인 체력증진법, 현대차력법, 가장 합리적인 체격교정법을 소개하는데 있었다. 크기는 4·6판이며 전부 229쪽(본문 184쪽, 부록 및 증보 45쪽)으로 되어 있으며 가격은 70전이었다. 이 책은 전체 3장으로 구성되어 있는데 뒷부분에 부록과 증보가 붙어있다. 내용은 제1장에는 산도우(Eugen Sandow)의 소개와 그의 보건적 기초운동법

36 서상천외 3명, 앞의 책, 10쪽.

에 대해, 제2장에는 체력증진을 도모하기 위한 방법으로 그림을 이용해 신체 각부의 운동법에 대해 설명하고 있으며, 제3장에는 체육운동에 관한 지식과 이론을 생리, 해부, 위생, 의학적인 측면에 입각해서 다루고 있다. 부록 및 증보에는 역도의 개념, 한국에서 역도대회의 연혁과 각종대회의 기록이 소개되어 있다.

현대체력증진법의 발행은 당시 조선의 각계에 많은 관심을 불러일으켰다. 그 이유는 체육학을 전문적으로 공부한 사람에 의해 저술된 이러한 종류의 스포츠전문서는 처음 있는 일로서 조선체육계에 있어서도 획기적인 일이었기 때문이다. 여기서 각계의 관심에 대해 살펴보면 김영구(조선중앙기독교청년회 체육부), 강낙원(연희전문학교), 김규면(조선체육회 상무이사)은 각각 다음과 같이 언급했다.

현재 각종 운동경기가 발달되어 체육사상이 보급되는 조선체육계에 있어서 체육은 다만 운동경기에 있는 줄로만 생각하는 경향이 보이며 또한 인정도 한다. ...중략... 이러한 의미에서 한 형식이나 보조운동이나 부분적이 아니라 실제적이며 합리적이며 조직적인 체육보전(寶典)인 현대체력증진법이 해당 분야 권위 제씨의 노력으로 나타나게 된 것은 운동경기를 주로 한 조선체육계에 한 광명이며 축복인줄 생각하는 동시에 앞으로 반드시 큰 효과가 있을 줄 믿는 바이다.[37]

개인의 흥망과 민족사회의 성쇠는 오로지 강약이나 건강여부에 있다. ...중략... 우리는 체력증진을 꾀해 강건에 관심을 가져야 한다. 그러나 아직 이러한 종류의 저서를 보지 못함을 유감으로 생각하든바 이제 해당분야의 권위자인 4명이 오래 동안 연마를 쌓은 정성은 마침내 나타나 우리 조선건아의 강건을 북돋움에 위대

----

37 서상천외 3명, 앞의 책, 27쪽.

한 힘이 됨을 나는 기뻐한다.[38]

조선의 체육사상과 운동경기가 최근 현저히 진보하는 상태이니 주로 학교단체이고 부분적으로 운동단체에서 행함에 불과하다. 그럼으로 널리 이를 보급하고 발전을 도모함에는 이에 관한 도서가 필요한 동시에 우리인체에 이상화할 운동방법을 연구해 적합하게 하는 것이 간절하다. ...중략... 다행히 서상천, 이규현, 이병삼, 이병학 등이 솔선해 체력증진법을 연구하고 실제로 체험해 많은 문하생이 있어 부단하게 실행한 결과 그 효과가 각종 운동경기의 토대가 될 것을 인정한 그즈음에 더욱 연구를 해 일대 저서를 편찬하였으니 이것이 곧 현대체력증진법이다. 본서의 출현은 우리운동계에 처음으로 귀중한 책이 될 것이요.[39]

이와 같이 당시 조선에서 스포츠는 운동경기를 하는 것으로 인식할 정도였으며 그에 관한 전문서적은 아무것도 없는 실정이었다. 이러한 상황에서 현대체력증진법의 발행은 국민의 보건과 체력증진을 도모하기 위한 하나의 지침서가 되었다는 사실에 그 의미가 있었던 것으로 보인다.

(2) 현대철봉운동법
『현대철봉운동법』은 1934년 1월 중앙체육연구소 사범 서상천과 이규현에 의해 편찬되었다(그림2 참고).[40] 이 책의 편찬 동기는 서문에서 엿볼 수 있다.

....

38 서상천외 3명, 앞의 책, 28쪽.
39 서상천외 3명, 앞의 책, 31쪽.
40 서상천·이규현, 앞의 책, 표지.

조선 사람처럼 어려운 처지에서 무엇 하나 긴급하지 않은 것이 있겠느냐만 이 난관을 돌파하는 방법으로 우리의 신체개조와 변혁에 착수해야 하는 것은 결정적인 숙제이다. ...중략... 저자는 일찍이 학업을 마치고 현해탄을 건널 때부터 우리 사랑하는 전 조선동무에게 이 도(道)를 권하고자 했는데 최근 철봉운동 열이 현저해 전국방방곡곡에도 흔히 철봉을 구경할 수 있게 된 것은 크게 반가운 현상이나 이것을 지도할만한 서적이 조선문이나 일본문으로 적당한 것이 없으며 영문으로도 계통적, 종합적으로 이론과 실제를 규명한 문헌이 없는 것을 유감으로 생각하든 중 이 책을 편찬하게 되었다.[41]

이 내용을 보면 저자는 철봉운동을 통해 국민의 신체개조와 변혁을 도모하려고 했으나 적당한 지도서가 없다는 사실을 알고 이 책을 편찬했던 것이다.

그림 2. 현대철봉운동법(출처: 손환 소장)

41 서상천·이규현, 앞의 책, 40-41쪽.

이 책의 목적은 남녀노소의 일과적 보건법, 각종 운동선수의 기초적 훈련법, 현대차력법의 일종을 소개하는데 있었다. 크기는 4·6판이며 전부 201쪽(본문 190쪽, 부록 및 증보 11쪽)으로 되어 있으며 가격은 60전이었다. 이 책은 전체 4부로 구성되어 있는데 뒷부분에 부록과 증보가 붙어있다. 내용을 보면 제1부에는 철봉운동을 하는데 필요한 상식에 대해, 제2부에는 철봉운동의 기본으로서 학교와 육군체조의 중요 항목인 철봉운동법에 대해, 제3부에는 오늘날 행해지고 있는 11여종의 철봉운동에 대해, 제4부에는 기계체조대회 및 철봉대회의 개요와 최근의 기록을 각각 소개하고 있다. 부록과 증보에는 최근 유행하고 있는 가정운동기구, 철아령운동법에 대해 설명하고 있다. 현대철봉운동법의 발행은 현대체력증진법과 같이 조선의 각계에 큰 반향을 불러일으켰으며 국민건강과 체력증진을 도모하기 위한 하나의 지침서가 되었다.

5) 스포츠사상

서상천의 스포츠사상은 일본유학 중에 형성된 것으로 보인다. 이러한 사실은 서상천이 쓴 "제일허약하엿섯다"(1929)에서 엿볼 수 있는데 거기에는 그가 체육학을 공부하게 된 동기에 대해 언급되어 있다.

체육이란 틈틈이 시간 있는 대로 할 것이요. 일생을 전문으로 할 것은 아니라고 했었다. 그럼으로 무엇보다 과학방면으로 전공하려고 했던 것이다. 나의 동경으로 간 뜻은 이와 같이 과학방면이었으나 동경 가서 얼마동안 있어 본 결과 체육에 대한 그들의 주장이 나를 격동시켰든 것이다. 조선에 있을 때는 내 자신만을 표준하기 때문에 체육이란 일생 전문할 것은 아니라 했으나 그들의 체육을 장려하는 의의와 체육에 대한 정신을 이해할 수 있을 내

나는 내 자신의 허약도 허약이려니와 우리 조선인의 허약을 생각
하지 않을 수 없었던 것이다. 그럼으로 나는 쾌연히 체육방면에
나섰고 오늘에 있어 만족하는 것이며 건강한 사람보다도 불건강
한 사람에게 더욱 이 방면을 권하고 싶은 것이다.[42]

　　서상천은 원래 과학 분야를 공부하기 위해 일본에 갔으나 유학 중
일본인의 체육에 대한 주장, 즉 체육의 의의와 정신에 영향을 받아
체육을 전문적으로 공부하게 되었던 것이다. 특히 그는 자신의 허약
보다 우리국민의 허약을 생각했는데 그것은 당시 조선이 처해있는
입장에서 체육을 개인보다 민족적인 차원에서 생각했기 때문이다.

　　그래서 서상천은 민족적인 차원에서 할 수 있는 구체적인 운동법
으로서 일반적으로 누구라도 실천할 수 있는 것, 넓은 장소를 필요로
하지 않고 침실에서도 할 수 있는 것, 간단한 기구로서 할 수 있는
것, 단기간에 비교적 효과를 얻을 수 있는 것 등의 조건을 갖추고 있
는 독일의 산도우가 고안한 일반남녀의 보건운동과 운동선수의 기초
훈련법을 제시했다.[43]

　　한편 그는 "체육학교 설치를 건의함"(1941)에서 체육계는 일만 가
지의 근거가 있는데, 특히 신체와 정신을 분리할 수 없는 체육의 기
본입장에서 기존의 무도과, 체조과 이외에 의학과 정신수양을 할 수
있는 체육학교를 설치할 것을 강조했다.[44]

　　이상과 같이 서상천은 조선체력증진법연구회를 설립하고 역도의
보급을 통해 당시 경기중심에 치우쳐 있던 스포츠를 과학적인 근거
에 입각해 이론적으로 체계화하고 한국의 근대스포츠발전에 일익을

42 서상천, 「제일허약하엿섯다」『학생』, 1929, 44쪽.
43 서상천, 「체육강좌」『학생』, 1929, 26쪽.
44 서상천, 「체육학교 설치를 건의함」『춘추』, 1941, 168-170쪽.

담당한 진정한 체육인이었으며 국민의 건강과 체력 향상을 도모하는 데도 많은 공헌을 한 인물이라고 평가할 수 있겠다.

2-2. 한국 최초의 스포츠영웅, 손기정

조국 없는 마라토너, 비운의 러너 등으로 우리들에게 너무나 잘 알려져 있는 한국마라톤계의 영웅이며 한국육상계의 영웅, 나아가 한국스포츠계의 영웅 손기정.

손기정은 1936년 베를린올림픽대회 마라톤에서 당시 인간의 한계라고 불리는 2시간 30분대의 벽을 돌파하고 올림픽신기록을 수립하며 당당히 우승을 차지했다. 손기정의 우승은 당시 일제의 식민지 통치를 받고 있던 우리민족의 울분을 토로하고 민족의식을 일깨워주는 계기를 가져왔을 뿐만 아니라 한국인의 우수성과 저력을 전 세계에 과시했다. 그리고 손기정의 우승은 한국마라톤 역사상 최초의 금메달이면서 한국인 최초의 올림픽금메달이다. 또한 일본마라톤 역사상 최초의 금메달이기도 하다. 이처럼 손기정은 한국은 물론 일본마라톤계에도 뚜렷한 흔적을 남긴 인물로 평가를 받고 있다.

그로부터 75년이 지난 2011년 손기정은 한국스포츠의 발전에 많은 공헌을 한 체육인들 중에서 모든 체육인의 귀감이 되고 국민의 존경을 받는 인물로 평가되어 대한체육회의 스포츠영웅에 선정되었다.[45] 또한 손기정의 탄생 100주년을 맞이한 2012년에는 베를린올림픽대회 우승으로 받은 금메달, 우승상장, 월계관은 체육사·민족사적 가치가 크다고 평가를 받아 문화재로 등록되었다.[46] 이와 같이 손기정의 한

. . . .

45 『경인일보』 2011년 9월 21일.

국스포츠 발전을 위해 공헌한 생전의 업적은 사후에도 높이 평가를 받고 있다는 사실을 알 수 있다. 여기에서는 한국 최초의 스포츠영웅 손기정의 스포츠 활동에 대해 알아보기로 한다.

1) 손기정의 생애

손기정은 1912년 음력 8월 29일 신의주의 남민포동에서 작은 잡화점을 운영하고 있던 아버지 손인석과 어머니 김복녀의 3남 1녀 중 막내로 태어났다. 그가 태어난 곳은 겨울이면 영하 20도를 오르내리는 추운지방이어서 아이들의 놀이란 대개 축구나 스케이팅 같은 것이었다. 그는 언제나 날씬하고 멋진 날이 번쩍이는 스케이트가 타고 싶었으나 가난한 집안 형편으로는 어림도 없는 일이었다. 가진 것 없이는 운동을 하려해도 별로 할 것이 없었다. 달리기, 오직 달리기만이 어떤 장애도 비용도 들지 않는 멋진 운동이었다. 달리기는 하면 할수록 재미가 났는데 그래서인지 그는 누구보다도 달리기에 흥미를 느꼈고 누구보다도 잘 달릴 수 있었다. 그는 당시 신의주의 약죽보통학교에 다녔는데 2km정도의 자갈밭길은 좋은 연습코스가 되었다.[47]

약죽보통학교 5학년 여름에 커다란 해일이 신의주를 덮쳐 손기정의 집은 흔적도 없이 사라져버렸다. 이로 인해 그는 참외장사, 각설탕장사를 하며 졸업할 때까지 학비를 벌면서 학교를 다녔다. 이때 손기정은 이일성 선생(의주사범출신, 육상 장거리선수)을 만나게 되었다. 그는 손기정의 소질을 인정해 처음으로 달리는 법을 가르치고 육상선수로서의 길로 인도해주는 등 어린 시절 손기정에게 많은 영향을

• • • • • • • • • • •
46 『조선일보』 2012년 2월 10일.
47 손기정, 『나의 조국 나의 마라톤-손기정 자서전』, 한국일보사출판국, 1983, 36-39쪽.

미쳤다.[48] 이처럼 손기정은 어린 시절 가정형편이 어려워 행상을 하면서 학비를 벌어 학교를 다녔는데 다른 아이들처럼 축구나 스케이트보다 돈이 안 드는 달리기에 흥미를 가지게 되었다.

1928년 약죽보통학교를 졸업한 손기정은 육상선수로서의 소질을 인정받아 신의주상업학교로부터 입학제의를 받았으나 가정형편이 좋아지지 않아 결국 압록강인쇄소에 취직했다. 그러나 그해 9월 이일성 선생의 권유로 운동과 공부를 병행하기 위해 일본에 건너갔으나 아무런 성과 없이 돌아왔다. 신의주에 돌아온 그는 동익상회(곡물위탁회사)에 취직해 자신이 가장 잘 할 수 있는 것은 운동이요, 달리기란 사실을 잊지 않고 일이 끝나면 틈나는 대로 달리기 연습에 몰두했다.[49]

그러던 중 그는 1931년 여름 시민대운동회 마라톤에 출전해 2등을 했다. 그때 주위로부터 트랙경기를 하라는 권유를 받고 20일 정도 연습한 후 조선신궁경기대회 지방예선에 출전해 5,000m에서 우승을 하며 대표선수로 뽑혔다. 1931년 10월 본선 대회인 제7회 조선신궁경기대회에 출전한 그는 조선신기록으로 우승을 차지하는 기염을 토했다. 이듬해 봄 경영마라톤에서 그는 2등을 해 고향에 가지 않고 서울에서 여러 선배의 지도를 받기 위해 양정고등보통학교에 입학했다.[50] 이와 같이 그는 틈나는 대로 달리기 연습에 몰두한 끝에 1931년 그의 나이 19세 때 공식대회에 출전해 자신의 달리기 능력을 시험해 보고 당시 육상의 명문 양정고등보통학교에 입학을 하게 되었다. 양정고등보통학교에 입학한 이유는 어린 시절 가난으로 인해 학교를 제대로 다니지 못해 배움에 대한 의욕과 육상의 체계적인 지도와 훈련을 배우고 싶었기 때문인 것으로 보인다.

· · · · · · · · · · · ·
48 손기정, 위의 책, 42-43쪽.
49 손기정, 위의 책, 45-49쪽.
50 손기정, 「백림올림픽대회를 바라보며」『삼천리』8-1, 삼천리사, 1936, 31-33쪽.

이후 손기정은 양정고등보통학교의 육상선수로서 조선신궁경기대회를 비롯한 각종 국내경기대회, 일본에서 열린 메이지신궁경기대회, 전 일본마라톤대회 등에 참가해 3번의 비공인 세계신기록을 수립해 마라톤계의 1인자로서 군림하며 그의 실력을 유감없이 발휘했다. 특히 1935년에 열린 베를린올림픽대회 마라톤 후보 선발전에서 그는 세계신기록을 수립하며 출전권을 획득하기도 했다.

이러한 대활약으로 그는 1936년 제11회 베를린올림픽대회 마라톤에서 2시간 29분 19초, 처음으로 2시간 30분대의 벽을 돌파하며 한국마라톤 역사상 최초로, 일본마라톤 역사상 유일하게 금메달을 차지했다. 손기정의 마라톤 우승소식은 일본과 조선의 전국방방곡곡에 퍼져 나갔다. 그러나 우승의 기쁨도 잠시 동아일보사의 이길용 기자에 의한 일장기말소사건으로 손기정은 결국 선수생활을 그만두게 되었다.

1937년 양정고등보통학교를 졸업한 손기정은 도쿄고등사범학교 체육과에 응시했으나 낙방하고 김성수의 덕택으로 보성전문학교 상과에 입학했다. 그러나 입학환영회가 비밀집회로 간주되어 해산명령이 내려지는 등 그에 대한 감시로 인해 말도 없이 그만두고 일본으로 건너가 정상희와 권태하의 주선으로 다시는 운동을 하지 않는다는 조건으로 메이지대학에 입학했다.[51] 1939년 12월 20일 메이지대학 졸업을 앞두고 손기정은 평양공회당에서 관서체육회 회장 이기찬의 주례로 강복신(육상단거리선수, 동덕고녀 교사)과 결혼식을 올렸다. 이 두 사람은 선수시절 경성운동장에서 몇 차례 만난 적이 있었고 서로를 잘 알고 있던 고봉오(조선일보사 기자)의 부부소개로 1년간의 연애 끝에 결혼을 하게 되었던 것이다.[52]

51 고두현, 『베를린의 월계관』, 서울올림픽기념 국민체육진흥공단, 1997, 357-359쪽.
52 백옥부, 「마라손왕 손기정군의 결혼행진곡」,『조광』6-2, 조선일보출판부, 1940, 228-231.

1945년 8월 15일 광복을 맞이하자 우리체육계는 제자리를 잡기 위해 분주한 날들을 보냈다. 이러한 상황에서 그해 9월 23일 손기정을 비롯한 육상인들은 조선육상경기연맹을 설립했다. 이듬해 베를린올림픽대회 마라톤우승 10주년을 맞이해 손기정 등은 조선마라톤보급회를 조직하고 자신의 집에 마라톤합숙소라는 현판을 걸고 마라톤보급운동에 노력하면서 이때부터 그는 본격적으로 지도자의 길을 걷게 되었다.

그 후 손기정은 1947년 제51회 보스턴마라톤대회 감독, 1948년 대한체육회 부회장, 1952년 제15회 헬싱키올림픽대회 코치, 1963년 대한육상연맹 회장, 1966년 제5회 방콕아시아경기대회 선수단장 등을 역임하면서 한국마라톤의 보급, 발전에 많은 공헌을 했다. 그 공로로 1957년에는 대한민국 체육상, 1970년에는 국민훈장모란장을 받았으며, 또한 제20회 뮌헨올림픽대회, 제21회 몬트리올올림픽대회, 제23회 로스앤젤레스올림픽대회 때에는 조직위원회로부터 특별초청을 받기도 했다. 그리고 1988년 제24회 서울올림픽대회 때에는 성화주자로 나서기도 했다. 2002년 11월 91세의 나이로 타계했다.[53]

2) 손기정의 스포츠 활동

(1) 선수로서 활동

손기정이 처음으로 출전한 공식대회는 1931년 10월에 개최된 제7회 조선신궁경기대회였다. 이 대회에서 손기정은 평안북도 대표로 출전해 5,000m에서 16분 18초 5의 기록으로 우승을 차지했다.[54] 이에 대한 사실은 [그림3]을 통해 엿볼 수 있는데 "우승한 사람들 오른쪽

. . . .
53 『동아일보』 2002년 11월 16일 ;『조선일보』 2002년 11월 16일.
54 『경성일보』 1931년 10월 17일.

그림 3. 조선신궁경기대회에서 우승한 손기정 모습
(출처: 『경성일보』 1931년 10월 17일)

이 5천미 1착 평북 손기정군"이라고 되어 있으며 당시 앳된 손기정의
모습을 볼 수 있다.

이 대회에서 손기정은 마라톤이라는 종목이 있다는 새로운 사실을
알게 되었으며, 특히 김은배가 마라톤에서 세계신기록을 수립하고 그
명성이 널리 사람들에게 알려져 있다는 사실도 알게 되었다.

> 저로서는 첫 대회였는데 뜻밖에 우승을 하니 기쁜 덧 하면서도
> 어쩐지 매우 어색했습니다. 그때 바로 김은배씨가 마라톤 세계신
> 기록을 작성하고 그 명성이 사람들의 입에 오르내렸을 때입니다.
> 저는 고향에서 김은배씨와 같이 한번 세계기록을 돌파해보리라
> 고 속 깊이 결심하고는 꾸준히 연습을 계속해 왔습니다.[55]

이처럼 손기정은 처음으로 출전한 공식대회에서 우승과 더불어 마
라톤을 알게 되면서 세계신기록에 도전해보겠다는 새로운 목표를 세
우게 되었는데 이러한 그의 목표는 나중에 올림픽 마라톤제패라는

. . . .
55 손기정, 「세계기록돌파 후」 『신동아』6-1, 신동아사, 1936, 32쪽.

결실을 맺게 되었다.

1932년 3월 손기정은 마라톤 데뷔전을 치르기 위해 고려육상경기회 주최의 경영마라톤대회에 출전해 준우승을 차지했다.[56] 지금까지 한 번도 과학적이고 체계적인 운동방법을 배운 적이 없었던 손기정은 학교운동부에 들어가면 훨씬 효과적으로 운동을 할 수 있다고 생각해 당시 육상의 명문 양정고등보통학교에 입학했다.[57]

양정고등보통학교에 입학한 손기정은 1933년 권태하에게 뜻밖의 편지를 받았다. 이 편지는 손기정이 정식 마라토너로 전환하는 직접적인 역할을 했다.

> 손기정군 나는 올림픽에 출전했으나 실패했네. 이제 다시 시작하려니 너무 늦은 감이 없지 않아. 나는 손군과 함께 연습하면서 손군이 가진 뛰어난 마라톤 소질을 보았네. 손군이라면 틀림없이 세계마라톤을 제패할 수 있다고 생각하네. 지금부터라도 어떤가 정식 마라톤을 시작하게. 그래서 꼭 세계마라톤을 제패해 저 일본사람들의 콧대를 눌러주게.[58]

이에 대해 손기정은 "권태하 선배의 편지는 내가 베를린올림픽대회를 인생 최대의 결전장으로 목표를 정하는데 결정적인 요인이 되었다. 그 편지가 없었다면 양정재학 중 나는 마라톤을 그 정도로 열심히 하지는 않았을 것이다"고 했다.[59] 이와 같이 권태하는 손기정의 타고난 마라톤 소질을 파악하고 올림픽대회 마라톤에서 우승을 차지해 일본인들의 기를 누르고 자신이 못 다한 꿈을 실현해주길 바란다

• • • • • • • • • • • •
56 『동아일보』 1932년 3월 22일.
57 손기정, 앞의 책, 1983, 56쪽.
58 손기정, 앞의 책, 1983, 89쪽.
59 鎌田忠良, 『日章旗とマラソン』, 講談社, 1988, 163-164쪽.

고 하면서 앞으로 정식마라톤을 시작할 것을 당부했던 것이다. 이렇게 해서 손기정은 차츰 마라토너로 준비를 하며 그의 인생 최대의 목표도 선배들이 도전하다 실패한 올림픽대회 마라톤 우승으로 바뀌게 되었다.

그 후 손기정은 국내외의 각종 경기대회에 출전해 좋은 성적을 거두었는데 그 자세한 내용은 〈표3〉과 같다. 이 내용을 보면 그는 1933년 권태하에게 편지를 받기 전에는 주로 중·장거리에 출전했으나 1933년 이후에는 중·장거리뿐만 아니라 계주, 마라톤에도 참가하고 있음을 알 수 있다. 또한 1933년 10월의 제9회 조선신궁봉찬체육대회와 1935년의 제1회 전 조선마라톤대회에서는 세계신기록(비공인)으로 우승을 차지하기도 했다. 특히, 그는 1935년 11월 3일 베를린올림픽대회 후보선발전을 겸해 열린 제8회 메이지신궁체육대회에 출전해 2시간 26분 42초라는 세계신기록을 수립하며 올림픽대회의 출전권을 획득하기도 했다. 당시의 상황에 대해 손기정은 다음과 같이 언급했다.

전 일본 총 정예 40여명이 출발해 서로 베스트를 다해 뛰었는데 응원 자동차가 8대나 따르고 도로에 조선동포가 격렬히 응원해 주어서 더욱 원기백배였습니다. 마라톤은 가장 인기초점의 종목이므로 10여만명의 관중이 물밀 듯 몰리고 야단들이었습니다. 결국 경기장에 돌아왔을 때에는 그저 무아지경으로 꼴에 도착하였습니다. 뒤에 들으니까 100미터나 200미터를 달리는 덧 한 속력으로 달렸다고 합니다. 조금 있다가 들으니 세계 최고기록 돌파라는 소리가 귀에 들어왔는데 제가 꿈꾸는 목적을 달성한지라 그 순간에 말할 수 없이 기뻤습니다.[60]

. . . .

60 편집부, 「일류선수 좌담회」『신동아』6-1, 신동아사, 1936, 56쪽.

그는 조선동포들의 열렬한 응원에 힘입어 최선을 다해 세계신기록을 수립했는데 이것은 김은배와 같이 세계신기록을 돌파하겠다는 그의 군은 결심이 이루어지게 되었던 것이다.

표3. 손기정의 기록

대회	연도	종목	성적(기록)
평안북도체육회	1931.09.20	5.000m	우승
제7회 조선신궁경기대회	1931.10.17	5.000m	우승(16분18초5)
제2회 경영마라톤대회	1932.03.21.	마라톤	준우승
제3회 경인역전	1932.04.03		우승(4시간55분)
제10회 LA올림픽 조선예선	1932.05.08	1만m	준우승
		5.000m	우승(16분3초2)
제6회 전 조선중등학교육상대회	1932.06.12.	1.500m	3위
		5.000m	3위
선만(鮮滿)대항 육상경기대회	1932.09.04.	5.000m	우승(16분22초)
제10회 전 조선중등학교육상대회	1932.09.23.	1.500m	우승(4분28초5)
		8마일	준우승
제8회 조선신궁경기대회	1932.10.16.	1만m	준우승
		5.000m	준우승
제3회 경영마라톤대회	1933.03.21	마라톤	우승
제7회 전 조선중등학교육상대회	1933.06.11	800m	3위
		1.500m	우승(4분23초)
		5.000m	우승(17분7초4)
전조선과 와세다대 육상대항전	1933.07.02	5.000m	우승
제11회 전 조선중등육상대회	1933.10	1.500m	우승(4분37초3)
		8마일	우승(44분22초)
제9회 조선신궁봉찬체육대회	1933.10.19	마라톤	우승(2시간29분34초4)
			세계신기록
제4회 경영마라톤대회	1934.03.21	마라톤	준우승
제3회 경성육상선수권대회	1934.04.03	5.000m	우승(16분26초2)
제2회 풀 마라톤대회	1934.04.22	마라톤	우승(2시간24분51초2)
제3회 중등학교육상대회	1934.06.10	400m	우승(55초)
		800m	우승(2분9초4)
제1회 전 조선중등학교육상대항전	1934.	800m	우승(2분11초4)
		1.500m	우승(4분20초)
		5.000m	우승(18분1초)
선만(鮮滿)대항 육상경기대회	1934.10.14-15	1.500m	준우승

대회	연도	종목	성적(기록)
제10회 조선신궁봉찬체육대회	1934.10.16	5.000m	준우승
		1.500m	우승(4분22초)
		마라톤	우승(2시간32분19초8)
제15회 전 조선종합경기대회	1934.11.14	1.500m	우승
전 조선육상경기대회	1935.02.10	5.000m	준우승(16분24초4)
		1.500m	준우승
		800m	5위(2분6초4)
제1회 마라톤대회	1935.02.22	8마일	우승(43분25초)
제6회 경인역전	1935.03.03		우승
제1회 전 일본마라톤대회	1935.03.21	마라톤	우승(2시간26분14초)
제11회 베를린올림픽후보선발전	1935.04.03	마라톤	등외(2시간39분34초)
제1회 전 조선마라톤대회	1935.04.28	마라톤	우승(2시간25분14초)
제3회 풀 마라톤대회			세계신기록
제2회 전 조선중등학교육상대회	1935.05.18	마라톤	우승(2시간24분28초)
	1935.07.27	800m	준우승(2분10초9)
		1.500m	준우승(4분28초7)
		5.000m	우승(17분5초)
제21회 전 일본중등학교육상대회	1935.8.24-25	800m	준우승(2분16초6)
		1.500m	준우승(4분15초8)
		5.000m	준우승(16분29초)
		1.600m계주	우승(3분40초)
제2회 도내 중등학교육상대회	1935.09.22	5.000m	우승(16분51초3)
		1.600m계주	우승(3분43초4)
제13회 전 조선중등학교육상대회	1935.09.24	5.000m	우승(16분30초)
		1.600m계주	우승(3분36초)
일본육상선수권 조선예선	1935.09.29	마라톤	우승(2시간42분2초)
제11회 조선신궁봉찬체육대회	1935.10.21	마라톤	준우승(2시간33분39초)
제16회 전 조선종합경기대회	1935.10.22	1만m	우승(32분54초)
		1.600m계주	우승(3분42초)
제8회 메이지신궁체육대회	1935.11.03	마라톤	우승(2시간26분42초)
			세계신기록
제11회 베를린올림픽대회	1936.08.09	마라톤	우승(2시간29분19초)
			세계신기록

출처:『경성일보』1931년 10월17일, 1932년 10월 16일, 1933년 10월 19일, 1934년 10월 16일, 1935년 10월 21일.『동아일보』1932년 3월 22일, 1934년 3월 22일. 이병권,『양정체육사』, 양우체육회, 1983, 149-190쪽. 鎌田忠良,『日章旗とマラソン』, 講談社, 1988, 161-189쪽을 참고로 작성.

그림 4. 올림픽 챔피언 손기정 캐리커처
(출처: 陸上競技研究會, 『伯林オリムピックの全貌』,
一成社, 1936, 197쪽)

1936년 8월 9일 28개국에서 51명이 출전한 가운데 마라톤대회가
시작되었다. 이때 손기정은 "몸과 마음의 모든 준비가 끝났다. 쾌적
한 기분이었다. 이번 기회를 놓치면 마지막이다. 4년 후엔 또 나올 수
나 있을까? 반드시 이겨야 한다. 그러나 스타트라인에 서 있는 동안
나는 내 기록을 내고도 진다면 할 수 없는 일이라고 생각하며 마음의
여유를 찾았다. 김은배 선배가 6위, 권태하 선배가 9위를 했으니 5위
면 만족이다"라고 마음속으로 각오를 다졌다. 결승테이프를 끊은 시
간은 2시간 29분 19초, 국제공식대회에서 처음 30분대의 벽이 무너지
는 순간이었다.[61] [그림4]는 당시 손기정이 역주하는 모습을 캐리커처
로 묘사한 것으로서 거기에는 "스포츠맨 캐리커처 올림픽 챔피언 손
기정 선수"라고 되어 있다.

이 때 손기정의 심정은 당시 조선일보사 도쿄지국장 김동진과의
전화통화 내용을 통해 엿볼 수 있다.

61 이병권, 『양정체육사』, 양우체육회, 1983, 211-213쪽.

남형(남승룡)과 내가 이긴 것만은 다행이요. 기쁘기도 기쁘나 실상은 웬일인지 이기고 나니 기쁨보다도 알지 못할 설움만이 가슴에 북받쳐 오르며 울음만이 나옵니다. 남형도 역시 나와 같은 모양입니다. 그래서 우리 둘이서 사람 없는 곳에 가서 남몰래 서로 붙들고 몇 번인가 울었습니다.[62]

손기정은 긴장을 풀기 위해 지금까지 선배들의 성적을 상기하면서 마음의 각오를 다지고 경기에 임해 올림픽신기록으로 우승을 차지했다. 우승 후 그는 그동안의 가난과 절망, 민족의 서러움이 한꺼번에 교차해 눈물을 흘렸던 것이다. 당시 동아일보와 조선일보는 손기정의 우승소식을 호외로 발행했다.

감격 또 감격! 오직 흥분의 바다에 젊은 조선의 명예를 위하여 생명을 바칠세라, 고군분투 난코스라고 일컫던 난코스 난항에 격전을 하면서 당당 전 세계에 각자 조국을 위해 명예를 걸고 나선 30여국 마라톤 56명의 선수를 닥치는 대로 잡아 제치고 우리의 젊은 두 마라토너는 천하의 개가를 근역의 땅으로 가져왔다. 그뿐이랴! 천추만대에 이 인류로서의 최대 명예요 최고의 힘인 마라톤 승자라 이것을 기념코자 백림의 성전장 마라톤 탑에 우승자의 동상을 세우게 되었으니 우리 손군의 빛나는 개가, 저 유럽의 복판 독일에서 영원불멸의 올림피아사상에 성화와 함께 빛나리라.[63]

우리는 이번 손, 남 양군의 승리로서 민족적 일대영예를 얻는 동시에 민족적 일대자신을 얻게 되었다. 세계올림픽대회 마라톤경기에 영예의 월계관을 받은 손군 및 남군의 장거를 축하하고 이

62 조선일보사 편집부, 「마라손왕 손남 양군의 전첩기」, 『조광』 2-9, 조광사, 1936, 231쪽.
63 『동아일보』 1936년 8월 9일.

것을 기회로 스포츠 기타 온갖 방면에 일대 세계적 수평운동이
일어나기를 바라는 바이다.[64]

호외 내용을 보면 각 언론에서는 손기정이 인류의 최대 영예인 올
림픽대회 마라톤에서 각국의 선수를 물리치고 우승을 차지해 민족의
영예와 자신감을 심어주었다고 대대적으로 보도했다. 또한 손기정의
우승 소식이 전해지자 전국 각지에서 축전이 쇄도하고 축하회가 열
렸다.

광주의 최남주씨는 천엔을 보낸다고 했으며 육영회와 현준호씨
는 학자보장을 발표했다. 양정고보의 동창회에서는 세계제패 기
공탑 건설계획을 세우고, 또한 각지에서 손군 우승을 기념하는
체육관, 동상의 건설이 논의되었다. 종로의 모 구두점에서는 평
생 동안 구두를 무료로 제공할 것을 발표해 인기를 얻고 있다. 8
월말에는 동양극장에서 청춘좌 문예부편 3막5장의 "마라톤 왕 손
기정군 만세"극이 공개되었다.[65]

손기정의 마라톤우승 후 각지에서는 학자금보장, 기념탑 및 체육관
건립, 동상 건립, 구두제공, 연극공개 등이 행해졌는데 이는 당시 국
민들의 성원이 어느 정도였는지 단적으로 보여주는 것이라고 할 수
있다.

한편 손기정은 우승 후 현지의 사람들에게 사인을 요청받고 국명을
"Japan"이 아니라 "Korea"로, 이름도 "孫基禎"이 아니라 한글로 "손긔
정"이라고 했다. 이것은 전년도 올림픽후보 선발전에서 수립한 세계신

64 『조선일보』 1936년 8월 11일.
65 森田邦夫, 「孫選手のマラソン優勝と日章旗マーク抹消事件」『綠旗パンフレット』5, 綠旗
聯盟, 1936, 2-3쪽.

기록을 축하하기 위해 시상대에 섰을 때 기미가요가 연주되자 눈물을 흘리면서 당시 인솔교사였던 김연창에게 "왜 우리나라에는 국가가 없습니까. 왜 기미가요가 조선의 국가입니까"라고 분개한 적이 있었는데 이 무렵부터 그의 민족의식은 이미 싹트기 시작했던 것으로 보인다.[66]

그림 5. 베를린올림픽대회 우승자 사인판(출처: 강형구·이준승, 『손기정이 달려온 길』, 서울셀렉션, 2004, 48쪽).

이와 같이 손기정은 아무리 좋은 성적을 내더라도 우리의 국가를 들을 수 없다는 현실을 생각하며 스스로 일본인이 아닌 조선인이라는 것을 알리기 위해 외국인들의 사인요청에 "Korea와 손긔정"으로 사인을 해주었던 것이다. 이러한 사실은 당시 베를린올림픽대회 우승자 사인판을 보면 [그림5]와 같이 "K C Son 손긔정"이라고 되어 있다.

우승 후 손기정은 베를린에 거주하고 있던 안봉근(안중근의 사촌동생)의 초대를 받아 거기서 처음으로 태극기를 보게 되었다. 태극의 의미를 설명 듣고 숙연한 자세로 방에 걸려있는 태극기를 신기하게 바라보자 안봉근은 손 선수나 남 선수가 저 태극기를 달고 뛰었으면 얼마나 좋았겠소 하며 비통한 표정을 지었다.[67] 이처럼 손기정은 태어나서 처음으로 우리의 국기인 태극기를 보고 이를 통해 다시 한 번 조국애와 민족의식을 느끼게 되었다. 이것은 손기정이 베를린올림픽대회를 통해 자신이 느낀 심정을 회고한 다음의 내용에서도 잘 나나 있다.

66 鎌田忠良, 앞의 책, 47-50쪽.
67 『동아일보』 1976년 1월 24일.

올림픽 마라톤 우승은 나 개인에게는 경기인으로서 최고의 영광을 주었지만 24세의 조선 청년에게 조국에 대한 개념을 크게 일깨워주는 사건이었다.[68]

그리고 손기정의 우승은 당시 미국과 중국 등지에서 독립운동을 하고 있던 민족지도자들에게도 많은 영향을 주었다. 미국의 이승만은 한국을 알리는 계기가 되었다고 했으며 중국에서는 장제스가 2억 인구의 중국인이 못한 일을 2천만 인구의 조선인이 해냈다며 놀랐다고 했다.[69]

그러나 기쁨도 잠시 1936년 8월 25일 동아일보 석간에 손기정의 가슴에 있는 일장기가 지워진 채 지면에 게재되었다. 이것이 그 유명한 동아일보 일장기말소사건이다. 이 사건으로 인해 동아일보사는 정간처분을 받았고 손기정은 마라톤을 그만두게 되었다.

(2) 지도자로서 활동

주지의 사실과 같이 손기정은 1936년 8월 9일 베를린올림픽대회 마라톤에서 올림픽신기록을 수립하며 우승했다. 그러나 그는 동아일보사 이길용 기자의 일장기말소사건으로 선수생활을 그만두게 되었다. 그 후 그는 마라톤육성을 위해 지도자의 길을 걷게 되었는데 그 계기는 정상희와 권태하가 마라톤이나 운동세계를 멀리 떠난듯하면서도 열성스럽게 조선의 육상을 생각하고 있는 것을 보고 늦기 전에 후계자, 조선마라톤의 후배를 길러야겠다는 마음을 먹게 되었다. 그래서 두 사람의 지원을 받아 마라톤 보급운동을 펴기로 했다.[70] 이처

68 『동아일보』 1976년 1월 24일.
69 『이준승 면담』 2012년 4월 19일.
70 손기정, 앞의 책, 1983, 173-174쪽.

럼 손기정은 선배들의 스포츠에 대한 애착에 자극을 받아 마라톤 지
도자가 될 것을 결심하게 되었다.

손기정의 지도자로서 첫 시작은 메이지대학 졸업을 앞두고 일본
경보선수인 아사오(麻生武治)와 함께 "뛰라! 걸어라!"라는 캐치프레이
즈를 내걸고 운동보급을 위해 조선반도를 돌아다녔다. 이때 만주에서
마라톤 유망주로 임태섭을 발굴해 양정육상부에 입학시켰으나 안하
무인이어서 결국 도중에 그만두고 만주로 돌아가 버렸다. 이렇게 해
서 대학졸업 전에 이루어보려던 후계자 양성의 꿈은 첫 출발부터 무
참히 깨어져 버렸다.[71]

1940년 3월 메이지대학을 졸업한 그는 그해 4월 조선육상경기연맹
의 소개로 저축은행에 입사했으나 기회만 있으면 마라톤보급에 온
정성을 기울이려고 마음먹고 있었다. 그래서 1941년 6월에는 황해도
체육회의 초청, 진남포상공학교의 코치로 육상을 지도하고 곳곳에서
그의 내방과 지도를 기다리며 반겨주었다.[72]

그러던 중 조국이 광복을 맞이하자 손기정을 비롯한 육상인들은
1945년 9월 23일 권태하의 사무실(종로 영보빌딩)에서 조선육상경기
연맹(회장 김승식)을 설립했다. 이듬해 1946년 8월 9일 베를린올림픽
대회 마라톤 10주년을 맞이한 날 동아일보사는 "회상의 저녁"이라는
기념행사를 열었다. 그 모임이 끝난 뒤 권태하의 집에서 김은배, 남승
룡, 이길용, 손기정 등이 모여 2년 뒤의 런던올림픽대회에 대비해 마
라톤보급회를 조직하기로 뜻을 모았다. 권태하가 위원장, 김은배가
총무, 남승룡과 손기정이 지도원을 맡은 조선마라톤보급회가 탄생하
는 순간이었다. 조선마라톤보급회는 안암동의 손기정집에 마라톤합

. . . .

71 孫基禎, 『ああ月桂冠に涙』, 講談社, 1985, 219-220쪽.
72 孫基禎, 위의 책, 226-227쪽.

숙소의 간판까지 걸고 4개의 방을 전국 각지에서 모여든 신인 유망주들에게 내주고 훈련시켰다.[73]

조선마라톤보급회의 활동을 시작하면서 가장 뛰어난 인재는 서윤복이었다. 그는 원래 중거리선수였으나 마라톤 연습을 통해 국내 선수권을 차지하면서 국내 최고의 마라토너로 발돋움했다. 지도자로서 손기정이 거둔 첫 번째 성과는 1947년 제51회 보스턴마라톤대회였다. 이 대회에서 감독으로 선수를 인솔한 손기정은 서윤복의 우승으로 지도자로서 그의 진가를 유감없이 발휘했다.[74] 또한 1950년 4월 19일에는 두 번째로 제54회 보스턴마라톤대회에 참가해 손기정은 코치로서 함기용, 송길윤, 최윤칠 등 3명의 선수를 인솔했다. 이 대회에서는 공교롭게도 우리 선수가 1위에서 3위를 차지하는 쾌거를 거두었다.[75] 당시 보스턴마라톤대회 우승자였던 서윤복과 함기용은 당시의 연습 상황에 다음과 같이 회고했다.

먹고 살기 어려웠던 그 시절, 후배들을 돈암동 자택으로 불러 먹이고 재우며 훈련을 시킨... 후배들의 훈련비를 마련하기 위해 은행을 돌아다니며 모금운동을... 조국을 위해 뛰어라! 저희들과 함께 돈암동 언덕길을 오르내리며 불호령을 내리시던.[76]

선생님은 돈암동 자택에서 어린선수들을 재우고 먹이며 손수 합숙훈련을 시켰습니다. 나도 그 가운데 하나였죠. 그러다보니 늘 쪼들려 여기저기 후원금을 받으러 다니시곤 했습니다. 훈련이 끝나면 늘 선수들에게 통닭과 함께 새우젓을 먹였다. 그래야 마라

‥‥‥‥‥‥
73 고두현, 앞의 책, 369-371쪽.
74 孫基禎, 앞의 책, 1985, 248-253쪽.
75 孫基禎, 앞의 책, 1985, 258-260쪽.
76 『중앙일보』 2002년 11월 16일.

톤을 잘한다는 주장이었다. 나중에 알고 보니 땀을 많이 흘리는 선수들이 염분을 충분히 섭취하도록 한 것이라며.[77]

이 회고 내용을 보면 손기정은 자택에 합숙소를 마련하고 직접 훈련을 통해 후계자 양성에 심혈을 기울였으며, 특히 훈련비 마련을 위해서는 직접 뛰어다녔다.

1953년 전쟁이 끝나자 손기정은 전국을 돌아다니며 유망한 인재발굴에 나서 대구에서 마라톤에 뛰어난 자질을 가지고 있는 이창훈을 만나 양정중학교에 입학시켰다. 그는 기대했던 대로 점차 두각을 나타내더니 2학년 때인 1956년 멜버른올림픽대회의 대표로 뽑혔고, 1958년 도쿄아시아경기대회에서는 우승을 차지하기도 했다.[78] 이처럼 손기정은 서윤복, 함기용, 이창훈 등 국제마라톤대회에서 좋은 성적으로 국위를 선양한 선수들을 양성했다는 공로로 1957년 대한민국 체육상(지도자상)을 받았다.

1976년 8월 베를린올림픽대회 마라톤제패 40주년 축하파티가 열려 이 자리에서 손기정은 자신의 심정을 토로했다.

이렇게 성대한 잔치를 베풀어 주신 여러분께 감사합니다. 그러나 나라 없을 때도 이기던 우리 마라톤이 제 나라를 가진 지금은 왜 못 이깁니까? 사람이 하는 일에 못할게 뭐 있겠습니까? 후배들을 위해 한 일이 없다고 생각할 때 제 자신이 한편 부끄럽기도 합니다. 여생이나마 마라톤 재건을 위해 바치겠습니다.[79]

• • • • • • • • • • •
77 『동아일보』 2002년 11월 16일.
78 고두현, 「손기정에 관한 재발견(22)」 『all Sports 21c』, 웹 스포츠코리아, 2003, 89-92쪽.
79 손기정, 앞의 책, 1983, 275쪽.

그는 한국마라톤의 현실을 직시하면서 앞으로 마라톤 재건을 위해 여생을 바칠 것을 약속했다. 이렇게 해서 1979년 손기정을 비롯해 김은배, 서윤복, 최윤칠, 함기용 등은 한국마라톤의 장래를 생각해 마라톤후원회 준비위원회를 조직했다. 손기정은 마라톤에 대한 마지막 봉사의 기회로 알고 준비위원장을 맡았다. 이러한 노력의 결실로 현재는 대한육상연맹 내에 마라톤강화위원회라는 기구가 설치되어 5,000m, 1만m, 마라톤 등 장거리선수의 지도를 맡고 있으며, 또한 별개의 단체로 재정을 담당할 한국마라톤후원회도 조직되었다.[80] 이처럼 손기정은 지도자로서 선수시절의 경험을 토대로 후계자 양성을 위해 전국을 돌아다니며 선수발굴에 힘쓴 결과 국제무대에서 한국마라톤의 위상을 알리는데 많은 역할을 했다.

3) 손기정의 스포츠사상

손기정이 스포츠에 관심을 가진 것은 어린 시절부터였다. 그는 다른 아이들처럼 스케이트나 야구를 할 수 있는 형편이 못되어 달리기를 선택했는데 그 이유에 대해 다음과 같이 회고했다.

> 내가 이 마라톤을 시작하기는 보통학교 5학년 되던 해부터 시작하였습니다. 어떤 아이들은 스케이트를 탄다 어떤 아이들은 야구를 한다 하지만 가난한 나에게는 그런 돈 드는 운동은 아예 당초 배울 수가 없었습니다. 다만 맨발로 셔츠 한 개로 달릴 수 있는 이 마라톤에 처음 발을 들여놓은 것도 이 때문이었습니다.[81]

....

80 손기정, 앞의 책, 1983, 289-290쪽.
81 손기정, 「세계기록 돌파 후」『신동아』6-1, 신동아사, 1936, 181쪽.

손기정은 처음에 스케이트와 야구에 관심을 가졌으나 가정형편이 어려워 달리기에 흥미를 가지게 되었다. 달리기만이 어떠한 비용도 들지 않는 운동이었기 때문에 달리기를 선택했던 것이다.

이후 손기정은 국내의 각종대회는 물론이고 일본에서 개최된 각종 대회에도 출전해 좋은 성적을 거두었다. 그런데 그는 1935년 3월 21일 제1회 전 일본마라톤대회에서 우승했을 때 어떤 일본인에게 "당신은 아무런 지도자도 없이 연습합니까."라는 질문을 받고 "그는 제 종목에 대해서 누구에게 지도를 받고 가르침을 받겠소. 제 종목은 제가 혼자 연습해야지 나는 그런 지도를 받을 줄 몰라요"라고 억지대답을 했다.[82] 이러한 사실을 통해 그는 일본선수의 경우 훌륭한 지도자 밑에서 코치를 받아가며 연습을 하고 있는 것을 보고 당시 지도자 없는 조선스포츠계의 현실을 직시하게 되었다. 그래서인지 그는 저축은행에 입사해 지도자로 변신하고 후계자 양성을 위해 기자와의 면담에서 다음과 같이 언급했다.

내가 즐기는 경기도 그냥 계속 연습할 수도 있고 그 방면으로 활동할 여유를 사회에서 주리라고 생각했었는데 사회가 주는 여유는거녕 운동방면에서 활동하는 인사들까지도 모른 척 하는데 기가 막혔습니다. 비근한 예를 들면 양정중학이 제 모교요 따라서 육상경기를 가장 힘쓰는 학교인데 한 번도 우리들과 연락을 취하는 법도 없고 우리를 불러다가 후배들에게 체험담이나 또는 코치도 시키지 않아요. ...중략... 비단 내 모교뿐만 아니라 무슨 체육협회이니 하는 체육단체도 역시 이 태도지요 ...중략... 그리고 중학교나 전문학교에서 연락을 해주면 가장 겸허한 입장에서 최선을 다해 우리의 체험으로 후계자 양성에 노력할겁니다.[83]

82 손기정, 위의 책, 184쪽.
83 김동환, 「민족의 제전」『삼천리』12-8, 삼천리사, 1940, 63-64쪽.

손기정은 올림픽 우승 후 자신에 대한 사회의 소홀과 냉대를 지적하고 후계자 양성을 위해서는 그 방면에 뛰어난 경험자의 역할이 필요하다고 강조하면서 기회가 오면 겸허한 자세로 최선을 다해 후계자를 양성할 것이라고 그의 포부를 밝혔다. 또한 그는 유럽에는 각 지역마다 운동장을 설치해 체육을 장려하고 있는데 우리도 체육발전을 위해 운동장을 설치하자고 제안했다.[84]

이러한 그의 후계자 양성에 대한 포부와 운동장 시설의 확충은 다음의 내용에서 구체적으로 잘 나타나 있다.

> 체육향상에 있어서 첫째로 일반체육의 보급과 지도자의 양성이 시급한 문제의 하나이다. 특히 지도자 양성에 있어서는 체육대학의 창설은 무엇보다 긴급히 요구한다. 둘째로 일반종목을 구별하여 선수를 배출함에 있어서는 대항전이라는 것이 매우 필요하다고 본다. 어쨌든 일정한 정기경기가 좋을 것이라 보며 운동장 같은 것도 자유롭게 사용할 수 있도록 되기를 희망한다. 셋째로 일반체육 향상 보급을 위해 각 회사, 공장 등에 운동지도자를 두어서 일정한 시간에 국민체조를 시키도록 해야 한다. 넷째로 구미의 선수는 학생 중에서는 물론, 회사원이나 공장 중에서 많이 배출되지만 일본이나 조선에서는 학교 학생 중에서만 선수가 배출될 뿐 회사원이나 기타 직업을 가진 사회인 중에서 선수가 배출되는 일은 전혀 없다.[85]

이 내용을 보면 그는 조선체육의 진흥을 위한 방책, 특히 육상조선의 향상을 위해 체육대학의 설치를 통한 체육의 보급과 지도자의 양

• • • • • • • • • • • •
84 김동환, 위의 책, 63쪽.
85 손기정, 「체육 대제전 참관과 조선체육진흥의 전망」『삼천리』13-1, 삼천리사, 1941, 190-194쪽.

성, 운동장 개방을 통한 대항전의 개최, 국민체조의 실시를 위해 각 기관에 지도자의 배치, 사회인 선수의 양성에 힘쓸 것을 강조했다.

한편 그는 전시체제가 되자 운동의 중심이 군사적인 것으로 변화되었으나 운동의 근본목표는 민중보건에 있다는 것을 지적하고, 특히 청소년의 건강상태는 국가의 운명을 좌우하기 때문에 이를 위해 각 지역에 보건광장을 만들어 간단한 운동기구를 설치하거나 교외에서 야외활동을 실시하는 것이 바람직하다고 주장했다. 또한 모든 방법을 이용해 청소년들의 체력향상은 물론이고 왕성한 용기와 견고한 단체생활을 영위하는 것이 전시 하 조선에서 가장 중요한 문제라고 강조했다.[86]

그리고 그는 야외활동의 방법으로서 대자연을 대상으로 체력증진과 상부상조의 정신을 함양시킬 수 있는 등산의 필요성에 대해 언급했다.[87] 더구나 우리들은 반도인이면서 수영이 위험하다는 이유만으로 소홀히 해왔는데 앞으로는 수영에 대한 중요성을 인식하고 이들 시설의 확충에 힘쓸 것도 강조했다.[88] 이처럼 그는 전시 하 대부분의 스포츠 활동이 제한되고 군사적인 것으로 변화하는 상황 속에서 장래 국가의 운명은 청소년의 건강에 있음을 알고 후생운동과 등산, 수영 등 야외활동의 필요성과 중요성에 대해 주장했던 것이다.

이상과 같이 손기정은 올림픽대회에서 우승을 차지한 최초의 한국인으로서 당시 일제의 식민지통치를 받고 있던 우리국민들에게 민족의식을 일깨워주었다. 또한 일장기말소사건으로 은퇴한 후에는 지도자로서 후계자양성을 위해 헌신적인 노력을 했으며 조선체육의 진흥을 위해 여러 방안을 제시하는 등 한국스포츠, 특히 한국육상의 발전

---

86 손기정, 「후생운동」『조광』9-4, 조광사, 1943, 161쪽.
87 손기정, 「등산ABC」『조광』9-5, 조광사, 1943, 59쪽.
88 손기정, 「국민개영」『조광』9-6, 조광사, 1943, 97쪽.

을 위해 많은 공헌을 한 인물로 평가할 수 있겠다.

2-3. 한국스포츠의 선구자, 여운형

"血濃於水"(혈농어수, 피는 물보다 진하다)

1941년 여운형이 일본 사이타마현(埼玉県) 고마(高麗)신사를 방문했을 때 일제강점기 민족정신을 일깨우기 위해 남긴 글이다.

여운형, 그는 일제강점기에는 조국의 독립을 위해, 광복 후에는 조국의 건국을 위해 자신의 일생을 바치며 헌신한 독립운동가이자 정치가였다. 그러나 여운형은 그동안 중도좌파라는 이유로 제대로 평가를 받지 못하다가 사후(死後) 반세기가 지나 광복 60주년인 2005년 3·1절에 독립유공자로 서훈되면서 건국훈장 대통령장, 이어서 2008년에는 건국훈장 대한민국장이 추서되면서 그 업적을 인정받았다.

그밖에 여운형은 다양한 활동을 했는데 그중에서도 체육활동에 대해서는 제대로 알려진 적이 없었다. 왜냐하면 그동안 여운형은 민족지도자로서 주로 그의 독립운동이나 정치활동에 초점이 맞추어져 왔기 때문이다.

실제로 여운형은 일제강점기 조선체육회 이사를 시작으로 각종 스포츠단체의 회장과 고문, 이사장 등을 역임했으며, 특히 조선중앙일보사 사장시절에는 1936년 베를린올림픽대회 마라톤에서 우승한 손기정 선수의 일장기말소사건을 주도해 조선중앙일보사가 폐간되는 비운을 겪기도 했다. 그리고 광복 후에는 조선체육회 회장으로서 혼란스러운 정국 속에 국민의 단결을 위해 각종 경기대회를 개최하고, 또한 조선올림픽위원회 위원장으로서 한국의 정체성 확립을 위해 자

주국가로서 올림픽대회에 참가하는 주도적인 역할도 했다. 이처럼 여운형은 한국스포츠 발전에 중심적인 존재로서 많은 영향을 미쳤다고 할 수 있다. 여기에서는 한국스포츠의 선구자 여운형의 스포츠 활동에 대해 알아보기로 한다.

1) 여운형의 생애

여운형은 1886년 경기도 양평군 양서면 묘곡에서 3남 3녀 중 장남으로 태어났다.[89] 어린 시절 여운형은 신학문과 중국역사, 유학(儒學) 등에 조예가 깊은 조부 여규신의 가르침을 받으며 성장했는데 이는 여운형의 청년시절에 많은 영향을 주어 중국에 유학하는 계기가 되었다.[90]

여운형은 14세 때 부모의 권유로 결혼을 했으나 상처하고 19세에 재혼하기 전까지 고향의 사숙(私塾)에 다니며 사서오경의 한학을 배우다가 서울에서 신학문을 배우기 위해 배재학당에 입학했다. 배재학당 재학 중 여운형은 서양문명을 수입해야 한다는 뜻으로 민영환이 설립한 흥화학당에 입학해 물리, 화학, 영어 등을 배웠다. 그러나 흥화학당은 긴장된 시국 하에서 오래가지 못하고 폐교되었다. 그 후 여운형은 구한국 학부에서 우편원을 양성하기 위해 설립한 우정학당, 전무학당에 들어가 교육을 받았으나 1905년 을사늑약으로 우편기능이 일본에 넘어가면서 결국 이 학교도 문을 닫았다. 이렇게 시대적으로 어수선한 상황에서 여운형은 고향인 양평에 돌아와 광동학교에서 후진양성에 힘썼으며 24세 때에는 강원도 강릉의 초당의숙에서 교편

---

89 편집부, 「여운형」『동광』40, 동광사, 1933, 9쪽.
90 여운형, 「자서전 나의 청년시대」『삼천리』4-9, 삼천리사, 1932, 17-18쪽.

을 잡았으나 메이지 연호 사용문제로 강릉경찰서장과 정면충돌해 결국 폐교되고 말았다. 1914년 여운형은 가재를 팔아 학비를 만들어 중국에 유학을 떠났는데 그때 그의 나이 28세였다.[91]

이처럼 여운형은 어린 시절 조부의 영향으로 신학문에 관심을 가지게 되어 서울에 유학을 가서 각종학교를 다니며 새로운 문화를 접하며 많은 것을 배우게 되었다. 그러나 을사늑약으로 일본에 외교권을 빼앗기며 국운이 기울어져 풍전등화와 같은 시대적인 상황에서 다니던 학교는 폐교가 되었다. 이로 인해 여운형은 어쩔 수 없이 학업을 도중에 그만두고 낙향에 후진양성을 위해 힘쓰다가 더 큰 세상을 경험하기 위해 중국으로 유학을 떠나게 되었다.

여운형은 우선 영어와 중국어를 배우기 위해 고심한 끝에 미국인이 경영하는 남경 금릉대학에 입학했다. 당시 학생들과 나이 차이가 있었지만 육상과 야구 등의 운동을 통해 동료들과 잘 어울렸다. 금릉대학을 졸업한 여운형은 상해로 가서 생활을 위해 미국행을 원하는 사람들을 미국기선회사와 관계당국에 교섭해주는 협화서국에 취직했다.[92]

그 후에는 상해임시정부, 외교부장, 의정원의원, 상해민단장, 인성학교 교장 등에 취임했으며 1929년에는 복단대학 교수로 임명되어 체육을 지도하고 중국체육회 종신회원으로 복단대학 축구부를 이끌고 남양에 원정을 갔다. 이때 미국령인 필리핀에 들러 사람들의 요청으로 연설한 것이 문제가 되어 미국관헌에게 여행권을 빼앗겼으며 상해에 돌아올 때는 일본영사관의 눈을 피해 몰래 들어왔다.[93]

이와 같이 여운형은 늦은 나이에 중국으로 유학을 가 그곳에서 스

· · · · · · · · · · · ·
91 여운형, 위의 책, 18-19쪽.
92 여운형, 위의 책, 20-21쪽.
93 『중외일보』 1929년 7월 13일.

포츠를 통해 원활한 학교생활을 하며 졸업 후에는 그대로 중국에 남아 다양한 활동과 경험을 하게 되었다. 이는 나중에 여운형의 활동에 많은 도움이 되었다. 특히 중국의 복단대학 교수가 되어 체육을 가르치고 외국에 원정시합을 갔다는 사실은 여운형의 체육에 대한 이론과 실기 등의 해박한 지식과 그의 리더십을 엿볼 수 있는 부분이라고 할 수 있겠다.

상해로 돌아온 후 여운형은 필리핀에서 "동양은 동양 사람의 동양이니 모든 백인종의 침략을 배척하고 동양인의 안주할 땅을 만들어야 한다."는 연설이 문제가 되어 야구경기를 구경하다가 체포되고 말았다.[94]

1932년 7월 대전형무소에서 출감한 여운형은 반년정도 집에서 쉬다가 1933년 봄 조선중앙일보사 5대 사장에 취임했다.[95] 취임 후 여운형은 각종 경기대회를 주최, 후원했으나 그 자리도 오래가지 못했다. 그 이유는 1936년 베를린올림픽대회 마라톤에서 우승한 손기정의 가슴에 있는 일장기를 지워 1936년 9월 자체적으로 휴간을 했다가 1937년 11월 신문지법에 의해 조선중앙일보가 폐간되고 말았기 때문이다.[96]

여운형은 약소국가인 동양을 침략하는 서양의 행태에 대한 연설을 했다는 이유로 체포되어 3년의 감옥생활을 했으며 그 후에는 언론사 사장에 취임해 각종스포츠 활동을 주도했으나 1936년 손기정의 일장기말소사건으로 신문이 폐간되어 그 자리에서 물러났다. 한편 여운형은 조선중앙일보사 사장 외에도 각종 스포츠단체의 회장과 고문에 취임해서 조선스포츠의 발전을 위해 많은 공헌을 했다.

---

94 『동아일보』 1929년 7월 25일.
95 편집국, 「역대의 중앙일보사장」『삼천리』5-4, 삼천리사, 1933, 27쪽.
96 『동아일보』 1937년 11월 9일.

1945년 8월 15일 광복이 되자 체육인들은 조선의 스포츠재건을 위해 조선체육동지회를 설립하고 그해 11월 12일 총회를 열어 여운형을 조선체육회 회장으로 선출했다.[97] 그리고 이듬해에는 1948년 런던 올림픽대회에 출전하기 위해 조선올림픽위원회를 구성하고 위원장에 여운형을 선정했다.[98] 이와 같이 여운형은 광복 후 조선체육회와 조선올림픽위원회의 수장이 되어 조선스포츠의 재건을 위해 노력했다.

이러한 여운형의 다양한 활동과 경험은 광복 후 조선스포츠의 재건과 국제스포츠무대의 등장을 위한 스포츠단체의 장(長)으로 이어졌다. 그러나 여운형은 광복 후 좌우이념이 대립되는 혼란한 정세 속에서 괴한의 습격을 받아 1947년 7월 19일 62세의 나이로 안타깝게 생을 마감하고 말았다.

2) 여운형의 스포츠 활동

(1) 중국유학시절 활동

여운형은 28세 때인 1914년 중국의 남경 금릉대학에 입학했으나 학생들과 나이 차이로 학교생활에 어려움이 있었다. 그러나 운동을 통해 이를 극복했는데 여운형은 조선에 있을 때부터 육상과 야구 등의 운동을 했기 때문에 각종경기에 자신이 있었고 나중에 학교의 대표가 되었다.[99] 이에 대해서는 여운형의 "남경 금릉대학유학시대"를 통해 알 수 있다.

내가 그때 운동선수이어서 다른 대학에까지 내 존재가 알려졌었

---

97 『중앙신문』 1945년 11월 14일.
98 『동아일보』 1947년 5월 17일.
99 여운형, 「나의 상해시대-자서전 제2」『삼천리』4-10, 삼천리사, 1932, 20-21쪽.

고 다른 대학에서 운동시합이나 대회가 있어 나에게 통지서를 보
낼 때에는 내 성명을 모르기 때문에 「미스터 머시타시」라고 학교
로 편지가 왔지요. ...중략... 운동을 꽤 잘해 육상경기와 야구에는
늘 선수로 뽑혀서 다녔으며 그 덕분에 여러 곳으로 여행도 많이
다니며 구경했었습니다. ...중략... 운동을 잘한 선수였기 때문에
월사금은 면제되었지만.[100]

이 내용을 보면 여운형은 조선에서 익혔던 운동실력을 발휘해 학
교의 대표선수로 활동하며 교내외로 명성을 떨쳐 학비를 면제받았다
는 사실에서 그의 운동실력은 상당한 수준이었던 것으로 보인다.
이러한 여운형의 운동실력은 재중동포들에게도 알려져 상해한인체
육회 창립에도 많은 역할을 하게 되었다.

상해에 있는 재류동포는 연래로 체육방면에 많은 힘을 써가며 여
러 번 외국사람과 각종경기를 하여 우리 동포의 숙련한 기술을
중외에 떨치어 찬성을 받아왔으나 불행히 그 방면에 있는 동포전
체를 망라한 대표적 체육회 기관이 없어 일반은 유감으로 여기든
바 지난 4일 오후 7시에 그곳 인성소학교에 여러 인사가 모여 상
해한인체육회를 발기한 후 지난 8일 오후 1시에 그 창립총회까지
했는데 여운형씨의 사회 하에 규칙을 통과한 후 아래와 같이 위
원을 선정했다고 하더라.
위원: 여운형 신국권 정광호 최찬학 박헌
후보위원: 유인발 이봉직.[101]

상해의 우리 동포는 각종 스포츠 활동을 통해 그 명성을 떨치고 있

100 여운형, 「남경 금릉대학유학시대」『삼천리』12-6, 삼천리사, 1940, 126-127.
101 『동아일보』1925년 2월 19일.

으나 이를 총괄할 체육단체의 부재를 느끼고 상해한인체육회를 설립하고 위원으로 여운형을 선정했던 것이다. 여운형은 여기에 그치지 않고 그 후에 열린 위원회에서 위원장으로도 추대되었다.[102]

그 후 여운형은 대학을 마치고 상해로 건너가 1929년 복단대학 교수로 임명되어 체육을 가르치고, 또한 중국체육회 종신회원이 되어 복단대학 축구부를 이끌고 남양지역에 원정을 가기도 했다. 이에 대한 내용은 당시의 「중외일보」에 나와 있다.

> 최근에는 복단대학 교수로 임명되어 체육을 지도하고 있었으며 중국체육회 종신회원으로 최근에는 복단대학 축구부를 데리고 남양원정을 갔다가.[103]

한편 여운형은 복단대학 축구부를 이끌고 남양에 원정을 갔다가 미국령인 필리핀에서 그곳 사람들의 간청으로 연설을 한 것이 문제가 되어 미국관헌에게 여행권을 빼앗기고 일본영사관에서 체포하려고 하자 비밀리에 상해로 돌아온 적이 있었다. 그런데 1929년 7월 10일 여운형은 상해 대마로 경마장에서 열린 큐슈제국대학과 상해구락부의 야구시합을 구경하다가 일본경찰에 검거되었다.[104] 이러한 사실을 통해 여운형은 문제의 연설로 자신을 체포한다는 사실을 알면서도 야구경기를 보러 갔다는 점에서 평소 얼마나 스포츠를 좋아했는지를 알 수 있다.

이와 같이 여운형은 중국유학시절 조선에서 익혔던 운동실력을 발휘해 학교 대표선수가 되어 학비면제는 물론 대외적으로 명성을 떨

102 『동아일보』 1925년 2월 23일.
103 『중외일보』 1929년 7월 13일.
104 『동아일보』 1929년 7월 13일.

쳤다. 그리고 복단대학의 교수가 되어 학생들에게 체육을 지도하는 한편 중국체육회의 종신회원이 되어 외국에 원정경기를 가기도 했다. 그리고 야구경기를 구경하다가 체포될 정도로 스포츠를 좋아했다.

(2) 각종 스포츠단체 임원으로서 활동

여운형은 1933년 2월 16일 조선중앙일보사 사장에 취임했다.[105] 언론사 사장에 취임한 후 그는 각종 스포츠단체의 임원에 추대되었는데 그 이유는 언론사 사장으로서의 사회적인 위치도 있었지만 평소 스포츠에 많은 관심을 가지고 있었기 때문이라고 생각된다. 여기서 여운형이 추대된 각종 스포츠단체의 임원 현황을 보면 〈표4〉와 같다.

표4. 여운형의 각종 스포츠단체 임원 현황

일시	단체	직위	출처
1933년 3월	조선연무관	고문	동아일보 1933년 3월 27일
1933년 4월	조선여자체육장려회	고문	동아일보 1933년 5월 14일
1933년 5월	경성축구단	이사장	동아일보 1933년 5월 17일
1933년 5월	조선체육회	이사	대한체육회(1965). 대한체육회사. 85.
1934년 2월	조선축구협회	회장	대한축구협회(1986). 한국축구백년사. 229.
1934년 3월	조선농구협회	회장	동아일보. 1934년 3월 3일
1934년 4월	서울육상경기연맹	회장	동아일보. 1934년 4월 7일
1935년 1월	조선유도유단자회	고문	동아일보. 1935년 1월 23일
1935년 6월	동양권투회	회장	동아일보. 1935년 6월 22일
1935년 11월	스포츠여성구락부	고문	조선중앙일보. 1935년 11월 30일
1936년 1월	고려탁구연맹	회장	동아일보. 1936년 1월 13일
1945년 11월	조선체육회	회장	중앙신문. 1945년 11월 14일
1947년 5월	조선올림픽위원회	위원장	동아일보. 1947년 5월 17일

· · · · · · · · · · · ·

105 『동아일보』 1933년 2월 17일.

이 내용을 보면 여운형이 처음으로 스포츠단체의 임원이 된 것은 1933년 3월 조선연무관의 고문이었다. 조선연무관은 1932년 1월 17일 설립되었으나 1933년 관장인 이경상이 사정에 의해 사임하자 관장제를 없애고 고문으로 여운형이 취임했으며 이경석이 사범으로 전력을 하기로 결정했다[106]. 이를 통해 여운형은 고문으로 취임했으나 실질적으로는 조선연무관의 책임자 역할을 했던 것으로 판단된다.

그리고 1933년 4월에는 조선여자체육장려회 임시총회에서 고문에 추대되었다.[107] 그해 6월 9일 종로 청년회관에서 제1회 여자체육강연회가 열렸을 때 여운형은 "여자체육에 대하여"라는 제목으로 강연을 했다.[108]

1933년 5월에는 경성축구단 이사장에 취임했다. 경성축구단은 조선축구의 부흥을 위해 그해 3월 28일 유지의 찬동과 견실한 재정의 후원을 얻어 창립준비회를 열고 5월 11일 축구경기의 장려, 부원간의 친선과 민중보건사상의 향상, 보급이라는 성명과 취지를 발표하고 임원과 선수를 선정했다.[109]

이어서 1933년 5월에는 당시 조선스포츠계를 대표하는 조선체육회의 이사에 취임했다. 당시 조선체육회는 윤치호가 회장을 맡고 있었으며 여운형은 조선체육회 창립 15주년 기념사업의 일환으로 개최된 제15회 전 조선종합경기대회를 개최하는데 일조를 하면서 2년 임기의 이사를 연임하며 조선스포츠의 발전에 많은 기여를 했다.[110]

1934년 2월에는 조선축구협회 회장에 추대되었다. 그 경위를 보면

• • • • • • • • • • • •
106 『동아일보』 1933년 3월 27일.
107 『동아일보』 1933년 5월 14일.
108 『동아일보』 1933년 6월 9일.
109 『동아일보』 1933년 5월 13일.
110 민관식, 『대한체육회사』, 대한체육회, 86-87쪽.

1933년 9월 19일 축구인들이 조선중앙일보사 회의실에 모여 조선축구협회를 창립했으나 임원진만 구성했을 뿐 회장의 사임으로 모임이 제대로 이루어지지 않아 유명무실한 존재가 되었다. 이듬해인 1934년 2월 조선축구협회는 집행부를 전면 개편하고 새롭게 임원을 구성하면서 여운형을 회장에 추대했다. 여운형은 조국 광복을 위해 오래 동안 해외에서 독립운동을 해 당시 젊은이들에게 우상과도 같은 존재였기 때문에 축구계는 큰 기대를 하고 있었다. 회장에 취임한 여운형은 대외경기의 주선, 경·평전과 전 조선축구대회를 개최해 조선축구협회는 축구단체로서 그 체제를 갖추게 되었다.[111]

조선축구협회 회장으로서 여운형의 활동 중 눈에 띄는 업적은 1936년 베를린올림픽대회 축구대표 선발문제였다. 당시 최종 선발대회에서 우승한 것은 경성축구단이었다. 그래서 조선축구 관계자는 올림픽대표에 경성축구단 선수를 중심으로 구성될 것으로 생각하고 있었으며, 또한 일본축구협회도 조선에서 7명 정도 선발된다고 약속했다. 그런데 결과는 김용식과 김영근 2명뿐이었다. 이에 대해 맹렬히 항의를 한 것은 조선축구협회 회장인 여운형이었다. 이러한 상황을 중간에서 조정역할을 한 것이 이상백(당시 대일본체육협회 이사)이었다. 이상백은 여운형의 의향을 듣고 일본축구협회를 설득했으나 사태는 진전되지 않았다. 그러자 여운형은 강경한 태도를 보이며 선발된 김용식과 김영근에게 참가를 사퇴할 것을 촉구했다.[112]

1934년 3월 여운형은 조선농구협회의 회장을 맡았다. 당시 조선농구계는 조선농구협회와 일본농구협회 조선지부의 단체 이원화로 애로사항이 많아 이러한 문제를 해결하기 위해 조선농구협회와 YMCA

111 대한축구협회, 『한국축구백년사』, 1986, 228-229쪽.
112 大島裕史, 『日韓キックオフ伝説』, 実業之日本社, 1996, 64-68쪽.

체육부가 하나의 단체로 통합을 하고 여운형을 회장에 추대했던 것이다.

> 스포츠의 본격적인 무대인 가을시즌에 들어와 우리농구계로서 대서특필할 만한 일이 있었으니 그것은 한동안 분리 상태로 되어 있었던 조선농구계는 기존의 조선농구협회와 YMCA 체육부가 서로 무조건으로 제휴해 조선농구협회라는 단일단체의 완전한 합동기관을 세운 것이다. 이것이 합동되기 전에는 우리농구계는 많은 곤란을 받아왔다. 우선 그전 조선농구협회에서 초빙하려던 일본의 도쿄제대 팀과 교토사범 팀을 일본농구협회 조선지부의 간섭으로 인하여 결국에는 초빙하지 못한 것이다.[113]

1934년 4월에는 조선의 육상경기계가 약진하고 있는 상황에서 합리적 통일과 실질적 지도, 과학적 연구를 쌓아 육상경기 조선을 건설하기 위해 서울육상경기연맹을 설립하고 회장에 여운형을 추대했다. 여운형은 그해 7월 14일 개성육상경기연맹의 초청을 받아 "체육"이라는 제목으로 강연을 하기도 했다.[114]

1935년 1월에는 조선유도계의 발전을 위해 기술을 연마하고 정신적으로 협조와 희생하는 마음을 수련하고자 조선유도유단자회가 설립되어,[115] 여운형이 고문으로 추대되었다.[116] 조선유도유단자회는 첫 사업으로 1935년 3월 7일 YMCA에서 춘추무도강연회를 개최했을 때 여운형은 "내가 본 조선체육계"라는 제목으로 강연을 했다.[117]

• • • • • • • • • • • •

113 『동아일보』 1933년 12월 31일.
114 『동아일보』 1934년 7월 18일.
115 『동아일보』 1935년 1월 18일.
116 『동아일보』 1935년 1월 23일.
117 『동아일보』 1935년 3월 3일.

1935년 6월에는 황을수가 권투조선의 힘 있는 건설을 위하고 아마추어권투의 무수한 능력 있는 역사(力士)를 지도, 양성하기 위해 동양권투회를 설립했다.[118] 동양권투회의 회장인 여운형은 도장 신축낙성겸 발회식에서 개회사를 했다.[119] 또한 스포츠여성구락부는 1935년 11월에 설립하고 그해 11월 28일 여운형을 고문으로 정했다.[120]

그리고 조선탁구계를 지도, 통일할 기관으로서 전 조선탁구계의 권위자들로 구성된 고려탁구연맹은 1936년 1월 11일 YMCA에서 창립총회를 열고 여운형을 회장으로 선출했다.[121] 고려탁구연맹은 탁구경기와 규칙의 연구와 발표, 탁구경기의 지도, 전 조선남녀선수권대회 개최, 연맹전 개최, 국제식 탁구의 장려 및 보급, 공로자 표창 등의 사업을 했다.[122]

이와 같이 여운형은 조선연무관의 고문을 시작으로 조선여자체육장려회, 경성축구단, 조선체육회, 조선축구협회, 조선농구협회, 서울육상경기연맹, 조선유도유단자회, 동양권투회, 스포츠여성구락부, 고려탁구연맹 등의 회장과 고문, 이사장, 이사를 맡아 각종 경기대회의 개최와 체육 강연을 하며 조선의 스포츠발전을 위해 많은 공헌을 했다. 특히 조선축구협회 회장시절에는 일본의 베를린올림픽대회 축구대표 선발에 대한 부당한 처사에 정면으로 부딪치며 항의를 했다.

제2차 세계대전의 종전과 함께 광복을 맞이한 한국은 즉시 조선체육회의 재건운동을 위해 조선체육동지회를 설립했다. 조선체육동지회는 1945년 9월 27일 조선의 운동가를 망라해서 이상백을 위원장으

. . . .

118 『동아일보』 1935년 6월 5일.
119 『동아일보』 1935년 6월 22일.
120 『조선중앙일보』 1935년 11월 30일.
121 『동아일보』 1936년 1월 13일.
122 『동아일보』 1936년 2월 24일.

로 추대하고 건민운동을 전개하며 새로운 활동을 개시하기 위해 설립되었다.[123] 조선체육동지회의 조직은 위원장에 이상백, 총무위원에 정상희 외 6명, 평의원에 김규면 외 16명, 상무간사에 염은현 외 1명, 간사에 김은배 외 10명, 그 외 재무부 3명, 기획부 4명, 서무부 4명, 연락부 4명 등으로 임원을 구성했다.[124]

이처럼 조선체육회를 재건하기 위해 설립된 조선체육동지회는 일제강점기 조선체육회를 비롯한 스포츠단체의 임원과 올림픽대회에 출전한 엘리트선수 출신 등 조선스포츠계의 권위자를 총망라하고 있었다. 이리하여 조선체육회를 재건하기 위한 준비가 갖추어진 상황에서 조선체육동지회는 1945년 11월 12일 YMCA에서 총회를 열고 취의서와 헌장을 심의하고 만장일치로 여운형을 회장으로 추대했다. 이와 관련해 당시의 「중앙신문」을 보면 다음과 같다.

영원한 조선체육의 번영을 위하는 동시에 체육을 통해 민족의 강건과 민활한 육체 또는 투지단결의 완강한 정신력을 함양하고자 전 조선체육계를 총망라하여 발족한 조선체육회는 우리의 많은 기대와 주목 하에 12일 오후 2시 중앙기독교청년회 강당에서 각 경기종목별의 대표자 각 남녀학교 대표자 일반 체육관계자 등 200여명이 모여 제1회 총회가 성대히 거행되었다. 총회는 정상윤씨 사회로 시작되어 국기에 대한 경례와 국가제창이 있었고 위원장 이상백씨의 개회사에 이어 준비위원 김수영의 경과보고가 있었고 취의서와 강령 헌장의 심의를 한 다음 결원 선거로 들어가 만장일치로 여운형씨를 회장으로 추대하고.[125]

• • • • • • • • • • • •
123 『해방뉴-스』 1945년 9월 27일.
124 『해방뉴-스』 1945년 9월 28일.
125 『중앙신문』 1945년 11월 14일.

광복이후 조선체육회 회장에 취임한 여운형은 첫 사업으로 1946년 10월 16일 서울운동장에서 조선올림픽대회를 개최했다. 이 대회에서 여운형은 제14회 세계올림픽대회를 앞두고 우리조선의 젊은 선수가 모든 역량을 발휘하는 장으로서 최선을 다해 좋은 기록을 남겨야 한다고 했다. 그리고 조선체육회에서는 "조선올림픽의 노래"를 제정, 발표하고 이날을 축복하는 동시에 이 노래의 보급을 위해 3만장을 기증하고 일반 관람객에게 배포했다.[126]

그리고 1947년 4월 19일 제51회 보스턴마라톤대회에서 서윤복선수가 우승을 차지하자 조선체육회에서는 서윤복 선수의 위대한 공적을 찬양하고 축하하기 위해 보스턴마라톤 우승축하대회를 4월 26일 서울운동장에서 개최했다. 이때 조선체육회 회장으로서 여운형은 다음과 같이 개회사를 했다.

안중근 의사의 쾌거 때와 손기정 선수의 베를린올림픽 제패 때에는 방문을 닫고 춤을 추며 기뻐했으나 참으로 가슴이 아팠다. 그러나 이번 서윤복 선수는 가슴에 태극기를 달고 세계가 보는 앞에 우리민족의 의기를 마음껏 뽐낸 것이다. 우리는 이 기백과 의기로써 우리의 나라를 찾을 때까지 운동으로나 경제로나 정치로나 다함께 씩씩하게 나가자.[127]

그로부터 약 2개월 후 여운형은 서윤복 선수의 승리는 우리민족과 우리청년의 우수성을 여실히 증명한 삼천만 민족의 영예라고 하면서 다가올 런던올림픽대회에서 선전해주기를 당부하는 담화를 발표했다.[128] 이처럼 여운형은 광복이후 처음으로 국제스포츠무대에서 우승

126 『경향신문』 1946년 10월 16일.
127 『경향신문』 1947년 4월 27일.

한 것을 기념하기 위해 마련한 축하자리에서 그동안 나라 잃은 서러움이 있었으나 앞으로 우리민족의 의기와 기백을 살려 하나가 되어 전진하자고 하면서 다가올 올림픽대회에서도 우리의 우수성을 전 세계에 과시하자고 했다.

한편 조선체육회는 대한민국 정부수립 직전에 제14회 런던올림픽대회에 반드시 참가하기 위해 대책마련에 몰두했는데 그 이유는 런던올림픽대회가 신생 독립국가인 한국을 국제사회에 알릴 수 있는 절호의 기회라고 생각했기 때문이다.

이에 따라 1947년 5월 9일 조선체육회 산하단체가 YMCA 체육관에서 모여 여운형, 유억겸, 전경무, 이상백, 정범환, 하경덕, 이병학, 이법용, 민원식 등을 조선올림픽위원으로 선출하고 12일 제1차 위원회를 개최해 위원장과 부위원장은 조선체육회 회장과 부회장이 겸하기로 결정했다.[129] 이렇게 해서 당시 조선체육회 회장이었던 여운형은 조선올림픽위원회 위원장에도 취임하게 되었다.

그러나 여운형은 한국이 KOREA라는 국호로 런던올림픽대회에 참가하는 모습을 보지도 못하고 런던올림픽대회가 개최되기 약 1년 전 괴한의 습격을 받아 생을 마감하고 말았다.

(3) 일장기말소사건

1936년 8월 9일 베를린올림픽대회 마라톤에서 손기정은 2시간 29분 19초 2로 당시 인간의 한계라고 할 수 있는 2시간 30분대의 벽을 허물고 올림픽신기록을 세우며 당당히 우승을 차지했다.

손기정이 우승하자 조선중앙일보사 사장이었던 여운형은 라디오를

• • • • • • • • • • •
128 『서울석간』 1947년 6월 24일
129 『동아일보』 1947년 5월 17일.

그림 6. 조선중앙일보 손기정의 일장기말소 보도
(출처: 『조선중앙일보』 1936년 8월 13일)

통해 소식을 듣고 감격해서 즉시 호외를 발행하라고 지시했다.[130] 그러고 나서 [그림6]과 같이 조선중앙일보 8월 13일자에 손기정선수 가슴의 일장기를 지우고 보도했는데 이것이 일장기말소사건의 첫 보도였다.

이 기사를 보면 "머리에 빛나는 월계관, 손에 굳게 잡힌 견묘목 올림픽 최고영예의 표창 받은 우리 손 선수"라고 되어 있다.[131] 그런데 신문에 실려 있는 사진의 상태가 좋지 않아서인지 일장기가 지워져 있는 것을 파악하기 어려워 조선총독부의 검열에서 문제가 되지 않았던 것으로 보인다.

그리고 이어서 동아일보가 8월 25일자 신문에 손기정선수 가슴의 일장기를 지우고 보도했는데.[132] 이것이 우리들이 알고 있는 그 유명한 일장기말소사건이다. 이 동아일보의 보도로 경기도 경찰부가 일장기말소사건의 수사에 착수하면서 조선중앙일보의 일장기말소사건도

130 편집국, 「환영!! 청추 10월에 손선수 귀래」『삼천리』8-11, 삼천리사, 1936, 35쪽.
131 『조선중앙일보』 1936년 8월 13일.
132 『동아일보』 1936년 8월 25일.

같이 수사하게 되었다. 이에 대해 당시 다나카(田中) 경무국장은 일장기가 신문지상에 나타나는 것을 기피하여 고의로 기술을 써서 이를 말소했다고 했다.[133] 이와 관련해 유해붕(조선중앙일보 기자)은 다음과 같이 회고했다.

> 1936년 8월 10일 상오 1시 31분(독일시간 8월 9일 하오 5시 31분)이라는 시간은 손기정선수가 백림올림픽 마라톤경기에서 전 세계 각국의 청년(50선수)을 물리치고 최후의 테이프를 끊은 때이었다. 아니 우리 조선유사이래 처음으로 세계를 제패한 역사적 시간인 것입니다. ...중략... 조선중앙일보는 이 역사적 민족의 승리를 대대적으로 보도하려고 '조선청년이 세계를 놀라게 하였다', '조선민족의 우수성을 여지없이 발휘하였다'는 등 기사는 매일같이 민족의식을 북돋는데 노력했으며 이에 정비례하여 왜적의 눈초리는 날로 뾰족해지고 말았다. 수차 기사가 너무 불온하다는 주의를 받았으나 당시 사장이든 몽양 여운형 선생은 필자보고 "붓대가 꺾어질 때까지 마음껏 민족의식을 주입할 것이며 그놈들의 주의를 들을 필요는 없다"고 말했다.[134]

이 내용을 통해 유해붕은 조선의 유사 이래 처음으로 세계를 제패한 손기정의 우승을 대대적으로 보도하며 우리민족의 자부심과 민족의식을 고취시키기 위해 노력했으며 당시 여운형도 마음껏 민족의식을 주입하라고 격려해주었다고 했다. 그리고 일장기말소에 대해 우월감을 가진 일은 없었으며 조선인이라면 누구나 일장기를 말소했을 것이라고 했다.[135]

• • • • • • • • • • • •
133 편집국, 「일장기말소사건진상」,『삼천리』8-11, 삼천리사, 1936, 16쪽.
134 『조선중앙일보』 1947년 7월 1일.
135 『조선중앙일보』 1947년 7월 1일.

이렇게 해서 동아일보는 8월 27일 조선총독부에서 정간조치가 내려졌고 조선중앙일보는 1936년 9월 4일 자진 휴간을 했다. 여기서 조선중앙일보가 휴간하게 된 경위를 살펴보면 다음과 같다.

> 조선중앙일보는 동아일보에 뒤지기 약 일주일 후인 9월 4일에 돌연히 사고를 지상에 게재하고 그날부터 휴간해버렸다. 그 진상은 이러하다. 동아일보 사건을 취조하다 보니까 중앙일보에 앞서 약 10여일인 8월 15일 지면에 역시 손 선수의 가슴 일장기를 약간 말소하여 지상에 게재했다. 이대로라면 당연히 동아일보처럼 정간처분을 당하게 된 동사에서는 최후로 9월 4일 경무 당국의 맥을 살펴보아도 여망이 없음으로 이에 결심하고 그날 밤 여운형 사장 성전무 윤 편집국장 영업국장 등 최고 간부회의를 열고 자진휴간하기로 하였다.[136]

그리고 휴간을 선언한 후 여운형 사장은 이사회에 사표를 제출했다.[137] 이처럼 조선중앙일보는 동아일보가 정간이 되자 신문사 차원에서 근신하는 의미로 최고 간부회의를 열어 스스로 휴간을 하고, 또한 여운형 사장도 사표를 제출했던 것이다. 그러나 그 후 조선중앙일보는 결국 폐간되고 말았다.

3) 여운형의 스포츠사상

여운형의 스포츠사상은 어린 시절 익혔던 운동소질을 바탕으로 중국에 유학하며 대내외적으로 활동하면서 싹이 텄고, 조선중앙일보사

---

136 편집국, 「조선중앙일보는 언제 휴간햇나」『삼천리』8-11, 삼천리사, 1936, 32쪽.
137 편집국, 「여사장 인책사직」『삼천리』8-11, 삼천리사, 1936, 33쪽.

사장과 각종 스포츠단체 임원으로 활동하면서 형성된 것으로 보인다. 그의 스포츠사상은 잡지나 신문에 게재한 내용을 통해 알 수 있는데 크게 체육관, 건강관, 국가관으로 나누어 살펴볼 수 있다.

(1) 체육관

여운형은 "체육조선의 건설"에서 사회를 강하게 하는 것은 구성원의 힘을 강하게 하는 것이며 그 방법은 교육이며 여러 교육의 기초는 체육이라고 했다. 우리의 조상은 건전한 체질의 소유자였으나 조선시대를 통해 문약해져 현재에 이르게 되었다. 우리가 찬란한 공훈을 가지려면 체육적 갱생을 해야 하고 건전한 체질을 찾아 억센 체육조선의 건설이 필요하다고 강조하면서 다음과 같이 구체적인 3가지 안을 제시했다.

첫째로 체육의 「보급」 삼천리 방방곡곡에 널리 퍼지고 남자에게만 아니라 여자에게도 청년에게만 아니라 남녀노소에게까지 전 민족에게 보급시키고 장려해야 할 것이다. 우리의 체육은 우수한 선수를 길러내 세계적 기록을 수립하는 데만 있는 것이 아니라 전 민족의 체질과 의기를 함양, 증강하는데 있는 것이다. 둘째로 체육의 「정화」 근래 조선체육계는 상당한 발전을 나타내고 있으나 그 반면으로는 체육의 근본정신에 배치되는 여러 오점이 나오고 있음이 큰 유감이다. 가까운 예로 신성하고 명랑해야할 경기장에서 발생되는 불상사도 각 학교에서의 체육장려가 선수양성에 편중되어 있어 경기에서 체육도덕을 짓밟고라도 승리를 탐하는 것도 모두가 한마디로 체육정신을 망각한 추한 오점이다. 여기에서 체육의 보급과 아울러 체육의 근본정신을 고취시켜 명랑하면서 진지한 참된 체육적 경기와 운동이 되도록 해야 한다. 셋째로 「과학적 지도」 체육의 각 부문을 통해 과학적 지도는 가장 절실하고 현명한 방법이니 현재 조선청년으로 체육계를 통해 세계무대에 나가 이름을 높이고 있음은 그들에게 가장 「선」한 과학적 지도가 있었던 것보다 선천적 우리선조의 좋은 체질을 받은데서 그 힘이 나타난 것이다. 앞으로 조선의 체육을 보급 정화시킴에 있어 가장 「선」한 과학적 지도가 필요하고 또 전 반도를 통해 완전한 과학적 조직이 필요하다.[138]

이 내용에서 보는 것처럼 여운형은 엘리트체육 뿐만 아니라 생활체육의 보급, 그리고 엘리트체육의 편중과 승리지상주의에 따른 체육계의 정화, 체육의 과학적 지도와 조직의 필요성 등 당시 조선체육계가 안고 있는 문제점을 직시하고 그 해결방안을 모색할 것을 주장했다. 여운형이 제시한 이들 체육계의 현안문제는 오늘날 다루어도 전혀 손색이 없는 내용이라고 보인다.

이러한 여운형의 체육관은 1935년 2월 16일 중국의 천진과 상해로 원정경기를 가는 평양축구단의 송별회 연설에서도 엿볼 수 있다.

정신을 건전히 가지기 위해 운동이 필요합니다. 만사에 건전한 정신을 가지지 못하면 사업에 성공하지 못합니다. 그럼으로 건전한 정신을 가지기 위해 첫째로 우리의 몸을 건전하게 가져야 할 것입니다. 둘째로 체육을 장려해야 하겠느냐 하면 건전한 신체를 가지기 위해 꼭 해야 합니다. 셋째로는 우생학적 견지에서 체육이 필요합니다. 넷째로는 위생을 위해 필요합니다. 위생에 제일 조건은 운동입니다. 다섯째로 오래살기 위해 또한 운동이 필요합니다.[139]

이처럼 여운형은 심신일원론적 입장에서 체육의 필요성을 강조했

138 여운형, 「체육조선의 건설」『중앙』3-5, 조선중앙일보사, 1935, 8-9쪽.
139 여운형, 「상승군을 상해원정에 보내노라」『삼천리』7-6, 삼천리사, 1935, 65-67.

으며, 또한 우생학, 위생, 장수를 위해서도 체육이 필요하다고 했다.

그리고 체육은 판단력, 책임감, 단결력을 양성해 주는 역할을 한다고 했으며 그밖에 여성체육의 필요성, 경기에서의 페어플레이 정신도 강조했다.[140] 여운형의 경기에서 페어플레이 정신은 "올림픽의 밤" 행사의 강연 내용을 통해 알 수 있는데 1936년 독일 가르미슈파르텐키르헨 동계올림픽대회에 참가하는 김정연, 이성덕, 장우식 선수에게 정정당당하게 싸워 인간의 투지를 좋은 방면으로 돌려 전 세계에 빛나는 세계평화의 모범자가 되기를 바란다고 했다.[141]

(2) 건강관

여운형의 건강관은 평소 친구로 지내는 서상천의 부탁을 받아 작성한 현대철봉운동법(1934)의 서문을 통해 엿볼 수 있다.

> 철봉운동에 관해서도 내 스스로 큰 취미를 가지고 있다. 내 일찍이 유년시기에 체질이 매우 약하고 또 병이 많아 거금 34년 전 처음으로 경성에 왔을 때에 각 병영에서 군인들이 철봉운동에 힘쓰는 것을 보고 나 역시 유희삼아 나의 처소에 철봉을 가설하고 조석으로 운동을 계속 하였던바 의외의 효과를 얻게 되어 약간의 잔병이 다 없어지고 신체도 강장한 상태로 되었다. 내 생각에 철봉운동은 모든 운동의 기본운동으로 운동에 뜻 가진 자 반드시 철봉운동에 통달하지 않으면 안 될 뿐 아니라, 즉 일반민중들도 이 운동에 주의해 국민체육에 이용하지 않으면 안 될 것이다.[142]

여운형은 어린 시절 몸이 허약해서 병이 많았으나 철봉운동을 통

140 여운형, 위의 책, 67-69쪽.
141 여운형,「올림픽대회에 나가는 용사에」,『삼천리』7-9, 삼천리사, 1935, 54쪽.
142 서상천·이규현, 앞의 책, 17쪽.

그림 7. 현대철봉운동법과 여운형의 단련된 모습(출처: 서상천·
이규현, 『현대철봉운동법』, 한성도서주식회사, 1934, 표지, 11쪽.)

해 많은 효과를 보며 건강을 유지하게 되었다. 이에 국민들의 건강을
위해 철봉운동의 중요성을 강조하며 국민체육에 활용할 것을 주장했
다. 이러한 주장은 [그림7]에 잘 나타나 있는데 이 사진은 여운형의
48세 때 모습으로서 허약했던 신체를 다년간 철봉운동으로 많은 효
과를 보고 건강한 모습을 유지하고 있다는 사실을 알 수 있다.[143]

(3) 국가관

여운형은 세계적인 권투선수인 "서정권 환영의 밤" 행사에서 서정
권 선수의 그동안의 노고를 치하하며 3가지 의미를 제시했다.

첫째로 세계무대에서 6위를 차지하기까지 그의 과거를 먼저 위
로해야 할 것이며, 둘째로는 세계적으로 빛나는 서군의 장래를
더욱 분투해 나가기를 위해 비는 바이며, 셋째로는 권투조선의

· · · · · · · · · · · ·

143 서상천·이규현, 앞의 책, 11-12쪽.

의기를 널리 세계무대에서 빛내고 있는 서군과 같이 전도가 유망한 선수들이 그뒤를 계속해 반도에서 많이 나와 주기를 위해 ... 중략... 서군이 과거에 피와 땀으로 싸워 올린 승리와 영예를 축복하는 동시에 오늘날 세계 6위라는 세계적 지위가 찬란한 바이며 더욱 그 전도양양한 앞길에 조금도 쉬지 말고 세계에 1위를 차지할 때까지 굳세게 싸워나가기를 바라는 바입니다.[144]

여운형은 세계 정상에 선 서정권 선수의 선전을 계기로 그 뒤를 이어 권투조선의 기상을 세계무대에 알리는 훌륭한 후배들이 나오기를 기대하고 서정권 선수 또한 세계스포츠무대에서 챔피언이 되어 조선인의 기백을 전 세계에 떨칠 것을 당부했다. 이는 스포츠를 통해 잠재되어 있는 조선인의 저력을 보여주려는 의도가 있었다.

이러한 여운형의 국가관은 광복 후에도 변함없이 볼 수 있는데 1947년 서윤복 선수가 보스턴마라톤대회에서 우승하자 이번 위대한 승리를 전 민족적으로 환영한다고 하면서 역사적으로 되돌아보며 다음과 같이 언급했다.

을지문덕, 양만춘, 이순신 같은 외적을 제패한 정신과 권태하(權泰夏) 김은배(金恩培) 손기정(孫基禎) 남승룡(南昇龍) 등 선배의 정신에 흐름이었을 것이다. 조선 사람은 개인적으로는 대단히 우수하나 집단적으로 단결 못하는 것이 유감인데 이번 승리를 통해 전 민족적으로 굳게 뭉치자.[145]

여운형은 광복이후 처음으로 세계스포츠무대에서 우승한 서윤복을 우리민족의 영웅과 조선인으로서 올림픽대회에 처음 출전한 선배선

---

144 여운형, 「세계 제1위를 목표로」『삼천리』7-9, 삼천리사, 1935, 47-50쪽.
145 『중앙신문』1947년 6월 24일.

수들의 정신을 이어받았다고 하면서 이번 기회에 전 민족이 하나로 뭉쳐 조선인의 우수성을 발휘하자고 역설했다.

이상과 같이 여운형은 일제에 억압받고 있는 조선인의 한을 풀기 위해 일장기말소사건을 주도했으며 각종 스포츠단체의 임원으로서 조선스포츠의 질적 향상을 도모하고자 했다. 또한 당시 조선스포츠계가 안고 있는 현안문제의 해결책 모색과 세계스포츠무대에서 조선인의 우수성을 과시하기 위한 노력도 아끼기 않았다. 그리고 광복 후에는 자주국가로서 신생독립국인 조선을 전 세계에 알리기 위해 올림픽대회의 참가를 주도하는 등 한국의 스포츠발전을 위해 평생을 바친 진정한 스포츠선구자였다고 평가할 수 있겠다.

2-4. 일장기말소사건의 주역, 이길용

1936년 베를린올림픽대회 마라톤에서 우승해 시상대에 선 손기정 가슴의 일장기를 말소한 이길용. 이길용은 일장기말소뿐만 아니라 실제로 각 경기대회의 현장을 취재하는 신문사의 기자로서 당시 조선스포츠계의 현황을 파악할 수 있는 수많은 내용을 신문, 잡지 등에 남겼다. 그리고 조선체육회를 비롯한 각종 스포츠단체의 임원으로도 활발한 활동을 하면서 한국스포츠의 발전에 많은 공헌을 한 인물이다. 그래서 1989년 7월 한국체육기자연맹에서는 이길용의 숭고한 정신과 업적을 기리기 위해 "이길용 체육기자상"을 제정하고 매년 시상식을 거행하고 있다. 여기에서는 일장기말소사건의 주역 이길용의 스포츠 활동에 대해 알아보기로 한다.

1) 이길용의 생애

이길용은 1899년 9월 경남 마산에서 태어났으며 아호는 파하이고 필명은 월강이었다. 1912년 14세에 인천영화학교를 졸업한 후 배재학당에 입학했다. 1916년 배재학당을 졸업하고 일본 교토의 도시샤대학(同志社大學)에 입학했으나 1918년 모친이 위독하다는 연락을 받고 학업을 포기한 채 귀국해 만철 경성관리국에 취직했다.[146] 이 때부터 이상재, 이승훈과 같이 상해 임시정부에서 보내온 독립운동 관련 전단을 배포하는 임무를 수행하다가 경찰에 적발되어 2년간 투옥되었다. 이 사건으로 그의 애국심과 인성이 송진우와 김준연에게 인정받아 1921년 출옥 후 동아일보사 기자가 되었다.[147]

1921년 6월 동아일보사 대전지국과 인천지국을 거쳐 1924년 가을에는 조선일보사에 입사해 운동기자로서 지면에 운동란을 횡서로 만들었다. 1927년 7월 다시 동아일보사로 옮겨 지금에 이르렀으니 운동기자는 1922년부터였다.[148] 이처럼 이길용은 1922년부터 체육기자로서 현장을 취재하며 스포츠관련 기사를 신문이나 각종 잡지에 기고하고 스포츠단체의 임원 등을 하면서 한국스포츠의 발전을 위해 많은 활동을 했다. 이러한 사실은 다음의 내용을 통해 엿볼 수 있다.

1923년에는 동아일보사 주최의 제1회 전 조선여자정구대회를 관장했으며, 1924년에는 조선체육회 상무위원을 비롯해 조선체육회 이사(1929), 조선스키구락부 이사(1930), 조선농구협회와 조선체육연구회 발기인(1931), 고려육상경기회 이사(1932), 경성육상경기연맹 총무(1934), 조선체육회동지회 평의원(1945) 등을 역임했다.[149]

• • • • • • • • • • •
146 한국체육기자연맹, 『일장기 말소의거 기자 이길용』, 인물연구소, 1993, 292쪽.
147 한국체육사편찬위원회, 『20세기 한국스포츠 100년』, 이길용기념사업회, 1999, 170쪽.
148 월강, 「운동기자열전」『신동아』4-3, 신동아사, 1934, 93쪽.

특히 그중에서도 일장기말소사건은 1936년 베를린올림픽대회 마라톤에서 우승한 손기정 가슴의 일장기를 이상범과 상의해 지워버린 애국적인 사건이었다. 이 사건으로 이길용을 비롯해 이상범, 백운선, 서영호, 현진건, 최승만, 신낙균 등이 구속되었으며 동아일보사는 1936년 8월 29일부터 1937년 6월 2일까지 약 9개월간 정간처분을 받았다.[150]

이 사건으로 이길용은 2번째 옥고를 치렀고 이후에도 일제의 창씨개명 반대와 조기회 결성, 그리고 독립운동에 관한 죄목으로 경찰에 체포되어 3번째 복역했으며 광복 직전 출감했다.[151]

광복 후에는 조선체육회 상무이사, 조선야구협회 부회장을 역임하고 1949년 10월에는 대한체육회 창립 30주년 기념식에서 공로상을 받았으나 6·25전쟁 때 납북되었다. 1989년 한국체육기자연맹에서 이길용 체육기자상을 제정했으며 1990년 8월 15일 광복절에는 건국훈장 애국장이 추서되었다.[152]

2) 이길용의 스포츠 활동

(1) 저작활동

이길용은 1922년부터 체육부 기자활동을 시작했다. 처음에는 동아일보사에 입사해 활동을 하다가 1924년 조선일보사로 옮겼으나 1927년 다시 동아일보사에 복귀했다. 이처럼 이길용은 1922년부터 1936년 일장기말소사건으로 동아일보사를 그만둘 때까지 14년간 체육기

---

149 한국체육기자연맹, 앞의 책, 292-294쪽.
150 『동아일보』 1956년 8월 21일.
151 한국체육사편찬위원회, 앞의 책, 171쪽.
152 한국체육기자연맹, 앞의 책, 294-295쪽.

자생활을 했던 것으로 보인다. 이길용은 체육부 기자로서 각종 경기대회의 현장을 취재하며 1927년부터 각종 잡지와 신문에 스포츠관련 기사를 기고하기 시작했다. 여기서 이길용이 기고한 내용을 살펴보면 〈표5〉와 같다.

표5. 이길용의 저작활동 목록

제목	게재지	호수	연월일	내용
염천의 수양, 등산과 수영	동광	15호	1927.07	정신수양을 위한 휴가로서 등산과 수영의 필요성을 강조
수확 많은 1년이었다	별건곤	10호	1927.12	각종경기대회에서 우리선수들의 활약상과 씨름협회의 조직 및 대회개최에 대한 언급
전 조선여자정구대회 평판기	별건곤	14호	1928.07	제1회부터 제5회 대회까지의 경과와 제6회 대회의 경기내용과 결과를 소개
씨름	별건곤	26호	1930.02	우리고유의 운동인 씨름의 장려와 고취에 대한 필요성을 강조
야구보는 법	학생	2권6호	1930.06	야구의 초면인 학생을 대상으로 야구에 대한 기초상식을 소개
전선여자정구대회 총평	신여성	5권9호	1931.10	동아일보 주최 제9회 전 조선여자정구대회의 경기내용 및 결과를 상세히 소개
마라톤의 기원	신동아	2권1호	1932.01	마라톤의 유래와 우리선수들의 마라톤 기록갱신, 특히 김은배의 세계기록 비공인에 대해 언급
금년에 열릴 세계올림픽대회	신동아	2권1호	1932.01	제10회 LA올림픽대회를 맞이해 올림픽의 유래와 경기종목, 그리고 마라톤의 기원에 대해 언급
브라보! 양정	동광	34호	1932.06	양정고보 육상부의 일본역전경주에서 우승하기까지의 경위 언급
대승할 백의삼 선수	삼천리	4권8호	1932.08	올림픽의 역사와 제10회 LA올림픽대회에 참가할 권태하, 김은배, 황을수 선수에 대한 소개
개전된 올림픽대회	신동아	2권8호	1932.8	제10회 LA올림픽대회를 맞이해 각국의 진용과 우리선수에 대한 기대
여자정구10년사	신동아	2권9호	1932.09	10년을 맞이한 동아일보서 주최 여자

제목	게재지	호수	연월일	내용
여자정구10년사(속)	신동아	2권10호	1932.10	정구대회의 회고와 예상
현대조선스포츠사	신동아	4권3호	1934.03	구한말에 도입된 각종 근대스포츠의 전개상황에 대해 언급
운동기자열전	신동아	4권3호	1934.03	조선스포츠계의 발전을 위해 현장을 취재하며 많은 업적을 남긴 운동기자들을 소개
스포츠조선의 약진	신동아	5권1호	1935.01	각종경기대회에서 활약하고 있는 조선 선수의 활약상에 대해 언급
스포츠 1년 회고	신동아	5권12호	1935.12	1935년 1년 동안 비약적인 활동을 전개한 각 종목에 대한 회고
조선야구사	동아일보		1930.04.02-04.16	조선의 야구도입과 보급, 발전과정을 14회에 걸쳐 연재. 야구사에 대한 최초의 기록.
갑자원 기행	동아일보		1931.08.29-09.16	고시엔야구대회의 역사와 조선 팀의 활약상, 그리고 제17회 대회의 경기내용을 소개
전 세계 스포츠의 전선은 총동한다	동아일보		1932.01.02	1932년 동·하계올림픽대회를 맞이해 세계 각국의 동정과 우리의 올림픽에 대한 대비책, 특히 김은배선수에 거는 기대를 언급
세계 정패에로 마라톤 약진상	동아일보		1935.04.29	우리나라에 마라톤이 도입된 이후의 기록소개와 아울러 손기정의 마라톤 세계신기록이 어떻게 수립되었는지에 대해 언급
올림픽선수 낸 학원 찾아	동아일보		1933.06.26-06.30	제10회 LA올림픽대회와 제11회 베를린올림픽대회에 참가한 조선선수의 학교를 소개
중대한 통제과정의 체육계	동아일보		1934.01.01	해외원정 시합을 통한 축구, 농구, 스케이트, 마라톤에서 우리선수들의 활약상과 앞으로의 기대에 대해 언급하고, 특히 마라톤왕국의 건설을 위해 선수의 자격심사, 선수양성과 지도, 마라톤중흥을 위한 단체조직 등의 구체적인 방안을 제시

이 내용을 정리하면 여자정구대회, 조선스포츠계의 상황, 올림픽대회, 조선근대스포츠사, 각종경기의 소개, 여가활동, 기타(운동기자 소개, 고시엔 기행, 양정고등보통학교의 활약상)로 되어있다. 여기서 이들 내용을 자세히 살펴보면 여자정구대회는 1923년 동아일보사에서 주최한 전 조선여자정구대회의 10년간의 경기내용과 결과에 대해 자세히 소개하고 있다. 조선스포츠계의 상황에서는 각종 경기대회, 특히 비약적인 활동을 하고 있는 우리선수들의 활약상에 대해 언급하고 있다.

올림픽대회에서는 제10회 로스앤젤레스올림픽대회와 제11회 베를린올림픽대회를 맞이해 올림픽의 유래와 경기종목, 그리고 이들 대회에 참가하는 우리선수의 소개 및 기대에 대해 언급하고 있으며, 또한 우리선수가 재학하고 있는 모교도 소개하고 있다. 조선근대스포츠사에서는 구한말 각종 근대스포츠의 도입과 전개상황, 그리고 조선의 야구도입과 보급, 발전에 대해 자세하게 언급하고 있다.

각종경기의 소개에서는 우리고유의 운동인 씨름에 대한 필요성과 야구에 대한 기초상식을 소개하고 있으며, 여가활동은 정신수양을 위해 등산과 수영의 필요성을 강조하고 있다. 기타에서는 조선스포츠계의 발전을 위해 현장을 취재하며 많은 업적을 남긴 운동기자들에 대한 소개, 양정고등보통학교의 일본역전경주에서 우승한 경위, 일본중학교 고시엔 야구대회의 역사와 지금까지 조선선수의 활약상에 대해 언급하고 있다.

이와 같이 이길용은 스포츠계의 현장을 취재하면서 조선의 스포츠 현황 뿐만 아니라 올림픽대회, 고시엔 야구대회 등 다양한 내용을 기고했다. 이를 보더라도 그가 얼마나 스포츠분야에 많은 관심과 애착을 가지고 있었는지를 알 수 있다. 이러한 그의 왕성한 활동은 광복 이후 그동안 체육부 기자 생활을 하면서 수집한 자료와 기고한 내용을 토대로 대한체육사를 집필하려고 계획한 것을 통해서도 엿볼 수 있다. 이에 대한 내용은 『체육대감』의 편자인 김창문이 이길용의 자료수집과 노고, 또한 자택에 보존된 자료가 절대적이었음을 『체육대감』의 "편찬을 끝마치고"에서 언급하고 있다.

체육연감의 간행계획은 지금까지 알려지기는 해방 후 두 번이 있었다. 하나는 6·25사변 전 즉 1945년 10월에 당시 동아일보사에 재임하고 있던 이길용씨가 「대한체육사」라는 서명 밑에 우리나라 운동경기가 수입된 이후의 기록을 상·하 2권으로 나누어 간행할 준비에 착수하였던 일이요. …중략… 전자는 사변당시 이길용씨의 납북으로 성취되지 못하고 …중략… 1956년 4월에 반년이라는 세월을 두고 해방 후의 기록을 구할 수 있는데 까지 수집해놓고 「해방십년종합판」이라는 부제 밑에 「체육연감」을 간행케 하려할 즈음 6·25사변 시 이북으로 납북되어간 이길용씨가 간직했던 1920년 이후 1936년 중반기까지의 운동경기기록을 모아둔 「스크랩·북」을 입수하기에 이르렀다. 그래서 해방 전의 기록마저 정리하게 되니 편찬계획은 또다시 방대하게 변경되어 여러 난관을 거친 끝에 이제 겨우 「한국운동경기총람」이라는 부제 밑에 이 「체육연감」을 연합신문사 발간으로 세상에 내보내게끔 되었다. 자료는 해방 전의 것은 이길용씨가 남긴 「스크랩·북」을 중심으로 서울신문 조사부 및 국립도서관의 보관신문에 의존하였다. 편찬에 있어서 …중략… 특히 6·25사변 시 남편을 납북되어간 뒤 마음의 어지러움도 무릅쓰고 상자에 넣어 고이 간직해두었던 「스크랩·북」을 선 듯 내어준 이길용씨 부인 정여사의 호의를 충심으로 감사히 여기며 이 「스크랩·북」이 있음으로 해서 이만한 책이 또한 되어 나왔다는 것을 기꺼이 말해둔다.[153]

153 김창문, 『체육대감-한국운동경기총람』, 연합신문사, 1957, 1050쪽.

이러한 내용을 통해 김창문이 저술한 『체육대감』의 해방이전 부분은 이길용이 대한체육사를 집필하려고 그동안 수집한 스크랩 자료를 근거로 이 세상에 나오게 되었으며 현재 이 『체육대감』은 한국근대스포츠사에 귀중한 자료로 활용되고 있다.

(2) 일장기말소사건

1936년 8월 9일 베를린올림픽대회 마라톤에서 손기정은 2시간 29분 19초 2의 올림픽신기록을 수립하며 우승했다. 손기정의 우승이 국내에 전해지자 조선의 전 국민은 감격에 겨워 열광하고 각 신문들은 호외를 발행하며 이를 대대적으로 보도했다. 그러나 그로부터 16일 후인 8월 25일 동아일보 기사에는 시상대 위 손기정 가슴의 일장기가 지워진 채 지면에 실렸다. 이것이 우리들이 알고 있는 그 유명한 일장기말소사건이다.

일장기말소사건의 발단은 8월 25일자 동아일보 석간 2면에 월계관을 쓰고 시상대에 오른 손기정의 감격적인 사진이 실린 것에서 시작되었다. 일본의 주간지 「아사히스포츠」(朝日スポーツ)를 뒤늦게 입수해 거기에 실린 사진을 복사해서 전재한 것이다. 그런데 초판에는 일장기가 선명하게 보였으나 재판에서는 원본과 달리 유니폼 가슴부위의 일장기가 교묘하게 지워져 있었다. 체육부기자 이길용이 전속화가 이상범에게 사진 속의 일장기 처리를 상의했고 두 사람은 이심전심 별다른 말없이 의견일치를 보았다.[154] 이에 대해 이상범은 당시의 사건 전말을 다음과 같이 회고했다.

그때 나는 본사 조사부에서 미술부문의 책임을 가지고 있었는데

• • • • • • • • • • •
154 동아일보80년사 편찬위원회, 『민족과 더불어 80년』, 동아일보사, 2000, 258쪽.

8월 24일 상오 11시경에 운동기자 이길용씨가 손 선수의 사진 한 폭을 보내면서 편집국 여자 사환에게 손 선수 가슴에 있는 일장기마크를 지워달라는 부탁의 말을 전해 주었다. 그런데 그 전언이 분명치 못해 나는 이길용씨에게 구내전화를 걸어 이에 대한 구체적인 얘기를 듣고 그의 뜻을 알았다. 물론 이런 일이 혹시나 무슨 문제나 되지 않을까 하는 걱정도 없지는 않았으나 나 역시 그것이 꼴 보기 싫던 판이라 다시 더 고려할 나위도 없이 그의 말대로 호기 있게 정성껏 말소해 가지고 사진과 제판실로 돌렸다. 그 후에 알고 보니 이길용씨가 이 사진에 있는 일장기마크를 분을 발라 말소할 터이니 명일 석간 2면으로 게재해 달라고 당시 편집자인 장용서씨에게 동의를 얻었다고 한다. 문제의 이 사진은 당시 일본 오사카아사히신문사(大阪朝日新聞社)에서 발간한 「주간 아사히스포츠」(週刊朝日スポーツ)에 게재된 것으로서 손 선수가 머리에 월계관을 쓰고 두 손으로 월계수 화분을 들고 시상대 위에 올라선 것인데 그 늠름한 체구에 유감스럽게도 가슴에 일장기마크가 너무도 뚜렷하게 나타났던 것이다. 그런데 이 분을 발라 말소한 사진은 동판이 되어 본보 당일 석간(제5,657호)에 실려서 수많은 독자의 손으로 대부분 넘어갔다.[155]

이상범은 이길용의 부탁을 나름대로 걱정하면서 자신도 손기정 가슴의 일장기 모습이 보기 싫어 지워버리게 되었다고 했다. 그리고 다음의 내용을 통해 동아일보사 편집자들도 다수 동참한 것으로 보인다.

편집자인 장용서씨는 그날 내가 그 사진원본을 제판실로 넘긴 뒤에 제판실(3층)에 가서 사진과 서영호씨에게 약을 충분히 쳐서 깨끗하게 잘 말소하라고 부탁하였다고 한다.[156]

155 『동아일보』 1956년 8월 17일.

그런데 실제로 이길용의 자술 회고록을 통해 일장기말소사건의 경위를 보면 다음과 같다.

> 동아지가 태극기를 지우기는 한번이지만 일장기말살이란 다반사로 부지기수다. 세상이 알기는 베를린올림픽 마라톤의 일장기말살사건이 이길용의 짓으로 꾸며진 것만 알고 있다. 무리도 아니다. 사내의 사시라고 할까 전통이라고 할까 방침이 일장기를 되도록은 안 실었다. 우리는 도무지 실지 않을 속셈이었던 것이다. 일본이라는 글을 쓰지 않은 것과 마찬가지이다. 지방이든 서울이든 경향 간에 신문지에 게재해야 할 무슨 건물의 낙성식이니 무슨 공사의 준공식이니 얼른 말하자면 지방 면으로는 면이니 군청이니 또는 주재소니 등등의 사진에는 반드시 일장기를 정면에 교차해 다는데 이것을 지우고 실리기는 부지기수다. 이러한 우리로서 어찌 손기정 선수 유니폼에 일부러 그려 넣은 듯한(전송사진으로는 너무 일장마크가 선명하였다) 일장마크를 그대로 실을 수 있을 것인가 이것이 월계수 화분을 들고 촬영한 손 선수 인물로는 처음인지라 넣고 싶은 욕심에 그것을 오려서 화백 이상범 형 (당시 동아일보사 근무)에게 좀 더 수정을 하되 일장마크를 안보이도록 부근을 흐려버리라고 필자가 부탁을 하였다.[157]

일장기말소사건은 이길용의 주도로 일어났으나 실제로는 동아일보사의 전통과 방침에 따라 처음부터 작정하고 일어난 것이었다. 이러한 사실은 당시 지방이나 서울의 행사 때나 관공서에 게양되어 있는 일장기를 신문지상에 게재하지 않는 것이 다반사였기 때문에 손기정 가슴에 있는 일장기를 지워버린 것은 당연한 일이었다고 했다.

• • • • • • • • • •

156 『동아일보』 1956년 8월 18일.
157 이길용, 「소위 일장기말살사건」『신문기자수첩』, 모던출판사, 1948, 매7-8쪽.

그리고 이길용은 손기정의 우승으로 그 감격과 환희가 조선민족의 혼을 되살렸고, 특히 조선의 청년에게 새로운 힘을 주었다고 하면서 일장기말소사건의 직접적인 이유를 다음과 같이 언급했다.

운동기자 생활 16년! 이처럼 흥분되고 기꺼운 때가 또 언제 있었으랴. 이리하여 나는 이 나라의 아들인 손 선수를 왜놈에게 빼앗기는 것 같은 느낌이 그 유니폼 일장마크에서 엄숙하게도 충격을 받았다. ...중략... 저희가 세계올림픽에 처음으로 진출하는 24년 전 마라톤으로부터 내리 마라톤에서는 꼭 승리한다고 버티고 덤비다가 달성하지 못한 후 오랜 소원을 우리 손 선수가 우승을 하고 나니 그때부터는 그다지도 낮간지럽게 20여년의 숙망달성! 우리들의 손 선수 당당우승! 이러한 제목이 일본 각 신문에 대서특필되는 꼴을 볼 때 어찌 민족적 충격과 의분이 없겠는가. 갖은 차별과 온갖 천대를 알뜰히 다하고 나서 우승하고 나니 덤비는 모양은 민족적 의분은 그만두고라도 인류의 양심으로 가증스럽기 짝이 없다. 이러한 환경과 분위기 속에서 빚어진 일장기말살사건이란 노도를 막을 자 없음과 같다고 할까.[158]

또한 광복이후 이길용은 일장기말소사건에 대해 두고두고 또 죽어도 잊지 못할 중대사였고 사건이라기보다는 어마어마한 일대 사변이었다고 당시를 회고하면서 이로 인해 동아일보라는 큰 기관의 문이 닫히고 날마다 중압 속에서 일제의 눈초리를 받아가면서도 조석으로 우렁차게 활기 있게 굴든 윤전기가 멈춘 것에 대해 안타까움을 나타냈다.[159] 그리고 일장기말소사건이란 흥분과 민족적 감격에서 빚어진 것이고 누구하나의 기술의 과실도 아니요 또 착오도 아니고 물의를

158 이길용, 위의 책, 매8쪽.
159 이길용, 위의 책, 매4쪽.

자아내려는 기도도 아니고 심산도 아니었다고 했다.[160]

[그림 8]은 일장기말소사건에 대해 이길용이 처음으로 직접 자술한 회고록이다. 이것이 송두리째 숨어있기를 10년, 해방이 되어 영문으로 미 주둔군 보도진을 통해 쓰여 졌지만 이처럼 자세히 쓰이기는 자신이 관여한 일이라 자술이라고 하면서 머리가 지긋지긋한 당시의 묵은 기억을 일깨우니 감개무량하다고 했다.[161]

그림 8. 이길용의 일장기말소사건 자술 회고록(출처: 이길용, 「소위 일장기말살 사건」『신문기자수첩』, 모던출판사, 1948, 매3쪽.)

이와 같이 이길용은 일장기말소사건은 민족적 감격에서 일어났으며 평생 잊지 못할 큰일이었고 동아일보사에 폐를 끼친 것에 대해서는 매우 안타깝게 생각하고 있었다. 일장기말소사건의 장본인인 이길용이 직접 자술한 회고록을 통해 지금까지 한국스포츠사에서 제대로 밝혀지지 않았던 사실을 알게 된 것은 매우 의미 있는 일이라고 판단된다.

---

160 이길용, 위의 책, 매6쪽.
161 이길용, 위의 책, 매6쪽.

한편 이길용은 동아일보 창립 30주년을 맞이한 1950년 4월 1일자에도 "일장기말살 정신 동아일보의 빛나는 전통"이라는 제목으로 다음과 같이 회고했다.

동아지면에 일장기 달린 사진을 실릴 일 없는 말하자면 일본 색을 지상에서 근본부터 말살하려고 한 것이 누가 시키지 않은 저절로 동아동지들의 전통이랄까 회사의 방침처럼 되었다. 기억도 새로운 1936년 8월 9일! 독일 베를린에서 열린 제11회 올림픽대회의 마라톤 날이다. ...중략... 손기정 선수가 첫째 첫째의 시간은 2시간 29분 19초 2 이것은 게다가 세계신기록! ...중략... 호외로 붓을 달리자니 손이 떨리고 그저 멍하니 꿈인 듯 이 순간에 감격과 흥분은 그저 자신뿐 아니라 모르면 모르되 이 전파를 들은 동포는 한결 같았을 것이다. 전파한 소리에 환희일색이요 만세의 고함성은 삼천리를 뒤흔드는 듯 기미년 독립만세 때를 연상케 하였다. ...중략... 손기정 선수가 우승을 하고나니 저이들이 잘 먹이어 우승한 것처럼 서두는 그 꼴이란 관심을 가진 필자 자신으로서는 더욱 민족적 격분이 용솟음침을 막을 길이 없었다. ...중략... 이것은 누가 시키지도 않은 것이요 과실도 아니며 오직 민족적 충격에서 자신도 모르는 감격과 일본에 대한 분노감이 서로 얽혀 벌어진 사건인 것이다.[162]

이 회고를 통해 일장기말소사건은 누구의 지시에 따른 것이 아니라 당시 시대적인 상황에서 동아일보사의 전통과 회사의 방침에서 비롯되었으며, 특히 손기정의 우승은 일본인들이 자기들의 공으로 하는 것에 분개한 나머지 일본에 대한 분노감으로 민족적 감정의 발로에서 일어났다고 했다.

. . . .
162 『동아일보』 1950년 4월 1일.

이처럼 지금까지 일장기말소사건에 대해 이길용은 동아일보사의 전통과 방침에서 일어났다고 역설했는데 다음의 동아일보사 경영진 입장을 보면 반드시 그렇지도 않다는 것을 알 수 있다. 일장기말소사건에 대한 연락을 받은 김성수(동아일보사 사주)와 송진우(동아일보사 사장)의 반응은 다음의 자서전을 통해 알 수 있다.

보성전문 이사실에서 이 사실을 전화로 연락받은 인촌은 앞이 캄캄해지는 것을 느꼈다. 점점 험악해져가는 시국을 계산에 넣지 않는다 해도 무기정간이 내릴 것은 틀림없었다. ...중략... 급히 동아일보사로 오는 자동차 속에서 인촌은 일장기말소는 몰지각한 소행이라고 노여움과 개탄을 금할 수 없었다. 사진에서 일장기를 지워버리는데서 오는 순간의 감정과 동아일보가 정간되거나 영영 문을 닫게 되는데서 손실을 생각하여 그 답은 분명했다. 산란한 마음을 억누르지 못하던 인촌은 도중에 문제의 신문을 구해서 그 사진을 보고는 생각이 달라지는 것을 느꼈다. 민족의 정기가 위축되어만 가고 변절하는 유명무명의 군상이 늘어가는 세태로 볼 때 일장기말소는 잠자려는 민족의식을 흔들어 놓은 경종이 아닌가 하는 생각이 든 것이다. 그렇게 생각하니 마음이 다소 가라앉는 것 같았다. 그에 대한 탄압은 민족 대표지로서 흔쾌히 짊어져야할 십자가라고 생각되기도 하였다. 사장실에 들어선 인촌은 눈을 감고 침통한 표정으로 앉아 있는 고하에게 한마디 없을 수 없었다. 자네 거기서 뭘 하고 앉아 있나? 그도 조금 전까지 만해도 성냥개비로 고루거각을 태워버렸다고 이길용 기자를 크게 꾸짖으면서 흥분을 가누지 못했던 것이다. 인촌은 더 말이 없었다.[163]

이 내용을 보면 송진우는 일장기말소사건을 일으킨 이길용을 꾸짖

• • • • • • • • • • • •
163 인촌기념회, 『인촌 김성수전』, 1976, 391-392쪽.

었으며 김성수는 몰지각한 소행이라며 노여워했다는 사실에서 일장기말소사건은 동아일보사 경영진과는 달리 이길용을 비롯한 직원들에 의해 일어났다고 볼 수 있다. 그러나 김성수는 일장기말소사건이 1919년 3·1독립운동 이후 일제의 문화통치정책으로 인해 민족지도자들이 친일파로 변질되어 가는 상황에서 민족의식을 일깨워주는 일종의 경고 메시지라고 여기며 이는 동아일보가 민족지로서 짊어지고 가야 할 십자가가 되어야 한다고 생각했던 것이다.

그 후 동아일보는 1936년 8월 27일부터 무기정간에 들어갔으나 1937년 6월 2일에 풀려 6월 3일 석간부터 발행이 재개되었다. 이에 대해 동아일보는 1937년 6월 3일 신문지상에 "사고"를 발표했다.

본보에서 일장기마크 말소사건을 일으켜 당국이 꺼리고 싫어하는데 저촉하게 된 것은 실로 미안해서 어쩔 줄 모르는 바이다. 이제 당국으로부터 발행정지 해제의 관대한 처분을 받아 금후부터 더욱 근신하여 어떠한 불상사를 일으키지 않도록 주의할 것은 물론이거니와 지면을 쇄신하고 대일본제국의 언론기관으로서 공정한 사명을 다하여 조선통치의 보도를 기하려니 독자제위께서는 특히 이해하시고 갑절로 애호하여 주시기를 바라나이다.[164]

동아일보사는 일장기말소사건을 일으킨 점에 대해 사과하고 앞으로 어떤 불상사도 일으키지 않고 일본제국의 언론기관으로서 그 사명을 다해 조선통치에 기여하겠다고 했다. 이러한 내용은 동아일보를 다시 발행하기 위해 어쩔 수 없이 일제에 협조할 수밖에 없는 상황에서 비롯되었다고 할 수 있겠다. 그러나 역사의 아이러니라고 할까 결국 동아일보는 3년 2개월 후인 1940년 8월 10일 제2차 세계대전으로

• • • • • • • • • • •

164 『동아일보』 1937년 6월 3일.

일제에 의해 강제로 폐간되는 비운을 맞이하게 되었다.

일장기말소사건은 동아일보사 발행의 월간 잡지에도 많은 영향을 미쳤는데 이에 대해 이상범의 회고에 따르면 「신동아」는 손 선수의 사진에 일장기마크를 선명하지 않게 했으며, 「신가정」에 대해서는 다음과 같이 언급했다.

> 변(영로)씨는 「신가정」에 손·남(승룡) 두 선수의 다리 사진을 뚜렷하게 노출시켰다는 것이라 한다. 놈들이 변씨에게 트집을 하기를 손·남의 사진 중에서 전신을 내지 않고 하필 다리만 냈느냐? 하기에 예의 유머러스한 변씨는 아니 여보시오 마라톤경기에 다리가 제일이지 얼굴이나 전신이 무슨 관계가 있소, 그래서 그 건장한 다리를 일부러 독자들에게 보이기 위하여 확대 게재하였다고 대답했더니 놈들도 어이가 없는지 웃으면서 그러나 그것은 풍속 소란 죄에 해당한다며 어름어름하더라는 것이었다. 다행히도 이 정도의 문초 끝에 변씨는 며칠 밤 고생하다가 무사히 석방되었다.[165]

「신동아」에는 손기정 가슴의 일장기를 흐리게, 「신가정」에는 손기정 가슴의 일장기를 지운 것이 아니라 손기정의 다리를 부각시키기 위해 확대한 사진을 게재했기 때문에 크게 문제되지 않았던 것으로 판단된다. 그러나 그 후 「신동아」와 「신가정」도 동아일보처럼 정간처분을 받았으며 속간 되지 못하고 광복 후에 복간되었다. 이처럼 일장기말소사건은 각 언론매체에서 기사로 다루었다는 사실을 통해 당시 조선의 언론계에서 얼마나 많은 관심을 나타내고 있었는지를 알 수 있다.

• • • • • • • • • • •

165 『동아일보』 1956년 8월 19일.

3) 이길용의 스포츠사상

이길용의 스포츠사상은 동아일보사의 체육부 기자로 입사하면서
형성되었다고 볼 수 있다. 그는 일본유학 도중 귀국해 만철 경성관리
국에 취직하고 나서 독립운동을 하다가 2년간 투옥되었다. 이 사건으
로 그의 애국심과 인성이 송진우 등에게 인정 받아 동아일보사에 입
사하게 되었던 것이다. 그는 민족의 표현기관으로 자임하고 민주주의
를 지지하며 문화주의를 제창하는 방침으로 설립된 동아일보사에서
민족정론지의 역군이 되어 민족의 한을 가슴으로만 품기보다 독자들
에게 널리 호소해 궁지에 빠진 국권회복에 앞장서려고 했다.[166]

이러한 그의 의지는 동아일보와 각종 잡지에 기고한 글들을 통해
엿볼 수 있는데, 특히 민족의식에 입각한 일장기말소사건은 대표적인
하나의 사례라고 할 수 있겠다. 이길용이 기고한 내용을 통해 그의
스포츠사상을 살펴보면 다음과 같다.

첫째, 여자스포츠의 필요성을 강조했다. 조선체육회가 우리의 스포
츠를 위해 꾸준한 노력을 해왔으나 이것이 남자에게만 국한되어 있
어 절름발이 느낌이 들었는데 때마침 동아일보사 주최의 전 조선여
자정구대회가 열리면서 조선여자운동계의 신기원을 이루었다고 했
다.[167] 이와 같이 그는 1920년대 조선스포츠계가 남자 중심의 편향적
인 상황에서 여자운동계의 신기원을 마련하는 여자정구대회를 개최
했다는 사실에서 장래 조선스포츠계의 발전을 위해 반드시 여자스포
츠가 필요하다는 것을 강조했던 것으로 보인다.

둘째, 우리고유의 신체활동인 씨름의 중흥을 강조했다. 그는 최근

----

166 한국체육기자연맹, 앞의 책, 37쪽.
167 이길용, 「전조선여자정구대회 평판기」, 『별건곤』14, 개벽사, 1928, 125쪽.

조선사회에서 외래의 운동에 중독되는 경향이 높아지고 있으나 기술의 복잡, 규칙의 어려움, 운동장, 도구, 기타 설비가 절대적으로 부족한 상황에서 물산장려운동의 영향을 받아 "내 운동은 내 것으로"라는 표어를 내세우고 조선대중의 운동인 씨름을 크게 장려하고 그 열기를 고취시키고자 했다.[168] 이를 통해 그는 근대스포츠의 보급을 우려하면서 조선대중의 신체활동 문제를 해결하기 위한 일환으로 언제, 어디서나 가능한 우리고유의 씨름을 장려할 것을 역설했던 것이다.

셋째, 무더운 여름철 휴가 시 정신수양을 위해 등산과 수영의 필요성을 강조했다. 그는 승부에 치중하는 볼 게임보다 조선의 명산을 탐승하면서 대자연의 풍취를 느끼고, 또한 삼면이 바다인 조선에서 미래 역군의 신체를 강건하게 하기 위해 수상운동, 즉 그중에서도 수영의 필요성을 주장했다.[169] 이처럼 그는 정신수양을 위해 등산과 수영의 필요성을 강조했는데, 특히 수영을 통해 장래 조선역군의 신체보건을 도모하고자 했다.

넷째, 조선의 스포츠 진흥을 위해 자신감을 가질 것을 강조했다. 그는 동·하계올림픽대회를 앞두고 빙상, 육상, 권투, 야구 등 국제무대에서 활약하고 있는 우리선수들의 활약상을 소개하며 "하면은 된다.", "못 이룰 일이 없다."는 교훈과 신조로 새로운 길을 청년과 학생의 스포츠를 통해 개척하고자 했다.[170] 이 내용을 보면 조선의 스포츠발전을 위해 무엇보다 자신감을 가지고 개척하고 스포츠를 통해 조선인의 우수성을 세계무대에 알리고자 했던 것으로 보인다.

다섯째, 조선체육사 편찬을 통해 조선스포츠의 체계를 세우려고 했다. 그는 조선체육사 편찬을 위해 문호개방 이후 조선에 수입된 외래

168 이길용, 「씨름」『별건곤』26, 개벽사, 1930, 67-68쪽.
169 이길용, 「염천의 수양 등산과 수영」『동광』15, 동광사, 1927, 20-22쪽.
170 이길용, 「스포츠 조선의 약진」『신동아』5-1, 신동아사, 1935, 185-191쪽.

스포츠의 보급과정을 각 종목별, 복장, 시설 등으로 나누어 자세하게 언급하고 나중에 추가로 수정, 보완하기 위해 자료의 협조를 부탁했다.[171] 이처럼 그는 조선체육사의 편찬을 통해 조선스포츠의 정체성을 확립하려고 했으나 6·25때 납북되어 실현되지 못하고 1957년 김창문에 의해 『체육대감』을 통해 세상에 나오게 되었다.

이러한 내용을 통해 이길용은 민족지의 역군으로서 민족의 한을 독자들에게 호소해 국권회복의 길에 앞장서려고 했던 결심처럼 실제로 체육부 기자로서 스포츠현장을 취재하며 거기에서 보고 느낀 것들을 지면에 게재하고 스포츠를 통해 민족의식을 고취시키려고 했던 것이다.

이상과 같이 이길용은 한국스포츠의 발전을 위해 체육부 기자로서 스포츠현장을 취재하며 잡지와 신문에 다양한 내용의 글을 기고하고 이를 통해 조선스포츠의 정체성 확립을 위한 조선체육사 편찬을 계획했다. 또한 민족적 감격에서 비롯된 일장기말소사건을 주도하면서 스포츠를 통한 국권회복과 민족의식의 고취를 위해 헌신을 다한 인물이라고 평가할 수 있겠다.

2-5. 한국 올림픽운동의 개척자, 이상백

이상백은 일본 유학시절 와세다대학 농구선수와 지도자로서 많은 활약을 펼쳐 일본농구의 발전에 많은 공헌을 한 인물이다. 이러한 공헌을 인정받은 이상백은 대일본농구협회의 임원(이사, 규칙 및 편찬위원), 대일본체육협회 이사에 선정된 것은 물론 1932년 로스앤젤레

---

171 이길용, 「현대조선스포츠사」,『신동아』4-3, 신동아사, 1934, 12-17쪽.

스올림픽대회와 1936년 베를린올림픽대회에 일본선수단의 본부임원으로 참가해 농구가 올림픽대회 정식종목으로 채택되는데 일조를 하기도 했다.

이러한 그의 경험은 광복 후 신생독립국인 한국이 런던올림픽대회에 참가하는데 결정적인 역할을 했다. 즉 올림픽대책위원회 부위원장으로서 올림픽대회 출전을 위해 각 종목 경기단체의 국제스포츠단체 가맹, 국가올림픽위원회의 조직 등 그 절차를 제대로 알고 있는 사람은 이상백 밖에 없었기 때문이다. 그 후 이상백은 올림픽대회에서 총감독, 단장, 그리고 IOC위원으로서 한국의 올림픽운동을 위해 헌신했다. 여기에서는 한국 올림픽운동의 개척자 이상백에 대해 알아보기로 한다.

1) 이상백의 생애

1903년 8월 경상북도 대구에서 태어난 이상백은 5살 때 아버지를 여의고 어머니와 숙부의 밑에서 성정했다. 소년시절에는 초등학교에 다니지 않고 서당에서 한문을 배웠는데 그 이유는 일제의 식민지교육에 부정적이었던 숙부의 영향 때문이었다. 이 무렵 스포츠에 남달리 호기심을 갖고 있었던 이상백은 동네에서 소년야구팀을 만들어 야구를 했다. 그 후 1915년 대구고등보통학교에 입학하자 연식정구에 흥미를 느끼고 일 년 내내 열심히 연습해 마침내 선수가 되었다.[172] 이에 대해 이상백의 1년 후배 백기주는 다음과 같이 증언했다.

> 내가 속했던 계성고보 팀은 이상백의 대구고보와 자주 경기를 가졌다. 이상백의 키는 175cm, 당시의 소년으로서는 장신이었으며

....

172 김정연, 「스포츠와 이상백박사」『이상백박사 회갑기념논총』, 을유문화사, 1964, 638쪽.

야구선수로서의 그는 투수를 맡아 장신을 이용해 내리꽂는 직속구가 위력을 지녔다. ...중략... 그는 야구이외에도 정구를 잘해 방과 후 그의 모습은 야구장 아니면 이화학실험실 옆의 정구코트에서 늘 발견할 수 있었으며 1910년대 널리 보급된 정구의 대외 교환경기 때에는 이상백은 언제나 학교를 대표해 출전했다.[173]

　이상백은 대구고등보통학교시절 정구선수 뿐만 아니라 어린 시절 호기심으로 시작한 야구선수로도 활약했다는 것을 알 수 있다.

　1920년 대구고등보통학교를 졸업한 이상백은 일본으로 건너가 이듬해인 1921년 4월 와세다고등학원 문과에 입학했다. 원래 스포츠에 관심을 가지고 있던 그는 입학 후 과외활동을 하기 위해 육상부에 들어갔는데 그 이유는 당시 와세다고등학원의 야구부와 정구부가 강해 이미 많은 부원들이 확고한 자리를 잡고 있어 그들과 겨루어 확고한 우위를 차지하기 힘들다고 판단했기 때문이다. 그러던 중 1년 선배인 아사노(浅野延秋)가 육상부를 모아 농구를 시작하자 일본에서 농구가 아직 미지의 분야란 것을 간파한 그는 자신의 능력을 충분히 발휘할 수 있을 것으로 보고 그 모임에 들어갔다.[174]

　1924년 3월 와세다고등학원을 졸업한 그는 그해 4월 와세다대학 문학부 사회학과에 입학해 아사노, 도미타(富田毅郎) 등과 와세다대학, 릿교대학, 도쿄상과대학의 3개교 학생연합을 조직했다. 그 후 1927년 3월 와세다대학을 졸업하기까지 그는 명 센터로서 주장을 맡아 많은 활약을 펼쳤다.[175] 이상백은 1927년 4월 와세다대학 대학원에 진학한 후 그해 12월 대학 단일팀으로서 미국원정을 갈 때 매니저로 동행해

173 김필동, 「상백선생의 학창시절」『상백 이상백평전』, 을유문화사, 1996, 98쪽.
174 이성구·조동표, 「체육인으로서의 상백」『상백 이상백평전』, 을유문화사, 1996, 196쪽.
175 富田毅郎, 「李想白を語る」『RDR60』, 早稲田大学RDR俱樂部, 1983, 170쪽.

2개월에 걸친 일정을 무사히 마치고 10승 14패라는 성적과 함께 농구의 본고장인 미국농구를 배워 돌아와 일본농구가 발전하는 토대를 마련했다.[176]

이처럼 이상백은 당시 일본의 농구가 1913년 미국인 브라운에 의해 도입된 지 10년 정도밖에 되지 않아,[177] 아직 미개척 분야라는 것을 알고 농구부에 들어갔다. 그리고 와세다대학에 입학하고 나서는 대학연합을 조직하고 주장을 맡아 자신의 능력을 아낌없이 발휘하며 많은 활약을 했다. 이러한 그의 활약은 대학졸업 후 미국원정을 통해 일본농구가 발전하는데 많은 기여를 했다.

이상백은 1930년 9월 대일본농구협회의 설립에 힘써 이사에 취임하고 그 능력을 인정받아 대일본체육협회 이사, 상무이사(1931), 전무이사(1935)에도 취임했다. 이때 와세다대학 농구부 코치였던 그는 전일본농구선수권대회에서 2번(1931년과 1933년) 우승시켰고, 또한 전국적으로 농구의 기술지도에 힘써 당시 일본에서는 그의 이론이 중심이 되었다고 해도 과언이 아니었다.

이론가로서 그의 면모를 보여주는 일례가 1930년 친구인 세노(妹尾堅吉)의 권유에 의해 집필한 『지도농구의 이론과 실제』(指導籠球の理論と実際)이다. 이 책은 농구의 보급에 따라 기술의 실제를 정확히 이해하고 있는 지도자가 적어 장래의 발전을 위해 보다 많은 지도자 육성이 필요하다고 느껴 쓴 것이다. 그리고 실제로 도움이 되기 위해 많은 그림과 표를 넣었다.[178] 그 외에도 이상백은 「애슬레틱」(アスレチック), 「올림픽」(オリムピック), 「체육일본」(体育日本), 「농구」(籠球) 등

• • • • • • • • • • • • •
176 富田毅郎, 위의 책.
177 日本体育学会体育史専門分科会, 『日本スポーツ百年の歩み』, ベースボールマガジン社, 1967, 222쪽.
178 李想白, 『指導籠球の理論と実際』, 春陽堂, 1930, 1-2쪽.

각종 기관지에 농구에 관한 글을 기고해 일본농구의 기술향상에 많은 영향을 주었다.

한편 이상백은 1932년 무렵부터 국제스포츠계에 두각을 나타내기 시작했는데 그것은 1932년 로스앤젤레스올림픽대회 때 히라누마(平沼亮三) 단장의 비서로 동행해 다음에 개최되는 베를린올림픽대회 때부터 농구를 정식종목으로 채택할 것을 주장했으며, 또한 1936년 베를린올림픽대회에서는 대일본체육협회 전무이사 자격으로 대회 임원으로서 참가했다는 사실을 통해 알 수 있다.[179] 이와 같이 이상백은 와세다고등학원, 와세다대학 재학시절에는 농구선수로서 많은 활약을 했으며 졸업 후에는 대학원에 진학해 농구 지도자로서, 협회 행정가로서 와세다대학은 물론 일본농구의 발전을 위해 많은 공헌을 했다.

여기서 이상백의 공적에 대해 와세다대학RDR클럽 회장인 나카야마(中山克己, 이상백 동기)와 부회장인 도미타(이상백 1년 후배)의 "60년을 회고한다."는 대담에 따르면 다음과 같다.

• 도미타: 이상백이라는 인물은 새로운 일본의 농구에 대해 이렇게 되어야 한다는 신념을 가지고 있었다. 그래서 와세다대학이 근대농구의 시작을 하게 된 것이고 그는 연구열심이라고 할까 이념을 가진 인물이었다. 그리고 그가 대학원을 졸업했을 무렵 나와 둘이서 농구협회의 필요성을 생각했는데 아주 주도면밀한 인물이었다. 단지 실행은 내가 맡았는데 극단적으로 말하면 일본농구협회는 이상백을 중심으로 한 와세다가 만들었다고 할 수 있다. 이상백은 체육협회에 들어가서는 일본의 농구뿐만 아니라 농구를 올림픽종목으로 해야 한다며 로스앤젤레스올림픽 때에 세계농구회의에 참석해 다음의 베를린올림픽대회에서

179 富田毅郎, 앞의 책.

정식종목으로 채택되도록 했다.

- 나카야마: 그는 와세다의 농구를 일본농구로 만들어 버렸다.
- 도미타: 최고의 인물을 데려오기 위해 기시(岸)를 최고 고문으로, 소에지마(副島道正) 백작을 회장으로 영입한 것도 이상백과 곤도(近藤茂吉)였다.
- 나카야마: 이상백은 와세다의 농구보다 훨씬 위에 있었다. 공적은 매우 컸다.[180]

이 내용을 보면 이상백은 와세다대학 농구의 선구자로서 대일본농구협회의 설립에 많은 공헌을 했으며, 또한 대일본체육협회의 임원이 되고나서는 저명한 인사를 협회의 고문, 회장으로 영입하고 농구를 올림픽대회의 정식종목으로 채택시키는데도 많은 공헌을 했다.

제2차 세계대전이 끝나기 직전 한국에 돌아온 그는 광복이 되자 1945년 8월 17일 한국스포츠의 재건을 위해 조직된 조선체육동지회의 위원장에 추대되었다. 또한 그해 9월에는 경성대학 교수, 1946년 7월에는 올림픽대책위원회 부위원장, 1951년 6월에는 대한체육회 부회장, 1952년 7월에는 헬싱키올림픽대회 총감독, 1956년 11월에는 멜버른올림픽대회 단장, 1964년 1월에는 대한올림픽위원회 위원장, 그해 10월에는 IOC위원을 역임하는 등,[181] 스포츠계의 요직에 앉아 스포프지도자로서, 스포츠행정가로서 광복이후 한국스포츠의 재건을 위해 평생을 공헌했다. 그는 1966년 4월 심근경색으로 세상을 떠났는데 그해 8월 일본정부에서 훈3등 욱일장(勳三等旭日章)[182]이 추서되었으며, 1970년 12월에는 한국정부에서 무궁화대훈장이 추서되었다.[183]

. . . .

180 早稲田大学RDR俱樂部, 『RDR60』, 1983, 167-168쪽.
181 이상백평전출판위원회, 『상백 이상백평전』, 을유문화사, 1996, 427-428쪽.
182 일본의 훈장. 1875년 제정되었으며 남자에게 수여하는 훈장이다. 국가 또는 공공에 대한 공로가 있는 자 중 현저한 공적을 올린 자에게 수여했다.

1976년 4월 이상백의 10주기를 맞이해 한국일보와 일간스포츠, 그리고 한국농구협회가 고인을 기리고 그 위업을 찬양하기 위해 와세다대학 농구부를 초대해 한국의 연세대, 고려대, 한양대와 리그전을 거행했다. 그 후 와세다대학과의 정기전 형식의 교류경기가 기획되어 한일 양국의 농구발전과 기술향상을 위해 학생선발팀의 교류경기를 추진하기로 하고 1977년 제1회 대회를 개최한 이래 현재까지 이어지고 있다. 우승팀에 수여되는 "이상백 배"는 고인의 의지를 찬양한 한일 양국의 유지에 의한 기금으로 만들어졌다.[184]

2) 이상백의 일본유학시절 스포츠 활동

(1) 와세다대학 농구선수 및 지도자 활동

와세다대학 농구부는 1920년부터 계속된 농구 활동이 학교당국에 인정을 받아 1923년 5월 와세다대학 농구부로서 정식 출범했다.[185] 여기서 와세다대학 농구부가 탄생하게 된 배경을 보면 1922년 가을에 개최된 교내대회에 체육회의 각부와 학부의 동호회 등 약 20개 팀이 참가했는데 이를 계기로 농구는 빠르게 학생들에게 보급되었다. 또한 교내대회를 개최할 때 아사노(浅野延秋)는 체육회에 가맹되어 있는 각부에 기부를 요청해 각부 및 유지들이 많은 기부금을 내 교내대회를 성대하게 개최할 수 있었다. 그리고 학교에서는 그때까지 농구부를 정식으로 인정하지 않았지만 체육수업에 농구를 채택했다.[186]

이상백이 와세다대학 농구선수로서 처음 출전한 경기는 1923년 12

---

183 富田毅郎, 앞의 책, 175쪽.
184 富田毅郎, 앞의 책, 171-172쪽.
185 早稲田大學RDR俱樂部, 앞의 책, 12쪽.
186 早稲田大學RDR俱樂部, 앞의 책, 11쪽

월 도쿄YMCA 주최로 개최된 관동대지진부흥대회였으며 그는 이 대회에서 센터로 활약했다.[187] 그 후 이상백은 와세다대학 농구부의 센터로서 각종대회에 출전했는데 1925년 10월에 개최된 제2회 메이지신궁경기대회와 1926년 4월에 개최된 제6회 전 일본농구선수권대회에서 와세다대학이 우승을 차지하는데 많은 기여를 했다.[188]

1927년 와세다대학 대학원에 진학한 이상백은 선수가 아니라 지도자로서 와세다대학 농구부의 실력향상을 위해 노력을 했다. 지도자로서 그의 첫 번째 일은 와세다대학 농구부의 미국원정이었다.[189] 미국원정의 목적은 농구의 본고장인 미국에서 농구의 기술습득을 하는데 있었다. 이 미국원정은 1927년 12월부터 1928년 2월까지 2개월간의 일정으로 단장에 미야케(三宅)교수를 비롯해 11명으로 구성되었으며 이때 매니저로 참가한 그는 미국의 일본계신문사, 재미일본인, YMCA와 교섭을 했다. 와세다대학 농구부는 2개월에 걸친 미국원정에서 10승 14패라는 성적과 함께 농구의 본고장인 미국농구를 배우고 일본에 돌아왔다.[190]

그 후 와세다대학 농구부는 1928년 5월에 개최된 제8회 전 일본농구선수권대회와 그해 10월에 개최된 제5회 대학리그전에서 우승을 차지하는 등 미국원정의 성과를 유감없이 보여주었다.

1931년 6월부터 와세다대학 농구부 코치가 된 이상백은 전 일본농구선수권대회 2번의 우승(1932년과 1934년)과 1번의 준우승(1933년)이라는 성적을 거두었다.[191]

● ● ● ● ● ● ● ● ● ● ● ●

187 早稲田大学RDR俱樂部, 앞의 책, 12-13쪽.
188 早稲田大学RDR俱樂部, 앞의 책, 16-18쪽.
189 早稲田大学RDR俱樂部, 앞의 책, 186쪽.
190 早稲田大学RDR俱樂部, 앞의 책, 186-189쪽.
191 早稲田大学RDR俱樂部, 앞의 책, 327-328쪽.

이와 같이 이상백은 선배의 권유에 의해 농구부에 들어가 처음에는 선수로서 나중에는 지도자로서 와세다대학 농구부의 발전에 많은 공헌을 했다. 특히 일본의 대학팀으로서 처음 미국원정을 갈 때 현지와 교섭을 맡는 등 중심인물로서도 많은 노력을 했다. 이러한 그의 노력은 귀국 후 와세다대학 농구부가 각종대회에서 좋은 성적을 거두는 결과로 이어졌다.

(2) 대일본농구협회 임원 활동

1930년 5월 제9회 극동선수권대회가 끝나고 나서 일본농구계는 총괄단체의 필요성을 인식하게 되었다. 이리하여 그해 9월 30일 9명에 의해 단체설립의 취지서가 발표되어 마침내 대일본농구협회가 설립되었다. 당시의 상황을 보면 다음과 같다.

> 최근 두드러진 기세로서 전국적으로 보급, 발달한 농구경기의 전일본 총괄단체로서 대일본농구협회가 창설되었다. 필요성은 2, 3년 전부터 느끼고 있었는데 경기규칙의 개정, 해석의 문제, 선수권대회의 개최문제 등 절박한 사정으로 30일 밤 현재 조직되어 있는 대학리그를 지원단체로 창립총회를 열어 규약 등을 제정했다. 이사로 선출된 자는 다음의 9명이다. 도미타(富田毅郞), 이상백, 다나카(田中寬次郞), 노무라(野村瞳), 마츠자키(松崎一雄), 고바야시(小林豊), 아사노(浅野延雄), 세노(妹尾堅吉), 스즈키(鈴木重雄)[192]

대일본농구협회는 설립에 대한 필요성을 느끼고 있었지만 설립에는 이르지 못했다. 그러나 경기규칙과 대회 개최 등의 문제를 기존에 조직되어 있던 대학리그의 지원을 받아 1930년 설립하게 되었던 것이다.

---

192 『報知新聞』 1930년 10월 2일.

여기서 대일본농구협회의 지원 단체였던 대학리그에 대해 살펴보면 장래의 농구발전은 학생 팀을 중심으로 해야 한다는 취지로 1924년 와세다대학의 이상백 등이 제창해 만들었던 것이다.[193] 이것을 계기로 대일본농구협회의 창립 발기인이 된 이상백은 창립총회에서 이사 겸 편찬위원에 선정되어 경기규칙서와 기관지의 발행에 힘썼다.[194] 또한 그는 1931년 농구경기에서 사용하는 기구, 공, 백보드, 링등 용구의 통일을 위해 규칙위원으로 선정되기도 했다.[195]

이처럼 이상백은 장래 일본농구를 위해 대학리그를 조직하고 대일본농구협회가 설립하는데 중요한 역할을 했다. 그리고 대일본농구협회의 임원으로 선정되어 경기규칙서, 기관지의 발행, 경기대회의 용구 통일 등 일본농구의 발전을 위해서도 많은 공헌을 했다.

(3) 대일본체육협회 임원 활동

대일본농구협회는 1930년 9월 30일 이상백을 비롯해 8명의 발기인에 의해 설립되었는데 명실공이 유력한 경기단체로 거듭나기 위해 대일본체육협회 가입에 착수했다. 한편 대일본체육협회는 설립이후 각종 경기단체를 총괄해 왔으나 유일하게 농구만은 총괄하지 못하고 있는 상황이었다. 이러한 상황에서 대일본농구협회가 설립되자 대일본체육협회는 1930년 11월 전무이사회를 열고 장래의 발전을 도모하기 위한 적당한 단체로 인정하고 그해 12월의 이사회에서 만장일치로 대일본농구협회의 가입을 승인했다. 이리하여 이상백과 아사노는 대일본체육협회 이사로 선정되었다.[196]

---

193 早稲田大学RDR倶樂部, 앞의 책, 14쪽.
194 大日本體育協會, 『大日本體育協會』上卷. 1937, 1228-1230쪽.
195 大日本體育協會, 위의 책, 1229-1230쪽.
196 大日本體育協會, 위의 책, 1229쪽.

대일본체육협회 이사가 된 이상백은 농구를 올림픽대회의 정식종목으로 채택시키는 역할을 하며 일본스포츠계, 나아가 세계스포츠계에도 많은 공헌을 하게 되었다.

이에 대한 자세한 내용을 보면 1932년 8월 로스앤젤레스올림픽대회 때 대일본체육협회로부터 농구를 올림픽대회 정식종목으로 채택시키자는 교섭권한의 위임을 받았다. 일본선수단의 본부임원으로 참가한 그는 농구를 올림픽대회 정식종목으로 하기 위해 IOC위원과 미국올림픽 관계자(알렌박사)와 교섭을 해 다음 대회에 반드시 농구를 정식종목으로 채택한다는 약속을 받았던 것이다.[197] 그 결과 농구는 1936년 베를린올림픽대회부터 정식종목이 되었으며 이상백은 베를린 올림픽대회 때도 일본선수단의 본부임원으로 참가했다.

(4) 농구전문서의 간행과 각종 연구논문의 발표

이상백은 와세다대학 재학 중 선수, 지도자, 협회의 임원으로서 일본스포츠계의 발전을 위해 많은 공헌을 하는 한편 스포츠이론가로서도 많은 활동을 했다. 여기에서는 이상백이 저술한 농구전문서와 각 잡지에 기고한 연구논문에 대해 살펴보기로 한다.

① 전문서적의 간행

이상백은 대일본농구협회 임원이었던 1930년 10월 농구전문서인 『지도농구의 이론과 실제』(指導籠球の理論と實際)를 발행했다[그림9 참고]. 이 책을 발행한 동기는 머리말에서 엿볼 수 있다.

최근 이 경기의 보급이 현저해짐에 따라 이에 대한 지도자의 공

....

197 大日本體育協會, 위의 책, 1255쪽.

급이 원활하지 못한 감이 있고 지방에는 기술의 실제를 전혀 이해하지 못하는 곳도 적지 않으며 가령 어느 정도의 지식을 가지고 있다는 사람도 정확하고 적절한 방법을 모르고 있는 자가 의외로 많다. ...중략... 이러한 부족을 어떤 방법으로 보완할 수 있다면 그 나름대로의 의의가 있다고 할 수 있는데.[198]

이 내용을 보면 이상백은 농구의 보급에 따른 기술의 실제를 정확히 이해하고 있는 지도자가 적어 장래의 농구발전을 위해 많은 지도자 육성이 필요하다는 것을 느껴 이 책을 편찬했던 것이다.

이 책은 국판으로서 전부 619쪽(그림 700면)이며 가격은 2엔 80전이었다. 이 책의 전체 구성은 3편으로 되어 있으며 내용을 보면 제1편에는 총설이라는 제목 하에 농구의 기원과 발달 현상, 경기의 정신과 교육적 가치, 시설과 용구, 지도론, 경기자의 주의사항, 선수의 선발과 위치 선정, 직무 등이 설명되어 있다. 제2편에는 개인적인 기초기술 및 지도에 관한 것으로서 공을 다루는 기술과 신체기술이 설명되어 있다. 제3편에는 단체경기로서 기본적인 공격과 방어에 대해 설명되어 있다. 이상백은 이 책의 내용에 대해 다음과 같이 언급했다.

나의 독창적인 것은 별로 없다. 특히 기술에 대해서는 이 경기의 모국인 미국의 여러 권위자들의 의견을 채택한 것인데 그 취사선택은 나름대로 고려를 했다.[199]

이것으로 보아 이 책은 농구의 발상지인 미국의 책들을 정리해 편찬한 것임을 알 수 있다. 이 책의 발행은 당시 일본스포츠계에서 상

198 李想白, 앞의 책, 1-2쪽.
199 李想白, 앞의 책, 3쪽.

당히 높은 평가를 받았는데 대일본체육협회의 기관지 「애슬레틱」(ア
スレチック)에 실려 있는 광고를 통해 엿볼 수 있다.

최근 이 경기의 보급이 현저해짐에 따라 좋은 지도서를 열망하는
목소리는 전국적으로 높아지고 있고 잡다한 외국서적 이외에 신
뢰할 수 있는 지도서는 없는 실정이다. 이 책은 저자, 이미 이 분
야의 실제 제일인자로서 명성이 있는 거인, 경기의 모국인 미국
의 여러 권위자의 의견을 수렴해 실제와 이론을 겸비한 600여쪽,
700면의 그림을 실은 명실공이 공전절후라고 할 수 있다.[200]

그림 9. 지도농구의 이론과 실제(출처: 손환 소장)

② 연구논문의 발표

이상백이 쓴 각종 연구논문은 주로 대일본체육협회의 기관지 「애
슬레틱」(アスレチック), 「올림픽」(オリムピック), 「체육일본」(體育日本), 대
일본농구협회의 기관지 농구 「농구」(籠球), 대일본체육학회의 기관지
「체육과 경기」(體育と競技), 운동연감 등에 실려 있다.

. . . .
200 大日本體育協會, 「広告」『アスレチック』9-1, 1931.

이들 기관지와 운동연감에 실려 있는 연구논문은 〈표6〉과 같은데 이것을 내용의 성격에 따라 살펴보면 농구에 관한 것, 올림픽에 관한 것, 스포츠와 체육의 의미에 대해 다룬 것으로 크게 나누어 볼 수 있다. 우선 농구에 관한 것은 와세다대학 농구부의 미국원정경기, 일본 농구계의 현황, 조선농구계의 현황, 농구심판으로서 갖추어야 할 조건, 농구경기의 규칙문제와 분석방법, 농구경기의 교육적 가치 등이었다. 다음으로 올림픽에 관한 것은 농구의 올림픽대회 정식종목 채택, 올림픽대회 경기장 시설, 도쿄올림픽대회의 개최 필요성 등이었고, 스포츠와 체육의 의미는 스포츠의 개념, 스포츠에 대한 일반사회의 인식, 체육의 의의 등이었다.

표6. 이상백의 연구논문 목록

잡지명	제목	호수	연월	내용
아슬래틱	관서조선농구행각	4권3호	1926.03	초창기 조선농구계 현재 상태
	미국원정기(1)	6권2호	1928.02	와세다대 농구부의 미국원정시합
	미국원정기(2)	6권3호	1928.03	
	본능적으로	6권10호	1928.10	일본농구계의 현재 상태와 전도
	농구심판기술 서론	7권2호	1929.02	심판의 성질, 기술, 주의
	농구심판의 직무와 주의	7권3호	1929.03	심판의 기술
	경성Y농구단을 본 감상	7권5호	1929.05	조선농구계의 실력향상
	전일본농구선수권대회 평회	7권6호	1929.06	농구기술의 문제점 지적
	신궁경기 농구평	7권12호	1929.12	지방 팀의 기술향상과 활약
	극동의 농구전선 전망	8권5호	1930.05	필리핀과 중국 팀에 대한 일본의 대응책
	농구잡화	8권9호	1930.09	농구규칙의 개정
	정과 동	9권11호	1931.11	스포츠를 승부에 치우치지 말고 즐길 것
	농구리그전 수상	10권11호	1932.11	각 팀의 활약과 심판문제
농구	경기의 정신	1집	1931.	선수, 심판, 관중의 정신과 태도
	규칙위원회 보고	1집	1931.	농구의 규칙개정
	아마추어리즘에 대해	2집	1931.	경기정신의 문제점
	국제올림픽 참가문제	2집	1931.	농구의 올림픽종목 채용
	스포츠와 사회생활 문제	3집	1932.	스포츠에 대한 일반사회의 인식
	농구와 경기 좌담회	3집	1932.	각 지역의 농구수준 향상

잡지명	제목	호수	연월	내용
	농구경기 각 평	3집	1932.	남자부와 여자부의 시합내용
	전투정신과 그 순화	4집	1932.	운동경기의 한 요소인 전투정신
	승패에 대해 보는 법	5집	1932.	승패보다 선수의 기술과 태도 중시
	팀플레이와 그 의의	6집	1933.	운동경기의 교육적 가치
	경기규칙의 해석에 대해	6집	1933.	용어의 해석을 둘러싼 여러 문제
	올림픽 경기종목 농구	8집	1933.	농구에 대한 세상의 인식
	연구조사위원회 평의록	8집	1933.	위원회의 성격과 결의 사항
	경기규칙의 해석과 적용	9집	1934.	규칙의 해석을 둘러싼 여러 문제
	극동경기대회의 결과	10집	1934.	준비부족의 일본 팀
	경기의 실제와 규칙 적용	11집	1935.	귀납적인 방법으로 경기규칙 분석, 고찰
	세계농구계의 최근 문제	12집	1935.	올림픽 정식종목 채용과 국제농구연맹
	일본과 미국 경기소감	13집	1935.	미국선수의 기초기술과 팀플레이
	심판의 실제와 규칙 적용	14집	1935.	시합에 임하는 심판의 태도와 규칙설명
	국제선상의 농구	17집	1936.08	올림픽의 국제관계
	국제회의를 중심으로	18집	1936.12	세계농구연맹의 총회에서 결의된 내용
	체협 올림픽위원회 보고	19집	1937.05	제12회 도쿄올림픽 개최 건
	동양대회의 의의	22집	1938.09	일본의 위치 및 역할
체육과 경기	올림픽 반환의 재고	16권11호	1937.10	도쿄올림픽 개최의 필요성
	농구계의 회고		1931.	극동대회의 성사와 일본농구협회의 설립
	농구계를 회고하며		1932.	일본에서 농구의 보급상황
운동연감	농구계의 1년 회고		1934.	일본농구계의 비약적인 발전
	이전 시즌의 회고		1935.	일본농구계가 안고 있는 여러 문제
	반도로 옮겨 간 패권		1936.	조선농구계의 성장
올림픽	농구와 올림픽	11권7호	1933.07	농구의 올림픽 가입운동
	절제와 자치정신	11권10호	1933.10	선수의 절제법
	스포츠의 어원과 어의	17권7호	1939.07	스포츠의 개념
체육일본	런던의 경기시설	17권7호	1939.07	제13회 올림픽 경기장 시설
	일본과 캐나다 농구전 총평	17권8호	1939.08	일본 팀의 선전
	대동아건설과 일본체육계	20권4호	1942.04	대동아건설을 위한 체육사업
현대일본 체육	체육단상		1937.	체육의 의의와 가치

이와 같이 이상백은 와세다대학의 농구선수와 지도자, 그리고 협회의 임원활동을 통해 얻은 경험을 근거로 국내문제로는 조선과 일본 농구계의 현황, 심판과 경기규칙 문제에 대해 언급했다. 그리고 국외 문제로는 농구의 올림픽대회 정식종목 채택, 도쿄올림픽대회 개최와 반환문제에 대해 언급했고, 스포츠와 체육의 본질적인 문제에 대해서도 언급했다.

3) 광복 후 한국스포츠의 재건활동

(1) 대한체육회 임원 활동

제2차 세계대전의 종전과 더불어 광복을 맞이한 한국에서는 스포츠 활동을 통해 우리민족의 우수성을 알리기 위한 일환으로 조선체육회 재건운동을 위해 조선체육동지회가 설립되었다. 조선체육동지회는 1945년 9월 27일 조선의 운동가를 망라해 건민운동을 전개하고 새로운 운동을 시작하는데 목적이 있었다.[201] 조선체육동지회는 위원장에 이상백을 추대하고 총무위원에 정상희 외 6명, 평의원에 김규면 외 16명, 상무간사에 염은현 외 1명, 간사에 김은배 외 10명, 그밖에 재무부 3명, 기획부 4명, 서무부 4명, 연락부 4명 등으로 임원을 구성했다.[202] 이처럼 조선체육동지회는 조선스포츠계의 권위자를 총망라해 건전한 국민을 양성하고 새로운 활동을 하기 위해 설립되었지만 실제로는 일제강점기에 해산되었던 조선체육회의 재건에 중점을 두었다. 이러한 사실은 조선체육동지회가 1945년 11월 12일 중앙기독교청년회 강당에서 개최된 총회에서 여운형을 조선체육회 회장으로

----

201 『해방뉴-스』 1945년 9월 27일.
202 『해방뉴-스』 1945년 9월 28일.

추대했다는 것을 통해 알 수 있다.[203] 이렇게 해서 7년 만에 부활된 조선체육회는 부회장에 유억겸, 신국권, 이사장에 이병학, 이사에 이상백 외 7명을 선정했다.[204]

그러나 그 후 이상백은 스포츠계를 떠나게 된다. 왜냐하면 1920년 조선체육회가 설립되고 나서 각종 스포츠 활동을 이끌어 왔던 국내 체육인들이 조선체육회는 우리들의 손으로 재건해야 한다고 주장하며 일제강점기 일본에 있었던 이상백을 배제해야 한다고 했기 때문이다.[205]

그 후 조선체육회의 사무에 일절 관여하지 않고 있던 이상백은 1951년 6월 부산에서 개최된 총회에서 부회장으로 선정되며 본격적으로 한국스포츠의 발전을 위해 여러 활동을 전개했다. 우선 대내적으로 이상백은 6·25전쟁으로 혼란에 빠져있던 스포츠행정의 정상화를 위해 대한체육회 회관건립을 제안했다. 1953년 7월 휴전협정이 체결되자 부산에 피난 가 있던 대한체육회는 서울에 돌아왔으나 회관이 없어 체육회를 운영할 수 없는 상황이었다. 결국 대한체육회의 재정부족으로 회관건립은 실현되지 못하고 중구 태평로에 있는 옛 미츠비시상사의 건물을 빌려 대한체육회의 사무실로 사용했다.[206]

그리고 이상백은 1955년 제36회 전국체육대회에 성화도입을 제안했다. 그 이유는 이상백이 대일본체육협회 임원으로 1936년 베를린올림픽대회에 참가했을 때 그리스의 올림포스 신전에서 채화한 성화가 발칸반도를 종단해 메인 스타디움의 성화대에 점화되는 모습에 깊은 감명을 받았기 때문이다. 그래서 1940년 도쿄올림픽대회 때 성화 책임

· · · · · · · · · ·
203 『중앙신문』 1945년 11월 14일.
204 민관식, 앞의 책, 241쪽.
205 이성구·조동표, 앞의 책, 265쪽.
206 이성구·조동표, 앞의 책, 277-278쪽.

자가 되려고 마음먹었으나 전쟁으로 중지되어 무산되고 말았다. 이상백이 제안한 성화의 구상은 올림픽대회처럼 우리의 시조인 단군의 얼이 깃들어 있는 강화도 마니산 참성대에서 성화를 채화하고자 했다.[207]

이러한 그의 제안은 받아들여져 전국체육대회의 성화는 단군의 유서지 강화도 마니산 참성대에서 채화해 릴레이식으로 전해 서울운동장에 봉안하는 신성하고 순수한 백의민족의 운동정신을 고양시키는 의의 깊고 거창한 행사였다.[208] 이처럼 국내외적으로 스포츠계의 경험이 풍부한 이상백은 민족의 제전인 전국체육대회에 성화를 도입해 우리민족의 얼을 되살리고자 했다. 이때부터 강화도 마니산 참성대에서 채화한 성화는 매년 전국체육대회 때 볼거리를 제공하며 현재에 이르고 있다.

대외적으로 이상백은 1952년 헬싱키올림픽대회의 총감독으로 참가해 아시아경기연맹(Asian Games Federation)에 가맹하는 성과를 거두었다. 아시아경기연맹은 1949년 2월 인도에서 설립되었는데 이상백은 당시 회장인 이라난의 협력을 얻어 한국을 가맹시킬 수 있었던 것이다. 이라난은 필리핀스포츠계의 거물로서 이상백이 대일본체육협회 이사시절 극동선수권대회를 통해 알게 된 친구였기 때문에 가능했다.[209]

그 후 이상백은 대한체육회 부회장으로서 1954년 마닐라아시아경기대회와 1958년 도쿄아시아경기대회 단장으로 참가해 개발도상국에 있는 한국스포츠의 역량을 국제사회에 알리는 역할을 했다. 그러나 이상백은 1959년 이기붕 대한체육회 회장과 운영문제를 둘러싸고 의견차이가 생겨 결국 대한체육회 부회장을 그만두게 되었다.

• • • • • • • • • • • •
207 이성구·조동표, 앞의 책, 281-282쪽.
208 『경향신문』 1955년 12월 28일.
209 이성구·조동표, 앞의 책, 274-275쪽.

이와 같이 이상백은 대한체육회 부회장으로서 스포츠행정의 효율적인 운영을 위해 대한체육회 회관건립을 제안하고, 또한 전국체육대회에 성화도입을 주장했다. 그리고 올림픽대회와 아시아경기대회의 책임자로서 참가해 아시아경기연맹에 가입하는 등 개발도상국에 있는 한국스포츠의 역량을 국제사회에 알리는 역할을 했다.

(2) 대한올림픽위원회 위원 활동

조선체육회는 대한민국 정부수립 직전에 개최되는 1948년 런던올림픽대회에 반드시 참가하기 위해 대책마련에 몰두했다. 그 이유는 신생 독립국인 한국의 모습을 국제사회에 알릴 수 있는 절호의 기회였기 때문이다. 우선 올림픽대회에 참가하기 위해서는 국내올림픽위원회를 설립해 국제올림픽위원회의 승인을 받아야 하고, 또한 올림픽대회 정식종목의 경기단체들이 각각 국제경기연맹에 가입되어 있어야 했다.

이에 대해 이성구(베를린올림픽대회 농구선수)는 이상백을 중심으로 참가계획을 세워야 한다고 주장했다. 그는 올림픽대회는 참가하고 싶다고 참가할 수 있는 것이 아니라 우선 5개 종목 이상의 국내경기단체가 국제경기연맹에 가입하고 그 다음에 국가올림픽위원회를 조직해 국제올림픽위원회의 승인을 받아야 하는데 이러한 절차를 국내에서 가장 정확하게 파악하고 있는 인물은 이상백 밖에 없으며 그가 아니면 올림픽대회에 참가할 수 없다고 했다.[210] 이에 따라 조선체육회는 1946년 7월 15일 올림픽대책위원회를 개최하고 규칙의 통과와 임원을 선정했는데 이상백은 부위원장에 추대되었다.[211]

210 이성구·조동표, 앞의 책, 266-267쪽.
211 『자유신문』 1946년 7월 17일.

런던올림픽대회의 참가가 결정되자 조선체육회에서는 축구, 농구, 복싱, 역도, 육상, 레슬링 등 6개 종목에 64명으로 구성된 선수단을 파견하기로 했다. 그러나 선발과정에서 한국스포츠사상 첫 올림픽대회 선수단의 일원이 되기 위해 학연, 지연을 중심으로 한 분쟁이 끊이지 않는 문제가 발생했다. 이러한 모습을 한심스럽게 여긴 이상백은 일시적으로 스포츠계를 떠나 역사학, 철학을 전공하는 친구들과 동방문화연구회라는 단체를 조직해 학술활동을 했다.[212]

4) 이상백의 스포츠사상

이상백이 스포츠에 관심을 가지게 된 것은 어린 시절 호기심에서 비롯되었다. 그는 호기심을 억제하지 못하고 중학교에 진학한 후 매일 방과 후에 야구와 연식정구를 해 학교 대표선수가 되었다. 1921년 일본에 건너가 와세다대학에 입학한 그는 과외활동을 하기 위해 처음에는 육상부에 들어갔으나 1년 선배인 아사노(浅野延秋)의 권유로 농구부에 들어가게 되었다. 그가 일본에 오기 전 학교 대표선수로 활동했던 야구와 연식정구가 아닌 농구를 선택한 이유는 키가 175cm로서 당시로는 장신에 속해 농구에 적합한 신체조건을 갖고 있었으며, 또한 농구는 그 당시 일본에서 아직 미지의 분야였기 때문이다.[213] 그러나 실제로는 당시 와세다대학의 야구와 연식정구는 강해 많은 부원을 보유하고 있어 그들과의 경쟁에서 우위를 차지하기 어렵다고 판단했기 때문이다.[214]

이와 같이 이상백은 선천적인 신체조건과 당시의 상황에서 농구를

212 이성구·조동표, 앞의 책, 271쪽.
213 김정연, 앞의 책, 659쪽.
214 이성구·조동표, 앞의 책, 197쪽.

선택했으며 재학 중에는 장신을 이용한 명 센터로서 활약해 1924년에는 리더십을 높이 평가받아 주장을 맡게 되었다. 1927년 와세다대학 대학원에 진학한 그는 지도자로서 와세다대학 농구부의 실력향상에 힘쓰는 한편 1930년에는 대일본농구협회의 설립에 기여하고 나중에는 대일본체육협회의 이사에 선정되어 스포츠행정가로서도 많은 활약을 했다.

이때 그는 각 기관지에 농구에 관련된 연구논문을 많이 발표했는데 그 내용은 농구의 심판문제, 농구의 정신, 농구의 규칙문제, 농구계의 회고 및 전망, 농구와 올림픽 등에 관한 것이었다. 또한 그는 농구의 보급에 따라 가르치는 지도자의 부족을 느끼고 장래 농구의 발전을 위해『지도농구의 이론과 실제』라는 농구 전문서적도 간행했다. 이처럼 그는 농구선수의 경험을 살려 지도자 및 이론가로서 농구의 본질적인 문제 해결을 위해 노력했다. 그리고 그는 농구를 올림픽대회 정식종목으로 하기 위해 스포츠행정가로서도 수완을 발휘했다. 스포츠행정가로서의 수완은 광복이후 한국스포츠의 재건에도 많은 영향을 미쳤다.

광복직전 한국에 돌아온 이상백은 조선체육동지회와 조선올림픽위원회의 임원으로서 한국스포츠의 발전을 위해 많은 공헌을 했으며, 특히 대한체육회 부회장(1951.6-1959.7)으로 재직하고 있을 때 한국일보에 "한국스포츠의 발전을 위해서"라는 논설을 기고했다.

제3회 아시아경기대회의 성과로 클로즈업된 진흥책에 관해 대한체육회 부회장 이상백씨는 다음과 같이 사견을 말했다.

• 체육진흥을 위해 국내 체육지도자들이 커다란 스케일로 이에 임해야 할 것이다.
• 시설의 완비가 필요하며 국내선수들로 하여금 시설이 갖추어진 경기장에서 기술연마에 정진하도록 해야 한다,

- 관계자는 경기장 시설의 준비에 만전을 기해야 한다.
- 학생들의 경기에 대한 지식과 수련이 부족하기 때문에 각 급 학교 당국자는 경기에 대해 관심을 가져야 한다.
- 우리체육계에 새로운 생명을 주입하기 위해서는 군에 치우치지 말고 학교에서 신진선수를 배출하도록 해야 한다.
- 각 경기단체의 임원들이 기술면의 연구를 쌓아야 한다.[215]

이상백은 한국스포츠의 발전을 도모하기 위한 진흥책으로서 당시 한국스포츠계가 안고 있는 여러 문제, 즉 지도자의 자세, 시설의 완비, 선수양성, 경기기술의 개발에 힘쓸 것을 강조했다. 그리고 그는 대한올림픽위원회 부위원장으로 있을 때 1960년 로마올림픽대회를 준비하기 위해 "금년은 경기장 건설의 해"라는 슬로건을 내걸었다.

작년의 제3회 아시아경기대회에서 동남아시어 각국의 경기 열은 우리의 상상을 초월했다. 이렇게 현저한 진출을 보이게 된 이유는 국민대중의 스포츠 열을 소화하기 위해 국가 또는 지도층이 막대한 비용을 들이면서 속속 마련해주었기 때문이며 이러한 시설과 폭 넓은 선수층에서 선발된 자들이 마음껏 연습을 쌓아 기록을 향상시켰기 때문이다. 이러한 나라에서는 운동장이 선수를 기다리고 있으니 우리나라에서는 선수들이 운동장을 찾아다녀야 하는 형편이니 이러한 환경 속에서 기록과 실력의 향상을 바란다는 것은 연목구어도 미흡한 비유라 하겠다. 이러한 현실 속에서 허덕이는 우리선수에게 로마올림픽대회에 출전해 우수한 성과를 올리라고 재촉하는 것은 약한 어린이에게 아무 준비도 없이 건장한 성인들과 격투해 이기라는 것과 같은 것이다. 이렇기 때문에 금년은 특히 로마대회 준비의 해라고 하기보다 경기장 건설 및 시설 확충의 해라 부르고 싶은 것이 우리의 실정이다. 최근 국내

215 『한국일보』 1958년 6월 15일.

에서도 아시아경기대회의 성과에 자극이 되어 스포츠 열이 고조되어가고 있으나 우리나라 지도자들은 국가장래의 발전을 위해 금년 내에 어떠한 일이 있더라도 이미 발족한 국민종합경기장 건설운동을 적극 추진하고 기존 경기장 시설을 확충해 최소한의 국내경기인의 편의를 도모해 국내경기수준을 향상시킨 다음에야 올림픽대회에서의 성과도 말할 수 있을 것이다.[216]

이상백은 올림픽대회뿐만 아니라 장래 한국스포츠계를 생각해 경기장 및 시설의 확충에 힘쓸 것을 주장했으나 결국 그의 주장대로 되지 않아 한국은 로마올림픽대회에서 노메달에 그치고 말았다.

이렇게 한국스포츠가 최악의 상태에 빠지자 그는 한국스포츠의 재건을 위해 지금까지 한국스포츠계가 한정되어 있는 선수에 의해 유지되어 온 사실을 지적하고 앞으로 전 스포츠인이 전국의 중·고등학교 학생을 대상으로 스포츠의 보급에 힘쓰는 한편 선수양성에도 신경을 써 장래에 그들이 국제무대에서 활약할 수 있도록 전력을 다할 것을 강조했다.[217]

이처럼 어린 시절 호기심으로 스포츠에 흥미를 가진 이상백은 일본 와세다대학에서 선천적인 신체조건과 아직 미지의 분야인 농구를 선택해 선수와 지도자로서 와세다대학의 농구발전에 많은 공헌을 했다. 또한 대일본농구협회와 대일본체육협회의 임원이 되고 나서는 농구 이론가와 스포츠행정가로서 수완을 발휘해 일본농구계의 발전에도 많은 공헌을 했다. 그리고 광복 후에는 한국스포츠의 재건을 위해 당시 한국스포츠계가 안고 있는 지도자의 문제, 시설의 정비, 경기기술의 개발, 선수의 양성 등 여러 문제를 개선할 것을 강조했다.

216 『한국일보』 1959년 1월 2일.
217 『한국일보』 1961년 1월 12일.

이상과 같이 이상백은 한국인 유학생이었음에도 불구하고 와세다 대학의 농구선수, 지도자, 협회 임원으로서 일본 농구의 발전에 많은 공헌을 했으며 그 정도의 활동을 할 수 있었던 것은 그의 결심, 즉 일본유학을 통해 일본인을 지도하는 위치에 선다는 조선인으로서의 강한 의지가 있었기 때문이다. 이러한 조선인으로서 그의 의지는 광복 후 한국스포츠의 재건에 그대로 반영되었다.

3. 근대스포츠 단체의 설립

개화기 스포츠를 일반사회에 폭넓게 보급해 국민의 건강과 국권회복을 위한 부국강병을 도모한다는 취지하에 각종 스포츠단체가 설립되었다. 그러나 이들 스포츠단체는 설립연도, 설립자, 취지서에 관한 기록만이 남아 있을 뿐 구체적인 활동은 알 수 없다.

일제강점기 스포츠단체는 1919년 2월에 설립된 조선체육협회, 1920년 7월에 설립된 조선체육회를 비롯해 1937년까지 경기도(43), 충청남도(7), 충청북도(17), 경상남도(14), 경상북도(14), 전라남도(23), 전라북도(22), 강원도(15), 황해도(29), 평안남도(11), 평안북도(32), 함경남도(14), 함경북도(8) 등 전국 13도에 걸쳐 249개가 설립되었다(부록1 참고). 이들 스포츠단체의 전국적인 분포상황을 보면 [그림10]과 같다.

이 분포를 보면 경기도가 전체의 17.3%를 차지해 전국에서 가장 많은 스포츠단체가 설립되어 있음을 알 수 있다. 다음으로 평안북도가 12.9%, 황해도가 11.6%, 전라남도가 9.2를 차지하고 있으며 이어서 전라북도가 8.8%, 충청북도가 6.8%, 강원도가 6%, 경상남도와 경상북도, 함경남도가 각각 5.6%, 평안남도가 4.4%, 함경북도가 3.2%, 충청남도가 2.8%의 순서로 되어 있다.

그리고 경기종목별 스포츠단체의 분포를 보면 [그림11]과 같은데 구기와 무도, 육상 등의 경기를 종합적으로 한 단체가 전체의 64.4%를 차지해 전국에서 가장 많았다. 다음으로 정구만 한 단체가 9.7%, 축구가 5.9%, 야구와 육상이 각각 2.9%를 차지했으며 다음으로 궁도

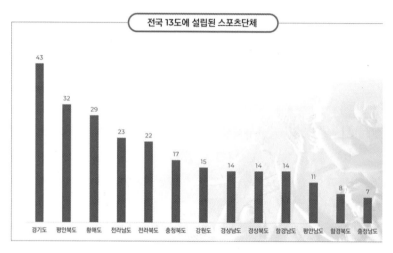

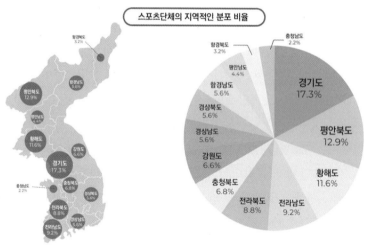

그림 10. 스포츠단체의 전국적인 분포

가 2.5%, 농구와 유도가 각각 2.1%, 수영이 1.3%, 스케이트와 승마 (마술)가 각각 0.8%, 기타(검도, 권투, 럭비, 배구, 보건운동, 스키, 역 기, 조기회, 조정, 탁구)가 0.4%의 순서로 되어 있었다. 또한 어떤 종

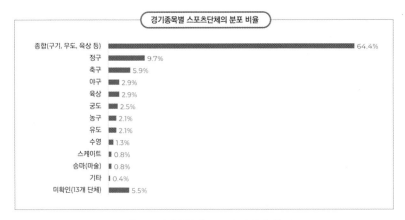

그림 11. 경기종목별 스포츠단체의 분포

목을 했는지 파악되지 않은 단체가 5.5%(13개)나 있었다.

여기에서는 이들 중 대표적인 스포츠단체라고 할 수 있는 조선체육회, 조선체육협회, 조선체육연구회, 조선체육진흥회에 대해 살펴보기로 한다.

3-1. 한국스포츠의 리더, 조선체육회

1910년 8월 한일합방에 의한 일제의 무단통치정책은 언론, 집회, 결사의 자유를 금지했을 뿐만 아니라 스포츠 활동도 통제, 탄압했다. 따라서 이 시기의 스포츠 활동은 주로 일본인들에 의해 주도, 장악되었다. 그러나 1919년 3·1 독립운동이 일어나자 일제의 무단통치정책은 문화통치정책으로 바뀌면서 조선스포츠계에 활성화를 가져왔다. 이러한 상황에서 1920년 7월 국내운동가, 일본유학출신자, 동아일보사의 적극적인 후원으로 국민의 강건한 신체형성과 민족정신의 함양,

단결을 목표로 조선체육회가 설립되었다. 조선체육회는 당시 조선인의 스포츠 활동을 주도한 단체로서 각종 경기대회를 주최, 후원하며 조선스포츠계를 통괄한 단체였다. 여기에서는 한국스포츠의 리더 조선체육회의 설립과 활동에 대해 알아보기로 한다.

1) 조선체육회의 설립

1919년 3·1 독립운동 이후 조선총독부의 통치정책 전환은 언론, 출판, 집회, 결사의 자유를 허용하면서 조선인의 스포츠 활동은 활발하게 전개되기 시작했다. 이러한 활동의 일환으로서 이길용은 동아일보에 "체육기관의 필요를 논함"이라는 논설을 3회에 걸쳐 연재하면서 조선스포츠계를 위한 스포츠단체의 필요성을 강조했다.

> 조선에 운동을 진흥시키기 위해 체육협회든가 운동구락부 등의 기관이 일어나려고 하다가도 일반의 공감과 구체적 원조가 없음으로 ...중략... 우리는 이에 장래의 운동계를 위해 기관을 설립함이 지금부터의 급하고 중요한 임무이니 이론보다 실제로 구체적으로 실행해야 하겠다. 최근 경성에는 한 체육의 기관이 일어나려고 번민고통 한다. 이때 우리 조선운동계를 개탄하는 유지청년은 모두 공감하고 궐기해 정성과 힘을 합쳐 구체적으로 기관의 설립을 기약해 운동가를 양성하고 운동을 장려해 시들어 부진한 현상을 쇄신하여 조선운동계의 신기원을 세워야 한다.[1]

그는 조선의 스포츠를 진흥시키기 위해 유지청년 모두가 스포츠단체의 설립에 힘을 합하고 이를 통해 운동가를 양성하고 운동을 장려

----

1 『동아일보』 1920년 4월 10일.

할 것을 주장했다. 그리고 이러한 스포츠단체의 설립을 위한 구체적인 조건으로 운동을 애호하는 운동가와 유지인사의 단결과 스포츠단체의 설립에 필요한 경비의 원조와 후원을 강조했다.[2]

이렇게 해서 1920년부터 1937년까지 전국의 13도에 249개에 이르는 각종 스포츠단체가 설립되었다.[3] 이 중에서 조선인의 스포츠 활동을 대표하는 스포츠단체가 설립되었으니 그것이 조선체육회였다. 여기서 조선체육회의 설립경위를 보면 처음에는 고려구락부를 모체로 해서 설립된 것으로 보이는데 이와 관련된 당시의 신문을 살펴보면 다음과 같다.

조선운동계의 발전을 실행하려고 조직했던 고려구락부(高麗俱樂部)는 이번에 그 범위를 더욱 확장시키기 위해 조선체육회(朝鮮體育會)라는 기관을 설립하려고.[4]

우리조선에는 조그마한 운동단체들은 보이는 모양이나 사회적 기관이 될 만한 운동단체가 없는바 본지에도 누누이 보도했는데 우리사회에 명망가들이 모여 고려구락부(高麗俱樂部)를 조직하였다가 이번에 다시 그 범위를 확장해 전 조선을 대표할만한 운동회로 고쳐서 이름을 『조선체육회』라 하고.[5]

체육계의 권위인 조선체육회가 응애 소리를 내기는 1920년 7월 13일이다 ...동경에서 유학하든 유지와 경성에 있는 운동가들이

---

2 『동아일보』 1920년 4월 12일, 4월 13일.
3 N·Y생, 「전 조선체육단체순례」 『신동아』 4-3, 신동아사, 1934, 27-45쪽 ; 文部大臣官房體育課, 「殖民地二於ケル主ナル體育運動團體」 『本邦二於ケル體育運動團體二關スル調査』, 1937, 101-114쪽.
4 『동아일보』 1920년 6월 28일.
5 『매일신보』 1920년 7월 13일.

체육이 국부적 기관으로 고려구락부라는 것이 조직되었음으로 이것을 토대로 전조선의 체육에 관한 문제를 해결코자.[6]

이들 내용을 보면 조선체육회는 일본유학생과 국내운동가들이 조선의 스포츠문제 해결과 조선운동계의 발전을 도모하기 위해 조직된 고려구락부를 모체로 해서 설립되었다는 것을 알 수 있다. 조선체육회가 고려구락부를 근거로 설립된 사실은 「조선체육계」의 내용을 통해서도 확인할 수 있다.

조선체육회는 1920년 7월 13일에 비로소 창립총회를 개최하게 되었다. 이것은 일본에 유학하던 야구선수 몇 명과 이곳에서 운동을 좋아하는 사람들이 모여 고려구락부를 조직해 가끔 운동도 하고 모이기도 하는 중에 일부에서 조선체육에 관한 문제가 발생된 것이다. 이것이 기인이 되어 고려구락부원은 각처의 유지제위를 망라하야 조선체육회를 창립하였다.[7]

그러나 고려구락부는 설립은 했으나 대전할 상대가 변변치 못해 그 목표를 달성할 수 없게 되었다. 그래서 활동범위를 확대해 전 조선을 대표할 만한 스포츠단체로 거듭나기 위해 조선체육회로 개칭했던 것으로 보인다. 이러한 내용은 「매일신보」의 기사를 통해 알 수 있다.

오는 27일 일요일 경성에 새로이 조직된 고려구락부가 인천에 내려가서 인천에 또한 새로이 조직한 한용단과 베이스볼 경쟁을 하는데 오전 9시부터 인천관측소 아래 운동장에서 개시된다고 하더라.[8]

6 『동아일보』 1925년 1월 1일.
7 선우전, 「조선체육회의 약력」『조선체육계』1, 조선체육계사, 1924, 44쪽.

조선에 체육회가 탄생됨은 지금으로부터 15년 전 즉 1920년 7월 13일이다. 동회가 발기하게 된 동기는 기미년을 전후하야 동경유학생들로서 여름방학에 귀향하야 야구단체를 조직하고 또 재경의 축구계 지장들이 또한 단체를 조직하니 각 부문은 다를망정 뜻하는바가 체육에 관한 바이오 또 공교롭게 모두「고려」라는 2자를 단체명으로 붙이게 되었다. 이런데다가 단체만 만들었지 우승을 뽐내고 승부를 해볼 기회를 만드는 단체가 없는 이상 그 발전의 향상을 꾀할 수 없다는 점에서 양 단체의 몇몇 유지는「조선체육회」조직의 필요를 단순한 의미에서라도 역설을 하였다.[9]

이리하여 조선체육회는 1920년 6월 16일 시내 명월관에서 고원훈, 이동식, 장두현 외 47명이 참석해 창립위원 10명을 선정하고 취지서와 규칙서를 제정했다.[10] 그리고 그해 7월 13일에는 조선청년에게 운동사상을 고취하고 일반체육의 장려를 목적으로 중앙예배당에서 창립총회를 개최했다.[11] 이 창립총회에서는 90명의 발기인이 참석해 조선사회에 운동단체를 후원, 장려해 조선인의 생명을 원숙 창달하는 통일적 기관이 없어 조선체육회를 발기했다는 내용의 취지서가 발표되었다. 여기서 조선체육회 창립취지서의 전문(원문은 부록2 참고)을 소개하면 다음과 같다.

보라 중천에 솟은 푸른 소나무와 대지에 일어선 높은 산을 그 얼마나 당당하며 굳센가? 천지에 흐르는 생명은 과연 약동하고 있다. 보라 하늘에 나는 빠른 새와 지상에 기는 날쌘 짐승을 그 얼마나 강건하며 민첩한고? 천지에 흐르는 생명은 과연 충실하다.

---

8 『매일신보』1920년 6월 26일.
9 N·Y생,「전 조선체육단체순례」『신동아』4-3, 신동아사, 1934, 27쪽.
10 『동아일보』1920년 6월 18일, 6월 28일.
11 『동아일보』1920년 7월 13일.

보라 창공에 빛나는 붉은 해와 허공에 도는 크고 넓은 땅을 그 얼마나 장렬하며 강한가? 천지에 흐르는 생명은 과연 웅장하다. 아아 천지의 만물은 오직 생명의 한 덩어리로다. 사람은 원래 이 약동의 생명과 충실의 생명, 그리고 웅장의 생명을 받아 태어난 것이라 그 신체만 다시 소나무와 같이 웅건한데 그 정신만 다시 해와 달과 같이 명쾌하지 않아 그 안색은 차색같이 아무런 광채가 없으며 그 신체는 가는 버드나무의 마른가지 같아 아무런 기력이 없고 정신이 오직 혼미함은 어째서 일까 이는 안일한 생활에 떨어지며 수리 없는 처신에 빠져서 천리를 거슬려 생명의 창달을 도모하지 못함이니 이 개개인의 불행을 만들뿐 아니라 국가 사회의 쇠퇴를 초래하며 현재에 멈출 뿐 아니라 또한 장래에 유전되어 자손에 미치니 정말로 멸망의 길을 자초함이라 그 어찌 오인의 한심할 바 아니겠는가.

이를 회복해 웅장한 기풍을 작흥하며 강건한 신체를 양육해 사회의 발전을 도모하며 개인의 행복을 기대해야 하는데 그 길 오직 타고난 생명을 신체에 창달케 함에 있으니 그 운동을 장려하는 것 외에 다른 길이 없다.

우리 조선사회에 개개의 운동단체가 없음은 아니나 이를 후원하고 장려해 조선인민의 생명을 원숙 창달케 하는 사회적 통일적 기관의 결여는 실로 각자의 유감이요 또한 민족의 수치로다. 우리는 이를 감안해 조선체육회를 발기하니 조선 전 사회의 동지 여러분은 와서 찬성하기를 바란다.[12]

취지서의 내용을 보면 천지의 생명체는 조화를 이루어 그 힘을 발산하고 있는데 인간은 심신의 부조화로 개인은 물론 국가의 쇠퇴를 초래하고 있다. 이러한 사실을 고려해 조선사회에서도 심신의 조화를 이룰 수 있는 스포츠단체의 필요성이 요구되어 조선체육회의 설립으

12 선우전, 「취지서」『조선체육계』3, 조선체육계사, 1925, 21쪽.

로 이어졌던 것이다.

또한 7월 16일에는 태화정에서 이사회와 평의원회, 부원회를 개최하고 회장에 장두현, 이사장에 고원훈, 이사에 장덕수, 임긍순, 윤기현, 이승우, 이원용, 정대현, 유문상, 평의원에 임경재외 19명, 회계감독에 김규면, 김욱, 운동부장에 현홍운외 11명, 사교부장에 이승우외 16명, 편집부장에 유지영외 4명 등의 임원을 선정했다.[13] 이렇게 설립된 조선체육회는 그 후 각종 경기대회를 매년 개최하는 한편 체육연구 활동, 운동기구의 원활한 보급을 위한 운동기구 판매 등의 활동을 했다.

그러나 1937년 일제가 중일전쟁을 일으키면서 전시체제에 돌입하자 조선총독부는 민족말살정책을 실시하면서 우리의 스포츠단체와 활동을 탄압했다. 특히 조선총독부는 조선의 체육기관을 전면적으로 통제하기 위해 조직체가 불완전하며 내용이 빈약한 스포츠단체는 전부 합병 또는 해산, 정리하도록 했다.[14] 이리하여 조선체육회를 비롯해 전국에 249개에 이르는 각종 스포츠단체는 조선총독부의 탄압으로 일본인의 스포츠단체인 조선체육협회에 대부분 통합, 흡수되고 말았다. 조선체육회의 해산에 대한 내용은 「동아일보」 기사를 통해 엿볼 수 있다.

조선체육회 긴급 임시총회는 예정과 같이 4일 오후 4시 30분부터 태평통 조선일보사 3층 소강당에서 회원 20명 출석 하에 부회장 김규면씨 사회로 열린바 부회장으로부터 오후 2시 열린 이사회에서 가결한 다음의 2항의 가부를 들어 전원 만장일치로 조선체육회가 조선체육협회에 합체키로 가결된 후 5시경 폐회하였다.

13 『매일신보』 1920년 7월 19일.
14 『조선일보』 1938년 5월 12일.

종래 경성에 조선체육회와 조선체육협회의 2개 단체가 있었다. 그러나 현 사정에 2개 단체의 존재가 필요하지 않기 때문에 합체함이 가하므로 결의한다. 진행방침은 고원훈, 박승빈, 김규면, 김동철 4명을 진행위원으로 선정한다.[15]

조선체육계에 많은 공헌을 남긴 조선체육회가 이달 상순 임시총회를 열고 현재의 체육통제 하에 조선체육협회와 합체하기로 되었음은 기보한바와 같거니와 이 결정에 의해 조선체육회에서는 종래 관계해오든 일체사업과 동회 재산 전부를 27일부로 조선체육협회에 양도하였다.[16]

이와 같이 조선인의 체력 향상과 스포츠지도 등 조선스포츠계에 많은 공헌을 한 조선체육회는 1920년 설립된 이후 18년 만에 일제의 스포츠단체에 대한 탄압으로 조선체육협회에 흡수되어 어쩔 수 없이 해산되고 말았다. 그러나 조선체육회는 1945년 8월 15일 광복이 되자 그해 11월 체육인들에 의해 7년 만에 재건되었으며, 1948년 8월 15일 대한민국 정부가 수립되고 나서 그해 9월 명칭을 대한체육회로 개칭한 후 한국스포츠계의 총본산으로서 그 역할을 다하며 현재에 이르고 있다.

2) 조선체육회의 성격

조선체육회의 설립목적은 회칙(제2장 제2조)에 따르면 "본회는 조선인의 일반체육을 장려 지도함으로써 목적함"으로 되어 있으며 이

· · · · · · · · · · ·
15 『동아일보』 1938년 7월 5일.
16 『동아일보』 1938년 7월 30일.

목적을 달성하기 위해 각종 경기대회의 개최, 체육에 관한 도서 발행, 기타 본회의 목적 달성을 위해 필요한 일 등의 사업을 한다고 규정되어 있다.[17] 이처럼 조선체육회는 조선인의 스포츠 활동을 활발하게 전개하기 위해 설립되었으며 이를 위해 실제로 조선체육회에서는 전조선경기대회의 개최, 기관지 조선체육계와 체육연구서 발행 등의 활동을 했다.

조선체육회의 조직은 개정회칙(전문 제10장 제28조, 부록3 참고), 조선체육계, 동아일보와 매일신보의 기사를 통해 그 내용을 파악할 수 있다. 이들 사료에 따르면 설립 당시의 임원은 회장 1명, 이사 8명, 평의원 19명, 회계감독 2명, 운동부 12명, 사교부 17명, 편집부 5명으로 구성되었다.[18] 그러나 1924년 6월 24일 개최된 정기총회에서 이상재가 회장으로 선출되었으나 나이가 많다는 이유로 사퇴했다. 그래서 그해 7월 1일 임시총회에서 회장임원제가 불완전하다는 이유로 회칙을 개정해 위원제로 변경되었다.[19]

이와 같이 조선체육회는 설립당시 회장제로 출발했으나 아직 조직체제가 제대로 갖추어지지 않아 위원제로 바뀌었다. 그러나 이 위원제도 1928년 7월 25일 정기총회에서 다시 회칙을 개정해 회장제로 변경되었다.[20] 이를 통해 조선체육회의 조직은 회장제→위원제→회장제라는 과정을 거치면서 회로서의 조직 체제를 서서히 갖추게 되었다고 할 수 있겠다. 여기서 위원제로 변경된 개정회칙을 보면 임원은 위원장 1명, 상무위원 2명, 고문 2명, 서무부주임 1명, 경리부주임

• • • • • • • • • • • •

17 일기자,「조선체육회 회칙」『조선체육계』3, 조선체육계사, 1925, 24쪽.
18 『매일신보』1920년 7월 19일.
19 일기자,「조선체육회의 과거 및 장래의 사명」『조선체육계』3, 조선체육계사, 1925, 18-19쪽.
20 『동아일보』1928년 7월 25일.

1명, 운동부주임 1명, 지방부주임 1명, 각부 부원 약간 명으로 구성되었다. 이들 임원 중 위원장, 상무위원, 고문은 총회에서, 각부 주임 및 부원은 위원회에서 선정했으며 임원의 직무를 보면 다음과 같다.

《조선체육회의 임원직무》
• 위원장: 본회를 대표하며 일절의 사무를 총괄함. 단 위원장의 유고시에는 상무위원 중 1명이 이를 대신함.
• 상무위원: 위원장을 보좌하며 회의 일반업무를 집행함.
• 고문: 위원장의 자문에 응하며 총회 및 위원회에 출석하여 의견을 진술할 수 있다.
• 서무부: 주임은 서무에 관한 일절의 사무를 총괄함. 부원은 주임을 보좌하며 서무에 관한 사무를 집행함.
• 경리부: 주임은 경리에 관한 일절의 사무를 총괄함. 부원은 주임을 보좌하며 경리에 관한 사무를 집행함.
• 운동부: 주임은 운동에 관한 일절의 사무를 총괄함. 부원은 주임을 보좌하며 운동에 관한 사 무를 집행함.
• 지방부: 주임은 지부 및 지방에 관한 일절의 사무를 총괄함. 부원은 주임을 보좌하며 지부 및 지방에 관한 사무를 집행함.[21]

임원의 임기는 1년으로 하는데(1931년 정기총회에서 2년으로 개정), 보결임원은 전임자의 남은 기간으로 했다.[22] 임원은 조선체육회가 존속한 1920년 7월부터 1938년 7월 조선체육협회에 흡수되어 해산할 때까지 수 십 차례에 걸쳐 교체되었다. 여기서 설립 당시와 위원제로 변경되었을 때의 임원구성을 보면 다음과 같다.

· · · · · · · · · · · · ·
21 일기자, 「조선체육회 회칙」『조선체육계』3, 조선체육계사, 1925, 25-26쪽.
22 일기자, 위의 책, 26쪽.

《조선체육회 설립 시 임원구성》
- 회장: 장두현
- 이사: 고원훈, 장덕수, 임긍순, 윤기현, 이승우, 이원용, 정대현, 유문상
- 평의원: 임경재, 김상훈, 김성수, 신우균, 김동철, 이성렬, 현홍운, 박우병, 전우영, 김옥빈, 최두선, 권병하, 이기동, 유지영, 이희상, 이병조, 박이규, 이일, 민규식
- 회계감독: 김규면, 김욱
- 운동부: 현홍운, 변봉현, 이상기, 조철호, 강낙원, 노병훈, 오한영, 손효준, 서정필, 신흥우, 이원용, 박우병
- 사교부: 이승우, 이중국, 김동철, 김규면, 이병희, 원달호, 남위희, 윤방현, 안종만, 임창하, 김기영, 오재준, 이혁주, 손문기, 한규석, 신일용, 곽상훈
- 편집부: 유지영, 이동식, 이병희, 변봉현, 현홍운[23]

《조선체육회 위원제 임원구성》
- 위원장: 박창하
- 상무: 차관호, 김규면
- 운동부: 전이용, 이중국, 최등만, 장권, 이건춘, 심상복, 김종원
- 서무부: 여운홍, 오일철, 이관우
- 경리부: 김욱, 김옥정, 이정훈
- 지방부: 강창희, 박우병, 최한수, 이동식[24]

조선체육회의 임원구성을 보면 체육인, 교육자, 언론인, 실업인 등으로 구성했는데 이는 대외적으로 조선체육회의 권위와 자금조달을 위하는 한편 대내적으로는 회의 실질적인 운영을 위해 다양한 인물

. . . .
23 일기자, 위의 책, 22쪽.
24 일기자, 위의 책, 24쪽.

로 구성했다고 볼 수 있다.

회의 기구는 개정회칙에 따르면 총회와 위원회가 있었다. 총회는 정기총회와 임시총회로 나누고 위원장이 이를 소집했다. 정기총회는 매년 1회 6월 중에, 임시총회는 위원회의 결의가 있을 때나 회원 3분의 1이상의 요구가 있을 때 개최했다. 총회에서는 위원선정, 사업성적 및 서무보고, 결산 및 예산의 승인, 회칙의 개정 또는 재산의 처분, 기타 중요사항을 안건으로 다루었다. 의결은 회원 30명 이상의 출석으로 출석회원의 다수 표결로 결정하고 가부동수 시에는 의장이 이를 결정했다. 위원회는 위원의 반 수 이상이 출석했을 경우 개최했으며 결의사항은 집행사무의 결정, 예산 및 결산, 지부감독, 체육공로자의 평가 및 결정, 회칙개정의 심사, 보결위원의 선정, 기타 중요사항을 결의했다.[25]

회원은 만 20세 이상의 조선인으로서 통상회원과 특별회원으로 구성했으며 자격은 통상회원은 입회금 1엔 및 회비 월 50전을 납부한 자, 특별회원은 일시금 100엔 이상을 납부한 자로 했다. 단 본회에 입회하는 자는 2명 이상이 서명한 원서를 제출해야 하는데 입회여부는 위원회에서 결정했다. 그리고 본회를 탈퇴하려고 할 때는 그 사유를 기재한 원서를 제출해야 하고 본회의 회칙을 준수하지 않거나 명예를 훼손한 자, 회비를 6개월 이상 체납한자는 위원회의 결의를 거쳐 제명했다. 또한 탈퇴자 및 제명자에 대해 이미 납부한 회비는 환불하지 않는다고 했다.[26]

조선체육회의 예산은 회칙(제9장 회계)에 따르면 본회의 경비는 회원의 회비(월 50전), 기부금 및 기타수입으로 충당하며 기본금으로

• • • • • • • • • • • •
25 일기자, 위의 책, 26-27쪽.
26 일기자, 위의 책, 24-25쪽.

매년 총수입의 10분의 1이상을 적립한다고 규정되어 있다. 그리고 회계는 총회에서 선정한 회계검사위원 2인이 검사하며 회계연도는 매년 6월 1일에 시작해 이듬해 5월 31일로 한다고 규정되어 있다.[27]

그러나 현재 조선체육회의 예산에 대한 수지결산 내용은 기관지, 당시의 신문이나 잡지 등 관련 자료를 찾아보았으나 제대로 파악할 수 없었다. 그렇지만 동아일보 기사에 나와 있는 조선체육회의 정기총회 회계보고를 통해 그 운영 실태를 엿볼 수 있는데 그 내용을 살펴보면 1925년 수입 4,588엔 91전, 지출 4,588엔 91전, 1928년 수입 3,093엔 94전, 지출 2,731엔 67전(차액 362엔 27전), 1933년 수입 1,535엔 42전, 지출 1,462엔 28전(차액 73엔 14전)으로 되어있다.[28]

조선체육회의 3년간 운영을 보면 나름대로 흑자운영을 하고 있음을 알 수 있으나 수입과 지출의 구체적인 세부항목이 없고 전체적인 액수만 총회에서 보고하는 것에 그치고 있어 회의 전반적인 운영 실태를 알 수가 없다. 그러나 조선체육회는 1926년의 정기총회에서 회비를 월 50전에서 연 3엔으로 개정하고 매년 10엔 이상을 납부하는 유지회원을 신설했다. 또한 지금까지 미수회비는 전부 면제하고 1926년 7월부터 개정규칙에 따라 1년간 회비 체납자는 제명한다는 회칙 개정을 단행했다.[29] 그리고 1928년의 정기총회에서는 회 유지의 필요상 회비를 독촉하며 전년도분은 총회 당일부터 3개월 이내, 금년도분은 6개월 이내 미납자는 제명한다고 결정했다.[30]

이처럼 조선체육회는 회 운영의 기본이 되는 회비의 미납이 많아 회칙의 개정을 통해 회비의 조정 및 독촉, 새로운 회원의 신설, 그리

· · · · · · · · · · · ·
27 일기자, 위의 책, 27쪽.
28 『동아일보』 1925년 7월 6일, 1928년 7월 25일, 1933년 6월 1일.
29 『동아일보』 1926년 7월 18일.
30 『동아일보』 1928년 8월 20일

고 회비 체납자를 제명하는 엄격한 규정을 만들어 회원들이 가능한 많은 회비를 납부할 수 있도록 노력하고 있음을 엿볼 수 있다. 이는 조선체육회의 운영을 위해 회원의 회비가 차지하는 비중이 컸다는 것을 알 수 있다.

3) 조선체육회의 활동

조선체육회의 활동은 회칙(제2장 제3조)에 규정되어 있는 것처럼 본회의 목적을 달성하기 위해 체육에 관한 각종 경기대회를 개최하는 일, 체육에 관한 도서를 발행하는 일, 기타 본회의 목적을 달성하기 위해 필요로 인정하는 일 등을 했다. 여기에서는 조선체육회의 활동을 알아보기 위해 전 조선경기대회 개최, 체육연구 활동, 기타 활동으로 나누어 알아보기로 한다.

(1) 전 조선경기대회 개최

조선체육회는 창립당시 임원들의 이름만 있을 뿐 기본적인 재산이 없어 각자 선호하는 경기대회를 개최하기 위해 사방으로 알아본 후 야구대회를 개최하게 되었다.[31] 이 대회가 조선체육회 창립 후 첫 사업으로 행해진 전 조선야구대회이다. 그런데 많은 종목 중에서 왜 야구대회였는지 그 이유를 살펴보면 조선체육회를 창립할 때 발기인 90명 중 6명(권승무, 방한룡, 윤기현, 이상기, 이원용, 홍준기), 이사 8명 중 2명(윤기현, 이원용)이 야구인이었다.[32] 또한 일본의 오사카아사히신문사(大阪朝日新聞社) 주최 전 일본중등학교야구선수권대회에서

· · · · · · · · · · ·
31 선우전, 앞의 책, 1924, 44쪽.
32 선우전, 앞의 책, 1925, 21-22쪽.

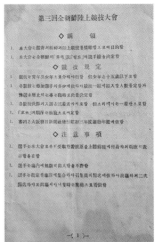

그림 12. 제3회 전 조선육상경기대회 팸플릿(출처: 손환 소장)

사용한 야구규칙, 대회강령 및 기록 등을 입수해 대회를 개최할 수 있는 준비가 되어 있었기 때문이다.[33]

이러한 사실을 통해 전 조선야구대회는 조선체육회의 중심인물 중 야구인이 적지 않았고, 특히 일본유학출신자가 있어 일본에서 열린 야구대회의 각종 자료를 입수했기 때문에 대회를 개최할 수 있었던 것으로 보인다. 이렇게 해서 개최된 전 조선야구대회는 오늘날 전국을 순회하며 매년 개최되고 있는 전국체육대회의 효시로서 한국스포츠사에 매우 중요한 의미를 가지게 되었다.

전 조선야구대회는 1920년 11월 4일 동아일보사의 후원을 받아 정동 배재고보 운동장에서 개최되어 전국의 건아가 한곳에 모여 운동정신의 발휘와 규율을 엄수하며 운동계의 신기원을 이루었다.[34] 이어

33 민관식, 『대한체육회사』, 대한체육회, 1965, 71쪽.
34 『동아일보』 1925년 1월 1일.

서 조선체육회는 이듬해 1921년 2월 12일부터 3일간 역시 배재고보 운동장에서 전 조선축구대회를 개최했으나 심판의 불확실한 점으로 중도에 해산하고 말았다.[35] 그리고 그해 10월 15일부터 3일간 보성고보 운동장에서 전 조선정구대회를 개최해 매우 성황리에 마쳤다.[36]

이처럼 조선체육회는 창립 후 재정적인 문제와 축구대회 기간 중 심판의 판정문제 등이 있었으나 야구, 축구, 정구의 3종목 대회를 개최했다는 사실은 매우 의미 있는 일로 평가된다. 조선체육회는 1924년부터 새로운 사업으로 제1회 전 조선육상경기대회를 개최하고 신년의 계획으로 빙상경기대회를 한강에서 개최해 동계운동도 장려했다.[37] 여기서 당시 개최되었던 전 조선육상경기대회 팸플릿을 보면 [그림12]와 같다.

그 후 조선체육회는 1929년부터 전 조선씨름대회, 전조선수상경기대회, 창립 10주년기념 전 조선경기대회를 개최했으며, 1930년에는 전 조선역기대회, 1931년에는 전 조선농구선수권대회와 전 조선아마추어권투선수권대회, 1932년에는 전 조선무도대회, 1933년에는 전 조선풀마라톤대회, 1934년에는 창립 15주년기념 전 조선종합경기대회를 각각 개최했다. 여기서 조선체육회가 개최한 전 조선경기대회를 보면 〈표7〉과 같다.

전 조선야구대회는 조선체육회의 첫 사업이며 제1회 대회가 오늘날 전국체육대회의 효시라는 의미를 가지고 있다. 전 조선축구대회는 제1회 대회부터 심판의 판정문제로 도중에 중지하는 불상사가 있었으나 이후 개최 시기의 변경, 우승컵의 기증, 연장전의 도입, 유니폼

35 일기자, 「조선체육회의 과거 및 장래의 사명」『조선체육계』3, 조선체육계사, 1925, 16쪽.
36 『동아일보』1925년 1월 1일.
37 『동아일보』1925년 1월 1일.

에 백넘버 착용 등 서서히 그 체제를 갖추어 나갔다.

전 조선육상경기대회는 6회 대회부터 여자선수가 처음으로 참가했으며, 전 조선빙상경기대회는 7회부터 대회 명을 전 조선남녀빙상경

표7. 조선체육회 개최 전 조선경기대회 일람표

대회	회수	연도	장소	내용
전 조선 야구대회	14	1920-1933	배재고보(1, 3-6) 경성·용산만철(2) 경성운동장(7-14)	조선체육회의 첫 활동 우승기(3회) 오늘날 전국체육대회의 효시
전 조선 축구대회	14	1921-1933	배재고보(1, 3, 6-7) 경성중(2) 배재·휘문(4-5) 배재·경성(8) 경성운동장(9-14)	심판판정 문제로 대회 중지(1회) 개최시기 변경(3회, 2월에서 11월) 연장전 도입(8회), 우승컵 기증(6회) 선수유니폼 번호 착용(12회)
전 조선 정구대회	13	1921-1933	보성고보(1-2) 휘문고보(3-4) 경성일보사(5) 경성운동장(6-13)	소학단 신설(3회) 우승기(5회)
전 조선육상 경기대회	10	1924-1933	휘문고보(1) 훈련원(2) 경성운동장(3-10)	재정난 중지(3회, 4회, 8회) 여자선수 첫 참가(6회)
전 조선빙상 경기대회	12	1925-1936	한강(1-12)	전 조선남녀빙상경기대회 개칭(7회) 기후관계 중지(2회 ~ 4회, 8회, 11회)
전 조선 경기대회	1	1929	경성운동장	창립10주년(야구, 정구, 육상) 대회
전 조선 씨름대회	6	1929-1934	경신고보(1-2) 천도교기념관(3-5) 경성운동장(6)	개인 및 단체전(1회) 단체전(3회)
전 조선수상 경기대회	6	1930-1935	경성제대(1) 용산철도국(2-4) 경성운동장(5-6)	경성운동장 수영장 개장(5회) 일반부(1회, 8회) 중학부(2회)
전 조선 역기대회	5	1930-1934	천도교기념관(1, 4) 하세가와공회당 (2-3, 5)	경체중, 중체중 2체급(1회) 5체급으로 구분(3회): 경경급, 경급, 중(中)급, 경중급, 중(重)급
전 조선농구 선수권대회	7	1931-1937	YMCA(1-6) 경성운동장(7)	경성운동장 농구코트(7회)
전 조선아마	2	1931,	천도교기념관(1)	5체급: 플라이급, 밴텀급, 페더급,

대회	회수	연도	장소	내용
추어권투 선수권대회		1933	YMCA(2)	라이트급, 월터급
전 조선풀 마라톤대회	4	1933- 1936		양정고보 손기정 우승(2회, 3회)
전 조선종합 경기대회	4	1934- 1937	경성운동장(1-4)	창립 15주년 종합대회 15회: 야구, 축구, 정구, 육상, 농구 16회: 씨름, 역기, 무도 추가 17회: 수상, 권투, 탁구 추가 18회: 배구 추가

출처: 『동아일보』 1920~1937년. 민관식, 『대한체육회사』, 대한체육회, 1965, 90-129쪽을 참고로 작성.

※ 장소의 ( ) 숫자는 대회 회수를 나타낸 것임.

기대회로 바꾸고 이때부터 여자선수도 참가하기 시작했다. 전 조선경기대회는 조선체육회 창립 10주년을 맞이해 종합경기대회의 형식으로 야구, 정구, 육상대회를 개최했으나 일회성으로 끝났다. 전 조선씨름대회는 처음에는 개인 및 단체전이 있었으나 3회 대회부터 단체전만 개최했다.

전 조선수상경기대회는 학교와 용산철도국의 수영장을 이용했으나 5회 대회부터는 경성운동장 수영장이 개장되어 이 시설을 이용했다. 전 조선역기대회는 2체급만 행해졌으나 3회 대회부터 5체급으로 확대해 대회를 개최했다. 전 조선농구선수권대회는 YMCA에서 개최했으며 7회 대회는 경성운동장에 마련된 농구코트에서 행해졌다.

전 조선풀마라톤대회는 6회 대회까지 개최되었으며. 또한 이 대회에서는 1936년 베를린올림픽대회 마라톤에서 우승한 손기정이 2회(1934)와 3회(1935) 대회에서 2연패를 했다. 전 조선종합경기대회는 조선체육회 창립 15주년을 기념하기 위해 기존의 각 종목별대회에서 탈피해 종합경기대회로 개최되었다는 점에서 오늘날 전국체육대회의 원조라고 할 수 있겠다. 그리고 회를 거듭할수록 새로운 종목을 추가해 1937년에는 야구, 축구, 정구, 육상, 농구, 씨름, 역기, 무도, 수상, 권투, 탁구, 배구 등 무려 12개 종목이나 되었다.

(2) 체육연구 활동

① 조선체육계의 발행

조선체육회는 조선인의 일반체육을 장려, 지도하기 위한 일환으로서 기관지 「조선체육계」를 발행했다. 조선체육계는 조선체육회가 창립되고 나서 4년 후인 1924년 10월 창간호를 발행하고 1925년 2월 3호를 발행했는데 이후 몇 호가 발행되었는지 현재로서는 알 수 없다. 조선체육계의 발행에 대해 당시 「동아일보」 기사를 보면 다음과 같다.

체육계의 열이 날로 높아가는 우리에게 아직까지 체육에 관한 잡지 한권이 없음을 유감으로 여기는 체육계의 주요한 제씨는 지난 7일 하오 7시부터 시내 국일관에 모여 조선체육계사를 조직하고 『조선체육계』라 하는 체육잡지를 1년에 4번씩 발행하기로 되었는데 그 첫 호는 7월 15일에 발행하리라 하며 잡지편집에 관계를 할 전문가 중에는 서병희, 원달호, 강락원, 김동철, 이석찬, 김태술 제씨도 가담해 유력한 평론도 볼 수 있겠다는데.[38]

조선체육계는 체육에 대한 관심이 고조되는 가운데 아직 체육관련 잡지가 없다는 현실을 안타깝게 여긴 조선체육회의 임원들이 중심이 되어 발행한 것으로 보인다. 그리고 조선체육계는 계간지로서 1923년 7월 15일에 창간호를 발행한다고 했으나 실제로는 조선체육회의 경제적인 사정으로 발행이 중단된 후 조선체육회의 임원이면서 삼광당

---

38 『동아일보』 1923년 6월 9일.

주인인 선우전과 공동경영을 하면서 1924년 10월 15일 월간지(매월 15일 발행)로서 창간호를 발행했다. 이것은 다음의 내용을 통해 확인할 수 있다.

본지는 작년 7월 15일에 창간호를 발행하고자 했으나 사정상 정지되었던바 금번에 삼광당 주인 선우전씨와 공동 경영하게 되어서 이에 발행하게 되오니.[39]

본지는 매월 15일에 발행하지만 우리사회의 불비함을 따라서 본지도 뜻대로 간행이 못되니 이것이 첫째 한이요. 본지에 대해 실로 우리사회에서 얼마나 기대가 있는지는 모르지만 너무나 원고수집에 곤란하니 이것이 둘째 한이요. 빈약한 우리사회에서 풍부한 것을 구함은 가히 무리이지만 기사내용이 너무나 빈약하니 이것이 셋째 한이요. 모든 결핍은 모든 일에 장애물이라 본지는 이 점을 제일 많이 소유하니 이것이 넷째 한이요. 박약한 사회에서 무슨 동정을 구할 수 있겠는가마는 너무도 우리사회는 냉정하니 이것이 다섯째 한이다.[40]

표8. 조선체육계의 목차

조선체육계 1호(1924.10.15)	조선체육계 3호(1925.2.15)
창간사	송구영신
축사	-체육사상 보급에 대해
논단	-스포츠에 대해
-우리의 동작은 본의가 무엇인가	-부인과 체육
-교육가의 사색	조선체육회
-운동선수자격의 제한을 논함	-동 회의 과거 및 장래의 희망
-청년의 사명과 검도유도	-동 회의 취지서 및 발기인 씨명

39 선우전, 「편집실의 말」『조선체육계』1, 조선체육계사, 1924, 판권.
40 선우전, 「편집실의 소감」『조선체육계』3, 조선체육계사, 1925, 판권.

감평	-동 회의 규칙
-우리 야구계의 연혁	-동 회의 사업성적표
-우리 정구계에 대한 소감	올림픽대회의 유래
-축구심판에 대해	야구강화
-야구심판에 대해	사인은 몇 가지나 사용할까
-정구심판에 대해	단거리경주의 요건
기타	영국 미국주자의 주법
-의학상으로 본 여러 종류의 운동	야구선수와 어깨의 양생법
-조선체육회의 약력	최신야구규칙
-오사카시에 설치한 운동장	육상경기규칙
	일본여자올림픽대회 규정의 여자육상경기종목
	일본에 온 4대 세계적 선수
	외유의 박석윤군에게
	제8회 세계올림픽대회 우승자
	제2회 전 조선여자정구대회
	제4회 전 조선정구대회
	제1회 전 조선빙상경기대회

출처: 선우전, 「조선체육계 창간호 순서」『조선체육계』1, 조선체육계사, 1924. 선우전, 「조선
체육계 순서」『조선체육계』3, 조선체육계사, 1925를 참고로 작성.

「조선체육계」의 발행목적은 창간사를 통해 엿볼 수 있는데 그 내용
은 다음과 같다.

우리사회도 점점 인생의 본능과 취미를 얻기 위해 남이 한다는
각종의 운동을 하게 되였다 그러나 이것이 그다지 거기에 도달하
지 못함을 유감으로 생각하는 일부의 인사들이 있었지만 주위의
만반사정이 허락하지 아니함으로 지금 운동을 선전하고 장려하
는 언론기관이 발생하지 못하였다 조선체육회에서도 이 기관을
설치하려고 했지만 미치지 못하였고 어떤 개인도 경영하려고 했
지만 역시 이루지 못했다 이것이 우리로 하여금 본지를 창간하게
한 동기가 되었다.[41]

41 선우전, 「창간사」『조선체육계』1, 조선체육계사, 1924, 1쪽.

이 내용을 보면 조선체육계는 각종운동의 필요성이 대두되는 상황에서 이를 선전하고 장려할 개인이나 단체가 없음을 안타까워한 나머지 창간하게 되었다.

조선체육계의 발행인은 선우전이며 분량은 1호가 50여 페이지(제2호는 불명), 제3호는 90여 페이지이며 정가는 1부에 40전이었다. 여기서 조선체육계의 목차를 살펴보면 〈표8〉과 같다.

창간호에는 창간사와 축사, 논단으로 운동선수 자격의 제한 및 청년의 사명과 검도유도, 우리야구계의 연혁 및 정구계에 대한 소감, 축구, 야구, 정구의 심판, 조선체육회의 약력 등이 실려 있다. 제3호에는 체육사상 보급 및 스포츠, 부인과 체육에 대해, 그리고 조선체육회의 과거와 장래, 취지서와 발기인, 규칙, 사업과 성적, 또한 야구와 육상의 규칙 및 영국과 미국선수의 주법, 일본의 여자육상경기종목 소개, 전 조선정구대회와 빙상대회의 개최 내용 등을 싣고 있다. 이처럼 조선체육계는 조선체육회의 기관지로서 연혁, 취지서 및 발기인, 규칙, 사업, 각종대회의 개최 등 조선체육회와 관련된 제반 내용뿐만 아니라 각 경기종목의 규칙 및 심판, 체육과 스포츠에 관한 논설 등의 내용도 다루고 있었다.

② 육상경기규칙서의 발행

조선체육회는 1923년 6월 27일 정기총회에서 육상경기대회를 개최하기 위해 이를 연구하는 위원을 설치할 것을 의결했다.[42] 이에 앞서 조선체육회는 1923년 6월 일본 오사카에서 제6회 극동선수권대회가 개최되어 특파원 1명을 보내 견학을 시켰다.[43] 이러한 의결은 조선체

. . . .
42 『동아일보』 1923년 6월 29일.
43 선우전, 「조선체육회의 약력」,『조선체육계』1, 조선체육계사, 1924, 44쪽.

육회가 종래 야구, 축구, 정구의 3종목만을 장려해 육상경기에 대한 연구와 실행이 없어 육상경기연구위원을 두기로 가결하고 1923년 7월 4일 이사회를 열어 고문에 김동철, 위원에 허성, 서병희, 원달호, 강낙원, 이중국을 선정했다.[44] 이처럼 조선체육회는 창립 후 전 조선야구대회를 비롯해 축구, 정구 등 3종목을 중점적으로 장려했으나 육상에 대해서도 관심을 가지고 활동을 하기 위해 일본에서 개최되는 극동선수권대회에 특파원을 파견시키고 육상경기위원을 조직하게 되었다.

육상경기위원의 연구 성과는 이듬해인 1924년 원달호에 의해 『육상경기규칙 및 부록』이 발행되었다. 이 책의 집필 동기는 서문을 통해 알 수 있다.

> 작년 5월 하순경에 일본오사카시에서 개최된 제6회 극동올림픽대회를 보고 돌아온 나는 이 사회에 대해 그대로 있기가 어렵다. 그뿐만 아니라 이 사회의 선각자들의 모임(조선체육회)에서도 그대로 있지 아니하고 남의 하는 일을 알고자 하며 이루고자 하기 때문에 나에게 한갓 임무를 주며 힘을 가하게 했다. 나는 이에 대한 아무 기술도 없는 사람으로 다만 1차 시설의 불과한 경험을 가지고 이런 서계에 집필을 한다하면.[45]

원달호는 조선체육회의 특파원으로 일본에서 개최된 극동선수권대회에 파견되어 거기서 경험한 것들을 우리사회에 알리기 위해 본인 스스로뿐만 아니라 조선체육회의 권유에 의해 책을 집필했던 것이다. 그런데 이 책의 내용은 1922년 노구치(野口源三郎)에 의해 간행된『最新陸上競技規則の解說』(최신 육상경기규칙의 해설)을 번역한 것으로 보

44 『동아일보』 1923년 7월 6일.
45 이학래, 『한국근대체육사연구』, 지식산업사, 1990, 164쪽, 재인용.

인다. 현재 원달호가 집필한 『육상경기규칙 및 부록』은 소재가 파악되지 않지만 「조선체육계」 3호에 게재한 육상경기규칙과 노구치의 내용을 비교해보면 그 내용을 알 수 있다(표9 참고).

표9. 원달호의 육상경기규칙과 노구치(野口源三郎)의
　　　최신육상경기규칙의 해설 비교

원달호(1925). 육상경기규칙	野口源三郎(1922). 최신육상경기규칙의 해설
1. 위원 위원은 심판장 1명 감찰원 4명 이상 기록원 1명 보조기록원 1명 이상 소집원 1명 통고원 1명(필요한 때 보조자를 둠) -경주할 때는 결승선에 6명 또는 6명 이상의 심판원, 3명 또는 3명 이상의 계시원, 1명의 출발호령원을 둠	1. 임원 임원은 심판장 1명, 감찰원 4명 이상, 기록원 1명, 보조기록원 1명 이상, 소집원 1명, 통고원 1명(필요한 경우에는 보조자를 둠) -경주에는 결승선에 5명의 심판원, 3명의 계시원, 1명의 출발신호원을 둠
-심판장은 실제 경기에 관해 규칙명문에 따라 결정할 수 없는 모든 의심스러운 부분을 결정함 그리하여 그의 결정은 최종임으로 항의를 못함	-심판장은 실제 경기에 관해 규칙의 명문에 따라 결정하기 어려운 모든 의심스러운 부분을 결정하고 그 결정은 최종으로 하며 항의할 수 없다
-감찰원은 심판장이 임명한 직무를 하는 자이니 자인하던지 또는 타인으로부터 통지를 받은 모든 규칙위반을 심판장에게 통고하는 자이다	-감찰원은 심판장이 임명한 직무를 맡은 자로서 스스로 인정하거나 타인에게서 통지를 받은 모든 규칙위반을 심판장에게 통고하는 자로 한다
-계시원은 각 경주에 대해 3명을 둠 2개의 시계가 일치하고 다른 1개가 불일치한 때는 앞의 2개 시계가 표시한 때로써 정식시간으로 하고 3개의 시계가 전부 불일치한 때는 중간의 때를 표시한 시계의 때로써 정 시간으로 함 계시원이 2명뿐인 때에 2개의 시계가 불일치한 때는 지연된 편의 시간으로써 정식시간으로 함	-계시원은 각 경주에 대해 3명을 둠. 2개의 시계가 일치하고 다른 1개가 이에 일치하지 않을 경우에는 앞의 2개 시계가 나타내는 때로서 정식시간으로 하고 3개의 시계 모두 일치하지 않을 경우에는 중간의 때를 나타내는 시계의 시간을 정식시간으로 한다. 계시원 2명만으로 2개의 시계 일치하지 않을 때는 늦은 쪽의 시간을 정식시간으로 한다
-소집원은 가입 경기자의 성명 및 번호를 기입한 명부를 가지고 각 경기개시 5분전에 가입 경기자에게 경기개시의 예고를 함이 가함 또 예선경기가 있을 때는 경기자를 각 대열로 나누어 추첨으로 출발선의 위치를 정한다	-소집원은 가입 경기자의 성명 및 번호를 기입한 명부를 소지하고 각 경기개시 적어도 5분전 가입 경기자에게 경기개시의 예고를 해야 하며 또 예선경주가 있을 때는 경기자를 각 조로 나누어 추첨에 의해 출발선에서 위치를 정한다

-기록원은 경기자의 성명을 기록하고 각 경기에 대한 승자를 기입하고 또 그 결과를 완전히 기록하는 자이다 기록원은 또 각 경기자의 달리기가 마치는 회수를 기록하고 필요한 때는 경기자의 편의를 위해 고성으로 그 회수를 제창한다	-기록원은 경기자의 성명을 기록하고 각 경기에서 승자와 그 결과를 완전히 기록하는 자로 한다. 기록원은 각 경기자의 달리기가 끝나는 회수를 기록하고 필요한 경우에는 경기자의 편의를 위해 고성으로 그 회수를 외치는 것을 필요로 한다
-출발호령원은 출발선상에 있는 경기자에 대해 소집원의 권한밖에 속한 모든 권리를 가지고 또 경기자가 출발의 호령 전에 출발선의 초과여부에 관해 유일의 제정자이다	-출발신호원은 출발선상에서 경기자에 대해 소집원의 권한밖에 속한 모든 권리를 가지고 또 경기자가 출발의 호령 전에 출발선을 넘는지에 관해 유일한 판정자이다
-통고원은 본 규칙에 규정함이 없으나 경기회에는 필요한 위원이니 미국 및 극동대회에서 통고원의 임무를 다음과 같이 규정한다 통고원은 각 경기의 성적을 기록으로부터 받아 음성 또는 게시판으로 공표함이 가함	-통고원 이것은 본 규칙에는 규정하고 있지 않으나 경기회에는 반드시 필요한 임원이다. 미국 및 극동대회 등에서는 통고원의 책무를 통고원은 각 경기의 성적을 기록원에게 받아 음성 또는 게시판에 공표해야 한다고 정해져 있다.
-장내사령도 본 규칙에는 규정이 없으나 역시 필요한 임무를 가진 자이니 미국 및 극동대회에서는 그 임무를 다음과 같이 정한다	-장내사령 이것도 본 규칙에는 규정하고 있지 않으나 경기회에는 둘 필요가 있다. 미국 및 극동대회 등에서는 그 임무를 다음과 같이 정하고 있다.

출처: 원달호, 「육상경기규칙」『조선체육계』3, 조선체육계사, 1925, 56-58. 野口源三郎, 『最新陸上競技規則の解説』, ヘルメス社, 1922, 1-18쪽.

〈표9〉를 보면 심판장, 감찰원, 게시원, 소집원, 기록원, 출발호령원(출발신호원), 통고원, 장내사령이라는 용어와 설명하고 있는 내용이 같다. 단지 원달호는 노구치의 임원을 위원이라 하고 또한 경주 시 노구치는 심판을 5명이라고 한 것에 대해 원달호는 6명 또는 6명 이상이라고 한 부분만 다르다.

(3) 기타 활동

조선체육회는 스포츠 활동을 장려하기 위한 일환으로서 전 조선경기대회 개최, 체육연구 활동 외에 운동기구의 판매활동도 했다. 이에 대한 내용은 당시 「동아일보」 기사를 통해 알 수 있다.

조선체육회에서는 야구나 정구나 큰 경기를 할 때마다 운동기구의 부족으로 적지 않은 고통을 당해 왔으며 일반운동가들도 기구가 맞지 않아 적지 않은 불편을 느끼던 중 이번에 그 회의 간부되는 원달호, 김욱, 이중국, 이원용 등 제씨의 발기로 종로 2정목에 제일운동기구상점을 개설하고 일반운동기구를 수용한다더라.[46]

조선체육회는 전 조선경기대회를 개최할 때마다 운동기구의 부족함을 느껴 임원들이 자체적으로 그 문제를 해결하기 위해 운동기구점을 설치해 판매활동을 했다.

이상과 같이 조선체육회는 일제강점기 조선인의 스포츠 활동을 주도한 단체로서 전 조선경기대회 개최와 체육연구 활동 등 한국근대스포츠의 보급, 발전에 많은 공헌을 한 단체라고 할 수 있겠다. 특히 광복이후에는 대한체육회로 부활되어 현재 국제사회에서 스포츠강국의 위상을 떨치고 있는 한국스포츠계의 총본산으로서 그 역할을 다하고 있다.

3-2. 식민지 통제 장치의 스포츠단체, 조선체육협회

1910년 한일합방에 의한 일제의 무단통치정책은 언론, 집회, 결사의 자유를 빼앗고 스포츠 활동도 통제했다. 따라서 이 시기의 스포츠 활동 대부분은 일본인에 의해 주도되었다. 이러한 상황에서 1919년 2월 일본인 스포츠단체 조선체육협회가 설립되었다. 조선체육협회는 일제강점기 조선신궁경기대회를 비롯해 각종 경기대회를 개최하면서

• • • • • • • • • • •

46 『동아일보』 1921년 10월 23일.

스포츠 활동을 주도하며 조선스포츠계를 통괄한 단체였다. 여기에서는 식민지 통제 장치의 스포츠단체 조선체육협회의 설립과 활동에 대해 알아보기로 한다.

1) 조선체육협회의 설립

1910년 8월 일본에 의한 한일합방으로 조선총독부는 무단통치정책 (1910-1919)을 실시해 이 시기의 조선에서 스포츠 활동은 일본인의 주도로 보급, 발전되어 갔다. 이러한 상황에서 1919년 2월 일본인 스포츠단체가 설립되었는데 그 단체가 조선체육협회였다.

조선체육협회의 설립은 조선인들의 스포츠 활동을 대표하는 조선체육회의 설립에도 직접적인 역할을 했다. 그 역할이란 이중국(도쿄제대 출신)과 이원용(야구인)은 일본인들이 조선체육협회를 조직했으니 우리도 어떤 형태이든 스포츠의 지도기관을 만들자고 이야기한 끝에 이를 구체화시켜 합의를 보았다. 그리고 스포츠단체를 만들면 그 이름은 일본의 조직체인 조선체육협회와 다르게 "협"자를 뺀 명칭, 즉 조선체육회로 하자고 했다. 이렇게 해서 1920년 7월 13일 국내체육인과 일본유학출신자가 중심이 되고 동아일보사의 적극적인 협조를 받아 조선스포츠계를 대표하는 조선체육회가 설립되었던 것이다.[47]

여기서 조선체육협회의 설립경위에 대해서 『조선야구사』(朝鮮野球史)를 보면 다음과 같다.

2월 16일에 이르러 조선신문 경성지사에서 경성정구단 및 경성야

---

47 민관식, 앞의 책, 66-67쪽.

구협회의 간사회를 개최해 현존하고 있는 2단체를 합동함과 동시에 더욱 범위를 확장해 모든 운동경기를 망라하는 일대 체육회 설립을 회의에 부쳐 당분간 현재에 있어 야외운동의 쌍벽이라고 할 만한 정구, 야구의 2단체를 골자로 해서 『조선체육협회』를 조직해 각종 운동경기를 가입시키기로 정하고 양 회의 간사에서 5명씩 회칙 기초위원을 선정해 2월 18일 회합해서 회칙을 결정했다. 동시에 회장, 부회장이하 고문, 평의원, 이사, 간사 등을 추천해 오랫동안 요망한 『조선체육협회』는 비로소 탄생하게 되었는데 조선신문사의 알선은 오래도록 반도야구사상에 남을 것이다.[48]

또한 이에 대해서는 조선체육협회를 후원한 「조선신문」의 기사에서도 엿볼 수 있다.

우리 신문사가 항상 조선의 운동경기계에 최선의 노력을 기울이고 있다는 것은 독자도 이미 알고 있는 사실이다. 더구나 운동경기가 널리 퍼져서 자칫하면 여러 갈래로 갈려 각자 별도의 육성을 저해하게 되는 것은 여명기의 경성운동계에 개탄할 만한 결과를 초래할 것을 두려워한 나머지 우리 신문사는 이를 감안해 적어도 운동에 대해 동정과 이해 있는 경성 지식자를 설득해 종래 융성하고 있는 야구, 정구는 물론 기타 각종 운동경기를 망라해서 그 분야의 건실한 발육을 보기 위해 도모한바 대찬성을 얻어 우선 야구, 정구 양 협회의 결합을 이루어 마침내 『조선체육협회』인 명칭 하에 조선운동계의 보도기관을 창설하게 되어 제씨의 추천 쾌락을 받았는데.[49]

이와 같이 조선체육협회는 조선신문사의 적극적인 후원 하에서 경

48 大島勝太郎, 『朝鮮野球史』, 朝鮮野球史發行所, 1932, 127쪽.
49 『조선신문』 1919년 3월 16일.

성정구단과 경성야구협회가 중심적인 역할을 해 설립되었던 것이다. 그러면 여기서 당시 조선총독부의 기관지 성격을 가지고 스포츠 활동에 많은 관여를 하고 있던 경성일보사가 왜 조선체육협회의 설립에서 제외되고 조선신문사가 후원하게 되었는지를 보면 다음과 같다.

경성일보사는 옛날부터 정구계의 발전에 노력해 왔는데 철도군의 연승에 의해 우승기(저자 주: 1911년 경성일보사 주최의 우승기쟁탈전)가 영구히 철도의 것이 되고 나서 제반사정으로 인해 차츰 스포츠계로부터 멀어졌다. 뿐만 아니라 경성정구단의 만주원정 후원을 거절했다. 그런데 조선신문사는 원정군의 후원을 승낙했을 뿐만 아니라 그때부터 운동계에 진출해 끊임없이 스포츠계의 연계에 열심히 노력했는데 ...중략... 또한 조선야구대회 개최의 기운을 만들고 나아가 조선체육협회의 설립에도 힘을 발휘하는데 이르렀던 것이다.[50]

이 내용을 보면 경성일보사는 정구우승기쟁탈전을 개최해 정구발전을 위해 많은 노력을 했으나 제반사정으로 인해 경성정구단의 만주원정 후원을 거절하고 차츰 스포츠계로부터 멀어져 조선체육협회의 설립에 제대로 그 역할을 못했기 때문인 것으로 판단된다. 이와 반대로 조선신문사는 경성정구단의 만주원정 후원을 계기로 적극적으로 스포츠계에 개입해 그 결과 조선체육협회의 설립에 지대한 공헌을 하게 되었던 것이다. 이렇게 해서 조선체육협회는 경성일보사의 후원이 아니라 조선신문사의 적극적인 노력에 의해 설립된 것으로 보인다.

그러나 그 후 경성일보사는 조선체육협회의 문제로 조선신문사에

---

50 大島勝太郎, 앞의 책, 126쪽.

우위를 빼앗긴 것에 자극을 받아 야구와 정구 등 각종대회를 주최했다. 이러한 상황 속에서 양 신문사는 서로 협의해 조선체육협회를 무조건 후원하고 양측에서 임원을 촉탁하지 않기로 했다.[51]

그리고 여기서 조선체육협회의 설립에 근간이 된 경성정구단과 경성야구협회는 어떠한 단체였는지에 대해 알아보면 다음과 같다.

> 1918년 가을경에 조직된 경성정구회는 경용(저자 주: 경성과 용산)에 현존하는 15개의 정구단을 포용했다. 회장에는 조선은행 총재인 미노베(美濃部俊吉)를 추대하고 만철관리국장인 구보(久保要藏), 미츠이(三井)물산회사 지점장인 다카노(高野省三)를 부회장으로 하고 경성에서 유력자를 간부에 망라하기에 이르렀기 때문에 경기를 하는데 절대의 편의를 얻어 스포츠의 대중화에 대한 가장 효과적인 기초를 만들었다. 이에 발단하여 조선신문사가 운동의 중심이 되어 경성야구협회의 신설을 기획하고 있었는데 해가 바뀜과 동시에 이를 구체화해 1919년 1월 8일 조선신문사 경성지사에서 야구 각 단체의 대표자 10여명을 초대해 협의를 한 결과 대부분이 찬성해 당분간 현존의 철도구락부, 경성구락부, 조선은행 야구부, 한양구락부의 4팀이 연합해서 경성야구협회를 조직하게 되었다.[52]

우선 경성정구단은 1918년 조선은행 총재를 비롯한 경성의 유력자를 중심으로 기존의 15개 정구단체를 통합해 설립된 단체였으며, 경성야구협회는 경성정구단의 설립에 자극을 받아 조선체육협회의 설립에 적극적으로 후원을 했던 조선신문사가 중심이 되어 1919년 1월 기존의 4개 야구단체를 연합해 설립된 단체였다. 이처럼 조선체육협

• • • • • • • • • • • •
51 大島勝太郎, 앞의 책, 133쪽.
52 大島勝太郎, 앞의 책, 126-127.

회는 당시 활발한 스포츠 활동을 하고 있던 정구 및 야구단체가 중심이 되고 거기에 언론기관의 후원에 힘입어 설립되었던 것이다.

그 후 조선체육협회는 일제강점기 조선에서 식민지 통제 장치를 위한 스포츠단체로서 활동을 전개해 나갔다. 그러나 1937년 중일전쟁의 발발로 전시체제가 되자 조선총독부는 기존의 문화통치를 민족말살통치로 전환하고 시정방침의 일환으로서 스포츠단체에 대한 통제를 단행했다. 그래서 1942년 2월 조선체육진흥회를 발족해 조선체육협회를 비롯한 모든 스포츠단체를 통합시켜 버렸다.

2) 조선체육협회의 성격

조선체육협회의 설립목적은 회칙(제2장 제2조)에 따르면 "본회는 조선에서 체육을 장려하고 아울러 회원의 친목을 도모하는 것을 목적으로 한다."고 규정되어 있으며 그 목적을 달성하기 위해 정구부, 야구부, 기타 운동부를 조직하고 매월 1회 기관지인 조선체육계를 발행한다고 되어 있다.[53]

조선체육협회의 조직은 회칙(전문 제9장 제25조, 부록4 참고)을 통해 그 내용을 파악할 수 있다. 회칙은 조선체육협회의 설립 당시인 1919년 2월 18일 경성정구단과 경성야구협회의 간사 중에서 선정된 각 5명의 회칙 기초위원에 의해 제정되었다.[54] 회칙에 따르면 임원은 회장 1명, 부회장 2명과 명예고문, 평의원, 이사, 간사, 각부 위원 등을 약간 명으로 구성했다. 임원의 선정은 회장과 부회장은 평의원 중에서 선정하고, 명예고문은 체육에 대해 공로가 있는 자를 회장이 추

----

53 大島勝太郎, 앞의 책, 128쪽.
54 大島勝太郎, 앞의 책, 127쪽.

천했다. 평의원은 명예고문 또는 특별회원 중에서 회장이 추천하고, 이사는 간사회에서, 간사는 각부 위원이 추천하고, 위원은 각부에서 추천했다. 이들 임원의 직무는 다음과 같다.

《조선체육협회의 임원 직무》
- 회장: 본회 일체의 사무를 통괄한다.
- 부회장: 회장을 보좌하고 회장 유고 시에는 이를 대리한다.
- 명예고문: 회장을 자문한다.
- 평의원: 회무에 참여하고 본 회의 발전을 위해 노력한다.
- 이사: 회장, 부회장을 보좌하고 회계 및 각부의 사무를 분담 처리한다.
- 간사: 이사를 보좌하고 각부의 사무를 담당한다.
- 위원: 간사를 보좌한다.[55]

임원의 임기는 이사와 간사, 위원은 1년으로 중임 할 수 있도록 규정되어 있으며,[56] 회장을 비롯한 다른 임원에 대해서는 회칙에 명시되어 있지 않다. 임원은 회가 존속한 1919년 2월부터 1942년 2월 조선체육진흥회에 흡수되기까지 창립 때를 포함해 수차례에 걸쳐 교체되었다. 여기서 창립 시의 임원구성을 보면 다음과 같다.

《조선체육협회 창립 시 임원구성》
- 회장: 미노베(美濃部俊吉 조선은행 총재)
- 부회장: 다카노(高野省三 미츠이물산 지점장), 구보(久保要藏 만주철도 경성관리국장)
- 명예고문: 아베(安部磯雄 와세다대학 야구부 창설자), 세키야(關屋

55 『조선신문』 1919년 3월 16일 ; 大島勝太郎, 앞의 책, 130쪽.
56 『조선신문』 1919년 3월 16일 ; 大島勝太郎, 앞의 책, 130쪽.

貞三郎 조선총독부 학무국장), 무라타(村田素一郎 조선총독부 농상
공부 광무과장)
- 평의원: 안도(安藤又三郎 경성철도국장), 사쿠라이(櫻井小一 조선식
산은행 이사), 구로사와(黑澤明九郎 경성철도국 차장), 모리야스
(森安連吉 조선총독부의원 내과과장), 한상룡(韓相龍 한성은행 전
무), 이이즈미(飯泉幹太), 오기타(荻田悅造), 오가키(大垣丈夫), 와다
(和田駿), 가네타니(金谷充), 가와카미(川上常郎), 다케무라(竹村利三
郎), 우마키치(馬吉次男), 야마구치(山口諫男), 마츠자키(松崎時勉), 마
키야마(牧山耕藏), 고쿠분(國文象太郎), 아다치(足立龍二郎), 기모토(木
本倉二), 미시마(三島太郎), 히토미(人見次郎), 세토(瀬戸潔)
- 이사: 이노우에(井上致也 용산철도 야구부대표), 기바(木場貞一郎
조선은행 사서), 나카니시(中西喜久男), 도요타(豊田明敬), 아마노(天
野雄之輔 미츠이물산 경성지점사원), 가와시마(川島喜彙)
- 간사: 치무라(千村長造 한양구락부 감독), 다나베(田邊八郎 경성구
락부 감독), 이다(井田善七), 야마다(山田平次郎), 요시나가(吉永武場
용산철도야구부 매니저), 오시마(大島滿一), 나이토(內藤信一), 오이
데(大出正篤), 오노(大野和助), 아키야마(秋山眞雄), 기쿠타(菊田良卓)[57]

　　조선체육협회의 임원구성을 보면 대부분이 재계와 관계의 인물로
구성되어 있다는 것을 알 수 있다. 이것은 대외적으로 조선체육협회
의 권위를 내세우는 한편 대내적으로는 자금조달을 생각해 이루어진
것으로 보인다. 또한 이사와 간사는 운동관계자를 중심으로 구성해
실질적으로 회의 운영을 담당하게 했다.
　　회의기구로는 평의원회, 간사회, 위원회가 있었으며, 평의원회는
회장이 소집해 회의 재정 및 기타 등의 중요사항을 협의했다. 간사회
는 이사가 소집해 회의 보통사항을 협의했다. 의결사항은 모두 과반

57 大島勝太郎, 앞의 책, 119-120쪽, 132쪽.

수로 가결하고 가부동수일 때에는 평의원회의 경우 회장이, 간사회의 경우 이사가 결정했다. 위원회는 각부에서 수시로 개최했으며 의결사항은 간사에게 보고했다.[58]

본 회의 회원은 명예회원, 특별회원, 보통회원으로 구성했는데, 각 회원의 자격을 보면 명예회원은 본회의 취지에 찬성하고 500엔 이상을 기부한 자로 했다. 특별회원은 본회의 활동에 공로가 있거나 200엔 이상 500엔 이하의 기부금을 낸 자 또는 연 50엔 이상의 회비를 납부한 자 중에서 평의원회의 의결에 의해 추천된 자로 했다. 보통회원은 명예회원 및 특별회원이 아닌 회원으로서 월 50전의 회비를 납부한 자로 했는데, 단 일시에 회비 30엔을 납부한 경우에는 이에 한정되지 않는다고 했다. 그리고 본회에 입회 또는 탈퇴하는 자는 그 의사를 사무소(경성부 남대문통 2정목 조선신문사내)에 알려야 했다. 단 입회의 경우는 회원의 소개를 필요로 했다.[59]

이와 같이 조선체육협회는 회원의 회비를 기본으로 한 조직이 아니라 기부금에 의존한 조직이었다는 것을 알 수 있다. 이러한 기부금에 의존하는 조직형태는 예를 들어 명예회원이나 특별회원이 경제상의 어려움이 생길 경우 회의 조직운영에 많은 영향을 미치는 문제점을 안고 있었다. 실제로 이러한 문제는 회의 위기를 초래해 1925년 3월 회의 운영을 회원의 회비로 하는 것으로 회칙을 변경했다.[60]

그 후 조선체육협회는 전시체제가 되자 조선의 스포츠를 통제하는 스포츠단체의 설립이 요구되자 1938년 8월 각종 스포츠단체를 그 산하에 두고,[61] 1941년 2월 조선체육협회의 조직개편이 결정되었다. 조

<hr />

58 『조선신문』 1919년 3월 16일 ; 大島勝太郎, 앞의 책, 130-131쪽.
59 『조선신문』 1919년 3월 16일 ; 大島勝太郎, 앞의 책, 128-129쪽.
60 『경성일보』 1925년 3월 9일.
61 『경성일보』 1938년 8월 27일.

직개편에 따른 개정안의 총칙은 다음과 같다.

> 제1조 본회는 조선체육협회(가칭)라 한다.
> 제2조 본회는 본부를 조선총독부 학무국 사회교육과 내에 둔다.
> 제3조 본회는 국방국가체제에 적응하도록 조선에 있어 체육을
> 지도통제하고 국민체육의 건전한 보급발달을 도모해 황국
> 신민으로서의 심신을 연성해 전력의 증강에 도움이 되는
> 것을 목적으로 한다.
> 제4조 본회는 외국에 있어 체육단체에 대해 조선을 대표한다.
> 제5조 본회는 국내의 조선이외의 지역에 있어 체육단체에 대해
> 조선을 대표한다. 단 특별한 사정이 있을 경우에는 이에
> 한정되지 않는다.[62]

이러한 사실을 통해 전시체제하에서 체육의 역할이 확실히 제시되
었으며 이 조직개편은 이합집산을 도모한 조직개편뿐이고 전체적인
국민체육의 국가기관이라고 할 수 없으며 전시체제하 국가의 체육단
련은 반드시 강력한 단일 국가적 기구로 해야 한다고 했다.[63] 이것은
스포츠단체의 일원화를 비판한 것이 아니라 전시체제에서 보다 강력
한 일원화를 기대한다는 내용이었다.

그래서 1941년 8월에는 각종 체육단체의 통제에 전념하고 해당 단
체의 대표자들이 모여 간담회를 개최했으며,[64] 11월 9일 조선총독의
결정에 따라 반도체육의 통제 일원화 행정기관인 조선체육협회는 새
로운 조직으로서의 발족을 보게 되었다.[65]

• • • • • • • • • • • •
62 『경성일보』 1941년 2월 28일.
63 『경성일보』 1941년 3월 3일.
64 『경성일보』 1941년 8월 2일.
65 『경성일보』 1941년 10월 10일.

그러나 11월 19일 총독부의 기구개혁이 거행되어 새롭게 후생국이
탄생하자 조선체육협회는 조선총독부 학무국 사회교육과에서 후생국
보건과로 이관되었다.[66] 이에 따라 전력증강에 매진하고 있는 반도의
체육행정은 확립, 강화되었지만,[67] 그 때문에 현안을 일부 수정하게
되어 조선체육협회의 정식발족은 이듬해로 넘어가게 되었다.[68]

이러한 상황에서 1942년 예정되어 있던 조선체육협회의 조직개편
문제는 조선체육진흥회의 설립에 의해 없어지게 되고 지금까지 조선
체육협회가 통괄해 온 스포츠단체와 조선체육협회는 조선체육진흥회
에 통합되어 버렸다.

조선체육협회의 예산은 회칙(제8장 회계)에 따르면 본 회는 기부금
에 의해 기금을 마련하는데 기금은 확실한 은행에 예금해 이것을 사
용한다고 규정되어 있다. 또한 본회의 경상비는 회비(월 50전)와 기
금에 의해 생기는 수입과 기타로 충당했다. 그리고 본회의 수지결산
은 매년 2월 간사회에서 작성해 이사에 제출하고 이것을 평의원회의
자문을 받아 회장이 결정했다. 수지결산의 내용은 매년 4월 임원에게
보고하고 기관지「조선체육계」에 게재했으며 매년 회계연도(매년 3월
31일부터 이듬해 2월말까지) 말에 잉여금이 있을 때는 기금에 편입시
키고 필요한 경우에는 이듬해에 이월해서 사용하도록 했다.[69]

그러나 현재 조선체육협회의 수지결산 내용이 게재되어 있는 기관
지의 소재를 알 수 없어 조선체육협회의 운영상태에 대한 자세한 내
용은 파악할 수 없다. 그렇지만 당시의 신문을 통해 그 운영실태를
어느 정도 파악할 수 있다.

• • • • • • • • • • •
66 『경성일보』 1941년 11월 20일.
67 『경성일보』 1941년 11월 29일.
68 『경성일보』 1941년 12월 4일.
69 『조선신문』 1919년 3월 16일 ; 大島勝太郎, 앞의 책, 131쪽.

조선체육협회의 예산은 회칙에 규정되어 있는 것처럼 회비와 기부금에 따른 기금으로 충당했으며, 특히 기부금은 조선총독부와 민간기업에서 냈다. 그 때문에 조선총독부의 정책은 회의 운영에 많은 영향을 미쳤는데 1925년에 들어와 철도경영의 이관문제는 조선체육협회의 조직개편 문제로까지 발전하게 되었다.[70] 이것은 조선총독부가 그 때까지 남만주철도주식회사에 위탁하고 있던 철도의 경영을 신 철도국에 이관한다고 결정한데서 비롯되었으며 그 이관은 그해 3월 31일에 시행되었다.[71]

이에 따라 조선총독부의 예산은 철도국으로 많이 빠져나가게 되어 조선체육협회는 운영상 자금부족의 문제를 안게 되었다. 이렇게 해서 운영의 궁지에 몰린 조선체육협회는 조직의 개편문제가 대두되어 당시 신문지상에도 논의를 불러일으키는 지경에 이르게 되었다. 1925년 4월 평의원회가 열려 조직개편에 대한 결정이 내려졌는데 그 내용을 보면 다음과 같다.

조직개편을 부르짖고 있는 조선체육협회는 지난달 말 임원회를 열고 금년의 예산, 사업계획, 임원개선, 기타에 대해 협의한 결과 본지가 보도한대로 종래의 조직을 회원조직으로 하고 연 12엔 이상을 내는 자를 회원으로 하게 되었다. 사업부는 종래의 서무, 야구, 정구, 육상경기, 수영, 스케이트에 축구부를 추가했다. 금번 회칙변경의 요점은 앞에서 언급한대로 회원조직으로 회비를 징수해 경상비에 충당할 것, 회원은 총회와 평의원회를 조직해 회의 중요한 사항을 의결할 것, 이사 및 간사 등은 곧 회장이 임명하는데 오늘까지 사업계획 등이 발표될 예정이다.[72]

· · · · · · · · · · · ·

70 『경성일보』 1925년 2월 13일.
71 신동아편집실, 「개항100주년 연표·자료집」 『신동아』1 별책부록, 동아일보사, 1976, 169쪽

조선체육협회는 운영상 자금부족의 문제로 기존의 조직을 회원조
직으로 바꾸었으며 연 12엔 이상을 내는 자를 회원으로 하고 회비의
징수를 통해 경상비에 충당했다. 이처럼 조선체육협회가 회원조직으
로 바꾼 것은 보다 많은 사람들을 회원으로 가입시켜 회비를 조달해
자금부족을 해소하려고 했기 때문이다. 이에 대해 「경성일보」는 다음
과 같이 보도했다.

조선체육협회는 1919년 4월 창립 이래 매년 육상경기, 야구, 정구,
수영, 스케이트 등의 대회를 거행하고 또는 선수를 일본, 만주,
해외에 파견하는 등 체육의 발달에 노력해 왔는데 최근 행정관
리, 재계불황의 원인으로 보조금, 기부금만으로는 경비가 부족하
게 되어 금번에 회칙을 개정해 회원조직을 명백히 해서 연 12엔
을 내는 자를 회원으로 대우하게 되었다.[73]

조선체육협회는 임원을 관계(官界)와 재계(財界)의 사람들을 중심으
로 구성해 기부금으로 회를 운영하고 있었으나 행정관리, 재계불황으
로 인해 자금부족 문제가 대두되어 회칙을 개정해 회원조직으로 개
편했던 것이다.

그러나 이러한 회원을 중심으로 한 조선체육협회의 조직체제는
1933년 조선총독부의 체육단체 통제에 대한 개혁을 통해 조선총독부
학무국의 감독 하에 두게 되고 다케우치(竹內) 체육주사가 모든 실무
를 총괄해 반 관제화의 길을 걷게 되었다.[74]

• • • • • • • • • •
72 『경성일보』 1925년 3월 19일.
73 『경성일보』 1925년 5월 22일.
74 민관식, 앞의 책, 83쪽.

3) 조선체육협회의 활동

조선체육협회의 활동은 규칙(제2장 제3조)에 규정되어 있는 것과 같이 본회의 목적을 달성하기 위해 조직 내에 정구부, 야구부, 기타 운동부를 설치하고, 또한 기관지인 조선체육계를 발행하는 것이었다. 여기에서는 조선체육협회의 대표적인 활동이라고 할 수 있는 조선신궁경기대회에 대해서 검토하기로 한다.

(1) 조선신궁경기대회 개최

조선체육협회는 조선신궁 진좌제의 봉축과 일본 동궁의 결혼기념으로 건설된 경성운동장의 개장을 겸해 1925년 10월 16일부터 18일까지 3일간 제1회 조선신궁경기대회를 개최했다. 이 대회의 개최상황에 대해 당시 「경성일보」의 기사를 보면 다음과 같다.

> 조선체육협회에서는 신궁의 진좌제를 봉축하기 위해 오는 16일부터 3일간 운동장 개장을 겸해 성대한 조선신궁경기대회를 거행하게 되었다. 본 경기대회는 육상경기, 야구, 정구, 농구, 배구를 비롯해 참가선수는 널리 전 조선에서 선발했으며 학생은 물론 조선 각지의 청년단체 등 일반남녀를 망라하는 반도운동계 미증유의 대규모의 것으로서 우승기외에 총독, 총감을 비롯해 많은 우승컵의 기증이 있었으며 본 대회에서 우수선수는 조만간 거행되는 메이지신궁경기대회에 조선대표 선수로서 파견하게 되었다.[75]

이 내용을 보면 조선체육협회 주최 제1회 조선신궁경기대회는 육상, 야구, 정구, 농구, 배구의 5종목이 행해졌으며 참가선수는 전국각

---

75 『경성일보』 1925년 10월 11일.

지에서 모인 지금까지 조선에서 볼 수 없었던 대규모 행사였다. 또한 성적이 우수한 선수는 일본에서 개최되는 메이지신궁경기대회에 조선대표로 파견했다. 이러한 사실을 통해 조선신궁경기대회는 메이지신궁경기대회 예선대회로서의 성격을 가지고 있었으며 조선인 선수의 국제경기대회에 참가할 수 있는 창구역할을 했던 것으로 보인다. 그 일례가 1936년 베를린올림픽대회 마라톤에 참가해 우승한 손기정이다. 그는 제10회와 제11회 조선신궁경기대회 마라톤에서 좋은 성적을 거두어 당시 올림픽예선을 겸해 개최되었던 메이지신궁체육대회 (1926년 개칭)에 조선대표로서 참가해 올림픽출전권을 획득했다.[76] 이 대회의 참가에 대해 『대한체육회사』에는 다음과 같이 언급하고 있다.

> 이 대회에 참가하는 선수와 단체는 추천제로 되어 있어 제1회 대회에는 우리 선수들의 참가는 전혀 없었으며 제2회 대회부터 참가해 많은 선수가 좋은 성적을 냈다.[77]

그러나 실제로 조선신궁경기대회는 참가선수와 단체의 추천제도는 없었으며, 또한 제1회 대회부터 우리 선수들은 참가하고 있었다. 이러한 사실은 당시 「경성일보」의 기사를 보면 농구와 배구경기에 이화여고보와 경성여고보, 육상경기에 휘문고보와 양정고보 등이 참가하고 있는 것을 통해 알 수 있다.[78] 그리고 이 대회의 입장료는 개회식 당일에 한해 무료로 했으며 이후에는 대인 10전, 소인 5전이었다.[79]

조선체육협회는 조선신궁경기대회를 1941년 제17회까지 한 번도

- - - - - - - - - - - -

76 鎌田忠良, 『日章旗とマラソン』, 講談社, 1988, 35쪽.
77 민관식, 앞의 책, 203쪽.
78 『경성일보』 1925년 10월 17일, 18일.
79 『경성일보』 1925년 10월 14일.

그림 13. 1929년 제4회 조선신궁경기대회 트로피,
조선신궁봉찬체육대회 참가장(출처: 손환 소장)

중단하지 않고 개최했다. 여기서 조선신궁경기대회의 트로피, 참가장
을 보면 [그림13]과 같다.

그리고 조선신궁경기대회의 개최 상황을 보면 〈표10〉과 같은데 제
2회 대회에는 제1회 때의 5종목에 축구가 추가되었다. 제3회 대회 때
는 기존의 종목에 마스게임, 마라톤, 탁구가 새롭게 추가되었으며, 특
히 마스게임은 집단경기, 연합체조, 체육댄스로서 남녀학생 7,000명
의 연기는 종합예술의 정수를 보여주었다.[80] 마라톤은 장거리경주로
서 조선에 처음으로 시도되었으며 탁구는 작년부터 메이지신궁경기
대회에 추가된 종목으로 금년에 조선에도 추가되어 유일한 실내스포
츠로서 흥미를 가지고 볼만하다고 했다.[81] 또한 제3회 대회에서는 입
장료를 제1회 대회보다 세분화해 야구장은 보통 50전, 특별 70전, 정
구장은 20전, 육상경기장은 20전, 탁구장은 20전, 각 경기장 공통권은
70전으로 했다.[82]

80 『경성일보』 1927년 10월 14일.
81 『경성일보』 1927년 10월 12일.
82 『경성일보』 1927년 10월 14일.

표10. 조선신궁경기대회 개최 상황

회수	개최일	종목	내용
1	1925.10.16-18	육상, 야구, 정구, 농구, 배구	입장료 첫날만 무료, 이후 대인10전, 소인5전 우리선수 참가
2	1926.10.15-17	축구 추가	
3	1927.10.14-17	마스게임, 마라톤, 탁구 추가	조선에서 장거리 마라톤경기를 처음으로 시도 입장료 야구장: 보통 10전 특별 70전, 정구장: 20전 육상경기장: 20전, 탁구장: 20전, 공통권: 70전
4	1928.10.13-17	궁술, 럭비 추가	경성방송국에서 전 종목을 중계방송
5	1929.10.8-15	상동	
6	1930.10.11-19	상동	
7	1931.10.10-19	스모 추가	무도경기 추가
8	1932.10.12-18	상동	
9	1933.10.9-17	상동	조선신궁봉찬체육대회로 명칭 변경
10	1934.10.8-17	검도, 유도 추가	무도경기 추가
11	1935.10.11-20	상동	
12	1936.10.9-19	상동	
13	1937.10.4-17	역도 추가	
14	1938.10.4-17	권투, 자전거 추가	
15	1939.10.3-17	상동	
16	1940.10.2-17	국방경기 추가	
17	1941.10.21-26	송구 추가	

출처: 『경성일보』 1925년 10월부터 1942년 9월까지의 기사를 토대로 작성한 것임.

이어서 제4회 대회는 무도경기의 일종인 궁술과 럭비가 새로운 종목으로 추가되었으며, 경성방송국에서는 지방의 팬을 위해 첫날부터 결승까지 전부 중계방송을 할 예정인데, 야구는 물론 축구, 농구, 육상경기 등 모든 경기의 득점을 발표했다.[83]

• • • • • • • • • • •

83 『경성일보』 1928년 10월 12일.

그림 14. 1932년 제8회 대회와 1933년 제9회 대회의 참가장(출처: 손환 소장)

그리고 1933년 제9회 때는 대회의 명칭을 조선신궁경기대회에서 조선신궁봉찬체육대회로 변경했는데 그것은 반도의 수호신인 조선신궁의 2기둥을 봉찬하고 모신다는 의미에서 대회의 명칭이 바뀐 것으로 보인다.[84] 이것은 [그림14]를 통해 엿볼 수 있는데 왼쪽의 참가메달 뒷면에는 1932년 조선신궁경기대회, 오른쪽 참가메달 뒷면에는 제9회 조선신궁봉찬체육대회로 되어 있다.

또한 제10회 대회는 무도경기인 검도와 유도가 궁술(제4회), 스모(제7회)에 이어 추가되었고, 제13회 대회에는 역도, 제14회 대회에는 권투와 자전거, 국방경기(16회), 송구(17회)가 각각 추가되었다.

이처럼 조선신궁경기대회는 회를 거듭할수록 개인경기 외에 단체경기의 채택 등 새로운 종목이 추가되었고 대회의 모습을 중계 방송하는 등 차츰 그 규모를 확대해 1925년 10월에 개최된 이래 조선에서 종합경기대회로서의 체제를 갖추었다고 할 수 있다.

이상과 같이 조선체육협회는 일제강점기 조선에서 스포츠 활동을 주도한 단체로서 한국스포츠사에 많은 영향을 미쳤는데, 특히 그 중에서도 조선체육협회 주최의 조선신궁경기대회는 조선인 선수의 국제경기대회에 참가할 수 있는 창구역할을 했다. 또한 조선체육협회의

84 『경성일보』 1933년 10월 17일.

설립은 조선인들의 스포츠 활동을 대표하는 조선체육회의 설립에도 직접적인 역할을 해 조선체육회가 일제강점기 스포츠의 보급, 발전에 많은 기여를 하는 계기를 마련해 주었다. 그러나 실제로 조선체육협회의 활동은 식민지 조선인을 통제하기 위한 장치로서 활용하는데 그 의도가 있었다.

3-3. 스포츠의 대중화를 위한 연구기관, 조선체육연구회

1919년 3·1 독립운동이 일어나자 일제의 무단통치정책은 문화통치 정책으로 바뀌면서 조선스포츠계에 활성화를 가져왔다. 이러한 상황에서 스포츠를 연구, 지도하는 조선체육연구회가 설립되었다. 조선체육연구회는 기존의 스포츠단체가 경기중심에 치우쳐 있는 것과는 달리 스포츠를 체계적이고 과학적으로 연구와 지도를 하면서 스포츠의 대중화에 앞장 선 스포츠단체였다. 여기에서는 스포츠대중화를 위한 연구기관 조선체육연구회의 설립과 활동에 대해 알아보기로 한다.

1) 조선체육연구회의 설립

조선체육연구회는 1931년 6월 22일 김보영, 김태식 외 8명의 발기로 백합원에서 발기인 총회를 열고 김보영의 취지 설명과 경과보고가 있은 후 창립총회로 이어져 규칙통과와 임원선거를 했다. 이렇게 해서 설립된 것이 조선 유일의 체육연구지도 기관인 조선체육연구회였다.[85]

조선체육연구회의 설립경위를 살펴보면 같은 사업에 종사하면서 친목 또는 연락할 기회가 없고 체육계를 위해 연구, 발표할 기관이 없음을 유감으로 여겨 체육연구회를 창립하려고 했다. 그래서 중등이상의 학교를 비롯해 각 방면에서 체육지도에 직간접으로 노력하고 있는 지도자와 유지를 망라해 발기인 총회를 열었다. 발기인의 명단을 보면 김보영, 김태식, 김동영, 김명덕, 김동기, 박창하, 배상봉, 서상천, 서웅성, 이길용, 이병삼, 최인호 등이었다.[86]

이처럼 조선체육연구회는 조선스포츠계의 발전을 위해 연구, 발표할 기관의 필요성을 느끼고 일본유학출신자, 신문기자, 중등학교 교사 등 당대 스포츠계의 최고 권위자들에 의해 설립되었던 것이다.

조선체육연구회는 규칙에 따라 체육에 관한 학설의 연구, 체육에 관한 사적 연구, 조선고유의 체육에 관한 연구, 체육원리 및 실제의 연구, 운동생리위생 및 해부에 관한 연구, 조선민중의 적절한 체육운동의 연구, 체육에 관한 통계조사, 체육에 관한 도서잡지 간행, 체육에 관한 전람회, 강습회, 강연회 및 체육대회, 기타 본회의 목적에 해당하는 사업 등 10개 항목을 목적으로 정하고 초대임원을 다음과 같이 선정했으며 회장은 사회의 명망 있는 인사를 추대하기로 했다.

《조선체육연구회 초대임원》
• 이사: 김보영, 김태식, 배상봉, 서상천, 장권
• 상무: 김태식, 배상봉
• 주사: 김보영
• 연구부: 이병삼
• 사업부: 이경석

85 『동아일보』 1934년 3월 8일.
86 『동아일부』 1931년 6월 21일.

- 경리부: 최인호
- 서무부: 서웅성[87]

이와 같이 조선체육연구회는 기존의 경기중심인 스포츠단체와는 달리 인문, 사회, 자연과학의 학술적인 연구 등의 이론뿐만 아니라 전람회와 강습회 등의 실천도 병행하는 실질적인 학술단체였다는 사실을 알 수 있다. 또한 임원구성은 발기인을 중심으로 선정했으며 회장이 공석인 이유는 사회적 권위자를 추대하기 위해 물색 중이었기 때문이다.

그러던 중 조선체육연구회는 1931년 9월 21일 규칙개정, 이사증원, 감사선정을 위한 임시총회를 개최한 후 이사회를 열고 보성전문학교 교장인 박승빈을 회장에 추대하기로 결정했다.[88]

그 후 조선체육연구회는 단체로서 체제를 갖추고 체육강연회 및 강습회, 보건체조 및 덴마크체조 강습회, 민중보건체육법의 고안 등 다양한 활동 등을 활발하게 전개했다. 그러나 태평양전쟁의 도화선이 되는 1937년 중일전쟁으로 전시체제에 돌입하자 조선총독부는 민족말살정책으로 전환하면서 스포츠단체의 일원화를 위한 통제를 시행했다. 이렇게 해서 조선체육연구회는 일제에 의해 어쩔 수 없이 해산되고 말았다.

2) 조선체육연구회의 성격

조선체육연구회의 조직은 전문 19조의 규약을 통해 파악할 수 있으나 현재 그 상세한 내용을 알 수 없는 실정이다. 그러나 당시 신문에

87 『동아일보』 1931년 6월 25일.
88 『동아일보』 1931년 9월 23일.

게재되어 있는 회의 자료를 통해 어느 정도 조직을 파악할 수 있다.

우선 임원 구성은 회장, 주사, 이사, 감사, 각부(연구, 사업, 경리, 서무)로 되어 있으며 회장은 사회적으로 명망 있는 인사를 추대하기로 해 설립 당시에는 공석이었으나 1931년 9월에 개최된 이사회에서 박승빈(보성전문학교 교장)을 선정했다. 이사는 처음에는 5명이었는데 1931년 9월에 열린 임시총회에서 5명을 추가해 전부 10명이었다. 그리고 감사도 이때 신설해 2명을 선정했다.[89] 각부 위원은 약간 명으로 구성했으며 1934년 6월의 정기총회에서 회칙개정을 통해 부에서 과로 개칭하고 연구과에는 체육의사부, 체육학사부, 체조부, 유희부, 경기부, 구기부, 무도부, 등산부, 고유경기부 등 9부를 설치했다.[90] 이때 정해진 임원 구성을 보면 다음과 같다.

《조선체육연구회 초창기 임원구성》
- 회장: 박승빈(보성전문학교 교장)
- 주사: 김보영(보성고보)
- 이사: 김보영, 서상천(휘문고보), 장권(YMCA 간사), 김태식(중앙고보), 배상봉(숙명여고), 김동영, 최인호, 이경석, 서웅성(양정고보), 이길용(동아일보)
- 감사: 이병삼(동성상업), 이규현(중앙체육연구소)
- 연구부: 김보영, 서상천
- 사업부: 김동영, 김태식, 이경석, 이길용
- 경리부: 최인호, 배상봉
- 서무부: 서웅성, 장권[91]

89 『동아일보』 1931년 9월 23일.
90 『동아일보』 1934년 6월 29일.
91 『동아일보』 1931년 9월 23일.

조선체육연구회의 임원 구성을 보면 주로 중등이상의 체육교사, YMCA 체육관계자, 중앙체육연구소 주사, 동아일보사 체육부기자 등으로 되어 있다는 것을 알 수 있다. 이는 설립목적과 같이 현장에서 실질적으로 체육을 연구, 지도하는 인물로 구성했으며, 또한 이사가 각부의 위원을 겸해 실제 회의 전반적인 업무를 담당했다.

다음으로 회의기구는 총회, 이사회, 월례회가 있었다. 총회는 매년 1회 정기적으로 개최되었으며 회칙개정, 임원선정, 사업결정 등의 안건을 의결했고 회기는 매년 6월 1일부터 이듬해 5월 31일까지였다. 이사회는 회의 중요사항이 있을 때마다 수시로 개최되었으며 회장선임, 각 부서의 위원선정, 사업안 결의, 사무소 결정 등의 안건을 의결했다. 월례회는 회의 중요한 사업 등 현안문제를 토의, 심의하기 위해 매월 개최되었다.

3) 조선체육연구회의 활동

조선체육연구회는 1931년 6월 체육을 연구, 지도한다는 목적을 가지고 설립되었다. 이러한 목적을 달성하기 위해 체육에 관한 전람회, 강습회, 강연회 및 체육대회를 비롯해 10개에 이르는 다양한 활동을 전개했다. 여기에서는 조선체육연구회의 활동 중 가장 활발히 행해졌다고 여겨지는 체육강연회, 체육강습회, 민중보건체육법 고안, 체육전문서 간행에 대해 알아보기로 한다.

(1) 체육강연회

조선체육연구회는 설립 후 내부를 충실히 하고 첫 번째 사업으로 제1회 체육강연회를 1931년 11월 7일 개최하기로 하고,[92] 장소는 YMCA, 연사 및 연제는 박창훈(의학박사) "체육의 의료적 고찰", 김신

실(이화여전) "여자의 체육에 대해", 김태식(중앙고보) "체육의 교육적 가치", 김보영(보성고보) "교육적으로 본 체육활동"이며 회비는 일반 10전, 학생 5전이었다.[93] 특히 이 체육강연회에서는 덴마크의 닐스 북이 문부성과 전 일본체조연맹의 초청으로 일본에 가는 도중 경성에 들러 1931년 9월 5일 경성운동장에서 실제로 시범을 보여주었으며,[94] YMCA 체육부에서도 닐스북 체조를 실시해 한층 흥미와 이채를 띠었다.[95]

이처럼 조선체육연구회는 회의 설립 후 조직 체제를 정비하고 첫 사업으로 중등학교 이상의 체육교사와 의학박사로 구성된 본회의 임원을 중심으로 체육강연회를 개최했으며 그 내용은 일반국민에게 체육에 대한 가치인식을 고취시키는데 있었다. 특히 닐스 북의 덴마크 체조 시범은 매우 주목할 만한 일이었다. 이후 체육강연회는 조선체육연구회의 연중행사로 매년 개최되었다.

(2) 체육강습회

조선체육연구회에서는 하기 체육강습회를 1932년 7월 21일부터 25일까지 5일간 종로 YMCA에서 개최했다.[96] 그 경위는 1932년 5월 14일의 이사회에서 창립기념식을 열고 경성과 원산에서 하기 체육강습회를 개최하기로 의결한데서 비롯되었다.[97] 여기서 제1회 하기 체육강습회의 자세한 내용을 살펴보면 다음과 같다.

• • • • • • • • • • • •

92 『동아일보』 1931년 10월 29일.
93 『동아일보』 1931년 11월 6일.
94 『동아일보』 1931년 9월 5일.
95 『동아일보』 1931년 11월 8일.
96 『동아일보』 1932년 7월 6일.
97 『동아일보』 1932년 5월 15일.

《제1회 하기 체육강습회 내용》
- 강습내용
  체조부: 덴마크체조법의 이론과 실제
  유희부: 조선창작 동요유희, 초등학교와 유치원 율동유희, 여자
  미용 덴마크체조법의 발표
- 강습시간 및 회비
  체조부: 오후 8시 반부터, 50전
  유희부: 오전 8시부터, 1엔 50전
- 강사
  김보영(보성고보), 배상봉(숙명여고), 장권(YMCA 간사), 박중강
  (죽첨공보), 방겸순(경성여고), 홍희(용곡여고)
- 회원자격
  유치원 및 학교 직원, 학생 및 일반남녀
- 신청방법 및 주의
  지망자는 원서에 회비를 납부하고 7월 20일 오후 5시까지 YMCA
  내 조선체육연구회에 제출하고 회원증을 받을 것
  복장은 경쾌하고 간편한 유니폼이나 서양식 옷을 입을 것
  신발은 흰색운동화를 신을 것

이 체육강습회에서 체조부는 덴마크체조에 우리 조선인에게 적합
한 율동을 붙여 개량한 내용을 강습하고, 유희부는 조선창작의 독특
한 동요유희에 초등학교 교재에 가장 적당한 율동유희와 기타 미용
덴마크체조를 강습했다.[98] 또한 체육강습회에는 전라도와 함경도, 황
해도 등 각지에서 신청을 했으며 참가자와 강사의 사정을 고려해 강
습기간을 7월 23일부터 27일까지 연기하기로 했다.[99] 이들 참가자 수
는 유희부 20여명, 체조부 50여명 등 남녀 70여명에 달해 예상 이상

98 『동아일보』 1932년 7월 20일.
99 『동아일보』 1932년 7월 21일.

의 좋은 성과를 거두었다.[100]

이와 같이 체육강습회는 조선체육연구회의 창립 1주년을 맞이해 본회의 임원이 강사가 되어 그동안 연구해온 내용을 가지고 학생, 유치원 및 학교 직원, 일반남녀를 대상으로 조선인에게 적합한 율동 및 동요유희와 미용체조를 강습해 현장에서 지도할 수 있도록 했다. 또한 경성뿐만 아니라 널리 지방에서도 많은 사람들이 관심을 가지고 참가해 첫 사업으로서 기대이상의 성과를 거두었다고 할 수 있겠다.

이후 체육강습회는 매년 7월에 정기적으로 개최되었으며 그중에서 특징적인 내용을 살펴보면 제2회 하기 체육강습회는 1933년 7월 25일부터 29일까지 5일간 개최되었다. 그런데 참가자는 경성시내의 각 공사립초등학교 직원은 물론 멀리 만주와 북간도, 남쪽에서는 동래와 대구, 북쪽에서는 함흥과 문천, 서쪽에서는 의주와 개성의 초등학교 직원들이 총동원되었다.[101] 여기서 5일간의 강습기간 중 참가자들을 보면 북간도, 함북 회령, 함남 문천, 평북 신의주, 진남포, 안악, 개성, 전북 군산, 전남 장흥, 경남 거창, 하동 등 전 조선 각지에서 100여명의 남녀교원이 참가해 대성황을 이루었다.[102]

이 내용을 통해 체육강습회는 매년 개최할 때마다 참가자가 전국 각지로 확대되며 참가인원 또한 늘어나고 있어 조선체육연구회의 활동이 전국적으로 활발히 보급되고 있음을 알 수 있다. 이러한 사실은 본회가 설립된 이후 조선민중을 위해 민중보건운동의 대중적 선전보급과 지도에 얼마나 많은 노력을 기울이고 있었는지를 엿볼 수 있는 부분이라고 하겠다.

한편 앞에서도 언급한 것처럼 조선체육연구회에서는 1932년 5월

· · · · · · · · · · ·

100 『동아일보』 1932년 7월 24일.
101 『동아일보』 1933년 7월 22일.
102 『동아일보』 1933년 7월 24일.

14일 개최된 이사회 결의대로 하기 체육강습회를 원산에서 조선수상
경기협회와 공동 주최하기로 했다.[103] 이에 따라 조선체육연구회는 7
월 27일부터 8월 3일가지 8일간 원산송도원에서 하기 체육강습회를
개최하려고 했으나,[104] 원산경찰서에서 여러 사정으로 집회를 허락할
수 없다고 해 어쩔 수 없이 연기해 8월 3일부터 9일까지 1주일간 열
기로 하고 오전에는 송도원, 오후에는 명사십리에서 했다.[105] 여기서
원산 하기체육강습회의 자세한 내용을 보면 다음과 같다.[106]

《제1회 원산 하기 체육강습회 내용》
- 강습내용
  덴마크체조의 이론과 실제
  수영법의 이론과 실제
  체육에 관한 일체 상담(시간은 매일 오전 7시부터)
- 강사
  김보영(보성고보), 조영하(정신여고), 김명덕(YMCA)
- 회비: 1엔
- 회원자격
  학교직원, 학생, 일반남녀
- 신청방법 및 주의
  원서에 회비를 첨부해 8월 2일까지 경성 종로 YMCA내 조선체
  육연구회, 동아일보사 운동부, 원산부 상리 2동 대원구락부
  복장은 경쾌한 검정색 수영복이나 흰색 유니폼을 착용할 것
  숙식은 각자 임의로 함. 단 자취하는 자에게는 본회에서 편의
  를 제공함

103 『동아일보』 1932년 5월 15일.
104 『동아일보』 1932년 7월 6일.
105 『동아일보』 1932년 7월 30일.
106 『동아일보』 1932년 8월 2일.

교재에 관한 인쇄물은 무료로 배부함

　이 원산 하기체육강습회는 우천으로 8월 4일 원산시 산제동 천도
교당에서 거행했으며 참가자는 원산을 비롯해 경성, 기타 지방, 간도
에서 40명이었다.[107] 그런데 원산경찰서의 사정과 우천으로 강습시간
이 연기됨에 따라 조선수상경기협회의 수영강습기간과 겹치는 관계
로 결국 수영은 못하게 되었다.[108] 이와 같이 조선체육연구회에서는
참가자들에게 현장에서 직접 이론과 실기를 지도하기 위해 조선 3대
유원지 중의 하나로 불리는 원산송도원에서 개최했다.

　그러나 이 원산 하기 체육강습회는 현지사정과 우천에 의해 예정
대로 행사가 진행되지 못했는데 그 이유는 원산송도원은 일본인에
의해 만들어진 유원지이지만 요새 지역이었기 때문에 측량, 촬영, 녹
취, 비행, 스케치 등은 사령관의 허가를 받아야만 해,[109] 이용자에게 시
설이용은 매우 까다로웠기 때문이다. 이러한 번거로움으로 조선체육연
구회의 원산에서 개최하는 하기 체육강습회는 더 이상 열리지 않았다.

(3) 민중보건체육법 고안

　조선체육연구회는 1931년 12월 18일 종로 YMCA에서 이사회를 열
고 민중보건체육법 고안에 대해 표준사항을 결정하고 의학방면의 지
도가 깊은 권위자 7명에게 의뢰했다.[110] 여기서 표준사항과 의학계 권
위자 7명을 보면 다음과 같다.

- - - - - - - - - - -
107 『동아일보』 1932년 8월 7일.
108 『동아일보』 1932년 8월 3일.
109 원산해수욕주식회사, 『송도원유원지 안내』, 1929.
110 『동아일보』 1931년 12월 20일.

《민중보건체육법 표준사항》

1. 표준사항에 따라 회원 각자가 바라는 대로 고안해 1932년 1월의 월례회에 제출 설명하기로 함
2. 표준사항
   - 근육이든 내장이든 원만하게 균형 잡힌 발달을 시키고 위험성이 없는 운동
   - 운동은 일일이 의미를 가지고 숙련할수록 우리의 실생활에 긴요하게 씀
   - 일정한 시간이나 남는 시간에 할 수 있는 각자 편리하고 자유롭게 행할 운동
   - 협소(실내외 불문)한 장소나 넓은 장소에서 할 수 있고 간단한 복장(평소의 복장이라도 무방)으로 할 수 있는 운동
   - 남녀노소를 불문하고 개인으로 보건, 단체로 협동적 훈련이 될 운동
   - 자발적이고 흥미를 가질 운동
   - 단시간에 운동량이 많고 피로회복이 빠른 운동
   - 기구, 기계를 필요로 하지 않는 운동
3. 생리, 위생, 해부에 관한 것은 의사에게 일임함

《의학계 권위자》
- 외과: 박창훈 박사(박창훈의원)
- 내과: 임명재 박사(안동병원), 장예세 박사(낙원병원)
- 위생: 이석신 박사(세브란스의전 교수)
- 생리: 이종륜 학사(경성제대 연구부)
- 해부: 정일천 학사(경성제대 연구부)
- 통계: 정석태 박사(지성병원)

이 내용을 보면 조선체육연구회는 당시 조선사회에서 민중의 보건 문제가 중대한 사안임을 파악하고 민중보건체육법을 고안하기 위해

8개의 표준사항을 정하고 의사와 대학교수로 구성된 의학계 전문가에게 부탁했던 것이다. 특히 표준사항은 남녀노소를 불문하고 언제, 어디서나 용구의 필요 없이 자발적으로 할 수 있는 내용으로 구성되어 있다는 점이 오늘날에도 충분히 통용될 수 있는 운동이라고 할 수 있겠다.

이후 조선체육연구회는 수차례의 심의를 거듭한 끝에 1932년 2월 22일 월례회에서 닐스 북 체조를 기본으로 조선의 일반민중에게 적합하고 율동에 치중하도록 일부 수정을 통해 최종결정을 하기로 하고 기초위원에 김보영, 장권 외 5명을 선정했다.[111] 그리고 그해 2월 28일 배상봉의 자택에서 전형위원회를 열고 덴마크체조를 기본으로 15가지를 결정하고 그에 맞는 독특한 율동을 만들기 위해 숙명여고의 김영환에게 작곡을 의뢰했다.[112]

그런데 3월 11일에 열린 민중보건체육법 심의회는 기초 소위원회에서 제출한 15가지를 실제로 연출하며 토의한 결과 13가지로 결정하고 작곡과 호령, 도해를 김보영에게 일임하고 완비된 체육법을 발표할 구체적인 방법을 결정한 다음 조선 13도에 13가지의 체육법을 보급하게 되었다.[113]

이리하여 조선체육연구회에서는 민중보건체육법 고안을 위해 심사에 심사를 거듭한 끝에 전부 13개 항목에 이르는 민중보건체육법 발표회를 창립 1주년이 되는 날을 겸해 6월 19일 대대적으로 거행하기로 했다. 발표회 방법은 각 체육단체와 각 학교에 미리 연습을 시켜 마스게임을 하기로 했다.[114] 여기서 민중보건체육법의 내용을 보면

＊＊＊＊＊＊＊＊＊＊

111 『동아일보』 1932년 2월 24일.
112 『동아일보』 1932년 3월 1일.
113 『동아일보』 1932년 3월 13일.
114 『동아일보』 1932년 5월 6일.

다음과 같다.

《민중보건체육법 내용》
1. 준비운동
2. 휴식운동
3. 다리 운동
4. 목 운동
5. 팔 운동
6. 가슴호흡
7. 발꿈치 들기 운동
8. 팔 앞으로 돌리기 운동
9. 몸 앞으로 굽히고 펴기 운동
10. 복식호흡
11. 몸 옆으로 돌리고 굽히기 운동
12. 몸 앞으로 굽히기 운동
13. 팔 돌리기 운동[115]

이와 같이 조선체육연구회의 민중보건체육법은 신중한 심의 끝에 닐스 북의 덴마크체조를 기본으로 조선민중에게 적합한 13가지 동작을 만들었다. 그 내용을 보면 준비운동을 비롯해 호흡법, 전신운동으로 구성되어 있어 조선민중의 보건을 위해 많은 궁리를 했다는 것을 알 수 있다.

그리고 이러한 민중보건체육을 보급시키기 위한 방법으로 김보영은 실행기관의 조직, 언론기관의 원조, 종교단체의 원조, 교육기관의 후원, 스포츠단체와 공동보조, 학생들의 총동원, 의학자의 원조, 간이체육학교의 설치, 독지가의 원조 등의 필요성을 강조했다.[116]

115 김보영, 『정말체조법』, 삼천리사, 1932, 47-48쪽.

(4) 체육전문서의 간행

조선체육연구회에서 발행한 체육전문서는 1932년 6월 김보영(일본 체육회 체조학교 재학 중 우등생, 1929년 3월 졸업)[117]에 의해 발행된 『정말체조법』(덴마크체조법)이었다. 이 책의 발행 동기는 다음의 머리말을 통해 알 수 있다.

건강한 사람! 튼튼한 사람! 원기 있고 쾌할, 용장한 사람! 이것이 현대조선이 구하는바 입니다. ...중략... 그러면 이 문제를 해결할 『열쇠』는 무엇입니까? 나는 단언합니다. 『민중체육 보편화』에 있다고! ...중략... 우리에게 가장 적합하고 이상적인 것을 선택해 선전보급 시킴이 무엇보다도 필요합니다. 그러면 이상적 체조법이란 무엇입니까? 나는 정말체조법이야말로 그것이라 합니다. 정말체조법은 내가 지금으로부터 3년 전 즉 1930년 봄부터 전심연구해 오던바 그중에서 가장 우리에게 적합한 종목을 선택하고 또 그 위에 저자의 창안을 더해 나의 생각에는 이상적으로 배합했다고 자신하는 것입니다. ...중략... 이것을 하루바삐 우리 민중에게 보편화시킬 목적으로 ...중략... 불완전하나마 이에 본서를 간행하는 바입니다.[118]

김보영은 조선에 필요한 것은 민중체육의 보편화에 있는데 이를 위해 가장 이상적인 체육법은 덴마크체조법으로서 그동안 연구하고 창안한 내용을 우리 민중에게 보편화시킬 목적으로 발행했던 것이다.

이 책은 [그림 15]와 같은데 표지를 보면 1931년 9월 5일 덴마크체조의 창안자 닐스 북 일행이 조선에 와서 경성운동장으로 입장하는

116 김보영, 「보건체육의 민중화」『신동아』4-3, 신동아사, 1934, 23-26쪽.
117 『동아일보』1929년 1월 20일 ; 日本体育大学同窓會, 『日本体育大学同窓 會員名簿』, 1991, 31-33쪽.
118 김보영, 「자서」『정말체조법』, 삼천리사, 1932, 27-28쪽.

그림 15. 정말체조법(손환 소장)

모습이 그려져 있다. 이 책의 크기는 4·6판이며 전부 85쪽으로 되어
있고 가격은 30전이었다. 구성은 전체 11장으로 되어 있으며 내용은
제1장에는 건강의 중요성에 대해, 제2장에는 정말체조는 우리에게 적
합하고 이상적인 체육법이라는 사실에 대해, 제3장에는 닐스 북 체조
가 아닌 정말체조라고 하는 이유에 대해, 제4장에는 닐스 북 일행의
실연내용에 대해, 제5장에는 조선의 현실에 맞는 민중보건체육 보편
화의 필요성에 대해, 제6장에는 정말체조의 탄생과 정말국의 발전상
에 대해, 제7장에는 정말체조에 대한 세계 각국의 관심, 제8장에는
정말체조의 조선도입과 보급과정, 제9장에는 정말체조의 12가지 특
징에 대해, 제10장에는 그림을 이용한 정말체조의 실습방법에 대해,
제11장에는 전체내용의 결론에 대해 각각 설명하고 있다.

정말체조법의 발행은 당시 각계에 많은 관심을 불러 일으켰는데
그 이유는 체육학을 전문적으로 연구한 자에 의해 저술된 이러한 종
류의 전문서는 매우 드문 일로서 조선체육계에서도 획기적인 일이었
기 때문이다. 이에 대해 이광수(동아일보사 편집국장), 이혼성(보성고
등보통학교장), 박창훈(의학박사)은 각각 다음과 같이 언급했다.

씨는 일찍부터 조선민족의 체질개선의 필요를 느껴 애써 연구한
결과 정말체조가 가장 유효한 것을 발견하고 그중에서 기계와 기
구를 필요로 하지 않고 또 조선인의 체질에 적합하다고 생각하는
것과 저자의 창안을 더해 ...중략... 더구나 70장에 가까운 사진을
넣은 것은 실로 공전한 일이어서 독자는 이 책 한권을 능히 독학
할 수 있을 것이다.[119]

최근 우리조선에 선전되고 있는 『정말체조법』이 우리에게 퍽 적
당하다고 한다. 가장 아끼는 벗 김보영씨가 저술한 이 책이 가장
조리 있고 보급성 있게 편찬된 것이다. 더욱이 단순히 정말국의
체육을 그대로 본뜬 것이 아니라 우리의 체질과 우리의 습성에
적합하게 종목을 배합한 것임으로 그 성장발달이 우리 조선민중
의 것이 될 것으로 믿는다.[120]

조선체육계의 중진이요 체육연구회의 으뜸가는 공로자인 김보영
군의 타고난 착안성과 평소의 탐구심과 끊임없는 실행력을 병행
해 전념 연구한 후 우리민중에게 적절함을 발견하고 동포애의 의
욕이 왕성해 견디지 못하고 즉시 세상에 널리 전하게 되었으니
그 전수방법은 첫째는 실제로 가르치는 것이고 둘째는 책을 출판
하는 것이다.[121]

　이들 내용을 보면 정말체조법은 조선민중의 체질개선에 대한 필요
성을 느껴 조선인의 체질과 습성에 적합하도록 연구를 거듭한 끝에
나온 저작물로서, 특히 70장의 사진으로 도해설명을 하고 있어 조선
민중의 지침서가 되었다는 점에 그 의미가 있다고 할 수 있겠다. 그

- - - - - - - - - -
119　이광수, 「서에 대하여」『정말체조법』, 삼천리사, 1932, 17-18쪽.
120　이훈성, 「서」『정말체조법』, 삼천리사, 1932, 22쪽.
121　박창후, 「서」『정말체조법』, 삼천리사, 1932, 23쪽.

리고 조선체육연구회의 민중보건체조법을 파악할 수 있는 매우 가치 있는 사료이기도 하다.

이상과 같이 조선체육연구회는 기존의 스포츠단체가 경기중심적인 것과는 달리 스포츠를 체계적이고 과학적으로 연구, 지도하는 단체였다. 또한 닐스 북의 덴마크체조에 대한 연구를 통해 우리국민에게 적합한 민중보건운동을 고안하고 전국적으로 활동을 전개해 스포츠의 대중화 보급에 많은 역할을 했다는 점에 그 의미가 있다고 할 수 있겠다.

3-4. 식민지 스포츠의 통제기관, 조선체육진흥회

일제는 1937년 중일전쟁 이후 민족말살정책을 시행하면서 전시 하 체력관리라는 명목으로 전쟁수행을 위한 체력만을 중시했다. 이러한 가운데 조선총독부는 1938년 조선체육회를 일본인에 의해 설립된 조선체육협회에 통합시키고, 또한 1942년에는 조선체육진흥회를 설립해 조선체육협회를 비롯한 모든 스포츠단체를 조선체육진흥회에 통합시켰다. 이렇게 해서 조선체육진흥회는 일제말기 조선의 모든 스포츠 활동을 주도하고 총괄하게 되었다. 여기에서는 식민지 스포츠의 통제기관 조선체육진흥회의 설립과 활동에 대해 알아보기로 한다.

1) 조선체육진흥회의 설립

전시체제하 총력으로 국민단련의 중요성을 고려해 조선총독부에서는 후생국의 신설을 계기로 전 조선의 체육운동단체를 통제하고 건전한 보급, 발달을 도모하기 위해서 조선체육진흥회를 설립했다. 그리고 하부조직으로 도, 부, 군, 읍, 면에 각 체육진흥회를 조직하고 기구를 정비하는 등 전시 하 국민체육에 만전을 기했다.[122] 여기서 조선체육진흥회의 설립취지를 보면 다음과 같다.

> 종래 조선체육협회를 중심으로 각도 체육협회 및 각종 체육운동
> 단체를 통제해 이것이 조직 내용의 충실 및 사업의 진흥을 지도,
> 조장했는데 이들 체육단체는 동호자의 임의적 단체로서 그 지도
> 이념, 조직운영 등에 있어 고도의 국방국가를 건설하고 국방력의
> 증강에 힘써야 하는 체육운동의 본의에 철저하지 못한 감이 있
> 다. 따라서 체육운동을 국가의 요청에 즉시 응해 정말로 도움이
> 되는 황국신민을 연성해 국가가 발전하고 이것을 관리해 더욱더
> 강력한 지도통제를 갖추어 조선에서 운동단체를 일원적으로 지
> 도통제하고 행정조직과 표리일체의 관계에서 그 활동의 보편적
> 강화를 기도하기 위해 체육단체를 결성하기에 이르렀다.[123]

또한 조선체육진흥회의 설립에 대해서는 1942년 1월 8일 조선체육진흥회의 설립진행을 둘러싼 간담회를 통해서도 엿볼 수 있는데 그 내용을 정리하면 다음과 같다.

> 국력의 강약은 강인한 국민을 많이 보유하는 것인데 오늘날 중대
> 시국 하에서 고도국방국가의 건설, 대동아공영권 등의 사명을 수
> 행, 달성하기 위해서는 국민체력의 문제가 가중해질 것이다. 국
> 민의 체력을 경시하고 국가적 대사업의 수행을 기대한다는 것은
> 절대 불가능한 일이다. 특히 청소년 학도의 체력문제는 중대하다

· · · · · · · · · · ·
122 『경성일보』 1942년 2월 6일.
123 조선총독부, 『조선사정』, 1943, 208쪽.

고 할 수 있다. 그런데 반도 체육행정의 실제에 대해 살펴보면 현재 반드시 청소년 체력문제의 중요성은 그다지 앙양되고 있지 않은 것 같다. 이번에 조선체육협회를 조직개편하게 된 것은 시국에 즉시 응하는 방침에서 당연한 조치이다. 조선체육진흥회는 본부와 국민체력연맹의 외곽단체로서 반도체육의 진흥, 통제, 지도에 대해 국가가 요구하는 전력을 위한 전체적 체육, 즉 단적으로 말하면 강력한 국가적 체육지도기관으로서 그 진흥에 착수하게 된 것이다.[124]

이 내용을 보면 조선체육진흥회는 고도 국방국가의 건설, 대동아공영권의 사명을 달성하기 위해 국민의 체력 향상, 즉 청소년의 체력을 향상시킬 수 있도록 기존의 조선체육협회를 조직 개편해 국가가 요구하는 전력수행을 위한 국가적 체육지도기관으로서 설립되었던 것이다. 그리고 조선체육진흥회의 설립으로 조선체육계는 전면적인 통제 하에 두어져 조선 전국에 걸친 체육운동경기대회 및 체육훈련행사의 개최는 조선체육진흥회의 사업계획에 따르는 것을 원칙으로 하고 조선체육진흥회 소속 외 단체의 체육행사는 일체 인정하지 않았다.

조선체육진흥회는 설립되기 전 1942년 2월 7일 경성부민관에서 조선총독부의 이시다(石田) 후생국장, 오카(岡) 보건과장을 비롯해 전 조선의 체육관계자 20여명이 참석해 조선체육진흥회 결성준비위원회를 개최했다.[125] 결성준비위원회는 우선 이시다 국장으로부터 설립 마무리 단계에 있는 체육진흥회가 대동아전쟁 하 반도에서 체력단련의 원안과 그 사명을 설명하고 결성의 협력을 구하는 인사를 하고 이어서 오카 보건과장으로부터 체육진흥회의 일반국민 체육지도요강 및

· · · · · · · · · · · ·
124 『경성일보』 1942년 1월 11일.
125 『경성일보』 1942년 2월 8일.

운용방침에 관한 설명이 있었다.[126] 여기서 조선체육진흥회의 방침 및 요강의 내용을 보면 다음과 같다.

방침
반도에서 일반국민 체육의 진흥을 도모하고 황국신민의 심신을 단련하며 헌신 봉공의 실천력을 배양해 전력증강을 기한다.

요강
• 자유주의, 개인주의, 올림픽지상주의 등의 경향이 있어 구 체육 관념을 일소하고 진행되고 있는 과정의 신 체육방침에 투철 한다.
• 우리들의 신체는 유사생명의 날에 대비해 단련을 게을리 하지 않는다.
• 일부에 한하지 않고 널리 체육을 실시해 체력 향상에 노력한다.
• 추위와 더위 등의 구별 없이 계속해서 실시한다.
• 하루에 근육사용의 운동을 적어도 1시간 한다.
• 남녀를 불문하고 국가가 요구하는 일정한 표준 체력의 획득 및 유지에 노력한다.
• 남자에 필요한 체력으로서 지구력, 현수력, 도약력 등에 노력한다.
• 여자의 체력은 건전한 모체의 육성을 목적으로 하며 남자와 같이 일시적으로 많은 체력을 필요로 하는 것을 피하고 지구성, 강인성의 함양에 노력한다.
• 건전한 모체육성을 위해 여자체육에 힘을 기울인다.
• 체육운동경기의 체력증진, 덕성함양의 효과와 함께 건전한 후생운동으로서 위안오락이 된다. 이에 국민에게 명랑성을 부여하는 것도 이들 효과에 기대하는 모습이 한눈에 나타나기 때문에 남녀성별, 연령, 경비, 시간, 장소를 고려해 적당하게 선택, 실시할 수 있도록 한다.

. . . .

126 『성성일보』 1942년 2일 0일.

- 국민체육운동의 효과는 지도의 여하에 따라 종래 자유방임의 경향을 시정한다.
- 항상 궁리를 해 우수한 체육설비의 정비, 충실에 노력하고 근로봉사에 의한 체육설비의 시설을 도모한다.
- 일반국민대중에 대한 체육운동술 및 정신에 도달할 수 있는 체력표준의 시범으로서 우수자를 연마해 우수한 체육운동지도자의 획득에 노력한다. 국민체육의 건전한 발달을 도모한다.
- 체육운동에 의한 단련에는 반드시 위생적 고려를 필수조건으로 한다.
- 체육 비용은 국방비가 되는 관념에 입각해 필요한 경비를 충당한다.[127]

또한 결성준비위원회에서는 반도체육의 진흥발달을 촉진하는데 필요한 시설, 체육운동회, 지도자의 단련회, 강습회의 개최, 체육공로자, 우수자의 표창, 각종 조사연구회의 주재 등 조선체육진흥회의 개요에 관한 설명도 했다.[128]

이와 같이 조선체육진흥회는 심신을 단련해 헌신봉공의 실천력을 양성해 전력증강을 도모한다는 방침을 세우고 전력증강을 달성할 수 있도록 구체적인 실천내용을 제시했다. 이러한 사실은 전시 하 국가의 요구에 응하는 국민의 체력조성에 그 목표가 있었다고 할 수 있다.

이렇게 해서 조선체육진흥회는 1942년 2월 14일 전시체제하 조선에서 체육운동을 지도하고 체육의 건전한 보급을 통해 황국신민으로서 심신의 단련과 전력증강을 양성하는 취지로 설립하게 되었다.

127 『경성일보』 1942년 2월 9일.
128 『경성일보』 1942년 2월 6일.

2) 조선체육진흥회의 성격

조선체육진흥회의 설립 목적은 규약(제1장 제3조)에 따르면 "본회
는 조선총독부의 방침에 따라 체육운동을 지도, 통제하고 국민체육의
건전한 보급, 발달을 도모하며 황국신민으로서 심신을 단련해 전력증
강에 도움이 되는 것을 목적으로 한다."고 규정되어 있다.[129]

그리고 이러한 목적을 달성하기 위해 체육지도자 계획의 수립 및
국민체육운동의 통제강화, 체육의 진흥발달을 촉진하는데 필요한 시
설, 각종 체육운동대회와 체육지도자의 수련회·강습회·강연회 개최,
체육운동 관계자의 파견초빙, 체육에 관한 조사연구, 체육공로자 및
우수자의 표창, 기타 본회의 목적달성에 필요한 사업을 했다.[130] 이와
같이 조선체육진흥회는 조선총독부의 방침에 따라 각종 체육활동을
통제해 전력증강에 도움이 되는 황국신민을 양성하기 위해 설립되었
던 것이다.

조선체육진흥회의 조직은 규약(전문 제6장 제28조) 및 부칙(제7장
제21조)(부록5 참고)에 따르면 임원은 총재, 회장(1명), 고문, 명예회
장(약간 명), 이사장(1명), 이사, 평의원, 참여, 부장, 단장, 간사, 위원
등을 약간 명으로 구성했다.[131] 임원의 선정은 총재(정무총감), 회장
(학무국장), 명예회장(경무국장), 고문(군 수뇌부, 대학총장, 국민총력
조선연맹 사무국 총장), 이사장(후생국 체육운동사무소관과장)은 추
대했으며, 이사(학무국 체육운동사무소관과 체육지도관), 평의원(조선
군사령부 병무부장, 해군무관, 각 도지사, 대학예과부장, 각 전문학교
장, 국민총력연맹 사무국 총무부장, 기계화국방협회 조선본부차장,

· · · · · · · · · · ·
129 조선총독부 학무과, 『조선교육법규』, 조선행정학회, 1945, 137쪽.
130 조선총독부 학무과, 위의 책, 137-138쪽.
131 조선총독부 학무과, 위의 책, 130쪽.

표11. 조선체육진흥회 조직도

고 문
군수거자
대하총장
총력연맹사무총장

총 재
정무총감

회 장
후생국장

명예회장
하무국장
경무국장

이 사 장
보건과장

참 여
군과게자
민간과게자
각 관정관게자
신문관게자

평의원(자문기관)
군병무부장
해군무관부
각 도지사
대하예과부장
자천문화교장
기개하국민협회
조선보사장
신문사사장
체육단체 관게자

이사(집행기관)
본부체육지휘관(상무)
위생과장
사회과장
근로과장
하부과장
사회교육과장
경무과장

국방훈련부 (부장, 단장, 간사, 위원)	경기훈련부 (부장, 단장, 간사, 위원)		일반체육부 (부장, 간사, 위원)	종무부 (부장, 주사, 서기)
국방경기단	육상경기단	방상경기단	1. 체조의 보급 장려에 관한 사항	1. 서무회계에 관한 사항
자전거단	조정단	제조경기단	2. 수영 보행의 보급 장려에 관한 사항	2. 인사에 관한 사항
총검도단	설상경기단	축구단	3. 체력장경성의 지도연구 조사에 관한 사항	3. 각부연대에 관한 사항
사격단	스모단	농구단	4. 집단근로 작업의 실시에 관한 사항	4. 체육의 지도통제 및 사업의 기획 및
통신단	아식축구단	정구단	5. 후생유희의 지도에 관한 사항	그 실행에 관한 사항
등행단	배구단	야구단	6. 체육지도자 수련회의 기획에 관한 사항	5. 체력의 조사연구 및 통계에 관한 사항
자동차단	연식정구단	송구단	7. 하계 및 동계의 국민심신단련운동에 관한 사항	6. 각종 체육시설의 관리에 관한 사항
기도단	연식야구단	권투단	8. 부정을 씻기 위한 정결에 관한 사항	7. 운동 의(醫)에 관한 사항
해양경기단	타구단		9. 기타 일반국민의 일상생활에서 체육보급에	8. 체육의 보급 선전에 관한 사항
	역도단		관한 사항	9. 기타 각부의 소관에 속하지 않는 사항
	수상경기단			

출처: 경서일보 1942년 1월 1일

주요 신문통신사 대표자 외 체육운동 공로자), 참여(군 관계자, 여러 단체대표 및 체육운동에 특별한 식견을 가지고 있는 자), 부장, 단장, 간사, 위원(체육운동에 특별한 지식, 경험을 가지고 있는 자)은 회장이 위촉했다.[132]

조선체육진흥회의 임원은 조선총독부의 관리, 군 및 학교관계자, 국민총력연맹 간부, 신문사 대표자 및 체육운동 관계자를 망라해서 구성했다. 여기서 조선체육진흥회의 조직도(표11)와 임원의 직무를 보면 다음과 같다.

《조선체육진흥회의 임원직무》
- 총재: 본회를 총괄한다.
- 회장: 회의 업무를 총괄하고 본회를 대표한다.
- 고문: 본회의 중요한 업무에 관해 회장의 자문에 응한다.
- 이사장: 회장의 명을 받아 본회의 사무를 담당한다.
- 이사: 회장이 부의한 중요한 사항을 심의한다.
- 평의원: 회장의 자문사항을 심의한다.
- 참여: 본회의 중요한 회의 업무에 참여한다.
- 부장: 회장의 명을 받아 부의 업무를 담당한다.
- 단장: 상사의 명을 받아 회의 업무를 담당한다.
- 간사: 상사의 명을 받아 회의 업무에 종사한다.
- 위원: 담당 전문사항에 관한 조사 및 지도, 훈련을 담당한다.[133]

임원의 임기는 관직에 있는 자를 제외하고 3년으로 했으며 각 임원은 회가 존속한 1942년 2월부터 1945년 8월까지 창립 시를 포함해 수차례 교체되었으며 창립시의 임원 구성을 보면 다음과 같다.

132 『경성일보』 1942년 1월 1일 ; 조선총독부 학무과, 위의 책, 139쪽, 148쪽.
133 『경성일보』 1942년 1월 1일 ; 조선총독부 학무과, 위의 책, 139쪽,

《조선체육진흥회 임원구성》
- 총재: 오노(大野 정무총감)
- 회장: 이시다(石田 후생국장)
- 총무부장: 오카(岡久雄 보건과장)
- 일반체육부장: 야마모토(山本橘憲 후생국촉탁)
- 경기훈련부장: 호리(堀正一 상업은행 대표)
  수상경기단장: 이마무라(今村豊 경성제대 교수)
  육상단장: 아베(阿部千一 산금진흥사장)
  빙상단장: 사나다(真田直治 권농회 사장)
  축구단장: 김사연(중추원 참의)
  연식정구단장: 야마구치(山口重松 척식은행 이사)
  경식정구단장: 아이하라(相原方吉 철도국 경성공장장)
  농구단장: 한사키(飯崎光蔵 경성사범학교 교관)
  배구단장: 다카하시(高橋濱吉 학무국 교학관)
  조정단장: 네가미(根上宰作 경성전기가스 부장)
  탁구단장: 마키야마(牧山正彦 심의실 사무관)
  연식야구단장: 이노우에(井上清 전력회 사장)
  권투단장: 고원훈(중추원 참의)
  체조단장: 이와무라(岩村俊雄 경기중 교장)
  역도단장: 서상천(중앙체육연구소 소장)
  야구단장: 이쿠라(飯倉文甫 남선합동전기 사장)
  스모단장: 시모이(下飯坂元 농림국 양정과장)
  설상단장: 다케우치(武内愼一 철도국여객과 사무관)
- 국방훈련부장: 미하시(三橋少將 기계화국방협회 조선본부장)
  국방경기단장: 가이타(海田大佐 지원병훈련소 교수)
  자전거단장: 추마(中馬越之助 군사보급회)
  등행단장: 시로야마(城山正三 어망회사 대표)
  기도단장: 아라키(荒木大佐 법전 배속장교)[134]

. . . .

134 『경성일보』 1942년 2월 6일.

이들 임원 중에서 조선체육진흥회의 실질적 업무를 담당한 총무부, 일반체육부, 경기훈련부, 국방훈련부의 직무를 보면 다음과 같다.

총무부
- 서무 회계에 관한 사항
- 인사에 관한 사항
- 각부의 연락에 관한 사항
- 체육의 지도통제 및 사업기획의 실행에 관한 사항
- 체력의 조사연구 및 통계에 관한 사항
- 각종 체육시설의 관리에 관한 사항
- 각종운동에 관한 사항
- 체육의 보급, 선전에 관한 사항
- 기타 각부의 소관에 속하지 않는 사항

일반체육부
- 체조의 보급, 장려에 관한 사항
- 수영, 보행의 보급, 장려에 관한 사항
- 체력장검정의 지도연구조사에 관한 사항
- 집단근로 작업의 실시에 관한 사항
- 후생경기의 지도에 관한 사항
- 체육지도자 수련회의 개최에 관한 사항
- 하계 및 동계의 국민 심신단련 운동에 관한 사항
- 부정을 씻기 위한 목욕재계에 관한 사항
- 기타 일반국민의 일상생활에서 체육보급에 관한 사항

경기훈련부: 각 경기의 훈련지도, 보급, 장려에 관한 사항
국방훈련부: 국방기능의 훈련, 지도, 보급, 장려에 관한 사항[135]

••••••••••

135 『경성일부』 1942년 1월 1일 ; 조선총독부 학무과, 앞의 책, 138쪽.

이 내용을 보면 총무부는 각부의 사업을 통제하고 각 부문의 연락을 취하는 것에 중점을 두었으며, 일반체육부는 각 경기의 보급, 장려에 힘을 기울이고 국민의 체력단련에 중점을 두었다. 또한 경기훈련부와 국방훈련부는 각종 경기와 국방훈련의 보급을 위해 힘썼다.

조선체육진흥회의 회의 기구는 이사회와 부장회의가 있었다. 이사회는 수지예산 및 결산에 관한 사항, 규약의 개정 및 제정, 회장이 부의한 사항(예 임원의 면직)을 의결했으며, 부장회의는 각부의 연락과 회장이 부의한 사항을 의결했으며 이들 회의는 회장이 소집했다.[136]

회원은 별도로 정하지 않고 본회의 유지, 발전을 도모하기 위해 원조하는 자를 중심으로 협찬회를 조직했다. 협찬회의 임원은(회장 1명, 부회장 3명, 위원 약간 명) 총재가 위임하고 임기는 3년으로 했다. 협찬회원은 통상회원, 협찬회원, 특별회원으로 구분하고 각 회원의 자격을 보면 통상회원은 매년 10엔 이상의 회비를 납부한 자, 협찬회원은 매년 100엔 이상 또는 일시금으로 2,000엔 이상의 회비를 납부한 자, 특별회원은 매년 1,000엔 이상 또는 일시금으로 1만엔 이상의 회비를 납부한 자로 했다.[137]

이와 같이 조선체육진흥회는 회원의 회비로 회를 유지한 것이 아니라 본회의 발전을 위해 원조하는 자를 중심으로 협찬회를 조직해서 회를 운영했던 것으로 보인다. 이들 협찬회의 임원은 총재가 위촉했기 때문에 임원 역시 총독부 관리나 대학 및 언론 관계자, 재력가 등으로 구성되었다고 생각되는데 이들은 기부금 형태로 거액의 회비를 납부했다.

· · · · · · · · · · · ·
136 조선총독부 학무과, 앞의 책, 140쪽.
137 조선총독부 학무과, 앞의 책, 147쪽.

3) 조선체육진흥회의 활동

조선체육진흥회의 활동은 규약(제2장 제5조)에 규정되어 있는 것처럼 본회의 목적을 달성하기 위해 체육지도자 계획의 수립, 국민체육운동의 통제강화, 체육의 진흥발달을 촉진하는데 필요한 시설, 각종 체육운동대회와 체육지도자의 수련회·강습회·강연회 개최, 체육운동 관계자의 파견초빙, 체육에 관한 조사연구, 체육공로자 및 우수자의 표창, 기타 본회의 목적 달성에 필요한 사업을 했다.[138] 여기에서는 조선체육진흥회의 대표적인 활동이라고 할 수 있는 조선신궁봉찬체육대회와 체력장검정에 대해 알아보기로 한다.

(1) 조선신궁봉찬체육대회

조선신궁봉찬체육대회는 조선신궁 진좌제의 봉축과 일본 동궁의 결혼기념으로 건설된 경성운동장의 개장을 겸해 조선체육협회의 주최로 1925년 10월 제1회 대회가 개최되었다. 그러나 조선총독부는 1942년 전시 하 국민총력의 중요성을 생각해 체육운동단체를 통제하고 국민체육에 만전을 기하기 위해 조선체육진흥회를 설립했다. 이렇게 해서 지금까지 조선체육협회 주최로 개최된 조선신궁봉찬체육대회는 1942년 제18회 대회부터 조선체육진흥회의 주관으로 바뀌게 되었다. 이 대회에 대해 오카(岡) 보건과장은 대동아전쟁과 반도체육이라는 제목으로 경성일보와 후생국의 대담에서 다음과 같이 언급했다.

내 생각으로는 신궁봉찬체육대회는 국가적 체육제이기 때문에 원래 이것은 국가에서 해야 하는 것이다. 그러나 여기에는 상당

---

138 조선총독부 학무과, 앞의 책, 137-138쪽.

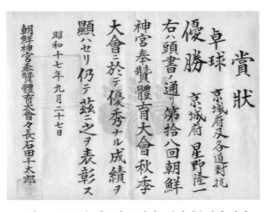

그림 16. 1942년 제18회 조선신궁봉찬체육대회 상장
(출처: 손환 소장)

한 경비를 필요로 하기 때문에 성대하게 하면 할수록 경비가 필
요함은 당연한데 총독부 또는 후생국에서 직접 개최하고 싶고 그
리고 더욱더 성대한 것으로 해서 가능한 한 많은 국민이 참여해
봉찬할 수 있도록 하고 싶고 동시에 지방에서도 매우 성대하게
해 국민의 사기를 진작시키고 싶다.[139]

이 내용을 통해 조선신궁봉찬체육대회는 국민의 사기진작을 위한
국가적인 행사로서 개최하려고 했는데 실제로 그 이면에는 전시 하
전쟁을 수행하기 위한 국민단련에 그 주된 목적이 있었다.

이리하여 제18회 조선신궁봉찬체육대회는 1942년 9월 24일부터 조
선체육진흥회의 주최로 개최했다[그림16]. 지역예선(각도 봉찬체육대
회)을 통과한 선수들이 경성운동장을 중심으로 4일간 20개 종목에 걸
쳐 대회를 진행했다. 당시 이 대회의 모습을 보면 다음과 같다.

· · · · · · · · · · ·
139 『경성일보』 1942년 1월 1일.

청년반도의 의기와 열정을 단결하는 제18회 조선신궁봉찬체육대회는 24일 오전 9시부터 경성운동장에서 전국 각지에서 뽑힌 약 2만의 청년남녀선수를 모아 경연의 막을 올리게 되었다. 체위향상의 국가적 요청에 따라 예선이라고 할 수 있는 각도 봉찬체육대회에서 뽑혀 이날 운동장에 모인 각도 선수 약 2,500명, 거기에 경기도의 약 1만5,000명을 모아 단련경기의 꽃이 현란하게 전개되는데 대회가 체육진흥회의 손으로 일원화되어 과거의 "경기"에서 "체육"으로 180도 전환하고 나서 제1회 대회인 만큼 경기, 연기종목에도 집단적, 전시적 색채가 뚜렷이 눈에 띄는 남녀학생 1만1,000명의 눈을 사로잡는 집단체조, 1,000명의 총검도시합, 체신국장에 의한 2,500명의 직장체육 등 집단 공개연기와 특수경기가 젊은이의 국가적 자각 속에서 불꽃을 흩날릴 예정이어서 조선체육행사의 최고봉인 "신궁봉찬체육대회"는 반도국민의 실력을 여기에 유감없이 발휘할 것으로 기대된다.[140]

이와 같이 조선신궁봉찬체육대회는 국가적인 요청에 따라 조선체육진흥회로 일원화되어 기존의 경기에서 체육으로 전환하고 집단적, 전시적인 색채가 강한 집단체조, 총검술, 직장체육 등의 경연을 통해 전시체제하 청년의 단련을 위한 국가적인 체육행사로 탈바꿈하게 되었다.

그러나 이듬해인 1943년에 개최될 예정인 조선신궁봉찬체육대회는 조선총독부가 직접 개최하게 되었는데 그 배경을 보면 다음과 같다.

총독부에서는 내년에 예정된 반도의 징병제에 대비해 단련 부문의 가장 중핵을 이루는 건전한 체육의 진흥에 적극적으로 착수해 강력한 정책을 다하고 있는데 우선 이것의 실천으로서 조선신궁봉찬체육대회를 작년까지 주최해온 조선체육진흥회에서 접수 운

• • • • • • • • • • •
140 『경성일보』 1942년 9월 22일.

영하기로 하고 연성과에서 예산 2만7,000엔을 재무국에 청구 중
인바 총독부 신년도 예산을 통과해 신궁봉찬체육대회 관영의 실
현을 보게 되었다.[141]

이 내용을 보면 조선신궁봉찬체육대회는 전시체제의 막바지에 돌
입하자 이듬해에 시행할 징병제에 대비해 주최자가 조선체육협회→
조선체육진흥회→조선총독부로 이관되어 오로지 국민의 단련을 위해
전쟁에서 활약할 수 있는 병사양성의 훈련대회로 그 성격이 바뀌게
되었다. 이것은 일제말기 전시체제하의 상황이 얼마나 긴박했는지를
여실히 보여주는 것이라고 할 수 있겠다.

이렇게 해서 조선신궁봉찬체육대회는 민간단체인 조선체육협회의
손으로 운영해온지 17년, 총독부의 체육행정 표리부제로서 조선체육
진흥회가 탄생함과 동시에 제18회 대회는 체육진흥회에 접수되고, 제
19회째를 맞이해서는 총독부의 손으로 역사적인 전환을 보기에 이르
렀다.[142]

이후 조선신궁봉찬체육대회는 1944년 제20회 대회를 끝으로 막을
내렸는데 이 대회는 1942년에 시작되어 제3회를 맞이한 경성신사봉
납 국민연성경기도대회와 같이 개최되었다.[143] 이 조선신궁봉찬체육
대회에 대해 기존에는 1942년의 제18회 대회까지 개최했다고 되어있
으나,[144] 실제로 경성일보를 보면 1944년 제20회 대회까지 개최되었
다는 사실을 알 수 있다.

∙∙∙∙∙∙∙∙∙∙∙∙

141 『경성일보』 1943년 2월 5일.
142 『경성일보』 1943년 2월 5일.
143 『경성일보』 1944년 10월 17일.
144 민관식, 앞의 책, 212쪽.

(2) 체력장검정

체력장검정은 국가의 체력관리 취지하에 1942년 8월 남녀체력장검정요강이 제정되었다. 그 목적은 청년남녀에게 자기 체력의 현재 상태와 국민체육의 근본이 되는 취지에 관한 인식을 높이고 그와 동시에 체육운동에 대한 관심과 흥미를 환기시켜 스스로 이것을 일상생활화해 장래 체력증강을 도모하고 국력의 밑바탕을 배양하는데 있었다.[145] 또한 체력장검정 초급이상(18세 이상에서 25세 이하) 및 급 외갑 이상(15세 이상에서 17세 이하)의 합격자에게 조선신궁봉찬체육대회의 참가자격을 부여했다.[146] 여기서 당시 발행된 체력장검정증을 보면 [그림17]과 같다.

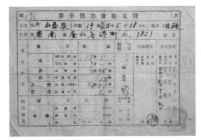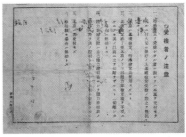

그림 17. 체력장검정증(출처: 손환 소장)

체력장검정의 자격은 남자는 15세부터 25세까지(26세 이상의 경우 희망자)이며, 여자는 15세부터 21세까지(22세 이상의 경우 희망자)였다. 검정은 총독부, 도(道) 또는 본부(本府) 직할학교장, 전문학교장 및 지정한 관공서장 등에 명하거나 위촉한 검정원에게 행하도록 했다. 검정의 종류는 기초검정과 특수검정으로 되어있는데 실시는 도에서는

145 高宮太平, 『昭和十九年度 朝鮮年鑑』, 京城日報社, 1943, 540쪽.
146 高宮太平, 위의 책, 540쪽.

부, 읍, 도 감독하의 중등학교 또는 지정된 관공서, 회사, 공장 등을 단위로 그 대표가 검정을 주최하는 것으로 했으며 본부의 직할학교, 전문학교는 각 학교를 단위로 그 대표가 주최하는 것으로 했다.

기초검정은 남자의 경우 달리기, 뛰기, 던지기, 운반, 턱걸이였고, 여자의 경우는 1,000m, 속행, 도약, 투척, 운반, 체조 5개 종목이었다. 장소는 경기장, 학교교정, 광장 등 적당한 곳에서 했다. 등급은 상, 중, 초의 3급으로 나누고 합격자에게 합격급에 따라 남녀체력장을 수여했다. 시기는 6월 1일부터 11월말까지 실시했는데 실제로는 특수검정보다 늦은 9월, 10월, 11월에 실시했다. 여기서 남녀체력장검정 종목의 기초검정을 보면 〈표12〉, 〈표13〉과 같다.

표12. 남자체력장검정 종목(기초검정)

종목 \ 등급	상급	중급	초급	등급 외 갑	을	병
100m 달리기	14초 이내	14초1-15초	15초1-16초	16초1-17초	17초1-18초	18초 이상
2000m 달리기	7분30초 이내	7분31초-8분	8분1초-9분	9분1초-10분	10분1초-11분	11분 이상
넓이 뛰기	4m80 이상	4m79-4m50	4m49-4m	3m99-3m80	3m79-3m50	3m49 이하
수류탄던지기	45m 이상	44m99-40m	39m99-35m	34m99-30m	29m99-25m	24m99 이하
운반100m (50m왕복)	40kg 23초 이내	40kg 23초1-26초	40kg 26초1-29초	30kg 30초 이내	30kg 30초1-35초	30kg 35초1 이상
턱걸이	12회 이상	11회-9회	8회-5회	4회	3회	2회 이하

출처: 高宮太平, 『昭和十九年度 朝鮮年鑑』, 京城日報社, 1943, 541쪽을 참고로 작성.

표13. 여자체력장검정 종목(기초검정)

종목 \ 등급	상급	중급	초급	등급 외
100m 속행	4분30초 이내	4분31초-5분	5분1초-5분30초	5분31초-6분
도약	1분20초 이상	50초-1분19초	30초-49초	20초-29초
단봉던지기	20m 이상	18m-19m99	15m-19m99	10m-14m99

운반(16kg)100m (50m)왕복	23초 이내	26초 이내	29초 이내	35초 이내
체조	대일본여자청년 체조	대일본국민체조	국민보건체조2	국민보건체조2
턱걸이	12회 이상	11회-9회	8회-5회	4회

출처: 高宮太平, 『昭和十九年度 朝鮮年鑑』, 京城日報社, 1943, 542쪽을 참고로 작성.

특수검정은 남자의 경우 수영, 행군으로 했으며, 여자의 경우는 수영, 행군 중 1개 종목 또는 2개 종목으로 하고 남녀모두 수시로 했다. 장소는 수영장, 강, 바다, 호수, 도로, 그 밖의 적당한 곳에서 했다. 등급은 구분이 없고 연내에 기초검정에 합격한 자로 특수검정에 합격한 자에게 특수남녀체력장을 수여했다. 시기는 기초검정에 앞서 6월, 7월, 8월에 실시했다. 기초검정과 특수검정에 합격하기 위해서는 각검정종목에 대해 정해진 검정표준에 도달해야 하는 것으로 했다. 여기서 남녀체력장검정 종목의 특수검정을 보면 〈표14〉, 〈표15〉와 같다.

표14. 남자체력장검정 종목(특수검정)

종목	내용
수영 -거리영 　(300m 완영)	고인 물에서 소정의 거리를 완영하는 것으로 한다. 영법은 불문 (영력의 기본종목으로 하는데 실시의 편의상 다음의 한가지로 대행 가능)
-시간영 　(10분간 수영)	흐름에 따르거나 역으로 또는 고인 물에 의해 소정의 시간을 수영하는 것으로 한다. 영법은 불문
-영속 　(100m 2분2초 이내)	고인 물에서 소정의 거리를 수영하는 속도를 측정하는 것으로 한다. 영법은 불문
행군 -24km 5시간이내	중량 8kg을 짊어지고 소정의 거리를 돌파하는 시간을 측정. 행군력의 기본검정종목으로 하는데 실시 상 다음의 한가지로 대행가능
-10km 1시간이내	복장은 가능한 가볍게 하고 소정의 거리를 돌파하는 시간을 측정

출처: 高宮太平, 『昭和十九年度 朝鮮年鑑』, 京城日報社, 1943, 541쪽을 참고로 작성.

표15. 여자체력장검정 종목(특수검정)

종목	내용
수영 -거리영 　(200m 완영)	고인 물에서 소정의 거리를 완영하는 것으로 한다. 영법은 불문(영력의 기본종목으로 하는데 실시의 편의상 다음의 한가지로 대행 가능)
-시간영 　(7분간 수영) -영속 　(50m 1분25초 이내)	흐름에 따르거나 역으로 또는 고인 물에 의해 소정의 시간을 수영하는 것으로 한다. 영법은 불문 고인 물에서 소정의 거리를 수영하는 속도를 측정하는 것으로 한다. 영법은 불문
행군 -24km 5시간이내	무게 4kg을 짊어지고 소정의 거리를 돌파하는 시간을 측정. 관문에서 5분내지 20분의 휴식을 실시할 경우 소요시간에서 제외
비고	수영 및 행군은 급으로 나누지 않고 합격, 불합격으로 함 복장은 자유인데 무게 4kg을 짊어지는 것으로 함

출처: 高宮太平, 『昭和十九年度 朝鮮年鑑』, 京城日報社, 1943, 542쪽을 참고로 작성.

이와 같이 체력장검정은 체력증강을 도모해 국력의 근간을 배양한 다는 목적을 가지고 15세에서 25세까지의 남녀를 대상으로 기초검정과 특수검정으로 나누어 전국적인 단위로 공간만 확보되면 어느 장소에서나 달리기, 뛰기, 던지기, 운반, 턱걸이, 수영, 행군 등의 내용을 실시했다. 그러나 실제로는 태평양전쟁의 전시체제하에서 전쟁을 수행할 수 있는 인적 자원을 확보하기 위해 행해졌다.

이상과 같이 조선체육진흥회는 일제말기 식민지 스포츠를 통제한 단체로서 각종 스포츠 활동을 통해 한국근대스포츠사에 많은 영향을 미쳤다. 특히 전시체제하에서 행해졌던 체력장검정은 광복이후 국민의 체력증진을 목적으로 1971년 부활되어 일반학생을 대상으로 실시되었는데, 이것은 일제식민지의 잔재로서 1994년 폐지되기까지 23년간 행해졌다.

4. 근대스포츠 시설의 건설

개화기 스포츠 활동은 주로 훈련원, 장충단, 절 등에서 행해졌으며 오늘날처럼 제대로 된 스포츠시설은 없었다. 일제강점기 스포츠시설은 1925년 10월 일본 동궁의 결혼을 기념하기 위해 건설된 경성운동장을 비롯해 1934년까지 경기도(47), 충청남도(14), 충청북도(8), 경상남도(41), 경상북도(4), 전라남도(27), 전라북도(14), 강원도(16), 황해도(29), 평안남도(39), 평안북도(12), 함경남도(31), 함경북도(6) 등 전국 13도에 걸쳐 288개에 이르는 각종 경기장이 만들어졌다(부록6 참고). 이들 스포츠시설의 전국적인 분포를 보면 [그림 18]과 같다.

전국적인 분포를 보면 경기도가 전체의 16.3%를 차지해 전국에서 가장 많은 스포츠시설이 있다는 것을 알 수 있다. 다음으로 경상남도가 13.9%, 평안남도가 13.5%, 함경남도가 11.1%를 차지했으며 황해도가 10.1%, 전라남도가 9.4%, 강원도가 5.6%, 전라북도와 충청남도가 각각 4.9%, 평안북도가 4.2%, 충청북도가 2.8%, 함경북도가 2.1%, 경상북도가 1.4%의 순서로 되어 있다. 이처럼 스포츠시설은 조선의 정치, 경제, 사회, 문화의 중심지 경성이 속해 있는 경기도, 평양이 속해 있는 평안남도, 일본과 강화도조약의 체결을 계기로 개항한 부산과 원산이 속해 있는 경상남도와 함경남도에 많이 분포되어 있음을 알 수 있다.

그리고 경기종목별 스포츠시설의 분포를 보면 [그림19]와 같은데 정구장이 전체의 34%를 차지해 전국에서 가장 많았다. 다음으로 궁도장이 18.1%, 종합경기장(야구, 육상, 축구)과 무도(검도와 유도)가

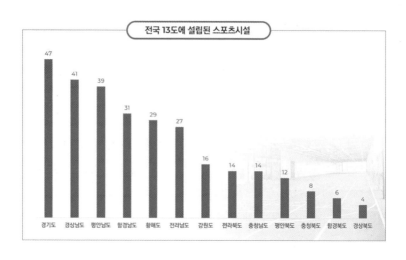

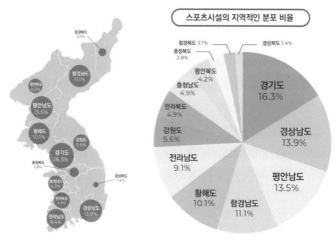

그림 18. 스포츠시설의 전국적인 분포

각각 14.6%를 차지했으며 야구장이 6.9%, 수영장과 씨름장이 각각
2.4%, 스키장이 1.7%, 스케이트장이 1.4%, 축구장과 농구장, 육상경
기장이 각각 1%, 승마장이 0.7%의 순서로 되어 있었다.

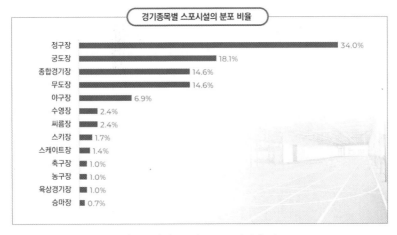

그림 19. 경기종목별 스포츠시설의 분포

　이러한 사실을 통해 일제강점기에는 정구가 가장 성행하고 있음을 알 수 있다. 주지의 사실과 같이 정구에는 연식정구와 경식정구가 있는데 이들 모두 일본인에 의해 소개된 스포츠로서 정구가 성행하게 된 배경에는 일제강점기라는 시대적인 상황에 따라 일제의 영향이 컸다고 할 수 있다.

　다음으로 궁도인데 궁도는 우리고유의 전통스포츠로서 옛날부터 상하계층에서 애호되어 왔다. 여기서 한 가지 특이한 것은 지리적인 조건을 들 수 있다. 스키와 스케이트는 주로 남쪽지방보다 추운 북쪽지방에서 성행했는데 스키장의 대부분은 함경남도, 스케이트장의 대부분은 평안남도에 설치되어 있었다는 사실이다. 여기에서는 이들 중 대표적인 스포츠시설로서 한국스포츠의 메카 경성운동장, 한국 수영의 요람 경성운동장 수영장, 지방스포츠의 활성화 무대 부산공설운동장, 대구공설운동장, 대구공설수영장, 식민지 여가시설의 무대 골프장 등에 대해 알아보기로 한다.

4-1. 한국스포츠의 메카, 경성운동장

한국의 국기라고 불릴 정도로 인기가 많은 야구와 축구 등의 스포츠를 좋아하는 사람치고 동대문운동장을 모르는 사람은 아마도 없을 것이다. 애교심과 애향심의 발로, 한걸음 나아가 애국심을 불타오르게 하였던 곳, 바로 동대문운동장이다.

동대문운동장은 1925년 10월 15일 개장한 한국에서 최초로 만들어진 종합경기장인 경성운동장의 후신으로서, 당시 동양에서는 최고라고 할 정도의 국제적인 규모의 경기장이었다. 경성운동장이 개장되자 조선체육회를 비롯한 각 스포츠단체, 각 학교, 언론사 등에서 주최하는 각종 경기대회가 활발하게 개최되어 한국스포츠계의 활성화를 가져오는 계기를 마련했다.

이후 경성운동장은 한국스포츠의 도약, 성장무대로서 많은 역할을 했는데 광복 후에는 서울운동장으로 그 명칭이 바뀌었으며 1986년 서울아시아경기대회와 1988년 서울올림픽대회의 유치가 결정되자 1984년 잠실에 서울종합운동장이 건설되고 나서는 동대문운동장으로 다시 명칭이 바뀌었다. 이처럼 경성운동장은 그동안 한국스포츠의 산실로서 우리와 희로애락을 함께한 유서 깊은 스포츠시설이라고 할 수 있다. 여기에서는 한국스포츠의 메카로서 역사적으로 중요한 의미를 가지고 있는 경성운동장에 대해 알아보기로 한다.

1) 경성운동장의 건설

경성운동장은 광희문의 동쪽 공원지(현재 을지로 6가) 2만2,700평의 총면적에 공사비 15만5,000엔을 들여서 만든 동양제일의 경기장

이었다.[1]

경성운동장을 건설하게 된 배경과 목적은 경성에서 운동장이라고 하면 그 크기에 있어 우선 훈련원이외에 이렇다 할 장소는 없고, 또한 아무런 설비도 없었다. 야구장은 경성중학교, 용산중학교, 만주철도국외에 협소한 학교운동장이 3, 4곳 있었다. 테니스코트는 여러 곳 있었으나 이것도 일반에게 개방하지 않아 경성에 완비된 일대 운동장이 필요하다는 여론이 4, 5년 전부터 높았다. 건설하려면 경성부에서 시설해야 하기 때문에 경성부와 조선체육협회는 이에 대해 신중히 연구했다. 1923년 봄 경성부에서는 훈련원광장의 동쪽 공원지의 일부에 대강 계획을 세우고 당시의 정무총감인 아리요시(有吉忠一)의 찬성과 지원을 약속 받기로 하고 경비는 관유지의 일부를 양도받기로 했다. 마침 일본 동궁의 결혼이 발표되어 전국 각지에서 기념사업이 한창이었는데 경성부에서도 무언가 기념사업을 계획하고 실시해야 할 입장이었다. 일본 동궁은 일찍이 체육방면에 열의와 장려가 있었기 때문에 경성부는 영원히 기념이 될 일대 운동장을 건설하기로 결정하고 1924년 1월 24일 임시협의회를 열어 만장일치로 가결했다.[2] 이처럼 경성운동장은 당시 운동장시설의 부족과 일본 동궁의 결혼기념 사업의 하나로 건설되었던 것이다.

그러나 경성운동장의 건설에는 우여곡절이 있어 계획대로 순조롭게 진행되지 못했다. 이에 대해 당시 설계를 맡았던 경성부의 토목기사 오모리(大森鶴吉)는 다음과 같이 언급하고 있다.

개인적으로는 작년 12월 결빙기에 들어가자마자 곤란을 겪고 있

1 朝鮮總督府總督官房文書課長, 「京城運動場の竣工式と神宮競技開會式」 『朝鮮』126, 朝鮮總督府, 1925, 145쪽.
2 『경성일보』 1925년 10월 10일.

는 조선산업무역회사의 소유지 2천평의 매수를 마무리하고 결빙 중에 땅고르기를 마치고 즉시 공사에 착수할 예정이었는데 무역회사와 토지매수 교섭이 잘 진행되지 않고 그대로이다. 가능한 한 예정대로 공사를 진행하고 싶다고 생각한다.[3]

이 내용을 보면 경성운동장은 건설 예정지의 토지매수 문제로 곤란한 상황을 맞이하게 되었는데 토지매수 문제는 매수액에 대한 경성부와 조선산업무역회사 간의 인식 차이에서 비롯되었다. 이를 구체적으로 살펴보면 조선산업무역회사는 소유지 2,000평을 평당 15엔으로 책정한 것에 대해 경성부는 평당 10엔으로 책정해 약 1만엔 정도의 차액이 생겼기 때문이다.[4] 이러한 상황에서 경성부는 조선산업무역회사에 대해 토지수용령으로 강제처분 할 수 밖에 없다는 태도를 보이면서,[5] 다음과 같이 언급했다.

조선산업무역회사의 의향은 현금으로 팔기보다 이에 대신할만한 토지를 원한다고 한다. 경성부 소유지는 총독부로부터 불하를 받은 광희문외 토지밖에 없다. 이를 총독부에 신청 중이고 구사마(草間) 재무국장은 도쿄에 가서 서면으로 교섭 중인데 인가를 받으면 예정대로 금년도에는 전부 공사를 완료할 예정이다. 그리고 총독부의 인가를 받지 못한다면 조선산업무역회사의 고가(古賀)사장도 성의를 피력하고 있기 때문에 어쨌든 매수에 응해줄 것이라 생각한다. 만일 어쩔 수 없다면 토지수용령을 적용하는데 이것은 부로서는 최후의 수단이다. 아무튼 금년도 중에 기념운동장은 완성할 속셈이다.[6]

....

3 『경성일보』 1925년 2월 13일.
4 『경성일보』 1925년 2월 13일.
5 『경성일보』 1925년 2월 13일.
6 『경성일보』 1925년 2월 15일.

이와 같이 경성운동장의 건설은 토지매수의 문제 해결로 잘 진행되는 것 같았으나 이번에는 재원확보의 문제가 생겼다. 총공사비 15만 5,000엔 중 14만5,000엔은 연병장의 토지처분으로 확보할 예정이었지만 땅을 빌린 사람과의 사이에 트러블이 생겨 착공이 어렵게 되었다.[7]

그러나 경성부의 나가오(長尾) 내무과장은 가령 연병장의 토지불하 문제가 해결되지 않더라도 별도의 재원확보를 고려해 기념운동장은 반드시 계획대로 금년 중에는 완성해 여름의 운동시즌에 사용할 수 있도록 할 것이라고 하며 예정대로 계획을 진행한다는 자세를 보였다.[8]

이렇게 여러 문제를 해결하면서 경성운동장의 기공식이 1925년 5월에 거행되어 본격적인 공사가 시작되었다. 경성운동장의 설계는 경성부의 토목기사인 오모리(大森鶴吉)가 맡았는데 설계에 이르기까지의 과정을 보면 다음과 같다.

> 나는 1924년 4, 5월에 걸쳐 도쿄부근(신궁경기장, 도츠카, 고마자와, 시바우라), 오사카부근(시립운동장, 네야가와 다카라츠카, 고시엔), 기노시타(木下東作) 박사를 고문으로 하고 히로시마고등사범학교 이케다(池田)교수의 지도로 이요(伊予) 도고(道後)운동장 등 일본의 저명한 운동장을 시찰하고, 또한 외국운동장에 대해서도 연구하고 체육협회 관계자의 의견도 듣고 경성에 돌아온 후 설계에 착수해 마침내 설계를 결정했던 것이다.[9]

그는 2개월에 걸쳐 일본국내의 여러 시설의 시찰에서 얻은 지견, 그리고 외국의 시설에 대한 연구, 전문가로부터 의견을 듣는 등 실천과 이론을 통해 경성운동장의 설계에 만전을 기했다. 여기서 경성운

----

7 『경성일보』 1925년 3월 31일.
8 『경성일보』 1925년 4월 1일.
9 『경성일보』 1925년 10월 10일.

동장의 계획개요를 보면 총면적 2만3,000평 중 육상경기장에 9,000평, 야구장에 6,000평, 정구장, 수영장, 마장에 각각 1,000평, 녹지조성에 5,000평으로 한다고 했으며 이것이 완성되면 고시엔(甲子園)에 이어 일본에서 2번째의 규모를 자랑하는 종합경기장이 될 예정이었다.[10]

이처럼 경성운동장은 일본, 만주에서도 찾아보기 어려운, 즉 육상경기장, 정구장, 야구장 등의 여러 경기장을 한곳에 모아 놓은 종합운동장은 메이지신궁경기장이외에는 동양에 있어 경성에서만 볼 수 있다는 특색을 가지고 있었다.[11] 이렇게 해서 경성운동장의 건설은 여러 우여곡절을 겪은 끝에 계획대로 순조롭게 진행되어 1925년 10월 15일 성대하게 개장식을 거행했다.

2) 경성운동장의 구조

경성운동장은 경성부 토목과장인 이와시로(岩城)의 공사지휘로 경성부 황금정(현재 을지로 1가) 7정목에 1925년 5월 24일 기공해 그해 10월 15일에 개장했으며 총면적 2만2,700평, 총공사비 15만5,000엔, 총 수용인원 2만5,800명이었다. 각 경기장의 개요를 보면 육상경기장은 면적 8,500평으로서 한 바퀴 500m,[12] 폭 10m의 트랙과 필드에는 축구장, 투척장, 도약장을 갖추고 있었다. 관람석은 1만5,000명을 수용할 수 있었다. 야구장은 면적이 5,500평이고 홈에서 백네트까지의 거리는 27m, 홈에서 좌우펜스까지의 거리는 108m, 홈에서 중간펜스까지의 거리는 111.6m이었다. 외야후방에는 스코어보드가 있었으며 관람석은 7,000명을 수용할 수 있었다. 정구장은 면적이 1,000평이고

10 『경성일보』 1925년 5월 30일.

11 立石隆司, 「朝鮮體育界의 一般」 『文敎의 朝鮮』50, 朝鮮敎育會, 1929, 136쪽.

12 『경성일보』 1924년 11월 27일.

코트는 2면이 있었으며 관람석은 3,900명을 수용할 수 있었다. 그 외에 200평 정도의 연습용 코트도 준비되어 있었다.[13]

　여기서 경성운동장의 평면도와 항공사진[그림20], 그리고 각 경기장별로 자세한 구조를 살펴보면 다음과 같다.[14]

그림 20. 경성운동장의 평면도(좌)와 항공사진(우)
(출처: (좌)出口林次郎, 『體育運動競技要覽』, 體育運動協會. 1938, 568쪽.
(우)大阪朝日新聞, 「京城運動場」『鮮滿大觀』1, 1928, 16쪽.)

(1) 육상경기장

　운동장 북쪽에 있으며 면적은 8,500평이고 야구장 가까이에 있다. 육상경기장 주위는 전부 둑을 쌓은 관람대를 설치하고 일반 출입구 3개와 선수 출입구 2개, 기타 1개, 모두 6개의 출입구가 있었다[그림21].

---

13 出口林次郎, 『體育運動競技要覽』, 體育運動協會, 1938, 569쪽.
14 『경성일보』 1925년 10월 10일.

그림 21. 육상경기장(출처: 손환 소장)

트랙과 필드

트랙은 폭 10m, 한바퀴 500m, 직선거리 120m로서 지반에 자갈, 잔 자갈, 숯, 흙, 모래 등을 3번씩 덮어 포장해 필드보다 7.5cm 높다. 필 드는 전체를 평평하게 하고 중앙에는 폭 70m, 길이 100m에 축구, 농 구, 배구 등의 시설을 설치하고 서쪽에는 원반던지기, 해머던지기, 창 던지기, 포환던지기, 동쪽에는 넓이 뛰기, 장대높이뛰기, 높이뛰기 등 의 시설을 설치했다.

둑을 쌓은 관람대

관람대는 둑을 쌓아 설비되어 있으며 정면 관람대는 둑의 높이가 지반보다 2.88m 높다. 제일 꼭대기의 폭은 90cm이고 앞쪽은 경사가 14도, 뒤쪽은 6.9도였다. 관람석은 중앙에 17평의 특별 관람대를 설치 하고 그 외는 콘크리트 블록으로 10개의 계단을 만들었다. 관람석의 앞쪽은 지상 42cm의 콘크리트 파라페트로 하고 승강구는 양쪽에 6곳 을 마련하고 제일 꼭대기 계단의 폭은 90cm로 평평하게 해 상하좌우 로 다닐 수 있게 통로를 설치했다.

전면 및 원형관람대는 둑의 높이가 지반보다 2.25m 높다. 관람석 계단은 5개이고 상부의 길이는 3.6m이며 30.1도의 완만한 경사에는 잔디가 있다. 승강구는 22곳을 설치하고 구조는 정면 관람대와 동일하게 했다. 관람대의 전체 길이는 정면이 170.1m, 전면 및 원형부는 356.4m, 바닥 폭은 1.05m이고 전체에 걸쳐 계단을 15개로 만들 예정이며 현 설비의 좌석 수용인원은 1만5,000명이었다.

기타

선수대기실은 정면 특별관람석 부근의 좌우에 통로를 만들고 관람대 뒤쪽에 목조 단층집 30평을 지어 실내에는 의자와 그 밖의 설비를 하고 앞에 문을 만들어 정문에서 직접 대기실에 출입할 수 있도록 했다. 화장실은 선수대기실 부근에 1곳, 동북쪽 구석에 1곳을 설치했다. 수도는 선수대기실에 1곳 설치했다. 철망은 트랙과 관람대 통로의 경계에 9cm, 높이 12cm을 설치해 선수 외 경기장내에 출입을 할 수 없게 했다

(2) 야구장

운동장의 서남쪽에 위치하며 지형상 높은 곳에 있으며 면적은 5,500평으로 형상은 부채꼴 모양이고 정면에 철근콘크리트 스탠드, 1루와 3루 측에 둑을 쌓은 관람대를 갖추고 출입구를 좌우 2곳에 설치했다[그림22].

그림 22. 야구장(출처: 손환 소장)

철근콘크리트 스탠드

전부 철근콘크리트 구조로서 폭 10.2m, 길이 28.8m, 높이는 지반보다 5.85m로 했다. 기둥과 계단의 기둥은 61개, 기둥 밑 기초는 마사토 위에 통나무를 깔고 자갈로 단단하게 하고 철근콘크리트 파티션을 사용했으며 기둥은 콘크리트로 했다. 관람대는 계단식으로 하고 철근콘크리트 슬래브 위에 폭 1.8m, 길이 4.8m의 특별관람석을 설치했으며 그 외 계단 15개를 일반관람석으로 했다. 앞쪽은 지상 1.65m의 파라페트로 하고 좌우에 승강구 2곳을 설치했으며 맨 끝은 폭 1.2m의 복도로 해 이곳에서 각 단에 2개의 통로를 마련했다. 좌석 수용인원은 약 1,000명이었다. 관람석 뒤쪽은 21평의 매점과 20평의 기구창고로 하고 그 외에는 선수휴게실, 탈의실, 욕실, 그 밖의 설비를 마련할 여유를 두었다. 상품점은 상품진열소, 휴게소, 다다미방, 취사장으로 구분하고 가스, 전등, 수도를 설비했다. 기구창고는 칸막이를 설치해 필요에 따라 사용할 수 있는 구조로 만들었다.

둑을 쌓은 관람대

둑의 높이는 지반보다 2.88m 높고 제일 꼭대기의 폭은 90cm이었다. 앞쪽의 경사는 14도이고 뒤쪽의 경사는 6.8도이며 관람석은 콘크리트 블록으로 만든 10개의 계단으로 되어 있었다. 관람석의 앞쪽은 지상 48cm의 콘크리트 파라페트로 했으며 승강구는 양쪽에 7곳을 마련하고 둑의 꼭대기에 폭 90cm을 평평하게 만들어 상하좌우로 다닐 수 있는 통로를 설치했다. 관람대의 길이는 1루와 3루 모두 108m이고 폭은 9.6m이며 계단을 15개로 만들 예정이었다. 현재 설비의 좌석 수용인원은 3,000명이었다.

경기장

경기장은 홈베이스와 투수 마운드의 연장선을 남북(홈베이스 북쪽, 투수 마운드 남쪽)으로 하고 홈베이스에서 네트까지의 길이는 27m(네트와 스탠드의 사이는 2.7m의 통로), 1루 및 3루의 연장선은 108m, 2루 연장선은 111.6m의 부채꼴 모양이었다. 내야는 투수마운드를 중심으로 24m에서 30m사이(면적 620평)는 지반을 자갈, 잔자갈, 숯, 모래, 흙 등으로 3번의 포장을 했다. 외야와 그 외는 지반을 깊이 9cm 정도 파서 양질의 흙으로 바꾸었다.

기타

선수대기실은 경기장내에 철근콘크리트 구조로 지하실에 2곳 설치했고 크기는 4평반이었다. 스코어보드와 멤버보드는 모두 외야 후방에 설치했으며 스코어보드는 스코어 외에 스트라이크, 볼, 아웃, 타자 등을 전기장치로 표시하고 정면 스탠드의 앞쪽 네트 뒤에는 스위치판을 설치했다. 멤버보드는 스코어보드와 함께 멤버의 순서를 표시했다. 화장실은 장내 1루 측 관람대의 끝부분에 설치하고 수도는 스탠드 정면의 우측에 1곳 설치했다. 철망은 경기장과 관람대의 통로, 외야와 도로의 경계에 1.2m 높이로 설치하고 선수 외 경기장내에 출입을 할 수 없도록 했다.

(3) 정구장

운동장 동남쪽에 코트를 3개 설치했다. 위쪽에 2개 나란히 설치한 것은 경기용 코트이고 아래쪽 1개는 연습용 코트였다. 경기용 코트의 면적은 1,000평이고 연습용 코트의 면적은 200평이었다. 경기용 코트의 출입구에는 문을 설치하고 주위는 둑을 쌓은 관람대를 설치했다 [그림23].

그림 23. 정구장(출처: 손환 소장)

코트

경기용 코트는 폭 30.6m, 길이 36m이었고 연습용 코트는 폭 18m, 길이 34.2m로 모두 남북 방향이며 지반 밑에는 자갈, 중간에는 숯과 잔자갈, 위에는 찰흙으로 마무리를 했다.

둑을 쌓은 관람대

관람대는 경기용 코트의 주위에 설치하고 그 구조는 육상경기장 앞쪽 관람대와 같게 했다. 관람대는 계단이 5개이고 위쪽은 잔디를 깔았으며 승강구는 12곳에 설치했고 계단을 증설하려고 했다. 관람대의 길이는 167.4m이고 현재 설비의 좌석과 수용인원은 3,800명이었다.

기타

철망은 코트와 관람대의 통로 경계에 3m 높이로 치고 베이스라인에는 1.2m의 높이로 쳐서 선수 외에는 코트내의 출입을 못하도록 했다. 수도는 코트 서북쪽 끝 선수대기실 부근에 1곳 설치했다.

이와 같이 육상경기장, 야구장, 정구장 등의 모든 시설공사를 마친 경성운동장은 종합경기장으로서 면모를 갖추게 되었다. 이렇게 해서 경성운동장은 1920년대 중반부터 한국스포츠의 메카로서 중요한 위치를 차지하며 한국근대스포츠가 도약할 수 있는 토대를 마련했다.

3) 경성운동장의 이용규칙

경성운동장의 이용규칙은 「경성운동장 사용조례」(전문 제11조, 부록7 참고)를 통해 자세한 내용을 파악할 수 있다. 여기서 주된 내용을 살펴보면 〈표16〉과 같다.

표16. 경성운동장 사용조례

제1조	본 조례에서 경성운동장(이하 운동장)은 1924년 일본 동궁의 결혼을 기념하기 위해 설치한 운동장을 말 한다.
제2조 2	입장권의 종류 및 요금은 다음과 같다. 　1회 입장권 7세-15세 2전 　　　　　　 15세 이상 5전 　회수권 22회권 1엔 　　　 35회권 1엔 50전 　단체권　　　　　　　 35명-100명　　　 100명-300명　　　 300명 미만 　학생　　 7세-15세 1회 입장료의 70% 1회 입장료의 65% 1회 입장료의 50% 　　　　 15세 이상 　학생외　 7세-15세 1회 입장료의 85% 1회 입장료의 80% 1회 입장료의 70% 　　　　 15세 이상
제3조	1. 경기용으로서 관람료, 그밖에 이와 비슷한 금액을 징수할 경우 그날 총수입금(전매관람료를 포함)의 10%로 한다. 단 그날 총수입금의 10%나 다음에 제시하는 금액에 따른다. 종별　　　　 구분　 금액　　 비고 경기장전부　 하루　 150엔 육상경기장　 오전　 15엔 　　　　　　 오후　 30엔 필드　　　　 오전　 10엔　 하루에 2경기 이상할 때에는 1경기마다 　　　　　　 오후　 20엔　 경기 당 5엔으로 한다. 야구장　　　 1경기　 10엔

정구장	하루	10엔
수영장	오전	30엔
	오후	40엔
다이빙장	오전	10엔
	오후	15엔

2. 경기용으로서 관람료, 그밖에 이와 비슷한 금액을 징수시킬 경우 다음의 표에 따른다.

제3조

종별	구분	금액	비고
경기장전부	하루	80엔	
육상경기장	오전	5엔	
	오후	10엔	
필드	오전	2엔	하루에 2경기 이상할 때에는 1경기마다
	오후	5엔	경기 당 2엔 50전으로 한다.
야구장	1시합	5엔	
정구장	하루	3엔	
수영장	오전	10엔	
	오후	15엔	
다이빙장	오전	5엔	
	오후	10엔	

3. 연습용의 경우는 다음과 같다

종별	구분	금액	비고
야구장	1회	3엔	1회 3시간 이내로 한다.
정구장	1회.	50전	1회 2시간 이내로 한다

출처: 出口林次郞, 『體育運動競技要覽』, 體育運動協會, 1938, 569-571쪽.

　　사용조례를 보면 경성운동장을 이용할 경우에는 연령의 구분에 따라 입장권을 구입해야 했다. 입장권은 개인과 단체로 구분하고 개인의 경우에는 1회권과 회수권이 있었으며 단체의 경우에는 학생권과 일반권이 있었다. 또한 경기와 연습을 할 경우에는 정해진 사용료를 지불해야 했다.

　　경기를 할 때에는 운동장의 전부나 일부를 사용할 수 있었으며 사용료는 경기장의 전부일 경우 150엔, 육상경기장 45엔(오전 15엔, 오

후 30엔원), 야구장 10엔(1경기), 정구장 10엔(하루)이었고 하루에 2
경기 이상 시 1경기 늘어날 때마다 경기 당 5엔을 추가로 지불해야
했다. 또한 연습을 할 경우에는 경기 때와는 달리 야구장과 정구장으
로 사용을 제한했으며 야구장은 1회 3엔의 사용료에 3시간, 정구장은
1회 50전의 사용료에 2시간으로 했다.

그리고 운동장 사용허가를 받은 자는 장소, 목적과 방법, 일시 등을
기재한 서류를 제출해야 하고 이미 납부한 입장료 또는 사용료는 반
환하지 않는 것을 원칙으로 했다.[15] 또한 이 조례를 위반 했을 때나
타인에게 혐오감을 주거나 전염성 질환자, 만취자 등에게는 사용허가
를 취소 또는 입장을 거절했다.[16] 운동장의 개장 및 폐장 시간은 "경
성운동장 입장자 주의사항"에 따르면 3월 1일부터 11월말까지는 오
전 7시부터 일몰까지이고, 12월 1일부터 이듬해 2월말까지는 오전 8
시부터 일몰까지였으며 사정에 따라 시간을 조절하거나 입장 및 사
용을 금지하는 경우도 있다고 되어 있다.[17]

여기서 일부이지만 5년간(1929~1933) 경성운동자의 이용자(표17)
와 입장료(표18)를 살펴보면 이용자는 매년 평균 약 25만명 정도가
이용했는데 이는 당시 조선의 전체인구 약 2,000만명에 비교하면 약
1.25%가 경성운동장을 이용했다. 그리고 입장료는 매년 평균 약 1만
1,000엔 정도의 수입을 올리고 있음을 알 수 있다.

· · · · · · · · · · · ·
15 出口林次郎, 위의 책, 571쪽.
16 出口林次郎, 위의 책, 572쪽.
17 出口林次郎, 위의 책, 572쪽.

표17. 경성운동장 이용자 (단위 명)

항목 연도별	입장자							합계
	대인	소인	회수권 입장자	단체학생		단체보통		
				대인	소인	대인	소인	
1929년도	193,983	20,335	13,478	10,086	9,084	48	-	247,014
1930년도	183,232	20,512	16,578	11,592	9,465	1,101	-	242,480
1931년도	206,351	31,796	17,879	8,109	7,881	-	-	272,016
1932년도	168,477	27,688	14,759	11,194	9,614	102	-	231,834
1933년도	192,427	31,092	12,377	8,027	14,464	2,694	-	261,081

출처: 경성부사회과, 『경성부 사회사업요람』, 1934, 94-98쪽.

표18. 경성운동장 입장료 (단위 엔)

항목 연도별	입장료							합계
	대인	소인	회수권 입장자	단체학생		단체보통		
				대인	소인	대인	소인	
1929년도	9699.15	406.70	597	317.44	108.49	2.04	-	11130.82
1930년도	9161.60	410.24	753	343.03	117.87	39.44	-	10825.18
1931년도	10317.55	635.92	722	244.10	95.82	-	-	12015.39
1932년도	8423.85	553.76	589.50	353.85	122.90	4.34	-	10048.20
1933년도	9621.35	621.84	497	247.31	164.86	95.62	-	11247.98

출처: 경성부사회과, 『경성부 사회사업요람』, 1934, 94-98쪽.

4) 경성운동장에서 개최된 각종 경기대회

경성운동장이 건설되기 이전 경기대회는 주로 훈련원이나 학교운동장에서 개최되었다. 이러한 상황에서 1925년 10월 훈련원자리에 총면적 2만2,700평, 총공사비 15만5,000엔을 들여 동양 제일의 경기장 경성운동장이 개장되자 각종 경기대회가 개최되기 시작했는데 그 내용을 살펴보면 〈표19〉와 같다.

표19. 경성운동장에서 개최된 각종 경기대회

종류	주최	대회	대회기간
스포츠 단체	조선체육회	전조선정구대회	제6회(1926.06.17)-제13회(1933.06.08)
		전조선야구대회	제7회(1926.10.21)-제13회(1933.06.16)
		전조선축구대회	제9회(1928.02.01)-제14회(1933.02.01)
		전조선육상경기대회	제5회(1928.06.23)-제10회(1933.06.24)
		전조선종합경기대회	제15회(1934.02.02)-제18회(1937.09.08)
	조선체육협회	조선신궁경기대회	제1회(1925.10.15)-제19회(1943.10.17)
	조선정구협회	전조선정구선수권대회	제3회(1927.50.29)-제5회(1929.08.04)
	조선축구협회	전조선축구선수권대회	제1회(1935.05.14)-제6회(1940.05.18)
학교	연희전문학교	전조선중등학교육상경기대회	제5회(1927.09.24)-제6회(1928.10.01)
	보성전문학교	전조선중등학교축구대회	제2회(1929.10.21)-제10회(1937.05.14)
	경성제대예과	전조선중등학교축구대회	제4회(1932.05.20)
	경성고등 상업학교	전조선중등학교육상경기대회	제1회(1927.06.19)-제7회(1933.06.02)
		전조선중등학교정구대회	제7회(1928.07.02)-제19회(1940.06.15)
언론 기관	동아일보사	전조선여자정구대회	제4회(1926.10.01)-제17회(1939.09.23)
	경성일보사	전조선여자정구대회	제8회(1926)-제20회(1938.10.01)
	매일신보사	전조선여자정구대회	제1회(1939.10.01)-제3회(1941.09.23)
	조선신문사	조선여자올림픽대회	제4회(1926.10.02)-제19회(1941)
	조선중앙일보사	전조선도시대항축구대회	제1회(1936.04.25)
	조선일보사	전조선도시대항축구대회	제1회(1938.04)-제5회(1942.05.16)

출처: 민관식,『대한체육회사』, 대한체육회, 1965, 525-648쪽.『매일신보』1939년 9월 29일,
1940년 8월 24일, 1941년 9월 20일을 참고로 작성.

각종 경기대회는 1926년부터 일제말까지 조선체육회를 비롯한 각
종 스포츠단체, 연희전문학교를 비롯한 각 학교, 동아일보사를 비롯
한 언론기관에서 축구, 야구, 정구, 육상, 종합경기대회 등 전국규모
의 대회와 올림픽대회와 극동선수권대회의 출전을 위한 예선전 등이
개최되었다.

이상과 같이 경성운동장은 한국 최초의 종합경기장으로서 개장이
후 한국스포츠의 메카로서 중요한 위치를 차지하며 한국스포츠가 도

약할 수 있는 토대를 마련했고 한국스포츠의 발전과 행보를 같이한 역사적인 무대로서 유서 깊은 스포츠시설이라고 할 수 있겠다. 특히 일제강점기 우리국민들과 동고동락을 함께 해오면서 삶의 흔적이 고스란히 남아있는 공간으로서 역사적, 문화적 가치가 숨 쉬고 있는 곳이기도 하다.

4-2. 한국수영의 요람, 경성운동장 수영장

경성운동장 수영장은 일제강점기 제대로 된 스포츠시설이 없다는 여론과 일본 동궁의 결혼기념 사업으로 건설된 경성운동장 부대시설로서 경성을 비롯한 각 스포츠단체의 수영경기대회와 강습회가 개최된 대표적인 경기장이었다. 여기에서는 한국수영의 요람 경성운동장 수영장에 대해 알아보기로 한다.

1) 경성운동장 수영장 건설

경성운동장 수영장은 경성운동장의 부대시설로서 처음 건설계획과는 달리 경성운동장의 다른 경기장에 비해 8년 8개월 후인 1934년 6월에 완공되었다.

여기서 경성운동장 수영장이 만들어진 경위를 살펴보면 경성에서 운동장은 훈련원이외에 이렇다 할 장소가 없어 경성에 완비된 대운동장이 필요하다는 여론이 있었고 때마침 일본 동궁의 결혼이 발표되어 경성부에서도 기념사업을 해야 할 상황이었다. 이에 경성부와 조선체육협회는 신중히 연구한 끝에 훈련원광장의 동쪽 공원 일부에

계획을 세웠다.[18]

1923년 6월 경성부 기사인 오모리(大森鶴吉)가 중심이 되어 훈련원 일부에 총면적 2만3,000평, 육상경기장 9,000평, 야구장 6,000평, 정구장 1,000평, 수영장 1,000평, 마장(馬場) 1,000평, 수목 및 잔디 5,000평, 총 경비 15만5,000엔의 계획개요를 마련했다. 이 계획개요 중 수영장은 경비의 관계로 부지의 지반공사를 중지하고 장래 경비사정이 좋아지는 대로 착공한다고 했다.[19]

이처럼 경성운동장은 당시 조선의 중심지인 경성에 제대로 된 운동장 시설이 필요하다는 여론과 일본 동궁의 결혼기념 사업의 일환으로 건설하게 되었던 것이다. 그런데 경성운동장 수영장은 계획은 세웠으나 경비문제로 공사에 착수하지 못했다. 경성운동장 수영장 건설과 관련해 당시의 「부산일보」 기사를 보면 다음과 같다.

> 특히 훌륭한 운동장이 만들어졌다는 것에 대해 부 당국에서도 시설이 안 된 부분은 내년도 예산에 계상할 생각이 있어 토목과에서 설계 중인데 어느 정도 완전한 운동장을 준공하기 위해서는 10만엔의 금액을 필요로 할 전망이어 현재 현안이 되고 있는 수영장 및 아동유희장 같이 내년도에는 반드시 예산을 세우고 싶은 희망인 것 같다. 그러나 수영장은 운동장의 예정에 만든다고 하면 자연히 수돗물을 사용해야 하고 현재 운동장에 어울리는 것을 생각하면 장래를 고려해 온수풀로 해야 하는데 온수풀을 만들려면 우선 6만엔은 들기 때문에 부로서도 이에 필요한 예산이 부 일반회계에서 염출될지 고민하고 있다. ...중략... 운동장에만 10만엔을 지출하는 것은 다른 것과의 균형상 조금 불합리하다.[20]

18 『경성일보』 1925년 10월 10일.
19 『경성일보』 1925년 5월 30일.
20 『부산일보』 1925년 11월 4일.

경성운동장의 완성을 위해 수영장 건설의 예산을 세우려고 했으나 많은 금액이라는 점과 다른 사업과의 불균형으로 인해 어렵다는 것을 엿볼 수 있다. 이러한 사실은 경성운동장이 준공된 후에도 수영장 건설에 대한 논의는 계속되었으나 다른 경기장의 개보수로 인해 매번 수포로 돌아갔다.[21]

1932년 경성부에서는 부의 번영인 동시에 부민의 숙망인 수영장의 예정지를 정해두고 예산을 사용하지 않고 있음을 한탄하고 있었는데 한강수영 중 익사자가 속출하자 타 예산을 절감하고 내년 예산에 수영장 설치를 위해 약 8만엔을 요구하기로 했다.[22] 또한 경성운동기자구락부에서는 총회를 열고 경성부에 4가지 안건을 제시했는데 그중의 한 가지가 경성운동장의 종합대운동장 완성을 촉진시키기 위해 일반 부민의 열망인 수영장을 내년에는 반드시 실현하도록 할 것이었다.[23]

이와 같이 경성운동장 수영장 건설은 경성부민의 비난, 한강에서 익사자의 속출, 그리고 경성운동기자구락부의 요구를 통해 얼마나 경성에 필요하고 절실한 시설인지를 확인할 수 있다. 이리하여 경성부에서는 1933년 약 7만엔의 예산으로 다이빙대, 경기용, 소아용 수영장을 설비하기로 했다.[24] 이에 대한 내용을 자세하게 살펴보면 다음과 같다.

수영경기계 대망의 경성운동장 수영장은 정구장의 동쪽 고지에 이미 지반공사를 마치고 공사는 22일 입찰에 부쳐 6만2,900엔으로 하자마(迫間)에게 낙찰되었다. 수영장은 경기용, 다이빙용, 아

21 『동아일보』 1928년 3월 9일. 1932년 2월 26일.
22 『동아일보』 1932년 9월 7일.
23 『동아일보』 1932년 9월 8일.
24 『매일신보』 1932년 10월 20일.

동용의 3곳으로 나누고 경기용 수영장의 크기는 길이 50m, 폭 20m(가장 깊은 곳 2m10, 가장 얕은 곳 1m50), 다이빙용 수영장은 길이 20m, 폭 18m, 수심 5m30, 아동용 수영장은 길이 25m, 폭 20m (가장 깊은 곳 1m10, 가장 얕은 곳 60cm). 부속건물로서 일반관람석(5,000명 수용), 남자탈의장, 귀빈실, 신문기자석, 임원실, 남녀화장실, 매표소, 정산소, 사무실 등이 있으며 신궁외원 수영경기장과 같은 현대적인 것으로 동양 제일이라고 하는데 금년 11월말까지 준공할 예정이다.[25]

경성부민의 열망으로 마침내 경성부에서는 1933년 11월말을 준공 목표로 동양 최고의 수영장 건설을 위해 입찰에 부치고 수영장의 종류, 길이, 폭, 수심 등을 비롯해 각종 부대시설을 마련하고 수영장으로서 모습을 갖추도록 했다.

그런데 수영장 공사는 도중에 결빙기에 들어가 중단되었으나 해빙기를 기다려 공사에 전념해 3월말 준공을 하고 부에 인도했다. 공사 작업일수는 143일(1933년 12월 중단), 연인원 2만3,844명이었다.[26]

이렇게 해서 수영장은 마침내 1934년 6월 30일 오후 1시부터 귀빈 500여명을 초대해 성대한 낙성식을 거행했다. 낙성식은 다테(伊達) 부윤의 인사말을 시작으로 마치다(町田) 부 토목과장의 공사보고, 마츠모토(松本) 지사의 인사말, 와타나베(渡邊) 조선체육협회장과 부회 부의장의 축사, 시노다(篠田) 이왕직장관의 감사 인사말을 하고 폐회했다. 여기서 수영장 낙성에 대해 다테 부윤의 인사말을 보면 다음과 같다.

25 橫尾信一郎, 「京城運動場プール竣工」 『朝鮮と建築』 12-7, 朝鮮建築會, 1933, 49쪽.
26 一記者, 「東洋に誇る吾等のプール完成近し」 『朝鮮スポーツ』 3-3, 朝鮮スポーツ社, 1934, 14쪽.

반도 유일의 공인 운동장을 자랑하는 우리 경성운동장에 종래 수영장의 설비가 없어 작년도 이 수영장의 완성을 보게 되어 종합운동장으로서 거의 각종 운동장을 망라하고, 특히 아동용 수영장을 보유한 것은 이 운동장의 특색으로 전국에 자랑하는데 부족함이 없다. 이것은 전부 여러분의 협력, 원조로 40만 부민의 체육장려상 축하할 일이다. 체육은 개인의 심신을 강건케 하고 인생활동의 기초를 만드는 것과 함께 국민정신을 작흥해 국가흥망을 배양하는데 있어 민심이 왕성한 곳에 국가의 번영이 있다는 것은 고금의 사실(史實)에도 명백하다. ...중략... 수영장 준공으로 종합운동장이 완성되어 앞으로 부민은 이 설비를 자주 활용해 부민심신의 발달에 기여해야 한다. 모두 이 시설의 사명달성에 금후 더욱 원조를 기대한다.[27]

경성운동장 수영장은 추위의 어려움을 극복하고 많은 인원을 투입해 마침내 준공을 하게 되었다. 낙성식에서 경성부윤은 수영장의 완성으로 명실 공히 경성운동장은 종합운동장의 모습을 갖추게 되었으며 이를 활용해 개개인의 심신건강은 물론 국가의 번영에도 노력할 것을 강조했다. 경성운동장 수영장의 모습은 [그림24]와 같다.

수영장은 야외에 만들어졌는데 수영장 경영장을 중심으로 양쪽에 스탠드가 있고 건너편에 3단의 다이빙대, 그리고 그 맞은편에 스탠드가 위치하고 있음을 알 수 있다.

또한 한여름 많은 사람들이 모인 가운데 수영장 경영장 안의 각 코스에서 수영하고 있는 사람들의 모습을 볼 수 있다. 수영복은 오늘날 아마추어레슬링 유니폼과 비슷하거나 T팬티 같은 것을 입고 있었으며 머리에는 수모를 쓰고 있지 않거나 수건을 대신 쓰고 있다. 수영장 주변에는 쉬거나 지켜보는 사람, 수영장 안으로 들어가거나 나오

----

27 森武彦, 「水泳場落成式」『京城彙報』154, 京城府, 1934, 47-48쪽.

그림 24. 경성운동장 수영장(출처: 손환 소장)

는 사람 등 다양한 모습을 볼 수 있는데 주로 남자들만 보인다.

수영장의 준공에 대해 가사이(葛西重雄)는 경성부민 뿐만 아니라 조선수영계를 위해서도 가장 적합한 시설이다. 규모는 메이지신궁외원 수영장을 모방해 조금 작지만 어린이 수영장이 부속되어 있어 대중적이며 결점을 보완한 부분도 있고 야간 조명설비 외에는 거의 완비되어 있다. 경성의 하나의 자랑이라고 하기에 충분하다며 수영장의 특징에 대해 언급했다.[28]

이처럼 경성운동장 수영장은 경성뿐만 아니라 조선을 대표하는 스포츠시설로서, 그리고 조선의 수영발전을 위한 초석이 될 스포츠시설로서 준공되었던 것이다.

경성운동장 수영장은 광복 후 일제의 식민지 잔재 청산을 위해 서울운동장 수영장으로 명칭이 개칭되었으며, 1986년 서울아시안게임과 1988년 서울올림픽대회의 준비를 위해 1984년 잠실에 서울종합운동장이 건설되자 동대문운동장 수영장으로 다시 한 번 명칭이 바뀌었다.

그동안 수영장은 1970년대까지 아시아의 물개 조오련, 아시아의 인어 최윤희 등을 배출하며 한국수영의 요람으로서 수영스타 산실로

----

28 葛西重雄, 「プール雑考」『朝鮮と建築』13-7, 朝鮮建築會, 1934, 2쪽.

각광을 받아왔다. 그러나 1980년대에 들어와 우후죽순처럼 생겨나는 수영장에 밀려 쇠락의 길을 걷다 갈수록 쌓이는 적자를 메울 수 없어 1993년 1월 개장한지 약 60년 만에 어쩔 수 없이 문을 닫고 말았다.[29]

2) 경성운동장 수영장 구조

경성운동장 수영장은 1933년 4월 14일 낙찰을 받은 하자마(迫間)에 의해 착공되었으며 신진 공학사 나카무라(中村春次郎)가 현장책임자로 시공했다.[30] 여기서 경성운동장 수영장의 개요를 보면 다음과 같다.[31]

경영용 수영장

경영용 수영장은 길이 50m, 폭 20m, 수심 1m 50cm내지 2m 10cm, 코스는 폭 2m 50cm의 7개 코스로 되어 있었다. 이 수영장에서는 경기대회 때 경영과 수구를 했으며 평일은 2개의 코스만 남기고 자유롭게 수영할 수 있도록 했다. 보통 경영용 수영장에는 길이 25m와 50m의 2종류가 있는데 25m를 단수로, 50m를 장수로라고 했다. 단수로는 대부분 연습용이고 경기용으로는 실내수영 외에는 대개 장수로를 채용한다. 경성부내에 있는 수영장의 대부분은 모두 단수로이고 장수로는 경성운동장 수영장이 처음이었다.

다이빙용 수영장

다이빙용 수영장은 길이 20m, 폭 18m, 수심 5m로서 망루의 높이는 3m(스프링보드 부착), 3m 75cm, 5m, 7m 50cm, 10m의 5단과 별도로

• • • • • • • • • • • •

29 『동아일보』 1993년 1월 29일.
30 一記者, 앞의 책, 14쪽.
31 町田久壽男, 「府營プールの話」 『京城彙報』 143, 京城府, 1933, 39-40쪽.

2개의 스프링보드를 설치했다. 이 수영장은 주로 다이빙경기와 연습용으로 제공되었으며 수구도 할 수 있도록 되어 있었다. 다이빙경기는 대부분 스프링보드와 망루에서는 5m, 10m가 사용되고 그 중간 것은 연습용으로 설치되었다.

아동용 수영장

아동용 수영장은 길이 25m, 폭 20m, 수심 60cm내지 1m 10cm로 예산 관계상 별로 넓게 만들지 않았다. 이 수영장은 전혀 수영을 모르는 어린이와 미숙 아동을 위해 얕게 만들었기 때문에 숙련된 아동은 경영용 수영장에서 수영해도 문제가 없었다.

관람석

관람석은 경영용 및 다이빙용 수영장을 둘러싸고 있어 이것을 전부 완성하면 메인스탠드 1,000명, 일반스탠드 4,000명 합계 5,000명의 수용능력이 있었으나 메인스탠드와 일반스탠드에 3,000명의 차이가 있어 장래 확장하기로 했다. 메인스탠드 아래는 사무실, 의무실, 선수 대기실, 탈의장, 샤워실, 화장실(化粧室), 기타의 설비가 있었다.

조명

조명 설비를 갖추어 야간사용이 가능했다. 조명은 수중조명이 수면의 반사가 없고 수영하는 사람에게 가장 좋은데 여러 사정으로 이것은 할 수 없고 수면에서 15m 정도의 높은 곳에서 반사조명에 의한 방법으로 5,000와트 4개를 설치할 계획이었다. 따라서 야간 경기대회를 할 때는 아무런 문제가 없었다.

수영장의 위생

수영장의 물은 모두 수돗물을 사용했다. 3개의 수영장을 합해 약 4,000㎥의 물을 필요로 했기 때문에 이것을 매일 교환하는 것은 어렵고 3일에 1번이나 1주일에 1번 물의 오염정도에 따라 교환하고 그 사이에는 약품으로 살균하고 급속 여과장치를 설비해 수영장의 물을 순환 정화시키는 등 가능한 한 오염을 방지하는 방법을 강구했다.

수영장의 위생에 무엇보다도 중요하고 효과적인 방법은 사용자 각자가 가능한 한 수영장의 물을 오염시키지 않도록 노력하는 것이다. 즉 눈병, 피부병, 기타 수영장을 통해 타인에게 전염되는 질병인 나병자는 완치하기까지 절대로 사용을 하지 않든지, 수영장에 처음 들어갈 때는 반드시 샤워를 해 전신을 씻고 들어가서는 콧물, 침, 기타의 배설물로 수영장의 물을 오염시키지 않도록 서로 주의하는 것 등 말할 필요도 없지만 수영장에서 오염된 물을 검사 또는 분석하면 소위 수영장 도덕에 너무나 노력하고 있지 않은 결과를 나타내고 있다는 것은 정말로 유감이다.

이와 같이 경성운동장 수영장의 개요를 살펴봤는데 이를 간략하게 정리하면 다음과 같다.[32]

《경성운동장 수영장 공사개요》
1. 부지 면적 9,658.32㎡(약 2,920평)
2. 경영용 수영장(용수량 9,995.8㎥)
    길이 50m 폭 20m
    최저수심 1m50 최고수심 2m10
    수로 폭 2m50 7개
3. 다이빙용 수영장(용수량 9,024.8㎥)

32 森武彦, 앞의 책, 48쪽.

길이 20m 폭 18m

최저수심 4m 최고수심 5m

4. 아동용 수영장(용수량 2,685.8㎥)

길이 25m 폭 20m

최저수심 60cm 최고수심 1m10

구조는 철근콘크리트, 경영장은 수구경기를 같이 사용하기 때문에 골대 및 벌칙선 표시 등의 설비 갖춤

5. 다이빙 설비

　1) 스프링보드

　　높이 1m 스프링보드 2개

　　높이 3m 스프링보드 1개

　　구조는 폭 50cm의 소나무 관을 고정해 매트로 씌움

　2) 고정 다이빙대

　　높이 2m50 고정 다이빙대 1개

　　높이 3m75 고정 다이빙대 1개

　　높이 5m 고정 다이빙대 1개

　　높이 7m50 고정 다이빙대 1개

　　높이 10m 고정 다이빙대 1개

　　구조는 철근콘크리트, 다이빙대 아래를 용수정화 기계실 창고로 이용

6. 관람석

　1) 일반스탠드

　　경영, 다이빙 수영장을 둘러싸고 콘크리트 블록 목제 좌석의 관람석을 설비

　　수용인원 2,000명

　2) 메인스탠드

　　지붕을 계단식으로 관람석을 만들고 귀빈석, 신문기자석, 임원석, 라디오 방송 설비

　　스탠드 아래를 사무실, 매표소, 남녀탈의실, 남녀샤워실, 임원실, 화장실 등으로 이용

구조

근세식: 철근콘크리트로 만든 지붕스탠드

길이: 지반에서 난간 상단까지 7m20, 지붕스탠드 기울기 하
단 12cm, 중단 13.5cm, 상단 15cm

벽 목제 좌석: 외벽 하얀색 시멘트로 마무리, 내벽 옻칠로
마무리

7. 부속건물

　　1) 아동탈의장

　　목조 1동, 면적 522m²(158평)

　　2) 관중변소

　　벽돌 건조 지붕 콘크리트로 지은 건물 3동, 면적 8.8m²(2.7평)

　　3) 부대설비

　　급수: 부내 상수도 이용

　　소독: 급속 여과장치

　　위생: 변소는 수세식

이들 내용을 통해 경성운동장 수영장의 구조는 각종 수영장을 비롯해 관람석, 조명, 위생, 부대시설 등 매우 짜임새 있게 갖추어져 있음을 알 수 있다. 이는 오늘날의 어떤 수영장과 비교해도 전혀 손색이 없다고 할 수 있겠다.

3) 경성운동장 수영장 규정

경성운동장 수영장 사용에 대해서는 경성운동장 사용조례(전문 제11조)를 통해 자세한 내용을 알 수 있다. 경성운동장 사용조례는 경성부 고시 제29호로 경성부협의회의 자문을 거쳐 조선총독의 허가를 받아 1925년 10월 13일 경성부 조례 제3호로 제정되었다.[33]

그 후 경성운동장 사용조례는 1926년 4월 7일 1차 개정, 1930년 6

월 6일 2차 개정, 1933년 7월 15일 3차 개정, 1936년 4월 9일 4차 개정, 1942년 5차 개정, 1943년 8월 30일 6차 개정이 이루어졌으며 수영장에 관한 내용은 3차 개정부터 규정되었다. 여기서 개정된 규정 내용을 보면 〈표20〉과 같다.

경성운동장 수영장이 준공되기 약 1년 전 1933년 7월 15일 수영장과 관련해 구체적인 규정을 제시했는데 그 내용은 제2조 3의 2항 입장료는 제3조에 따른 사용을 방해하지 않는 범위에서 운동장을 수시로 사용할 수 있다는 것에 "단 수영장의 사용에 대해서는 제한하지 않는다는 단서를 추가한다."고 했다. 그리고 "제2조의 4 연습을 위해 수영장을 사용하려는 자는 제2조 소정의 입장료 외에 다음의 사용료 (표20-1 참고)를 납부하고 수영 연습권을 교부받아야 한다."는 조항을 신설했다. 또한 제3조는 1. 경기용으로서 관람료, 기타 이에 준하는 금전을 징수할 경우 그날의 총수입금(예매 관람료를 포함)의 10%로 한다. 단 그날의 총수입금이 10%의 금액에 미달일 때는 다음의 〈표 20-2〉에 따른다. 2. 경기용으로서 관람료, 기타 이에 준하는 금전을 징수하지 않는 경우 다음 〈표20-3〉에 따른다고 개정했다.

표20. 경성운동장 수영장 사용조례의 개정 내용

■ 1933년 7월 15일 3차 개정

제2조의 3 제2항 입장료는 제3조에 따른 사용을 방해하지 않는 범위에서 운동장을 수시로 사용할 수 있다에 단 수영장의 사용에 대해서는 제한하지 않는다는 단서를 추가한다.

제2조의 4 연습을 위해 수영장을 사용하려는 자는 제2조 소정의 입장료 외에 다음 표 20-1의 사용료를 납부하고 수영 연습권을 교부받아야 한다.

----

33 長尾仟, 「京城府公文」,『京城彙報』, 京城府, 1925, 12쪽.

종류	구분	금액	비고
수영장	개인연습	1인 1회 금 10전	1회 3시간 이내로 한다.
	단체연습	1인 1회 금 8전	35인 이상을 단체로 한다. 1회 3시간 이내로 한다.
아동용 수영장	개인연습	1인 1회 금 3전	1회 3시간 이내로 한다.

수영 연습권은 퇴장할 때 부 계원에게 반납해야 한다. 이 경우 수영 연습권을 분실한 자 또는 소정의 사용시간을 초과한 자에 대해서는 앞항에 따라 산출한 사용료를 추징한다.

제3조 경기 또는 연습을 위해 운동장의 전부 또는 일부를 사용하려는 자는 부윤의 허가를 받고 다음의 각호에서 규정하는 사용료를 납부해야 한다. 단 부윤이 특별한 사유가 있다고 인정할 때는 이를 감면할 수 있다.

1. 경기용으로서 관람료, 기타 이에 준하는 금전을 징수할 경우 그날의 총수입금(예매 관람료를 포함)의 10%로 한다. 단 그날의 총수입금의 10%가 다음의 표20-2에 제시하는 금액에 미달일 때는 다음 표20-2에 따른다.

종류	구분	금액
수영장 경영장	오전	금 30엔
	오후	금 40엔
수영장 다이빙장	오전	금 10엔
	오후	금 15엔

2. 경기용으로서 관람료, 기타 이에 준하는 금전을 징수하지 않는 경우는 다음 표20-3에 따른다.

종류	구분	금액
수영장 경영장	오전	금 10엔
	오후	금 5엔
수영장 다이빙장	오전	금 5엔
	오후	금 10엔

■ 1936년 4월 9일 4차 개정

제2조의 4 연습을 위해 수영장을 사용하려는 자는 제2조 소정의 입장료 외에 다음 표의 사용료를 납부하고 수영 연습권을 교부받아야 한다에 단 부윤이 특별한 사유가 있다고 인

정할 때는 사용료를 감면할 수 있다는 단서를 추가한다.

■ 1942년 5차 개정

2. 경기용으로서 관람료, 기타 이에 준하는 금전을 징수하지 않는 경우는 다음 표20-4에 따른다.

종류	구분	금액
수영장 경영장	오전	금 15엔
	오후	금 20엔

■ 1943년 8월 30일 6차 개정

제2조의 4

1. 개인 연습권 및 단체 연습권(표20-5)

종류	구분	금액	비고
수영장	개인연습	1인 1회 금 10전	1회 3시간 이내로 한다.
	단체연습	1인 1회 금 8전	35인 이상을 단체로 한다. 1회 3시간 이내로 한다.
아동용 수영장	개인연습	1인 1회 금 3전	1회 3시간 이내로 한다.
	단체연습	1인 1회 금 2전	35인 이상을 단체로 한다. 1회 3시간 이내로 한다.

2. 회수권 및 학생, 지도자 연습권(표20-6)

종류	구분	금액	비고
수영장 연습 회수권	22회권	금 2엔	1회 3시간 이내로 한다.
	35회권	금 3엔	1회 3시간 이내로 한다.
수영장 학생 및 지도자 연습권	1매 유효기간 1개월	금 1엔50전	1회 3시간 이내로 한다.

제3조

1. 연성을 위한 전용 사용의 경우(표20-7)

종류	구분	금액
수영장 경영장	오전	금 15엔
	오후	금 20엔
수영장 다이빙장	오전	금 5엔
	오후	금 10엔
아동용 수영장	오전	금 10엔
	오후	금 15엔

출처: 森武彦,「公文」『京城彙報』142, 京城府, 1933, 6-7쪽. 森武彦,「公文」『京城彙報』176. 京城府. 1936, 15쪽. 山口政治,「京城府立運動場に就て(二)」『京城彙報』250. 京城府. 1942, 2-3쪽. 김 우철, 『경성부 법령 자료집』, 서울역사편찬원, 2017, 413-415쪽을 참고로 작성했음.

이어서 1936년 4월 9일에는 제2조의 4 연습을 위해 수영장을 사용하려는 자는 제2조 소정의 입장료 외에 다음의 사용료를 납부하고 수영 연습권을 교부받아야 한다는 것에 "단 부윤이 특별한 사유가 있다고 인정할 때는 사용료를 감면할 수 있다는 단서를 추가한다."고 했다. 이는 제3조의 단서 내용을 그대로 적용하고 있음을 알 수 있다.

1942년에는 제2조 4의 2. 경기용으로서 관람료, 기타 이에 준하는 금전을 징수하지 않는 경우 수영장 경영장은 기존 오전 10엔에서 15엔, 오후 5엔에서 20엔으로 상향 조정되었다. 이는 기존에 수영장 다이빙장(오전 5엔, 오후 10엔)과 거의 같았으나 실제로 수영장 경영장을 운영, 관리하면서 비용이 많이 들어 어쩔 수 없이 관람료 등을 올릴 수밖에 없었다.

1943년 8월 30일에는 제2조 4의 1. 개인 연습권 및 단체 연습권(표20-5 참고), 2. 회수권 및 학생, 지도자 연습권(표20-6 참고), 그리고 제3조의 1. 연성을 위한 전용 사용의 경우(표20-7 참고)가 개정, 신설되었다. 여기서 눈에 띄는 것은 연성이라는 용어인데 이는 시기적으로 태평양전쟁이 한창 진행인 전시체제하에서 전쟁수행을 위한 심신단련이라는 의미에서 나온 것이라고 볼 수 있다.

그리고 경성부에서는 경성운동장 수영장에 대한 주의사항을 발표하고 기간과 시간은 6월 1일부터 9월 20일까지 매일 오전 8시부터 오후 7시까지라고 정했다.[34] 또한 수영장에서는 모닥불을 피우거나 화기를 가지고 노는 것, 행상을 하는 것, 우마차를 반입하는 것, 타인이 혐오할만한 모습을 하거나 전염성 질환이 있는 자의 입장, 만취자의 입장, 타인에게 위험을 주거나 폐가 될 만한 물품을 휴대하는 것을 금지사항으로 정했다.[35]

이처럼 경성부에서는 경성운동장 수영장의 사용에 대해 개·폐장 기간 및 시간, 만일의 사태를 대비하기 위해 수영장에 위험성이나 민폐가 될 만한 행위를 금지사항으로 정했다. 경성운동장 수영장은 사용자의 편의를 위한 조례, 주의사항, 금지사항 등 체계적인 규정을 통해 스포츠시설로서 그 체제를 정비했다고 할 수 있겠다.

4) 경성운동장 수영장에서 개최된 각종 경기대회

경성운동장 수영장이 건설되기 이전 각종 수영경기대회나 행사는 경성에서는 경성제대, 용산중학교, 용산철도국, 지방에서는 인천월미도, 대구공설수영장 등에서 개최되었다. 이러한 상황에서 1934년 6월 30일 경성운동장 수영장이 준공되자 각종 경기대회와 강습회 등이 개최되었는데 자세한 내용은 〈표21〉과 같다.

1934년부터 1943년까지 조선체육회와 조선체육협회를 비롯해 각종 스포츠단체에서 전 조선수상경기대회, 조선신궁봉찬체육대회 수상경

---

34 『동아일보』 1934년 6월 18일.
35 出口林次郎, 앞의 책, 572-573쪽.

기, 전 조선중등학교 수상경기 등 전국 규모의 대회를 개최했다. 또한 경성부에서는 경성운동장 수영장 낙성기념 수영대회를 시작으로 경성부민을 위한 부민수영대회와 경성수상경기선수권대회뿐만 아니라 수영강습회와 다이빙강습회도 개최했다. 특히 조선체육회는 창립 15주년을 맞이해 1934년부터 각 종목별대회를 전 조선종합경기대회로 합쳐서 개최하고 수영경기는 1935년까지 자체적으로 개최했다가 1936년부터 제17회 전 조선종합경기대회에 포함해 개최했다.

표21. 경성운동장 수영장에서 개최된 각종 경기대회

기관	주최	행사	기간
스포츠 단체	조선체육협회	조선신궁봉찬체육대회 수상경기 낙성기념 수영대회	10회(1934.10)-19회(1943.9) 1934.7.3.
	조선체육회	전 조선수상경기대회 전 조선종합경기대회	5회(1934.9)-6회(1935.9) 17회(1936.9)-18회(1937.9)
	조선체육회와 조선 수상경기협회 공동	전 조선중등학교 수상경기 전 조선종합경기대회	5회(1934.9)-6회(1935.9) 17회(1936.9)-18회(1937.9)
	경성수상경기연맹	경성수상경기선수권대회	2회(1934.9.12.)
	조선학생수상 경기연맹	전 조선중등학교 수상경기 전 조선학생수상대회	9회(1937.7)-11회(1939.8) 3회(1936.6.)-4회(1937.6)
	다이빙구락부	다이빙강습회	1936.7.12.부터 1개월간
공공 단체	경성부	수영강습회 부민수영대회	1939.7.5부터 2주간 1939.9.3.

출처: 『동아일보』 1933년 9월 16일, 1934년 7월 1일, 3일, 9월 4일, 1935년 9월 8일, 1936년 7월 8일, 1937년 6월 30일, 1938년 6월 6일, 1939년 7월 6일, 8월 12일, 9월 2일. 『경성일보』 1934년-1943년. 김창문, 『체육대감』, 연합신문사, 1957, 779쪽, 799쪽, 844-845쪽, 858쪽, 887쪽, 918쪽, 944쪽, 983쪽, 1044쪽, 1047쪽을 참고로 작성했음.

5) 경성운동장 수영장 에피소드

(1) 이용자

경성운동장 수영장은 1934년 6월 30일 준공되었으나 실제로 개장은 그해 6월 1일부터였다. 수영장 이용자는 어느 정도였는지에 대해 살펴보면 전체는 알 수 없으나 당시의 신문기사를 통해 1934년 개장 이후부터 7월까지 2개월간 그 내용을 파악할 수 있다.

1934년 경성은 무더위로 수영장 이용자가 매우 늘어나 6월에는 5,249명(어른 2,166명, 어린이 3,083명), 7월에는 6,760명(어른 4,785, 어린이 1,975명)으로 합계 1만2,009명이었다.[36] 이러한 사실에서 당시 경성 인구 40만 중에서,[37] 3%가 수영장을 이용했음을 알 수 있다. 그리고 7월에는 경성운동장 전체 이용자가 6만2,556명이었는데,[38] 그중에서 7월 수영장 이용자는 10.8%를 차지했으며 경성운동장 전체 이용자는 경성 인구 중 15.6%를 차지하고 있음을 알 수 있다.

(2) 여성 전용일

경성부는 1935년 7월 20일부터 8월 31일까지 경성운동장 수영장에 매주 월요일을 여성 전용일로 정하고 남자입장은 금지한다고 했다.[39] 이렇게 되자 일반 가정부인들은 그날에 마음 놓고 수영을 할 수 있게 되었으며,[40] 실제로 여성이용은 월요일이외에도 할 수 있다고 했다.[41]

이러한 현상은 오늘날의 관점에서 보면 이해할 수 없지만 재미있는 하나의 에피소드라고 할 수 있겠다. 그러면 왜 수영장 이용에 있어 여성 전용일을 정했는지 그 이유를 살펴보면 구체적인 내용은 알 수 없으나 경성운동장 수영장보다 약 9년 전에 준공된 대구공설수영장의 사례를 통해 엿볼 수 있다.

• • • • • • • • • •

36 『동아일보』 1934년 8월 9일.
37 森武彦, 앞의 책, 47.
38 『매일신보』 1934년 8월 9일.
39 『동아일보』 1935년 7월 19일.
40 『매일신보』 1935년 7월 19일.
41 『조선중앙일보』 1935년 7월 20일.

수영장의 남녀혼욕은 공중목욕탕의 남녀혼욕보다 풍기 상 간과할 수 없는 폐해를 목격하고 대구부 유지는 대구경찰서장을 방문해 남녀혼욕금지법을 진정한다고 했다.[42] 또한 수영장 남녀혼욕문제는 조선시보사 기자인 우에다(上田獻心)가 제기했는데 그 내용을 보면 다음과 같다.

기자는 절대로 남녀혼욕에 반대한다. 경찰서는 왜 공중목욕탕에서 12세 이상의 남녀혼욕을 금지했는지. 풍기문란의 염려가 있기 때문이 아닌지. 일시에 불과 10여명이 입욕하는 공중목욕탕에 남녀혼욕을 금지하면서 백주대낮에 수백 명이 뒤죽박죽 뒤섞여 수영하는 수영장에 왜 남녀혼욕을 묵인하는 것인지. ...중략... 지난 6일 오후 4시 딸을 데리고 수영장에 갔는데 때마침 모 요정의 기생 3명이 수영을 하며 중간에 젊은 남자 1명에게 적나라하게 안겨 수중유희를 하고 있었다. 요정과 카페, 음식점 등의 기생 작부가 고객유인책으로 수중유희를 하지 않는다고 누가 보증하는지. 기자는 단호하게 당국에 절대로 젊은 남녀의 혼욕금지 실행을 제안한다.[43]

이 내용을 보면 수영장을 공중목욕탕과 같이 혼욕금지를 적용해야 한다고 강하게 주장하고 있는데 이는 무엇보다 풍기문란의 문제가 가장 커 교육상 좋지 않다고 판단했던 것이다. 그 후 실제로 대구부에서는 매주 금요일 오후를 부인의 날로 정했다. 이처럼 경성운동장 수영장도 풍기문란의 예방차원에서 대구공설수영장처럼 여성 전용일을 정했던 것으로 보인다.

42 『조선시보』 1925년 8월 9일.
43 『조선시보』 1925년 8월 10일.

(3) 도둑과 소매치기 주의

경성운동장 수영장이 개장되자 많은 사람들은 무더위를 피해 수영장을 찾았다. 사람들이 많이 모이는 장소에는 여러 문제가 발생하는데, 특히 소매치기와 도둑의 피해가 자주 발생해 각별한 주의를 당부하는 목소리가 나왔다.

이에 대해 당시의 잡지 기사를 보면 여름에는 물가나 수영장 근처, 겨울에는 스케이트장, 또한 야구와 럭비시즌에는 선수가 연습하고 있는 운동장에 끊임없이 소매치기와 도둑이 제멋대로 날뛰며 선수의 상의와 운동용구, 팬의 회중시계를 노리고 있다. 작년 서대문경찰서에 검거된 도둑은 경성시내 모든 운동장을 털어 팬과 선수는 각별히 주의해야 한다고 했다.[44] 실제로 경성운동장 수영장에서 발생한 사건을 보면 다음과 같다.

> 18일 오후 3시 10분 경성운동장 풀 안에서 여학생의 돈주머니를 노리다가 붙들린 22세의 젊은 사나이가 있는데 이는 강원도 양구 출생의 조문선으로 개성소년형무소에서 1년 김천형무소에서 2년을 치르고 금년 1월에 출소한 전과 2범의 절도범인데 전부터 탈의장을 전문으로 지갑을 노리고 절도를 범행한 흔적이 있어 지금 본정에서 취조중이다.[45]

이러한 사실은 예나 지금이나 수영장을 비롯해 운동장, 공공시설 등 사람들이 많이 혼잡한 곳에서 빈번히 일어나고 있다는 점에서 거의 같다고 할 수 있다.

----

44 編輯部, 「選手もファンもスリと泥棒に注意」『朝鮮スポーツ』2-2, 朝鮮スポーツ社, 1933, 21쪽.
45 『조선중앙일보』 1935년 7월 20일.

(4) 청소년의 수영능력 검정

경성체육협회는 청소년의 체위향상을 도모해 인적자원에 만전을 기하고자 지난 6월 하순 체력장제도를 제정, 제1회 체력검정을 마쳤다. 그러나 경성체육협회에서는 이에 그치지 않고 시국 하 제일 필요한 수영, 부민은 누구나 개영주의(皆泳主義)를 목표로 수영능력 검정에 대한 복안을 작성, 실시하기로 하고 그 안(후생성 제정 표준)으로 테스트 종목은 200m 이상 수영 가능, 잠수는 10초 내지 25초 이상 가능하고 한 손으로 수류탄 또는 의복을 들고 25m이상 수영 가능, 다이빙은 높이 3m내지 5m에서 가능이라고 정했다. 그리고 적용범위는 15세에서 20세까지의 청소년으로 했다.[46]

이리하여 1939년 8월 28일 경성운동장 수영장에서 청년단원 60명에게 제1회 수영능력 검정을 실시했는데 구체적인 검정표준을 보면 〈표22〉와 같다.

표22. 청소년 수영능력 검정표준

사항	급별	
	초급	상급
영력	25m	50m
속력	25m	45m
지구력	200m완영	300m완영
중량운반	10m	25m
다이빙	2m 낙하 시 머리를 잡지 말 것	
잠수	20초	25초

출처:『동아일보』1939년 8월 30일

· · · · · · · · · · · ·

46『동아일보』1939년 8월 19일.

수영능력 검정 안(案)은 후생성 표준과 다르게 초급과 상급으로 나누고 그에 맞게 다시 영력, 속력, 지구력, 중량운반, 다이빙, 잠수 등으로 나누어 구체적으로 제시하고 있다.

이 표준에 따라 수영능력 검정을 실시한 결과 초급 10명, 상급 5명이 합격했다. 이에 대해 이시카와(石川) 경성체육협회 주사는 수영능력 검정 결과는 신통치 못하다. 일본과 비교하면 문제가 되지 않는 정도이지만 부민 모두 수영가능을 목표로 매진하고자 한다고 했다.[47]

이처럼 청소년의 수영능력 검정은 겉으로는 청소년의 체위향상을 위한다고 하지만 실제로는 수영을 배우게 해 전시체제하에서 전쟁수행에 필요한 신체능력을 배양하는데 그 숨은 의도가 있었다고 판단된다.

이상과 같이 경성운동장은 수영장의 준공으로 각종 경기장을 망라한 종합운동장의 모습을 갖추었으며 이는 한국스포츠사상 첫 종합운동장이었다. 그리고 경성운동장 수영장은 경성뿐만 아니라 조선을 대표하는 스포츠시설로서, 조선의 수영발전을 위한 초석이 된 스포츠시설로서 한국근대스포츠의 발전에 많은 영향을 미쳤다는 사실에 그 의미가 있다고 할 수 있겠다.

4-3. 지방스포츠의 활성화 무대(1), 부산공설운동장

부산은 문호개방 후 우리나라 최초의 항구도시로서, 일제강점기에는 행정구역상 전국 12부 중의 1부로 위치하며 야구, 육상, 축구 등 각종 근대스포츠가 소개되어 활발한 스포츠 활동을 전개한 곳이었다.

----

47 『동아일보』 1939년 8월 30일

이러한 스포츠 활동과 함께 부산부민의 심신단련을 위해 운동장의 필요성을 느껴 건설한 것이 부산공설운동장이었다. 부산공설운동장은 부산의 스포츠발전을 주도했을 뿐만 아니라 한국스포츠사 전체상을 고려할 때 지방스포츠의 활성화에도 많은 역할을 했다. 여기에서는 지방스포츠 활성화 무대인 부산공설운동장에 대해 알아보기로 한다.

1) 부산공설운동장의 건설

(1) 경위

최근 조선의 운동계는 세계의 대세에 따라 괄목할만한 성적을 내고 장래를 촉망받으며 운동장 등 각 도시가 경쟁하면서 완전한 것을 신설해 일반 팬의 연습에 도움이 되고 있다. 그런데 부산에서는 아직 완전한 설비가 없고 불과 대정공원을 임시로 각종경기를 개최하는 등 전혀 대도시로서의 시설을 갖추고 있지 않아 부 당국에서는 공설운동장을 신설하기로 결정했다.[48] 이처럼 부산공설운동장은 조선스포츠계의 발전에 따라 각 지역에 스포츠시설이 건설되고 있는 상황에서 부산만 제대로 된 시설이 없다는 것을 인식하고 대도시로서 부산의 면모를 일신하기 위해 건설하게 되었다. 그러나 실제로 부산공설운동장 건설은 3년 전부터 그 필요성에 대해 신문지상에 여러 차례 보도되었는데 그 내용을 보면 다음과 같다.

부산에서 유일한 야구장인 대정공원 운동장은 점차 부산의 발전에 따라 위치의 관계상 야구만의 독점을 허용할 수 없는 경향을

....

48 『경성일보』 1926년 10월 13일.

보이고 지역도 아주 협소함을 알게 되어 적당한 공설운동장 건설설이 나오고 있었다.[49]

종래 부산의 운동장으로 사용되고 있던 대정공원은 처음부터 운동장으로 설계된 것이었다. 당시의 상태는 적당했지만 지금에 와서는 여러 지장이 생겨 자연스럽게 운동장 전용이 안 되었기 때문에 운동가 사이에서 적당한 운동장을 원하기에 이르게 되었는데.[50]

이 내용을 보면 지금까지 부산에는 1918년 5월 12일에 만들어진 대정공원 운동장[51]이 운동장으로서 그 역할을 해왔으나 부산의 발전과 위치 등을 고려해 새로운 공설운동장 건설의 필요성이 제기되었다. 특히 부산은 인구의 증가에 따른 경상남도 도청 소재지와 동아시아 관문으로서의 역할 등 장래 부산의 발전에 따라 반드시 공설운동장을 소유해야 한다는 여론이 나오게 되었던 것이다. 이러한 사실은 다음의 「조선시보」 기사를 통해 엿볼 수 있다.

오래 동안 부산의 청년 및 운동 팬은 적당한 운동장이 없기 때문에 매우 불편함을 느끼고 야구의 외래 팀 등이 이곳을 통과해서 경기를 하는 것에 부산부로서도 빈약한 운동장 때문에 부끄러움을 느낌과 동시에 선수의 불편도 상상외였다. 그리하여 다른 대도시처럼 훌륭한 공설운동장을 소유해야할 상태에 있다. 오늘 도청 소재지가 되어 10만의 인구를 소유하고 동아의 관문이라고 자칭하는 곳이 소위 대 부산에 야구만이라도 충분한 공설운동장이 없다는 것을 유감으로 생각하는 것은 단지 우리들만이 아니라 부

49 『경성일보』 1923년 8월 9일.
50 『조선시보』 1923년 8월 10일.
51 『부산일보』 1918년 5월 12일.

민 대부분의 인사가 동감하는 것이며 재삼 신문지상에 신설의 필요는 누차 설명했다.[52]

이리하여 부산부는 부산공설운동장의 건설에 착수하기 위해 장소를 물색해 부산부에서는 1926년도 예정사업으로 부의 교외에 적당한 장소를 찾아 운동장을 신설할 계획을 세우고 현재 장소를 선정 중인데 운동장은 2만평을 필요로 하며 토지 구입비와 운동장 시설비로 적어도 20만엔을 필요로 할 것이라고 전망했다.[53]

그러나 부산부에서는 부산공설운동장의 장소 선정 문제로 어려움을 겪고 있어 실제로 이즈미자키(泉崎) 부윤이 이사관을 대동하여 자동차로 후보지 선정을 위해 부산진 방면으로 갔다. 부윤에 따르면 3곳의 후보지가 있어 그중의 한곳으로 결정할 것 같다[54]는 사실을 통해 그 정도를 짐작할 수 있다. 이에 대한 내용을 좀 더 구체적으로 살펴보면 다음과 같다.

부산의 공설운동장 설치에 대해 우선 대정공원을 정리, 매각해 이를 자금으로 하고... 다수 시민을 수용하는 대운동장을 설치한다는 것은 부 당국 및 다수의 의향인데 그 후보지에 대해서는 일시적으로 대신정설이 전해졌으나 가격에서 타협이 되지 않아 부산진으로 교섭중인데.[55]

부산부가 8만엔이라는 거액을 염출해 내년도부터 설치할 계획인 공설운동장의 위치는 아직 결정되지 않았는데 땅값, 기타 관계로

· · · · · · · · · · ·

52 『조선시보』 1926년 3월 13일.
53 『경성일보』 1926년 3월 4일.
54 『조선시보』 1926년 3월 5일.
55 『조선시보』 1926년 3월 4일.

부산진 방면 또는 대신정 방면이 유력하다고 전해지고 있다.[56]

부산부의 공설운동장은 부내 초량정 방면과 대신정 방면에 적당한 장소를 물색해 그 사이 암중비약을 시도하는 것으로 나타나고 있는데.[57]

부산공설운동장의 위치는 부산진과 대신정(현 대신동) 등이 유력한 후보지로서 거론되고 있으나 땅값과 그 밖의 문제로 어려움을 겪고 있음을 알 수 있다. 그런데 다음의 신문기사를 통해 부산공설운동장의 위치는 서서히 그 윤곽을 드러내고 있었다.

부산진은 교통기관이 불편한 것, 전차운임이 비싼 것, 너무 먼 거리에 있다는 것, 바람이 심하다는 것 등 부내 운동가의 반대도 심해 부민으로서도 별로 찬성하는 자가 적은 모양이기 때문에 부산진 방면의 사람들은 그 만큼 욕심을 내지 않고 있다. ...중략... 공설운동장은 나카지마초(中島町), 대신정(大新町) 방면에 설치될 것이라고.[58]

부산공설운동장은 후보지였던 부산진을 운동장으로 건설하는데 여러 조건에서 적당하지 않아 그 대상이 좁혀지고 있었다. 한편 부산공설운동장을 건설함에 있어 후보지를 비교, 조사 중인데 그 조건으로 다음의 5가지을 정했다.

• 시가의 중심지에 접근하고 시민의 이용에 편리할 것

56 『경성일보』 1926년 3월 4일.
57 『부산일보』 1926년 7월 18일.
58 『조선시보』 1926년 3월 12일.

- 풍광이 좋고 한적한 지역일 것
- 용지 매수가격은 예산 범위일 것
- 용지는 많은 가공을 필요로 하지 않고 사용가능할 것
- 용지에 건조물, 기타 지장되는 물건이 없을 것[59]

이러한 조건으로 조사한 결과 부산공설운동장은 결국 대신정에 설치하기로 결정하고 예산 약 9만엔은 이미 부 협의회를 통과했으나 대신정의 토지매수에 어려움이 뒤따르고 있었다.[60] 여기서 토지매수 문제는 매수가격의 차이로 부산공설운동장 건설이 거의 교착상태에 빠져 있었다. 이에 대해 당시의 상황을 보면 다음과 같다.

공설운동장 문제는 부 예산에 계상되어 대신정 부지 2만1,800평 정도(도로 제외)에 큰 공설운동장을 건설하려고 부 당국에서 토지 소유자 30여명에 대해 교섭을 진행해 대체적으로 양해를 받았는데 그중 약 60%인 1만2,049평의 부지는 다케시타(竹下)씨의 소유지여서 매수가격에 차이가 생겨 결국 대신정의 제1예정지를 변경해 일시 부산진으로 부지 선정설이 생기는 분란을 거듭했다.[61]

그러나 이즈미자키(泉崎) 부윤은 야마우치(山內) 이사관 입회하에 다케시타(竹下)를 만나 부 당국의 희망을 설명하고 여러 양해를 구해 11일 오후 부윤실에서 마지막 회견을 하고 교섭을 거듭한 결과 다케시타(竹下)도 충분히 이를 양해했다.[62]

이렇게 해서 부산공설운동장은 대신정에 건설하기로 결정되었다.

....

59 『부산일보』 1926년 7월 5일.
60 『경성일보』 1926년 10월 13일.
61 『조선시보』 1927년 1월 13일.
62 『조선시보』 1927년 1월 13일.

이는 위에서 언급한 것처럼 다케시타(竹下)의 양해와 이즈미자키(泉崎) 부윤의 노력으로 공설운동장 매수가격의 해결과 함께 부산부에서는 토지 일체를 양도 받아 즉시 지반공사에 착수해 금년도(1927년)내에는 준공하고 봄 시즌부터 사용할 수 있는 여러 설비를 서두르기로 했다.[63] 운동장 설비에 대한 계획은 다음과 같다.

> 운동장 설비는 대체적으로 경성운동장을 모방한 설계로 운동장 주위는 도로로 하고 도로를 통해 판자를 둘러쳐서 야구장, 정구장 및 트랙을 설치해 약 3만평의 대공설운동장으로서 면목을 일신하기로 결정했는데 설비완성은 점차 이상의 실현에 노력하고 있기 때문에 오래 동안 운동장 난에 위축된 부산스포츠계에 많은 자극을 주어 운동계에 새로운 생기를 불어넣고 있어 스포츠맨은 기대하고 있다.[64]

부산공설운동장의 설비는 스포츠맨의 기대부응은 물론 부산스포츠계의 발전을 위해 당시 조선에서 대표적인 운동장이라고 할 수 있는 경성운동장을 모델로 해서 각종경기장을 설치할 계획을 세우고 있었다.

(2) 건설

부산공설운동장은 인구증가로 부산부의 발전을 고려할 때 체육보건의 대세에 순응하고 장래를 대비하기 위해서 대운동장이 필요해 공사에 착수하게 되었다. 운동장의 위치는 북쪽에 구덕산, 남쪽에는 남항 목지도(현 영도)를 바라보는 지대가 높고 풍경이 좋아 운동장으로서 절호의 지역이었다.[65] 이처럼 부산공설운동장은 부산부민의 심

---

63 『조선시보』 1927년 1월 15일.
64 『조선시보』 1927년 1월 15일.
65 부산부 『부산부 사회시설개요』, 1927, 44쪽.

신단련을 위해 운동장의 필요성을 느껴 건설하게 되었으며 운동장으로서 좋은 곳에 위치하고 있었다.

이렇게 해서 부산공설운동장은 건설에 착수하게 되었는데 그 경위를 살펴보면 부산공설운동장의 1927년도 예산으로 설비비가 계상, 가결되어 부산부 당국은 3월 31일 체육협회의 간부 소집을 요청하고 시설 설계에 대해 상의하고 여러 의견을 청취했으며 어느 누구도 부가 변경하는 원안에 찬성을 보였기 때문에 마침내 공사에 착수했다.[66] 여기서 그 개요를 보면 다음과 같다.

> 총면적 2만1,800평, 야구장 5,400평, 육상경기장 6,600평, 정구장 2,000평, 마장 500평, 수영장 500평, 스모장 700평은 지형의 높낮이에 맞추어 적당히 안배하고 주위에 약 5m 40cm의 도로를 개설하는 등 이상에 가까운 설비를 하게 되었는데 1927년도에는 우선 야구장, 정구장을 완성하고 트랙도 땅고르기 공사를 한다고 한다.[67]

이 내용을 보면 부산공설운동장은 건설을 위한 예산 편성과 시설 설계에 대해 부산부나 체육협회 관계자 등 아무런 반대 의견이 없어 이상적인 운동장 건설에 착수하게 되었던 것이다. 여기서 부산공설운동장의 모습을 보면 [그림25]와 같다.

그리고 경남체육협회 이사회는 14일 오후 2시부터 협의회를 개최하고 사업, 기타 중요사항에 관한 협의를 통해 현재 대신정에 신설 공사 중인 공설운동장을 시찰하고 금년 봄부터 사용가능한 긴급 설비에 대해 부 당국에 청원하기로 했으며,[68] 그 주된 내용은 다음과 같다.[69]

- - - - - - - - - - -

66 『부산일보』 1927년 4월 2일.
67 『부산일보』 1927년 4월 2일.
68 『부산일보』 1928년 1월 16일.
69 『조선시보』 1928년 1월 16일, 1월 18일.

그림 25. 부산공설운동장 전경(출처: 손환 소장)

《공설운동장에 관한 요구》

1. 일반설비
   - 수도설비(야구장, 정구장, 탈의장 3곳)
   - 선수 탈의장
   - 용구 창고
   - 라인 기구 5개

2. 육상경기 설비
   - 트랙 북쪽에는 장외에서 관람할 수 없을 정도의 둑을 설치할 것
   - 트랙의 주위 스탠드 사이에는 높이 120cm의 철조망을 설치할 것
   - 도약장(모래밭) 2곳, 7m에서 4m, 5m에서 4m의 것
   - 기구, 투척구, 심판대, 결승 봉 2세트, 허들 60개, 기타

3. 야구 설비
   - 외야 하수구를 따라 판자로 만든 벽을 설치할 것
   - 네트 뒤편에 스탠드를 설치할 것
   - 스코어보드를 설치할 것
   - 선수대기실을 2곳 설치할 것

4. 정구 설비
   - 볼, 심판대, 네트, 게시판, 롤러

5. 근본문제 요구
  • 전차 연장

부산공설운동장은 운동장으로서 그 모습을 제대로 갖추기 위해 경남체육협회의 요청이 있었으며, 특히 그중에서 근본적인 문제로 운동장 이용자를 위한 전차 연장을 요구했다는 점이 주목할 만한 사실이다.

이렇게 해서 부산공설운동장의 공사는 예정대로 진행되어 각종경기장과 부대시설 등의 설비는 거의 완성단계에 이르고 있으며, 특히 야구장은 개장과 함께 시합을 개최하기로 하는 등 서서히 운동장의 모습을 갖추고 있음을 알 수 있다.

> 공설운동장 부설공사는 80, 90% 예정대로 공사를 마치고 오는 봄 시즌부터 사용 가능하도록 야구경기장, 육상경기장 모두 점차 면목을 일신하고, 특히 야구장과 같이 이번 봄 리그전을 운동장 개장과 함께 성대한 거식을 행하기로 내정하고 경남체육협회의 결의에 따라 부산부 당국에 요망한대로 스탠드, 스코어보드, 탈의장 등 여러 설비가 갖추어지게 되고 스탠드 공사를 서둘러 대강의 공사를 마치게 되어 있는데 그밖에 정구장, 트랙 등의 여러 설비에서 공설운동장이 마침내 완성해.[70]

한편 운동장 공사와는 별도로 부산공설운동장의 위치와 관련해 교통의 불편으로 이용자가 별로 없을 것을 우려하는 목소리가 나왔는데 이에 대한 내용은 다음의 신문기사를 통해 엿볼 수 있다.

> 위치가 멀리 대신정의 구석에 너무 치우쳐 있는 관계상 전차의 부설 개통을 보지 않는 한 어떻게 경성운동장의 다음을 잇는 대

---

[70] 『조선시보』 1928년 3월 10일.

운동장도 실제로 이용자가 없어 ...중략... 그 실례로 종래 대정공원 또는 초량의 철도운동장, 부산중학 교정 등에서 거행된 경우 가까운 대정공원에서 개최, 거행되었을 때와 초량의 철도구장, 중학교 등의 경우와 비교를 하더라도 전자는 배 이상 내지 2배 이상의 팬이 운집하고 후자는 거의 문제가 되지 않는다는 사실이 확연히 뒷받침되고 있어 부산부 당국에서는 이점을 충분히 고려해야 하고 경남체육협회 측의 요망대로 나카지마초(中島町)에서 대신정(大新町)에 이르는, 즉 공설운동장까지의 전차노선 연장부설에 대해 회사 당국에 교섭을 계속해서 각 중역이 총회에 참석해 돌아가는 것을 기다려 구체적인 절충을 개시할 모양이라고.[71]

이 내용을 보면 부산공설운동장의 개장을 앞두고 부 당국자와 경남체육협회는 전차노선의 연장부설을 위해 부산의 교통기관으로서 역할, 부 협의회 회원의 간담회 개최, 위원의 선정을 통한 회사 관계자 접촉 등 다음과 같이 다양한 방법을 모색했다.

운동장은 어떻게 해서라도 복선이 아니면 안 되고 우선 시내부터 전부 복선으로 연장하고 당국에서는 역전과 우체국사이만큼은 제외하고 그 외는 전부 복선으로 해야 한다는 의견이기 때문에 부의 양해를 받으면 전부 복선으로 하고 싶다. 10만 이상의 도시는 복선이 되면 그 완성을 가늠하고 싶다. 대 부산의 교통기관으로서 복선으로 하고 싶다.[72]

경남체육협회는 이사회에서 나카지마초(中島町) 종점보다 대신정(大新町) 공설운동장으로 통하는 전차연장에 대해 이사 중에서 히노

71 『조선시보』 1928년 3월 10일.
72 『조선시보』 1928년 4월 8일.

(日野), 우치노(內野), 하기와라(萩原), 이나바(稻葉), 미키(三木)의 5명을 위원으로 회사 당국에 부탁하고 이번 4월 15일 오전 9시 카시이(香椎) 사장, 사쿠마(佐久間) 지배인과 면접해 운동장의 사용가치 등에 대한 접촉을 해 성의 있는 대답을 듣게 되었다.[73]

부산공설운동장은 대신정에 부지를 선정하고 공사 중인데 조만간 야구장이 완성되기 때문에 이 방면에 대한 전차선로의 연장을 와전에 요망하기 위해 21일 오후 1시부터 부협의회 회원을 초빙해 간담회를 개최하기로 결정했다.[74]

그림 26. 부산공설운동장 전차 연장공사 모습.
(출처: 浦田省三, 「화보」『釜山』3-9, 釜山府, 1928.)

부산부 협의회와 경남체육협회의 노력으로 [그림26]과 같이 부산공설운동장의 전자노선 연장이 이루어지게 되었다. 대신정 그라운드 전차 연장공사를 위해 인부들이 열심히 일하고 있는데 이에 대한 자세

• • • • • • • • • • • •
73 『조선시보』 1928년 4월 15일.
74 『부산일보』 1928년 5월 20일.

한 내용은 당시의 「동아일보」의 기사를 통해 엿볼 수 있다.

> 부산와전회사에서 전차선로 연장은 나카지마초(中島町) 종점에서
> 대신정(大新町) 공설운동장 입구까지 7리의 연장공사를 지난 15일
> 부터 기공에 착수해 이번 달 말에 공사를 마칠 예정인데 이 회사
> 에서는 매일 인부 300여명을 사용해 준공의 급속을 독려한 결과
> 예정 전인 9월 24일경에는 전부 준공이 될 모양이며 운전도 이날
> 개시한다더라.[75]

전차노선의 연장은 부산공설운동장의 개장을 앞두고 부산와전회사
에서 빨리 준공하기 위해 많은 인부를 투입해 공사에 착수한 결과에
서 비롯되었다. 이렇게 해서 마침내 부산공설운동장은 1928년 총면적
2만1,800평에 7만5,000엔을 들여 야구장, 육상경기장, 정구장 등을 건
설할 수 있게 되었다.

2) 부산공설운동장의 개장

부산공설운동장은 1928년에 개장되었으나 실제로 개장 일시에 대
해 여러 주장이 있다. 이와 관련된 자료들을 살펴보면 다음과 같다.

> 체육의 장려는 부민의 보건민풍 작흥과 많은 관계가 있다는 것을
> 강조해 부는 1928년 3월 20일 7만5,000엔을 들여 부내 대신정에 2
> 만1,815평 6합을 매수하고 우선 야구장, 정구장의 완성을 보기에
> 이르렀는데.[76]

* * * * * * * * * *

75 『동아일보』 1928년 9월 23일.
76 경상남도편찬, 『경상남도 사회사업시설개요』, 1931, 41쪽.

체육의 장려는 부민의 보건민풍 작흥에 매우 관계가 있다고 생각해 부산부는 7만5,000엔을 들여 부내 대신정에 2만1,800평을 매수해 설비공사 중에 있으며 1930년까지 공사전부를 완성할 계획이다.[77]

스포츠 부산을 말하는 공설운동장은 부산부영으로서 대신정 구덕산에 있다. 1928년 3월 공사비 7만5,000엔을 투자해서 부지 2만1,800평을 매수해 야구, 정구, 기타 육상경기장으로 만반의 설비를 갖추고.[78]

1928년 3월 20일 7만5,000엔을 투자해서 대신정에 21,815평 6합을 매수하고 야구장, 정구장 등의 완성.[79]

이러한 사실을 통해 부산공설운동장은 1928년 3월 20일 부산 대신정에 7만5,000엔을 들여 2만1,800평에 야구장, 정구장, 육상경기장 등을 만들었다는 것을 알 수 있다. 그러나 당시의 신문자료에는 부산공설운동자의 개장과 관련해 다음과 같은 내용이 언급되어 있다.

공설 대신정 운동장도 공사가 착착 진척해 완성에 달하고 있는데 경남체육협회에서는 야구장 개장식인 4월 상순경에 전 대구군을 초빙해 부산군, 전 부산으로 할지, 직업, 철도인지 불확실하지만 경기를 계획해서 가까운 시일 내에 교섭을 개시하기로 내정하고 있는데 육상경기장은 가을인 10월의 체육데이 당일 성대한 운동장 개장식을 거행할 예정이다.[80]

. . . .
77 부산부, 『부산부세요람』, 1932, 2쪽.
78 上野盛一, 『慶南旅行の友』, 朝鮮警察協會 慶尙南道支部後援會, 1935, 10-11쪽.
79 今川百枝, 『慶南年鑑』, 朝鮮時報社, 1937, 276쪽.
80 『조선시보』 1928년 2월 18일.

부산공설운동장은 야구장은 1928년 4월에, 육상경기장은 그해 10월에 각각 별도로 개장식을 할 예정인 것으로 보아 위에서 언급한 내용과는 다르다는 사실을 확인할 수 있다. 이러한 사실은 다음의 자료를 통해서도 엿볼 수 있다.

> 대신정 공설구장은 거의 공사를 끝내고 있는데 양측의 스탠드에 네트 및 선수석의 설비가 없어 경성구장을 잇는 조선 제2위에 있는 대운동장으로서 유감의 점이 많고 여러 불편이 있어 경남체육협회 야구부 이사는 구와하라(桑原) 부윤에게 공사의 진행에 이르는 모습을 진언할 예정이며 마침내 멀지 않아 선수석 및 네트 뒤 스탠드의 공사에 착수하기로 결정하고.[81]

이 내용을 보면 부산공설운동장의 개장은 1928년 3월 20일이 아니고 1928년 9월이라고 생각할 수 있으며 전 경기장이 그런 것은 아니고 야구장, 정구장, 육상경기장 등 각 경기장이 별도로 개장식을 거행하는 것으로 되어 있다. 이처럼 부산공설운동장의 개장이 다르게 언급되어 있는 이유는 예산부족에 따른 공사의 지체와 교통문제로 대신정의 공설운동장에 이르는 전차노선 연장 공사의 지체 때문이었던 것으로 보인다.

81 『조선시보』 1928년 8월 9일.

그림 27. 부산공설운동장의 전차개통 모습.
(출처: 浦田省三, 「화보」『釜山』3-10, 釜山府, 1928.)

그림 28. 부산의 전차노선도
(출처: 釜山觀光協會, 『釜山の道標 電車路線圖』, 1939.)

어쨌든 현재로서는 부산공설운동장의 개장은 1928년 3월인지 9월
인지 10월인지 아직 정확하게 알 수 없는 실정이다. 그러나 [그림 27]
을 보면 1928년 9월 29일 대신정 운동장에 전차가 개통한 것으로 보
아 9월 말이나 10월이라고 판단된다. 그리고 왼쪽에 대신정 정류소
(大新町停留所)라는 푯말이 보이고 전차를 향해 사람들이 걸어가고 있
는 모습을 볼 수 있다.

그리고 [그림 28]은 부산의 전차노선도인데 좌측 위의 나카지마초 (中島町)에서 운동장 앞까지 전차노선의 연장공사가 있었던 것을 알 수 있다.

한편 부산공설운동장의 수영장은 처음에는 전혀 계획에 없었는데 그 이유는 부산지방이 해안이어서 수영은 바다에서 할 수 있다는 논의 때문이었다. 그러나 실제로 수영연습은 바다보다는 담수가 좋다는 경남체육협회의 의견에 대해 부산부에서는 장래 예산의 사정이 좋을 때 수영장을 설계할 예정이라고 했다.[82] 이처럼 수영장의 설비는 부산이라는 지리적 조건에 의해 당초 계획에는 없었으나 수영하는데 담수가 좋다고 해서 설비를 하기로 했다.

이에 따라 부산부에서는 현재 각 초중학교 학생들이 경기용 풀을 절실히 요구하지 않아 송도해수욕장 설비에 풀 시설경비를 사용하자는 찬반양론이 있었으나 마침내 1936년 경기용 풀을 경비 1만엔으로 공설운동장 옆에 신설하기로 했다.[83] 이렇게 해서 부산공설운동장 수영장은 1937년 7월 18일 준공을 하게 되었다.

부산부 대신정 공설 장수로(長水路) 풀의 준공식과 준공 축하기념 수상경기대회는 지난 18일 오전 10시 20분에 성대하게 거행했는데 정각 전부터 5천여명의 관중이 모여 대성황을 이루었다. 운동장 서쪽 야구장에서 관민 150여명이 모여 준공식을 거행했는데 야마모토(山本) 부윤의 식사와 스에하라(末原) 토목계장의 공사보고가 있었으며 총공사비는 2만1.000여엔으로 풀의 깊이는 50m 7개 코스의 철건 콘크리트제로 고원견(高遠見) 수원지에서 인수해 ...중략... 관람석에는 좌석만이 2,500명을 수용할 수 있는 훌륭한 풀이

82 『조선시보』 1927년 1월 22일.
83 『동아일보』 1936년 3월 29일.

라고 한다.[84]

부산공설수영장은 부산부윤을 비롯해 많은 사람이 참석한 가운데 성대하게 준공식을 거행했다. 특히 공사비는 2만1,000여엔, 수용인원 2,500명, 크기는 50m, 7개 코스로 만들어졌다. 이 수영장의 규모는 오늘날과 비교해도 손색이 없을 정도라고 할 수 있겠다. 이리하여 부산공설운동장의 설비는 거의 갖추어졌으며 시설개요는 〈표23〉과 같다.

시설개요를 보면 육상경기장은 6,600평에 1만명, 야구장은 5,400평에 6,000명, 정구장은 2,000평에 2,000명, 스모장은 6,000평에 4,000명, 그밖에 수영장 500평, 마장 480평 등 경성운동장의 다음을 잇는 대규모의 운동장임을 알 수 있다. 그런데 부산공설운동장 전체 면적이 2만1,800평이라는 사실에서 스모장의 크기와 수용인원은 오기라고 보인다.

표23. 부산공설운동장의 시설 개요

종류	육상경기장	야구장	정구장	마장	수영장	스모장	도로 기타
크기	21.818㎡ (6.600평)	17.851㎡ (5.400평)	6,611㎡ (2,000평)	1.586㎡ (480평)	1.653㎡ (500평)	19.834㎡ (6.000평)	20.581㎡ (6.226평)
수용인원	1만명	6.000명	2.000명			4.000명	

출처: 부산부, 『부산부세요람』, 1932, 2쪽.

3) 부산공설운동장의 이용규정

부산공설운동장의 이용규정은 1928년 6월 7일 부산부 조례 제3호로 제정된 부산부운동장 사용조례(전문 제12조 부칙, 부록8 참고)를

84 『동아일보』 1937년 7월 20일.

통해 알 수 있는데 그 주된 내용은 다음과 같다.[85]

- 제1조: 본 조례에서 운동장이라 함은 대신정에 설치한 부산운동장을 말한다.

- 제2조: 운동장에 입장하는 자는 다음의 입장료를 납부하고 입장권을 교부받아야 한다. 단 부윤이 특별한 사유가 있다고 인정할 때는 입장료를 감면할 수 있다. 7세 이상 15세 미만 3전, 15세 이상 5전. 부윤이 발행한 문감 또는 우대권을 소지한 자는 입장료를 징수하지 않는다.

- 제3조: 경기 또는 연습을 위해 운동장의 전부 또는 일부를 사용하는 자는 부윤의 허가를 받고 다음의 사용료를 미리 납부해야 한다. 단 부윤이 특별한 사유가 있다고 인정할 때는 감면할 수 있다.
  1. 경기용
     1) 회합자로부터 관람료, 기타 이에 준하는 금전을 징수하지 않는 경우
        경기장 전부(1일) 15엔, 육상경기장(1일) 10엔, 야구장(1일) 10엔, 정구장(1일) 2엔, 수영장 오전 10엔, 오후 15엔
     2) 회합자로부터 관람료, 기타 이에 준하는 금전을 징수하는 경우
        경기장 전부(1일) 60엔, 육상경기장(1일) 40엔, 야구장(1일) 40엔, 정구장(1일) 10엔, 수영장 오전 20엔, 오후 30엔(수영장은 1937년 5월 20일 개정)
  2. 연습용
     야구장 1회 4시간 이내 3엔, 정구장 1회 4시간 이내 1엔, 수영장 개인연습 1회 2시간 이내 5전, 단체연습 1인 1회 2시간

----

85 부산부 내무계,『부산부운동장 사용조례』, 1928, 8-10쪽 ; 부산부,『부산부예규류집』, 1943, 229쪽.

이내 3전(수영장은 1937년 5월 20일 개정)

- 제3조 2(1937년 5월 20일 개정): 연습을 위해 수영장을 사용하는 자는 제2조 소정의 입장료 외에 다음의 사용료를 납부하고 수영연습권의 교부를 받아야 한다. 단 부윤이 특별한 사유가 있다고 인정할 때는 사용료를 감면할 수 있다. 수영연습권은 퇴장 시 부 계원에게 반환해야 하고 이 경우 수영연습권을 분실하는 자 또는 소정의 시용시간을 초과한 자에 대해서는 앞항에 따라 산출한 사용료를 추가 징수한다.

- 제4조: 앞 조에 따라 운동장 사용의 허가를 받으려는 자는 다음의 사항을 기재한 서류를 부윤에게 제출해야 한다.
  1. 사용 장소
  2. 사용목적 및 일시
  3. 회합자로부터 관람료, 기타 이에 준하는 금전을 징수하는 자는 그 금액
  4. 특별한 설비를 설치하려는 자는 그 개요
  5. 사용자의 주소, 이름 및 직업

- 제12조: 다음의 각호에 해당하는 자에 대해 입장을 거절하거나 퇴장을 명할 수 있다.
  1. 타인에게 혐오감을 주는 모습 또는 행위를 하거나 전염병의 질환이 있는 자
  2. 만취자
  3. 타인에게 위험을 주거나 폐가 되는 물품을 휴대한 자

이 내용을 보면 부산공설운동장은 부산부운동장 사용조례에 따라 부에서 설치한 운동장을 말하는 것으로 규정하고 있으며 입장료와 사용료는 부윤이 정하는 액수를 납부해야 했다. 그런데 입장료는 부

윤이 발행한 우대권 등을 소지한 경우에는 징수하지 않았고, 또한 사용료는 부윤이 특별한 사유가 있다고 인정할 때는 감면을 받았다.

그러나 실제로 운동장 개장을 앞두고 운동장이 아직 완성되지 않아 현재의 설비로 소정의 사용료는 고액이기 때문에 부산부운동장사용조례 제3조에 따라 당분간 경기용은 야구장의 경우 10엔을 7엔으로, 정구장의 경우 2엔을 1엔 50전으로 감면한다고 했다. 그리고 연습용은 야구장의 경우 3엔을 2엔으로, 정구장은 1엔을 50전으로 감면한다고 했다.[86] 이것은 운동장 개장을 앞두고 운동장의 원활한 이용을 위해 사용자들에게 서비스차원에서 이루어졌다고 볼 수 있다.

한편 운동장을 사용할 때는 장소, 목적 및 일시, 관람료 및 금액, 사용자의 주소 및 이름, 직업 등 구체적인 사항을 기재한 서류를 부윤에게 제출해야 했다. 또한 공익을 해치거나 관리상 지장이 있다고 인정할 때는 운동장 사용을 허가하지 않았으며, 타인에게 혐오감을 주거나 전염병의 질환자, 만취자, 타인에게 위험을 주거나 폐가 되는 물품을 휴대한 자에 대해서는 입장을 거절하거나 퇴장을 명하는 규정도 갖추고 있었다. 이러한 운동장 사용에 대한 수칙은 오늘날의 내용과 비교해보더라도 전혀 손색이 없을 정도로 잘 마련되어 있었다.

4) 부산공설운동장에서 개최된 각종 경기대회

부산공설운동장이 건설되기 전까지 부산에서 경기대회는 주로 대정공원, 철도운동장, 부산중학교 등에서 개최되었다. 이러한 상황에서 1928년 대신정 부지 2만1,800평에 7만5,000엔을 들여 부산공설운동장이 만들어졌고, 1937년에는 수영장도 만들어졌다. 여기서 부산

---

86 부산부, 『부산부예규류집』, 1937, 175-176쪽.

공설운동장에서 개최된 각종 경기대회 상황을 살펴보면 〈표24〉와 같다.

부산공설운동장이 개장되고 나서 부산체육협회와 경남체육협회를 비롯해 부산부, 부산교육회, 부산일보사는 주로 야구, 축구, 육상경기, 운동회, 조선신궁경기대회 예선, 연합체육대회, 정기전 등을 개최했다. [그림29]를 보면 부산공설운동장에서 수많은 관중이 운집한 가운데 야구경기가 열리고 있는 모습이다. 그런데 아직 스탠드가 미완성인 탓인지 관중들의 대부분이 서서 경기를 관람하고 있으며 자전거를 이용해 운동장에 왔다는 것도 눈에 띤다.

그림 29. 부산공설운동장 야구경기(출처: 손환 소장)

이처럼 부산공설운동장은 부산에 제대로 된 운동장이 없다는 것을 인식하고 새로운 운동장의 필요성이 제기되어 건설하게 되었던 것이다. 운동장 건설 후 스포츠단체, 언론사, 공공기관 등의 주최로 각종 경기대회가 열려 부산의 스포츠발전에 많은 공헌을 했다.

표24. 부산공설운동장에서 개최된 각종 경기대회

종류	주최	대회	기간
스포츠 단체	부산체육협회	춘계야구리그전	1929-1937
		추계야구리그전	1929-1937
		부산육상경기대회	1932-1937
		연식야구리그전	1933.05.07-11
		전 부산과 전 대구 축구정기전	1935.03.03
		제1회 전 조선축구대회	1936.06.20-21
		부산실업야구 리그	1936.07.03-05
		부산축구대회	1935-1936
	경남체육협회	경상남도 야구대회	1929
		조선신궁경기대회 경남예선대회	1929-1942
		경남육상경기대회	1929-1932
		부산중등학교 야구리그전	1933-1935
		제1회 부산공립소학교 대항 구기대회	1937.07.28
	공동	부산실업야구 리그전	1935.06.22-24
공공 기관	부산부	부산운동회	1933.10.22
	부산부/부산교육회	연합체육경기회	1934.10.01
언론사	부산일보사	부산철도군과 도쿄세네타스 야구경기	1936.06.10
기타		우승기쟁탈 대항 야구전	1929-1932
		부산공립소학교연합체육회	1932-1933

출처: 『부산일보』 1929-1937. 今川百枝, 『慶南年鑑』, 朝鮮時報社, 1937, 278-285쪽. 浦田省三,
『釜山』4-5, 釜山府, 1929, 37-38쪽을 참고로 작성했음.

이상과 같이 부산공설운동장은 부산에 만들어진 종합경기장으로서
경성운동장의 뒤를 잇는 최대, 최고 규모의 경기장이었다. 부산공설
운동장의 건설은 그때까지 각종 경기대회가 경성을 중심으로 한 중
앙에서 벗어나 지방근대스포츠의 활성화를 초래했다는 점에서 지방
근대스포츠 뿐만 아니라 한국근대스포츠의 발전에도 많은 기여를 했
다고 할 수 있다.

4-4. 지방스포츠의 활성화 무대(2), 대구공설운동장

대구는 일제강점기 행정구역상 전국 12부 중의 1부로 위치하며 야구, 육상, 정구 등 각종 근대스포츠가 소개되어 활발한 스포츠 활동을 전개한 곳이었다. 이러한 스포츠 활동과 함께 대구의 발전과 부민의 편의를 도모하기 위해 건설한 것이 대구공설운동장이었다. 대구공설운동장은 대구의 스포츠발전을 주도했을 뿐만 아니라 한국스포츠사 전체상을 고려할 때 지방스포츠의 활성화에도 많은 역할을 했다. 여기에서는 지방스포츠 활성화 무대인 대구공설운동장에 대해 알아보기로 한다.

1) 대구공설운동장의 건설

대구공설운동장은 대구의 발전을 위해 근대문명의 부산물이라고 할 수 있는 도시인구 집중의 현저한 경향, 시대적 변화와 과학문명의 발달에 따른 산업과 경제조직이 점차 합리화되어 도시가 중심지역이 됨에 따라 시설개선의 일환으로 공동운동장을 설치한다는 목적에서 건설되었다.[87] 이처럼 대구공설운동장은 근대화에 따른 대구의 발전을 위해 시설개선의 일환으로 만들어졌던 것이다.

이리하여 대구공설운동장은 1931년 동운정(현 동인동)의 관유지 7,299평을 무상으로 대부받아 야구장과 정구장을 건설해 6월 1일 개장하고 이후 체육의 날, 부민운동회, 기타 각종 체육운동은 물론 때로는 공중단체의 옥외집회장으로 이용되었다.[88]

· · · · · · · · · · ·

87 『경성일보』 1930년 12월 18일.
88 대구부, 『대구부 사회사업요람』, 1937, 60쪽.

대구공설운동장을 건설하게 된 경위는 대구부에 아직 적당한 공설
운동장이 없어 운동장 설치가 자주 요청되었고,[89] 또한 대구부의 오
랫동안 현안으로 대구부영 운동장이 부 유력자 사이에서도 논의되어
왔는데 하야시(林) 지사가 경북에 부임하자 운동장 건설의 목소리가
나와 부 당국도 적지 않게 고민하게 되었다.[90]

그 후 대구공설운동장 설치문제는 부 당국자와 도 당국자 사이에
서 구체적인 논의에 들어가 설치장소는 달성공원 뒤 무명지(無名池)
를 중심으로 운동장의 설계는 경마장, 육상경기장, 야구장, 수영장,
정구장 등 이상적인 타원형 운동장으로 하고 그 뒤에는 물이 귀한 대
구에 유원지를 만든다고 했다.[91] 이처럼 대구공설운동장은 12만엔을
투자해 경성의 15만엔을 필두로 제2위인 부산과 비슷하며 그 설비는
전 조선에서 볼 수 없을 정도의 완비된 것을 만들 계획이었다.[92] 이에
대한 구체적인 계획은 당시의 신문기사를 통해 엿볼 수 있다.

> 경북체육협회에서는 일찍이 대구에 공설대운동장 계획에 대해
> 조사연구 중이던 바 이 설치에는 어떠한 계획으로 할까. 이에 대
> 해 1929년 2월 13일 다음의 조사위원을 위촉하고 특별위원은 오
> 로지 실제로 조사 연구하게 하고 경성, 평양, 부산 등의 각 공설
> 운동장 설계도 등을 참조한 후 특별위원장 야마모토(山本) 체육회
> 서기에게 부산공설운동장을 시찰하게 하고.[93]

대구공설운동장은 경북체육협회에서 특별조사위원을 위촉해 대도

89 橫尾信一郎,「大邱の大運動場新設案」『朝鮮と建築』7-10, 朝鮮建築社, 1928, 63쪽.
90 橫尾信一郎,「大邱府グラウンド建設」『朝鮮と建築』10-1, 朝鮮建築社, 1931, 39쪽.
91 『동아일보』 1929년 6월 1일.
92 橫尾信一郎,「大邱の公設運動場新設」『朝鮮と建築』8-3, 朝鮮建築社, 1929, 40쪽.
93 『매일신보』 1930년 4월 12일.

시의 각 운동장을 참조, 시찰하는 등 사전에 치밀한 계획을 세워 경성, 평양, 부산에 뒤떨어지지 않는 운동장을 만들려고 했던 것으로 보인다.

그래서 대구부는 1931년도 예산에 1만엔을 계상해 부영운동장을 신설할 계획으로 지난 12월 12일 하야시(林) 지사가 국유지 6천여평의 대부 신청을 했다.[94] 그리고 공설운동장의 대부문제는 1931년 3월 6일자로 1933년까지 무료대부의 지령을 도(道)에서 부(府)로 전달되었다.[95] 이에 대한 구체적인 내용을 살펴보면 다음과 같다.

> 대구공설운동장은 도(道)에서 3년간 무상대부를 받고 대구부에서 3천엔을 투자해 주위를 전부 철조망으로 치고 그 안에 담을 쌓는 것 외에 메인스탠드를 확장해 네트를 높이 넓게 하고 동남쪽 구석에 2개의 정구장과 그 옆에 작은 공원을 만들고 사무실은 공원의 한쪽에 설치하는 등 완전히 모습을 바꾸고 입찰을 붙여 5월 상순까지 완성하기로 했다.[96]

이 내용을 보면 대구공설운동장은 경상북도와 대구부의 무상지원을 통해 야구장과 정구장, 사무실, 공원 등의 설비를 제대로 갖춘 운동장을 만들 수 있게 되었다. 또한 운동장 설비는 입찰을 한다고 했으나 대구부에서는 무제한의 경쟁 입찰이 불리하다고 판단해 다나카(田中久馬太), 나카가와(中川半造), 나카무라(中村二八), 요시다(吉田由己 대구출장소 대표자)를 지명하고 5월 2일 오전 11시 서무계에서 열리는 입찰에[97] 다나카를 보내기로 했다.[98]

· · · · · · · · · · ·

94 『경성일보』 1930년 12월 17일.
95 『동아일보』 1931년 3월 10일.
96 『경성일보』 1931년 4월 17일.
97 『경성일보』 1931년 5월 2일.

이렇게 해서 대구공설운동장은 3천엔의 예산으로 야구장과 정구장 등을 만들어 1931년 6월 개장했으며,[99] 당시 대구공설운동장 야구장의 모습을 보면 [그림30]과 같다

이처럼 대구공설운동장은 당초 거창한 계획과는 달리 대구부의 재정곤란으로 인해 예산과 규모에서 상당히 축소되었지만 대구부민의 운동장 설치에 대한 요구에 따라 부 당국에서 고민한 끝에 대구의 발전과 대구부민의 편의를 도모하기 위해 설치되었다.

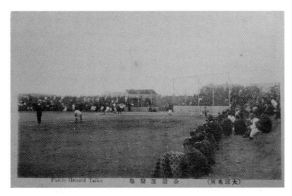

그림 30. 대구공설운동장 야구장(출처: 손환 소장)

그러나 대구공설운동장은 1934년 8월 세무감독국 청사건설에 따라 부지의 일부 반환으로 운동장이 협소해져 급하게 건설할 필요가 생겨 이 기회에 각 경기장을 통일하는 종합운동장의 건설을 기획하고 1935년 8만5,000엔(5,000엔은 대구재향군인연합분회의 기부)으로 대명동에 부지를 선정해 공사 중인데 1937년 5월부터 야구장, 정구장을 사용할 계획이었다.[100]

• • • • • • • • • • •

98 『경성일보』 1931년 6월 5일.
99 『동아일보』 1931년 6월 11일.
100 대구부, 앞의 책, 60쪽.

여기서 새로운 운동장 부지를 대명동으로 한 것은 원래 예정지 대봉정은 지질관계와 배수공사에 많은 경비가 들어 난색을 보여 대명동일대가 유력한 후보지로 대두되었다. 이리하여 부 공영과에서 공사비 등을 비교한 결과 대봉정의 18만여엔 보다 대명동이 1,866엔 적게 들었다. 또한 용지 매수비는 대봉정의 3만8,748평에 대해 대명동은 7만2,784평이었기 때문에 대명동으로 변경하면 1,800여엔을 절약하고 용지도 3만4.036평을 더 확보할 수 있어 부 당국에서는 대명동으로 결정했다.[101] 또한 운동장 건설경비는 당초 12만5,000엔을 총독부에 신청했으나 4만5,000엔을 줄여 8만엔의 인가를 받았다.[102]

새롭게 건설되는 대명동의 종합운동장은 [그림31]과 같고 시설개요를 보면 총면적 2만9,000평에 야구장 5,900평 수용인원 4,500명, 정구장 1,200평 수용인원 1,300명, 육상경기장 8,500평 수용인원 5,200명의 설비를 갖추고 운동장의 서북언덕에 충령탑이 있는데 운동장 이용자와 충령탑 참배자를 위해 부영버스를 운행할 예정이라고 했다.[103]

그림 31. 대구종합운동장의 모습(출처: 손환 소장)

• • • • • • • • • •
101 橫尾信一郎, 「大邱府綜合運動場調査」『朝鮮と建築』14-4, 朝鮮建築社, 1935, 47쪽.
102 『동아일보』 1935년 7월 23일.
103 대구부편찬, 『대구부세일반』, 1936, 121-122쪽.

이와 같이 대구공설운동장은 건설된 지 3년 만에 부지 일부의 반환으로 좁아져 새로운 운동장 부지를 물색한 결과 경제적으로 예산이나 용지의 효과가 좋은 대명동으로 선정했던 것이다. 이 대구공설운동장은 광복 후 미군정기 때 미군주택지로 사용됨에 따라 없어지고 현재 대구종합경기장은 1949년에 준공된 것이다.[104]

2) 개장

대구공설운동장의 공사는 예정대로 진행되어 5월 31일 준공했기 때문에 6월 1일 감독관청의 검사가 있은 후 일반에게 공개되었다.[105] 운동장 개장식은 6월 7일 오전 9시부터 시작되어 하야시 지사를 비롯해 관민 300여명, 부윤의 인사에 이어 부(府) 기사의 공사보고가 있었고 하야시 지사, 오구치(小口), 부회 의원 대표 오노(小野壓三郎) 등의 축사가 있은 후 10시경 성황리에 폐회했다. 이날 야구장에서는 부내 중등학교의 부윤컵 쟁탈야구대회, 정구장에서는 대구군의 홍백전을 거행했다.[106]

그리고 운동장 입장료는 대인 5전, 소인 3전이었으며 부윤의 특별한 사유에 따라 감면할 수 있어 개장 당시의 입장료는 대인 5전, 소인 2전으로 했다. 또한 야구장 사용료는 경기의 경우 20엔을 7엔(입장료, 관람료를 징수하는 경기), 10엔을 5엔(사용료, 입장료, 관람료를 징수하지 않는 경기)으로 하고 정구장은 5엔을 3엔, 2엔 50전을 1엔 50전으로 했다.[107]

• • • • • • • • • • •
104 이의근, 『경북체육사』, 경상북도체육회, 2005, 888-889쪽.
105 『경성일보』 1931년 6월 1일.
106 『경성일보』 1931년 6월 7일.
107 『경성일보』 1931년 6월 1일.

한편 운동장의 개폐장시간은 3월 1일부터 11월까지는 오전 7시부터 오후 7시까지이고, 12월 1일부터 2월말까지는 오전 8시부터 오후 6시 30분까지로 정했다.[108]

이처럼 대구공설운동장은 당초의 계획대로 진행되어 준공검사를 받은 후 개장식을 거행했으며 내외귀빈을 비롯한 많은 사람들의 참석으로 성황리에 마친 후 각 경기장에서 개장기념 경기대회를 개최했다. 그리고 운동장 입장료는 대구부운동장 사용조례에 따라 부윤의 특별한 사유로 약 50%정도 감면했다. 이것은 운동장 개장기념으로 부윤의 특별한 조치에 의한 것이었다. 또한 운동장 개폐장도 하절기와 동절기로 구분하고 시간을 정해 운영했다.

3) 대구공설운동장의 규정

대구공설운동장의 이용규정은 1931년 9월 7일 조례 제6호로 공포된 대구부운동장 사용조례(전문 11조, 부록9 참고)를 통해 알 수 있는데 그 주된 내용은 다음과 같다.[109]

- 제1조 본 조례에서 운동장은 부에서 설치한 운동장을 말한다.

- 제2조 운동장에 입장하는 자는 다음의 금액범위 내에서 부윤이 정하는 입장료를 납부하고 입장권의 교부를 받아야 한다. 단 부윤이 특별한 사유가 있다고 인정할 때는 입장료를 감면할 수 있다.
  1. 7세 이상 15세미만 3전

· · · · · · · · · · ·
108 『경성일보』 1931년 6월 5일.
109 대구부, 앞의 책, 62-65쪽.

2. 15세 이상 5전

- 제3조 경기 또는 연습을 위해 운동장의 전부 또는 일부를 사용하는 자는 부윤의 허가를 받고 다음의 금액 내에서 정하는 사용료를 먼저 내야 한다. 단 부윤이 특별한 사유가 있다고 인정할 때는 입장료를 감면할 수 있다.
　　1. 경기용
　　　1) 회합자로부터 관람료, 기타 이와 비슷한 금전을 징수하는 않는 경우
　　　　야구장 1일 10엔, 정구장 1일 2엔50전
　　　2) 회합자로부터 관람료, 기타 이와 비슷한 금전을 징수하는 경우
　　　　야구장 1일 20엔, 정구장 1일 5엔
　　2. 연습용
　　　야구장 1회(4시간 이내) 2엔
　　　정구장 1면 1회(4시간 이내) 50전

- 제4조 운동장 사용의 허가를 받으려는 자는 사용할 장소, 사용목적 및 방법, 사용일시, 회합자로부터 관람료, 기타 이에 준하는 금전을 징수하려는 자는 그 액수, 주소, 이름 및 설비를 할 때는 그 개요를 기재한 서류를 제출해야 한다.

- 제9조 다음의 사항에 해당할 경우는 사용을 허가하지 않는다.
　　1. 공익을 해치는 부분이 있다고 인정할 때
　　2. 관리상 지장이 있다고 인정할 때
　　3. 기타 부윤이 필요하다고 인정 할 때

- 부칙
본 조례는 발포한 날부터 이를 시행한다.
연습을 위해 운동장을 사용하는 자에 대해 당분간 사용료를 징수

하지 않는다.

대구공설운동장은 조례에 따라 부에서 설치한 운동장을 말하는 것으로 규정하고 있으며 입장료는 부윤이 정하는 액수를 납부해야 하지만 특별한 사유가 있다고 인정할 때는 감면을 했다. 실제로 이 경우는 대구공설운동장 개장식 때 약 50% 정도 감면한 적이 있다. 또한 입장료는 연령의 구분에 따라 정해져 있었으며 경기와 연습 시의 사용료도 구분해서 징수했으며 연습의 경우는 시간을 정해 이용할 수 있도록 했다.

그러나 운동장 개장 초기에는 연습의 경우 운동장을 사용하는 자에 대해 사용료를 징수하지 않았다. 이것은 운동장의 원활한 사용을 위한 특별한 서비스 조치였던 것으로 보인다. 그리고 운동장을 사용할 때는 장소, 목적 및 방법, 일시, 관람료, 사용자의 주소 및 성명 등 구체적인 내용을 기재한 서류를 제출해야 했다. 또한 사용 불허나 입장거절 및 퇴장의 규정도 정해 시행했다. 이러한 규정내용은 오늘날과 비교해도 전혀 손색이 없을 정도로 잘 갖추어져 있었다.

4) 대구공설운동장의 이용자

대구공설운동장 개장 후부터 1937년 대명동으로 이전하기까지 5년간 수입과 지출, 입장인원과 수입을 살펴보면 〈표25〉, 〈표26〉과 같다.

먼저 〈표25〉를 보면 1934년과 1936년의 수입은 각각 전년도와 비교해 감소하고 있음을 알 수 있다. 그 이유는 1934년은 경북지방의 풍수해 영향 때문이었고, 1936년은 세무감독국의 청사건설로 인해 운동장의 이전 문제가 나와 경기대회가 감소했기 때문이었다. 그리고 5년간의 수입과 지출을 보면 매년 적자였다.

표25. 대구공설운동장 5년간 수입과 지출

연도	수입	지출		
		경상부	임시부	계
1932년(결산)	1,225엔 51	924엔 77	485엔	1,409엔 77
1933년(결산)	1,354엔 47	905엔 90	14,232엔 55	15,138엔 45
1934년(결산)	1,046엔 13	1,260엔 78	2,221엔 45	3,482엔 23
1935년(결산)	1,490엔 74	1,349엔 17	28,214엔 37	29,563엔 54
1936년(예산)	961엔	1,457엔	558엔 88	57,345엔

출처: 대구부, 『대구부 사회사업요람』, 1937, 61-62쪽.

표26. 대구공설운동장 개장이후 입장인원 및 수입

연도별	운동장 사용회수	사용료	정구장 사용회수	사용료	입장인원			입장료	합계
					대인	소인	계		
1931년	28	186	23	19.50	18.722	4.159	22.881	1.019.28	1.224.78
1932년	31	218	19	63.50	15.961	5.798	21.759	914.01	1.195.51
1933년	39	180	18	49	19.881	5.071	24.952	1.095.47	1.324.47
1934년	52	192	12	34	13.703	5.274	18.977	790.23	1.016.23
1935년	71	260	20	54	19.808	8.444	28.252	1.159.28	1.473.28

출처: 대구부, 『대구부 사회사업요람』, 1937, 61-62쪽.

다음으로 〈표26〉을 보면 운동장 사용회수는 매년 증가하고 있음을 엿볼 수 있는데, 특히 운동장을 개장한 1931년에는 사용기간이 약 6개월 정도밖에 되지 않았음에도 불구하고 입장인원과 입장료가 많았음을 알 수 있다. 이것은 아마도 개장 초였기 때문에 많은 사람들의 관심을 끌었다고 판단된다.

그리고 1932년과 1934년에는 다른 해와 비교해 정구장 사용회수, 입장인원, 입장료가 현저하게 감소하고 있는 것을 알 수 있는데 그 이유는 1932년 전국적으로 천연두의 발생과 경북지방의 혹서(41-42℃), 1934년의 풍수해 영향 때문이었다.[110]

. . . .

110 강민 김의, 『한국사연표』, 한길사, 1995, 277쪽, 285쪽,

5) 대구공설운동장에서 개최된 각종 경기대회

대구공설운동장이 건설되기 전 대구에서 경기대회는 주로 달성공원이나 학교운동장에서 개최되었다. 이러한 상황에서 1931년 6월 동운정의 관유지 7,299평에 공사비 3천엔을 들여 대구공설운동장이 개장되었다. 여기서 개최된 각종 경기대회를 살펴보면 〈표27〉과 같다.

표27. 대구공설운동장에서 개최된 각종경기대회

종류	주최	대회명	대회기간
스포츠 단체	대구체육협회	대구춘계야구리그전 전국중등학교야구대회 남선예선 대구부체육데이 대구·부산 야구정기전 대구·부산 정구정기전	1931.06-1936.06 1931.07-1935.07 1931.10-1936.10 1931.06-1936.06 1931.09-1936.09
	대구운동협회	대구시민운동회	1932.04-1935.05
	영남체육회	대구시민운동회	1936-1937
언론사	조선민보사	전대구정구쟁패전 경북직장야구대회	1931.06-1937.06 1936.10-1937.10
학교		대구·수창보통학교 야구정기전	1931.10-1935.10
기타	오하시(大橋)서점	남선중등학교 정구대회	1931.09

출처: 『경성일보』 1931-1936. 최영일, 『향토체육반세기』, 대일, 1999, 76-154쪽. 西脇良朋, 『朝鮮中等學校野球史』, 2000을 참고로 작성했음.

1931년부터 1937년 대명동으로 이전하기 전까지 대구체육협회를 비롯해 각종 스포츠단체, 언론사, 학교, 기타(서점) 등에서 주로 야구와 정구의 전국대회 예선전과 도시 및 학교정기전, 그리고 대구부 체육데이와 대구시민운동회 등의 각종 경기대회가 개최되었다.

이처럼 대구공설운동장은 오래 동안 대구부민의 운동장 설치의 요청에 따라 건설되어 대구부민의 화합과 단결은 물론 타 도시와의 교류, 그리고 전국대회에 참가하기 위한 창구역할을 한 장소로서 대구의 스포츠발전에 많은 기여를 했다.

이상과 같이 대구공설운동장은 대구에 만들어진 최초의 종합경기장으로서 국내에서 경성운동장 다음으로 최고의 경기장이었다. 대구공설운동장은 비록 일본인에 의해 만들어졌으나 그동안 각종 스포츠활동이 편중되어 있던 중앙에서 탈피해 지방스포츠의 활성화를 가져오는 계기를 마련했다는 점에서 한국근대스포츠의 발전은 물론 지방스포츠의 발전에도 적지 않은 공헌을 했다고 할 수 있겠다.

4-5. 지방스포츠의 활성화 무대(3), 대구공설수영장

대구는 일제강점기 행정구역상 전국 12부 중의 1부로서 위치하며 야구, 육상, 정구 등 각종 근대스포츠가 소개되어 대구체육협회를 비롯한 각종 스포츠단체가 설립되고 스포츠시설의 건설 등으로 활발한 스포츠 활동이 전개된 곳이었다. 이러한 스포츠 활동과 함께 대구부민의 편의와 수영을 장려할 목적으로 건설된 것이 대구공설수영장이었다. 대구공설수영장은 대구의 수영발전을 주도했을 뿐만 아니라 한국스포츠사 전체상을 고려할 때 지방스포츠의 활성화에도 많은 역할을 했다. 여기에서는 지방스포츠 활성화 무대인 대구공설수영장에 대해 알아보기로 한다.

1) 대구공설수영장의 건설

대구는 여름철 덥고 햇빛이 강렬해 교외에 작은 하천이 있으나 평소에 유수가 고갈되어 부민들이 고생하는 상황에서 수영장의 설비는 오랜 희망이었다.[111] 이에 대구부민의 여름철 위안, 체육보건 및 수영 장려의 목적으로 1925년 7월 동운정(현 동인동)에 공설수영장을 설치했다.[112] 이처럼 대구공설수영장은 여름철 매우 더운 대구의 지리적인 환경을 고려해 대구부민의 위안과 체육보건을 장려할 목적으로 설치되었다.

대구공설수영장을 건설하게 된 경위를 보면 대구의 시민적 오락기관은 아무런 볼만한 것이 없고 추울 때나 더울 때나 매우 혹독하고 심한 곳으로서, 특히 대구의 혹서는 일반에게 이미 알려져 있는 것처럼 소위 심한 더위 같은 상태로서 매년 시민은 고생하고 있다. 그래서 납량의 방법으로 수영장의 설치는 시의적절한 설비라고 할 만하며 이것을 학생 내지 청소년의 체육연마에서 보더라도 상당한 효과가 있다는 것은 물론 수영연습이 연중행사가 된다면 매년 경영대회를 개최해 대구의 명물로 할 수 있다고 했다.[113] 또한 1925년 대구에는 해결해야 할 문제로 수영장 설치를 포함해 오물 청소장 이전, 상수도 부족 해결, 공업 분야 인재양성 등 4대 사업이 있었다.[114]

이와 같이 대구에는 시민들이 즐길 수 있는 이렇다 할 오락시설이 없는 상황에서 여름철 무더운 더위를 해소하고 학생과 청소년의 신체단련에도 유익할 것이라고 판단하는 한편 대구의 현안인 4대 사업 중의 하나로서 공설수영장을 설치했던 것이다.

그렇지만 실제로 대구에 수영장은 오락적 의미가 아니라 보건을 위한 설비이고 도시에서 청소년의 사망률을 보더라도 위생적으로 일

• • • • • • • • • • • •

111 경상북도, 『경상북도 사회사업요람』, 1930, 99쪽.
112 대구부편찬, 『대구부세일반』, 1936, 120쪽.
113 『부산일보』 1925년 2월 5일.
114 『부산일보』 1925년 2월 9일.

본에서 더위가 가장 심하다고 하는 나가사키(長崎)와 비슷했다. 대구
는 매년 여름철에 6,000명의 학생이 농학교 부근 및 큰 길거리 하수
구에서 더위를 식히고 있다[115]는 대구부 내무부장 이마무라(今村)의
보고를 통해 대구공설수영장은 청소년의 보건위생을 위해 수영장의
필요성이 제기되었다고 볼 수 있겠다. 여기서 대구공설수영장의 모습
을 보면 [그림32]와 같다.

그림 32. 대구공설수영장(출처: 손환 소장)

상쾌한 부영풀장이라는 제목 하에 어른들보다 주로 머리를 짧게
깎은 청소년들이 넓은 수영장에서 즐겁게 장난치며 노는 모습을 볼
수 있다. 그림의 오른쪽에는 동행한 부모님들인지 휴식을 취하며 아
이들을 지켜보고 있는데 이곳이 탈의실인 것 같다. 또한 수영장 건
너 쪽에는 초가집 몇 채와 최신식 건물도 보인다. 여기서 재미있는
것은 복장인데 오늘날 T팬티 같은 수영복을 착용하고 있는 모습이
다. 이는 훈도시(일본식 속옷)가 당시 남자의 수영복이었다는 사실을
알 수 있다.

115 『부인일보』 1925년 2월 20일.

이렇게 해서 공설수영장은 1925년 대구부의 사업으로 결정하고 부(府) 당사자와 도(道) 토목과장이 수영장 시설 장소의 실지답사를 마쳤다. 경비는 2만엔 내지 2만 4, 5천엔 정도였고 약 1,000평의 토지를 매수한 규모의 설비는 경비가 허락하지 않아 800평의 유수지를 설치할 계획이었다. 급수설비는 예산관계상 여러 안(案) 중에서 선정할 계획이며 그 내용은 다음과 같다.

- 자연석을 쌓고 그 주위에 수목을 심어 일견 대자연의 모습과 같이 한다.
- 연못 중앙에 콘크리트로 높이 2m 10cm에서 2m 40cm의 반구형을 세워 그 끝에서 분수가 나오게 한다.
- 연못의 4구석에 대리석으로 만든 사자의 입안에서 물이 나오게 한다.
- 폭 2m 40cm 두께 3cm 정도로 약 1m 80cm에서 2m 10cm의 높이에서 낙수하는 설비[116]

이 4가지 안은 하계설비로서 이상적이지만 경비가 많이 들어 한정된 예산으로 곤란해 대구의 발전책뿐만 아니라 학교아동을 위하는 시설이기 때문에 도 당국에서 지방비로 1만엔을 보조하기로 했다. 그리고 조선에서 수영장 시설은 인천의 만철(남만주철도주식회사)에서 경영하고 있는 1곳뿐이어서 부 또는 도에서 수영장을 설치하는 것은 대구가 처음이라고 할 수 있다.[117]

이와 같이 대구공설수영장은 예산문제로 어려운 상황 속에서 대구의 발전과 학생들을 위한 시설을 만들기 위해 여러 방안을 강구하고

116 『부산일보』 1925년 2월 13일.
117 『부산일보』 1925년 2월 13일.

있음을 알 수 있다. 특히 당시 조선에서 수영장은 철도승객의 유치를 위해 만철이 인천월미도에 수영장을 포함한 유원지 시설을 만들어 경영하고 있었는데 실제로 부나 도에서 직접 수영장 설치에 나선 것은 대구가 처음이었다고 할 수 있겠다.

한편 당시 대구의 스포츠시설은 재단법인 경북무덕회에서 검도, 유도, 궁도를 하기 위해 만든 경북무덕전(1923), 대구부에서 야구와 정구 등의 경기를 하기 위해 만든 대구공설운동장(1925, 1931) 등이 있었다.[118]

이리하여 대구부는 공설수영장의 설치 장소를 동운정 조선제사회사(朝鮮製糸會社) 동쪽 약 109m의 포플러 가로수 안으로 결정했다. 그 이유는 수량이 풍부해 지하 120cm에서 2대의 수압펌프로 퍼낼 수 없을 정도의 용출량 때문이었다. 공설수영장의 면적은 폭 27.3m, 길이 63.6m로서 내부는 어린이용과 성인용으로 구별하고 어린이용의 수심은 60cm에서 90cm, 성인용은 90cm에서 150cm로 할 계획이었다.[119]

이러한 상황에서 대구부는 1925년 7월 2일 부 협의회를 소집해 공설수영장의 사용조례 제정 및 세입세출 추경예산을 토의에 부쳤다. 출석의원은 서길규, 나카에(中江), 이토(伊藤), 박병태, 한익동, 오구치(小口), 서기하, 사사키(佐々木), 사토(佐藤), 오가와(小川), 다케오(武尾), 김선균, 서병조, 하타모토(畑本), 모토키(本木), 서병주 등 16명으로서 미야다테 부윤이 개회를 선언하고 다음과 같이 사용조례를 정했다.

제1호 제1조
수영장을 사용하는 자에 대해 다음의 금액 범위 내에서 부윤이 정하는 바에 따라 사용료를 징수한다. 입장권 1회 12세 이상 5전,

••••••••••
118 文部大臣官房體育課, 『本邦一般社會二於ケル主ナル體育運動場一覧』, 1934, 31-42쪽.
119 『부산일보』 1925년 5월 20일.

12세 미만 2전

이에 대해 연령제를 폐지하고 균일제와 연령별로 나누어 논의했
는데 결국 대인, 소인(20세 이상과 19세 미만)의 제도로 결정했다.

제2조

수영장 사용에 관한 규정 및 장내 게시의 사항에 위반하거나 계
원의 지정에 따르지 않는 자에 대해서는 퇴장을 명하거나 기간을
정해 수영장 사용을 거절할 수도 있다.

이 2조도 2, 3의 의원으로부터 수정안도 있었으나 원안에 찬성 가
결했다.[120]

　대구공설수영장은 대구부에서 적극적으로 나서 장소, 면적, 수심,
입장료, 사용조례 등 구체적인 계획을 세워 개장에 만전을 기하고 있
었다.

　그런데 1925년 7월 15일 개장 예정이었던 대구공설수영장은 수해
로 인해 조선제사회사에 폐기물 등이 유입되어 이것을 청결히 한 다
음 제반준비의 정돈을 위해 개장을 연기했다.[121] 이와 관련해 대구부
기사인 도쿠나가(德永)는 개장에 대해 다음과 같이 언급했다.

　　부내 동운정에 신설중인 대구 풀은 이미 거의 준공되어 있는바
　　호우로 일부가 파손되어 몇 일전부터 수리해 18일에는 풀에 용수
　　를 넣어 설비를 완전하게 했는데 외부설비에 다소의 시일을 필요
　　로 해 풀 개시는 8월 1일경이 된다고 설명했다.[122]

• • • • • • • • • • • •
120 『부산일보』 1925년 7월 4일.
121 『부산일보』 1925년 7월 17일.
122 『조선시보』 1925년 7월 20일.

한편 대구공설수영장 개장과 관련해 미야다테(宮館) 부윤은 입장자의 여흥을 돋우기 위해 잉어낚시와 수박 줍기 등의 행사를 계획하고 있었다. 그리고 입장료 징수는 입장료 그 자체가 목적이 아니라 어느 구역에 한정하지 않고 사람을 수용하려면 이러한 방법으로 제한 할 수밖에 없다고 하면서 1인 2전이나 3전으로 하고 교사인솔의 학생은 무료로 할 방침이라고 했다.[123]

이처럼 공설수영장은 대구부윤이 개장을 위해 이벤트를 구상할 정도로 대구에서 매우 중요하고 의미 있는 사업이었고 입장료도 많은 사람들이 이용할 수 있도록 사정을 고려해 최소한의 금액을 책정했다.

1925년 8월 1일 개장한 대구공설수영장은 그 후 호황을 누려 입장자 중에는 부녀자가 많아 매주 금요일 오후 부인의 날로 정해 부인만 입장시키기로 하고 그 취지를 공고해서 알릴 예정이라고 했다. 그 이유는 수영장의 남녀혼욕은 공중목욕탕의 남녀혼욕보다 풍기문제로 간과할 수 없는 폐해를 목격해 대구부의 유지는 대구경찰서장을 방문해 남녀혼욕금지법을 진정한다고 했다.[124] 이러한 수영장 남녀혼욕 문제는 조선시보사 기자인 우에다(上田獻心)에 의해 제기되었는데 그 내용을 보면 다음과 같다.

> 적령기의 남녀혼욕 때문에 풍기 상 적지 않은 폐해를 양성하는 것을 염려해 기자는 개장 즉시 이와이(岩井) 대구서장과 미야다테(宮館) 대구부윤을 방문해 기자의 의견을 설명하고 두 사람의 의향을 들은 적이 있다. 그 후 다행히 금요일 오후를 부인의 날로 한 것은 축하할 일이지만 다른 날 남녀혼욕에 지장이 없다고 하는 것은 이의를 제기할 수밖에 없다. ...중략... 기자는 절대로 남

123 『부산일보』 1925년 7월 17일.
124 『조선시보』 1923년 8월 9일.

녀혼욕에 반대한다. 경찰서는 왜 공중목욕탕에서 12세 이상의 남녀혼욕을 금지했는지. 풍기문란의 염려가 있기 때문이 아닌지. 일시에 불과 10여명이 입욕하는 공중목욕탕에 남녀혼욕을 금지하면서 백주대낮에 수백 명이 뒤죽박죽 뒤섞여 수영하는 풀에 왜 남녀혼욕을 묵인하는 것인지 ...중략... 기자는 풍기 상 이 남녀혼욕의 폐해를 드러내 보여 몹시 불쾌하게 느낀 지난 6일 오후 4시 딸을 데리고 풀에 갔는데 때마침 모 요정의 기생 3명이 수영을 하며 중간에 젊은 남자 1명이 적나라하게 안겨 수중유희를 하고 있었다. ...중략... 요정과 카페, 음식점 등의 기생 작부가 고객유인책으로 수중유희를 감히 하지 않는다고 누가 보증하는지. 바야흐로 국민정신의 작흥을 고취시켜야 하는 가을에 국민의 풍기에 관해 피할 수 없는 악풍은 절대로 피하지 않으면 결국 국민의 양심을 마비시킨다. 기자는 단호하게 당국에 절대로 젊은 남녀의 혼욕금지 실행을 제안한다.[125]

이 기사내용을 보면 대구공설수영장은 개장 후 주 1회 부인의 날을 정할 정도로 부녀자의 이용이 많아지자 우에다는 공중목욕탕을 예로 들어 풍기문란을 염려해 수영장에서 남녀혼욕의 문제점을 제기하며 당국에 남녀혼욕 금지를 제안했던 것이다. 이는 현재의 관점에서는 재미있는 에피소드로 볼 수 있겠으나 당시 수영장의 등장으로 전혀 예기치 못한 사회적인 이슈로 충분히 다룰 수 있는 문제라고 보인다.

이후 대구공설수영장은 이용자의 급증으로 호황을 이루었으나 서부 방면 주민의 이용에 불편함을 고려해 1936년 6월 달성공원 근처에 2만 5천엔을 들여 최신식 수영장을 설치했다.[126] 그러나 일제말기 전시체제하가 되면서 대구공설수영장은 스포츠 활동의 제한으로 인

125 『조선시보』 1925년 8월 10일.
126 대구부편찬, 앞의 책, 120쪽.

해 그 자취를 감추게 되었다.

2) 대구공설수영장의 규정

대구공설수영장의 사용조례 및 사용규정은 『대구부 사회사업요람』을 통해 엿볼 수 있다. 먼저 사용조례(전문 제4조 부칙, 부록10 참고)는 1925년 7월 27일 조례 제6호로서 제정, 시행되었으며 그 주된 내용을 보면 다음과 같다.[127]

《대구부수영장 사용조례》
- 제1조 수영장을 사용하는 자에 대해 다음의 금액 범위 내에서 부윤이 정하는 바에 따라 사용료를 징수한다. 1회 12세 이상 5전, 12세 미만 3전
- 제3조 사용료의 징수 및 수영장의 사용방법은 별도로 부윤이 정하는 바에 따른다. 부윤이 정하는 사항은 장내에 게시한다.

이 사용조례를 보면 실제로 제3조의 수영장 사용방법에 대해 개장 후 이용자의 불편함이나 문제가 생겼을 경우 개선을 통해 충실한 운영에 만전을 기하도록 했다. 일례로 1926년 환수설비 불완전 등으로 이용자의 비난을 받은 후 이듬해 1927년에는 개장을 앞두고 다음과 같이 개선을 했다.

- 환수시간의 단축을 도모하고 가능한 한 휴장일을 적게 할 것.
- 장내정리는 감시를 엄중히 하고 사고발생의 방지에 힘쓸 것.
- 탈의장 및 부인 탈의실의 개조.

----

127 대구부, 앞의 책, 68쪽.

- 풀의 수질시험을 행하고 위생상의 고찰에 이바지할 것.
- 매주 금요일을 부인의 날로 정해 부인에게만 개방할 것.
- 매주 2회 수영교사를 위촉하고 오후 3시부터 4시까지 수영지도 및 주의, 구급법을 교수할 것.
- 매주 또는 격주로 1회 입장자에 대해 여흥으로 수영경기 등의 방법으로 상품을 수여할 것.
- 혹서 때는 야간에 개장할 것.[128]

이와 더불어 주문한 환수용 모터가 6월 14일 도착해 오늘, 내일 중으로 설치를 마치고 시험한 결과 마침내 19일 일요일 오후 1시부터 개장하기로 결정했다. 개장 당일은 입장료는 대인 4전, 소인 2전을 장내정리를 위해 반액으로 하고 대구체육협회 주최로 과일 찾기(여름 귤), 깃발 쟁탈, 30m 자유형, 60m 경영, 잠수경영, 30m 릴레이 등의 여흥대회를 개최했다.[129]

이처럼 대구공설수영장은 이용자의 편의에 따라 개선할 내용을 점검하고 이듬해 개선을 통해 이용자의 불편을 최소화하기 위해 많은 노력을 기울이고 있음을 알 수 있다.

다음으로 사용규정(전문 제7조 부칙, 부록10 참고)은 1933년 7월 8일 부고(府告) 제75호로 제정, 시행되었는데 그 내용을 보면 다음과 같다.[130]

《대구부수영장 사용규정》
- 제1조 부의 수영장 사용조례 제1호에 따라 수영장 사용료를 다음과 같이 정한다. 단 5세 미만인 자는 이를 면제한다.

128 『부산일보』 1927년 6월 12일.
129 『부산일보』 1927년 6월 17일.
130 대구부, 앞의 책, 68-70쪽.

1. 관공사립학생, 아동, 현역 군인, 순경, 교습생, 청년훈련소 생도, 청년단원, 소년단원, 기타 이에 준하는 자는 10명 이상을 단체로 하고 감독 또는 지휘자 인솔 하에 입장할 경우, 1회 1인당 12세 이상 2전, 12세 미만 1전
2. 위 이외 10명 이상의 단체로서 감독 또는 지휘자 인솔 하에 입장할 경우, 1회 1인당 12세 이상 4전, 12세 미만 2전
3. 위 이외의 자는 1회 1인당 12세 이상 5전, 12세 미만 3전
4. 수영경기 출전선수와 그 후보자는 위의 규정에 불구하고 1인당 1전으로 한다.

- 제2조 수영장을 사용하는 자는 입장권을 구입하고 입장 시 계원에게 이를 교부해야 한다.
- 제4조 수영 시 수영복을 착용해야 한다. 단 남자는 팬티 또는 잠방이만을 착용해도 무방하다.

이 사용규정을 보면 1925년에 제정, 시행된 대구부수영장 사용조례의 내용을 더욱 구체화시킨, 즉 사용료의 세분화, 이용시간, 주의사항 등 세칙에 준하는 내용으로 규정되어 있음을 알 수 있다.

이와 같이 대구공설수영장은 사용조례에 따라 부윤이 정하는 액수의 입장료를 내야 했으며 필요하다고 인정할 경우에는 감면을 했다. 또한 입장료는 연령에 따라 정해져 있으며 단체 입장의 경우 할인도 해주었다. 그리고 수영장을 사용할 경우 반드시 수영복을 착용해야 했으며 입장제한 및 퇴장의 규정도 만들었다. 이러한 사용조례 및 규정은 오늘날 적용해도 손색이 없는 것으로 보인다.

3) 대구공설수영장의 이용자

대구공설수영장의 개장 후부터 1936년 달성공원 근처 서부수영장

이 만들어지기 전까지 10년간의 입장자와 입장료, 그리고 5년 동안의 경비에 대한 내용을 보면 〈표28〉, 〈표29〉와 같다.

먼저 〈표28〉을 보면 1929년 당시 대구인구는 9만1,860명으로서,[131] 입장자 평균 약 2만3,500명 정도를 감안하면 매년 대구부민 4명 중 1명이 수영장을 이용했다고 할 수 있겠다. 그리고 1929년에는 전년

표28. 대구공설수영장의 입장자 및 입장료 현황(입장자: 명, 단위: 엔)

연도	입장자	입장료
1926년	26,983	799.66
1927년	24,028	731.93
1928년	21,465	726.69
1929년	29,842	1,061.23
1930년	24,127	815.52
1931년	16,374	550.70
1932년	27,745	1,176.47
1933년	17,702	701.76
1934년	22,185	719.98
1935년	24,576	848.92

출처: 대구부, 『대구부 사회사업요람』, 1937, 67쪽.

표29. 대구공설수영장의 5년간 경비 현황(단위: 엔)

연도별		1932년(결산)	1933년(결산)	1934년(결산)	1935년(결산)	1936년(예산)
수입		1,176.47	701.76	719.98	848.92	1,736
지출	경상부	594.89	823.58	870.11	802.84	1,848
	임시부	-	623.30	317.00	22,453.03	1,100.00
	합계	594.89	1,446.88	1,187.11	23,255.87	2,948.00

출처: 대구부, 『대구부 사회사업요람』, 1937, 66쪽.

• • • • • • • • • • •

131 仲摩照久, 『日本地理風俗大系』17 朝鮮編, 新光社, 1930, 30쪽.

도 대비 입장자가 약 39%정도 늘어났는데 그 이유는 32℃ 이상의 혹서로 풀은 흥청거렸으며, 특히 야간 입장 희망자가 많아 오후 11시까지 개장했기 때문이다.[132] 또한 1932년은 전년도에 비해 입장자가 약 69%정도 늘어나고 있음을 알 수 있는데 그 이유는 기후변화로 일찍 더위가 찾아와 여름철이 41-42℃의 혹서였기 때문이다.[133] 이에 대해 당시의 신문 기사를 보면 다음과 같다.

> 대구의 여름은 마침내 본격적이어 부민은 매일 더위로 힘들어 하고 있는데 이 때문에 대구유일의 수향 동촌과 약수 및 부영 풀 등은 번성하고 있다. 지난 3일 일요일 부영 풀의 입장자는 실로 524명의 다수에 이르고 요금 22엔 80전으로 올해의 흑자를 암시했다.[134]

> 대구부영 풀은 최근 무더위로 부민이 한꺼번에 움직여 번성을 보이고 있는데 17일의 일요일에는 입장자 1,420명, 요금 58엔 34전으로 개장 이래 기록을 보였다. 그리고 21일부터는 야간도 개장하기 때문에 점점 증가할 것으로 보인다.[135]

한편 1931년에는 반대로 전년도에 비해 이용자가 약 24%정도 감소하고 있는데 그 이유는 예년에 비해 빨리 냉기가 찾아왔으며, 또한 우천으로 날씨가 서늘했기 때문이다. 이에 대해 당시의 신문기사를 보면 다음과 같다.

. . . .

132 『부산일보』 1929년 7월 19일.
133 강만길외(1995). 앞의 책, 277쪽.
134 『부산일보』 1932년 7월 6일.
135 『부산일보』 1932년 7월 20일.

> 대구지방은 최근 제법 가을다워져 예년에 비해 1년이나 빨리 냉기가 찾아왔기 때문에 얼음집을 비롯해 여름대목을 볼 각종 장사는 전혀 되지 않은 상태인데, 특히 올해는 우천으로 비참한 상태에 빠져 부영 풀도 작년처럼 입장자가 줄어 인부의 임금도 올리지 못하고 폐장할 예정이다.[136]

> 대구부영 풀은 지난 7월 1일 개장 이래 우천으로 인해 최근 서늘해져 입장자 격감 때문에 기간을 앞당겨 2일에 폐장했는데,[137]

이 기사내용을 보면 수영장은 여름철, 특히 기후의 영향을 많이 받는 시설이기 때문에 입장자의 증감이 현저하게 나타나고 있음을 알 수 있다.

다음으로 〈표29〉를 보면 1932년부터 1936년까지 5년간 수입은 1932년을 제외하고 매년 적자운영을 하고 있었다. 이는 위에서도 언급한 것처럼 1932년은 기후변화에 따라 혹서로 이용자가 늘어나 흑자운영을 했기 때문이다. 그러나 1933년부터 1935년까지는 이용자가 조금씩 늘어나는 추세를 보이고 있으나 1932년에 비해 이용자가 적어 적자운영을 면하지 못하고 있었다. 그리고 1936년은 서부수영장의 개장으로 이용자가 분산되었기 때문인 것으로 판단된다.

이상과 같이 대구공설수영장은 대구부에서 여름철 대구부민을 위해 만든 최초의 수영장으로서 당시 만철에서 인천월미도에 유원지 시설로 만든 수영장 다음이었다. 그러나 대구공설수영장은 국내에서 처음으로 대구부에서 직접 설치, 운영했다는 사실에 그 특징이 있다.

. . . .

136 『부산일보』 1931년 9월 2일.
137 『부산일보』 1931년 9월 3일.

이처럼 대구공설수영장은 여름철 더위가 심한 대구부민의 휴식처, 스포츠시설로서 지방스포츠의 활성화를 마련하는 계기를 가져와 지방스포츠는 물론 한국스포츠의 발전에도 많은 공헌을 했다는 점에서 역사적 의미가 있다고 할 수 있겠다.

4-6. 식민지 여가시설의 무대, 골프장

여가시설은 근대화의 산물로서 산업혁명이후 20세기라는 시대를 통해 대중문화의 다양화와 함께 성장했다. 이러한 여가시설은 일반대중의 기분전환, 휴식, 즐기는 장소로서 인식하게 되었다. 여기에서는 식민지 여가시설의 무대 골프장에 대해 알아보기로 한다.

1) 경성의 골프장

(1) 효창원골프장

한국에서 골프가 본격적으로 시작된 것은 효창원골프장이 만들어지고 나서였다. 효창원골프장은 1917년 7월 조선철도국이 만철(남만주철도주식회사)로 이관될 당시 이사였던 안도(安藤又三郞)가 다롄의 본사에 출장 갈 때마다 호시가우라(星ヶ浦) 골프장에 안내를 받아 상쾌한 플레이와 잘 정돈된 코스를 보고 매력을 느껴 경성에도 필요하다고 생각했다.

그 후 관계자들이 여러모로 연구한 끝에 조선철도국장 구보(久保要三)의 양해를 얻어 철도직영인 조선호텔의 고객에 대한 서비스뿐만 아니라 외국인 손님의 유치를 위해 호텔부속 시설로 정하고 호텔매니저인 이하라(猪原貞雄)와 협의한 끝에 철도국 관리로 하게 되었다. 1918년 5월 13일 입안, 5월 18일 시행, 회의 제1364호로 국장이하 4과장의 도장을 찍어 서류를 만들었는데 그 머리말을 보면 다음과 같다.

최근 골프가 유행해 호텔의 부속유희로서 빼놓을 수 없는 것으로 인식하는 경향이 있어 이것의 설비 결과 호텔 숙박객의 체재기간을 연장해 호텔 수입증가의 일조가 될 수 있는데 경성에는 아직 이 설비가 없어 유감이든 차에 용산효창원 부근의 국유지를 임대해 골프그라운드로서 필요한 설비를 갖추고 조선호텔의 관리 하에 경영하기로 했다. 이곳을 소관으로 채택 결정, 1919년 1월, 경성부 및 고양군, 효창원부근 국유지내, 면적 19정 3단 81보(저자 주: 5만7,981평) 내역 농상공부 5만4.010평, 토목국 3.625평, 탁지부(현 기획재정부) 346평을 철도국으로.[138]

안도는 다롄의 호시가우라 골프장을 보고 아직 골프가 미지의 상태인 경성에 조선철도국장의 양해와 조선호텔 지배인의 협력을 얻어 호텔의 부대시설로서 고객서비스와 손님유치를 위해 국유지인 용산효창원 부근 약 5만8.000평을 임대해 골프장을 건설하려고 했던 것이다.
이 토지의 선정은 안도, 이하라, 고쿠자와(国沢新兵衛 만철이사장)가 경성부근을 자동차로 조사한 끝에 정해졌다. 그리고 골프장의 설계는 이하라가 당시 일본 고베에 거주하고 있던 영국인 던트(H. E. Dannt)와 교섭해 경성에 출장 올 때 설계를 의뢰하기로 했다. 1919년 5월 13일 조선호텔에서 던트의 환영연이 열린 자리에서 설계안이 발표되어 철도국 공무과 이시카와(石川) 기사의 감독으로 나무 베기, 코스의 잔디, 하우스, 파수꾼 오두막집의 건축비까지를 포함해 6.000엔의 예

• • • • • • • • • • • •
138 高畠種夫, 「朝鮮ゴルフ小史」『GOLF』10-11, 目黒書店, 1940, 45쪽.

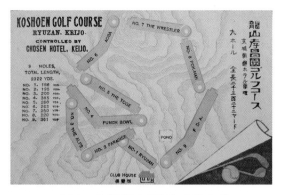

그림 33. 효창원골프장(출처: 손환 소장)

산으로 착공되었다. 처음 6홀에서 나중에 9홀로 확장했으나 결국 관
리 곤란으로 7홀만 사용했다.[139] 여기서 효창원골프장을 보면 [그림
33]과 같은데 한국 최초의 골프장으로서 9홀에 전체거리는 2,322야드
였고 각 코스의 성격에 따라 이름을 붙인 것이 특징적이었다. 예를
들면 2홀은 파라다이스, 5홀은 고개, 6홀은 나뭇잎 등이다.

이에 대해 조금 더 구체적인 내용을 살펴보면 9홀 중 2홀은 다른
운동장으로 할애해 7홀 밖에 사용할 수 없게 되어 만철에 보충하도록
요청했으나 실행되지 않고 회원도 연회비 25엔밖에 내지 않아 요구
할 수 있는 상황이 아니었다고 한다.[140] 이처럼 효창원골프장은 경성
부근을 물색해 정해진 장소로서 설계는 일본아마추어선수권자인 영
국인 던트에게 의뢰하고 6.000엔의 예산으로 9홀의 코스를 만들었으
나 관리곤란으로 결국 7홀만 사용하게 되었다.

이렇게 해서 효창원골프장은 1921년 6월 1일 개장하게 되었다. 개
장 당시에는 철도국 관계자, 안도 이사, 호텔사무원 외에 일본인은 한

· · · · · · · · · ·

139 高畠種夫, 위의 책, 45쪽.
140 ＦＴ氏, 「京城通信」『GOLFDOM』2-1, ゴルフドム社刊行會, 1923, 25쪽.

명도 없고 주로 호텔에 체재하는 외국인뿐이어서 조선호텔의 골프부를 만들어 관리하는 한편, 캐디에 나츠이(夏井千古 선원출신)를 임시로 호텔에 고용했다. 그리고 하루에 1엔의 그린피와 매월 5엔, 연 25엔이라는 회비제도를 만들고 볼은 호텔경리과에서 구입해 희망자에게 배분했으며 값비싼 화장품과 같이 매우 귀중품으로 취급되었다. 또한 임시 대여용으로 1세트 4자루의 클럽을 구입해 하루에 50전을 받고 대여했다. 그러나 이것만으로 유지, 경영하는 것이 곤란해 클럽조직으로 개선하려고 했으나 골프에 흥미를 보이는 자가 없었다. 그래서 결국 안도는 총독부, 체신국, 도청, 육군 관계자, 민간유지 등을 하우스에 초대해 외국인과 나츠이의 플레이를 보여주고 설명하는 등 회원유치를 위해 많은 노력을 했다. 이후 회원이 차츰 늘어났으나 골프에 대한 타법이나 규칙, 에티켓도 없이 골프를 했다고 한다.[141]

효장원골프코스는 1921년 개장했으나 이용자는 주로 외국인이어서 이를 타개하기 위해 회비제도의 마련, 볼과 클럽의 구입 등 만반의 준비를 갖추었으나 경영곤란에 빠졌다. 안도는 총독부를 비롯한 각 기관과 유지들을 통해 골프의 보급에 노력하면서 골프는 서서히 자리를 잡기 시작했다.

당시 골퍼의 복장은 스카치 트위드(Scotch tweed 사문직으로 짠 모직물)나 화려한 니커보커스(Knickerbockers 무릎 밑에서 졸라맨 느슨한 짧은 바지)로서 거리의 멋쟁이인 척하는 골퍼와 각반과 짚신에 머리띠를 두른 모습도 상당히 있었다.[142]

• • • • • • • • • • • •
141 高畠種夫, 앞의 책, 46쪽.
142 高畠種夫, 앞의 책, 47쪽.

(2) 청량리골프장

효창원은 경성의 중심지에 위치하고 있었으며 교통편도 비교적 편리했기 때문에 경성의 명소로서 손꼽히게 되었다. 게다가 잘 손질된 잔디와 푸르름 넘치는 숲은 산책지로서 손색이 없었으며 용산 주민도 점점 늘어나면서 녹지대가 있다는 사실을 알자 즉시 자신들의 공원으로 하고 싶어 훌륭한 지역을 일부가 전유하는 것은 이상하며 주민의 위생을 위해 개방해서 공원으로 해야 한다는 여론이 나왔다. 이와 동시에 골프의 기량이 어느 정도 향상되자 효창원은 좁아 이상적이고 본격적인 코스를 신설해야 한다는 의견도 있어 개장 후 불과 2년여 만에 이전설이 나오기 시작했다. 그래서 아리요시(有吉忠一 정무총감)와 오츠카(大塚常三郎 내무국장)는 교외를 돌아다니며 후보지 물색에 전념한 결과 토지의 매수 등 경비문제로 청량리 근처 고양군 숭인면 석곶리에 있는 이왕가의 능림을 임대하기로 했다.[143] 이에 대해 당시의 기사를 보면 다음과 같다.

> 동양제일을 자랑하고 있는 효창원코스는 2년 후 공원이 되기 때문에 철거해야 하는데 회원들이 사단법인을 조직하고 청량리 뒷산에 새로운 코스를 건설하기로 했다. ...중략... 청량리에 신설하는 골프장은 최대 18홀과 4만엔의 예산을 계획하고 있으며 예산은 회원들이 1만엔을 내고 나머지는 기부를 기대하고 있다.[144]

> 동대문밖 청량리 부근 석곶리에 골프장 약 9만평을 새로이 장만하는데 대해 지난 9일 밤 시내 골프협회 회원 간의 회의가 있은 후 경비 약 4만엔을 5년 동안 분할해 내게 되었는데 6, 7월간에는

---

143 高畠種夫, 앞의 책, 48쪽.
144 『경성일보』 1924년 3월 13일.

대체 완성되어 7, 8월경에는 사용하게 되리라 하더라.[145]

이 기사를 보면 청량리골프장은 효창원골프장의 공원화와 이상적인 코스의 신설요구로 이왕가의 능림 9만평을 임대하고 회원들의 도움으로 만들어졌던 것이다.

그림 34. 청량리골프장(출처: 高畠種夫,「朝鮮のゴルフ小史」
『GOLF』10-11, 目黒書店, 1940, 50쪽.)

골프장의 설계는 이노우에(井上信)에게 의뢰하고 만철에서 2만엔, 각 방면에서 2만엔의 출자를 얻었으며 공사는 철도국 공무과장인 나카노(中野深)가 담당하기로 했다. 동시에 철도, 즉 호텔의 손을 벗어나 독립된 명실 공히 경성골프구락부가 탄생하게 되었는데 인가받은 것이 1924년 4월 20일이었다. 코스는 18홀이었으나 실제로는 16홀로서 17홀과 18홀의 2코스는 1홀과 2홀을 중복해 사용했으며 전체거리는 3,906야드 파 70이었다.[146] 여기서 청량리골프장을 보면 [그림34]와

• • • • • • • • • • •

145 『동아일보』1924년 4월 11일.
146 高畠種夫, 앞의 책, 48-49쪽.

같은데 1홀에서 멀리 불암산이 보인다.

청량리골프장은 1924년 12월 개장했으며 회원을 위해 프로골퍼인 후쿠이(福井覺治)와 나카가미(中上数一)를 초청했다. 이것은 한국에서 최초의 골프레슨이었다. 한편 경성골프구락부는 1924년 3월 1일 조선호텔에서 창립총회를 개최하고 55명이 출석해 아리요시를 의장으로 추대하고 사단법인 경성골프구락부 설립의 건, 정관 작성의 건, 임원 선정의 건을 의결하고 초대임원으로 이사에는 안도(安藤又三郎), 이우치(井內勇), 오자키(尾崎敬義), 이항구(李恒九), 스미이(住井辰男), 오츠카(大塚常三郎), 나카노(中野深), 무사(武者錬三), 데이비드 선, 감사에는 아리가(有賀光豊), 시노다(篠田治策) 등 조선의 일류인사들로 구성했다.[147]

이와 같이 청량리골프장은 4만엔의 기부금과 이노우에의 설계, 철도국 공무과장의 공사로 18홀(1홀과 2홀을 중복사용), 3,906야드, 파 70으로 만들어졌으며 일본의 프로골퍼를 초청해 회원의 기술향상을 도모했다. 또한 조선의 일류인사들로 구성된 경성골프구락부를 설립해 기존의 조선호텔의 부속시설이었던 골프장을 독립된 시설로 운영했다.

(3) 군자리골프장

회원들의 기술이 향상되자 회원들 사이에서는 코스가 짧다, 지금보다 조금 더 본격적인 코스가 필요하다는 등 불만을 토로하는 자가 나오면서 다시 코스의 이전설이 대두되었다. 그래서 1928년 적당한 장소, 즉 토지비용이 들지 않는 조건부의 지역을 물색하고 있을 때 현재의 군자리, 자세하게 설명하면 고양군 둑도면 능리(전 이왕가의 유능)에 약 30만평의 푸르른 송림이 그대로 남아있다는 사실을 알게 되

• • • • • • • • • •

147 高島種夫, 앞의 책, 49쪽.

었다. 즉시 현지의 시찰, 교통문제의 해결을 하는 한편, 회원인 시노다의 알선을 통해 골프애호가인 영친왕의 양해를 얻어 무상대여로 현안의 문제를 해결했다. 특히 영친왕은 막대한 하사금과 은배의 하사, 공사비로 2만엔 외에 3년간 매년 5,000엔씩 1만5,000엔을 하사했다. 그밖에 코스내의 벌목대금 1만엔, 구락부 기금 2만엔, 회원 및 유지의 특별부담, 기부금으로 1928년 6월 11일 공사에 착수했다.[148]

이처럼 회원들의 기술향상에 따라 기존의 청량리골프장에 대한 회원들의 불만이 생기면서 또다시 코스의 이전설이 나와 적당한 장소를 물색하던 중 영친왕의 막대한 하사금과 토지의 무상대여로 군자리에 제대로 갖추어진 골프장을 만들게 되었던 것이다. 군자리골프장의 건설 준비상황에 대한 내용은 당시의 신문 기사를 통해 엿볼 수 있다.

뚝섬에 있는 구 유능림 25만여평을 이용해 8만평에 18코스를 5만 5천엔의 공사비로 그 동안 골프장 기공 중이든 바 오는 7월중에는 완성할 터이며 이와 동시에 청량리골프장은 폐지한다는바 공비는 골프구락부가 1만엔, 그 외는 이왕직에서 부담했다.[149]

군자리골프장은 기존의 효창원이나 청량리와는 달리 18홀 코스, 총 6,045야드, 파 69로 만들어졌다.[150] 여기서 군자리골프장을 보면 [그림 35]와 같은데 각 코스마다 거리와 파가 도표로 자세하게 나와 있다.

코스의 설계는 이노우에게 재차 의뢰할 계획이었으나 시노다가 골프장을 완전하고 자신 있게 만들기 위해 이 분야의 권위자인 아카보시(赤星六郎)에게 의뢰하기로 했다. 설계는 기후풍토를 고려해 그린

148 高畠種夫, 앞의 책, 51쪽.
149 『동아일보』 1929년 5월 26일.
150 大橋松太郎, 「内地コース巡禮」 『GOLFDOM』 11-3, ゴルフドム刊行會, 1932, 29쪽.

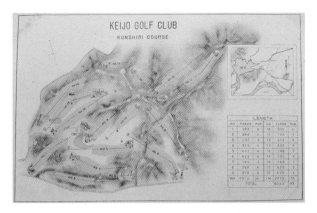
그림 35. 군자리골프장(출처: 손환 소장)

에 모래를 깔기로 하고 생각보다 공사가 잘 진행되어 그해 11월 13일 마쳤다. 그러나 무샤(武者錬三)를 비롯한 회원들이 모래 그린에 대해 유감을 표시하고 아카보시에게 변경을 상담한 끝에 양해를 얻어 잔디를 깔기로 하고 준공은 이듬해 6월로 연기되었다. 이렇게 해서 청량리골프장은 1929년 6월 22일 군자리로 이전하게 되었다. 한편 클럽하우스의 건축은 이왕가의 제실 등 기타 부속물이 그대로 남아있어 이것을 이용하자는 의견이 있었으나 회원인 나카무라(中村誠)에게 의뢰해 하우스도 거의 동시에 완성했다.[151]

이와 같이 군자리골프장은 영친왕의 배려로 완전한 골프장을 만들기 위해 골프계의 권위자에게 의뢰했으며 이는 한국 최초의 18홀 코스와 클럽하우스 등의 시설을 제대로 갖춘 골프장이었다.

151 高畠種夫, 앞의 책, 51쪽, 54쪽

2) 대구골프장

대구골프장은 1924년 조선총독부 정무총감인 아리요시(有吉)의 발의로 대구의 관민일동이 찬성해 그해 5월 3일 경상북도 지사 관저에서 모임을 가지고 달성군 수성면 덕산동 일대의 약 7만평 부지로 정했다.[152] 이 토지는 조선의 부호인 전 중추원 참의 서재조(徐再朝)가 기부한 것으로 비슬산의 산기슭에서 멀리 낙동강을 내려다보는 전망이 매우 좋은 곳이었다. 회원 수는 50여명이었고 회비는 월 2엔, 그린피는 회원이나 비회원 무료였으며 캐디는 모두 조선인으로서 15전, 10전, 7전의 3종류가 있었다. 특히 캐디는 많고 친절했기 때문에 볼 찾는 일과 백 관리를 위해 2명씩 고용하기도 했다.[153]

이와 같이 대구골프코스는 정무총감인 아리요시의 발의로 대구 관민유지의 협조, 특히 서재조의 기부로 전망이 좋은 비슬산 산기슭에 만들어졌으며 코스의 운영을 위해 회비, 캐디피를 정했다. 이것은 아마도 대구부윤인 마츠이(松井)가 경성골프장의 시찰을 통해 그 운영방식을 적용했던 것으로 추측된다.[154] 한편 골프장은 9홀, 2,870야드, 파 35였는데 회원의 증가에 따라 코스를 개조하고 더블티를 채용해 18홀, 5,590야드, 파69의 형식을 갖추게 되었다.[155] 대구골프장은 [그림36]과 같은데 클럽하우스의 모습이다.

여기서 1937년경 대구골프코스의 모습을 살펴보면 초기에는 비슬산 산기슭에 위치하고 있어 대체로 경사지를 왕복하는 9홀 코스로서 메마른 땅에서는 경작도 의심이 가는 장소였다. 현재는 물 부족으로

152 『동아일보』 1924년 5월 6일.
153 楚人冠, 「大邱のキャデー」『GOLFDOM』7-5,6, ゴルフドム社刊行會, 1928, 49쪽.
154 『동아일보』 1924년 5월 6일.
155 摂津茂和, 『日本ゴルフ60年史』, 有明書房, 1960, 114쪽.

그림 36. 대구골프장 클럽하우스
(출처: 大橋松太郎, 「內地コース巡禮」『GOLFDOM』11-3,
ゴルフドム刊行會, 1932, 30쪽.)

완전한 코스를 만들 수 있을지 모르겠지만 회원들의 정성어린 노력
에 의해 골프장다운 모습을 보이고 있다.[156]

이처럼 대구골프장은 산기슭의 메마른 곳에 위치하고 있었으나
회원들의 노력으로 차츰 골프장다운 모습을 갖추게 되었다. 특히 대
구골프장은 한국에서 매우 빠른 시기에 만들어졌으며, 또한 지방에
처음으로 만들어진 골프장이었다는 점에 그 의미가 있다고 할 수
있겠다.

3) 원산골프장

원산골프장은 원산해수욕주식회사가 공사에 착수한지 수개월이 지
난 1924년 7월 준공했다. 이 원산골프장은 마치 스코틀랜드의 골프장

----

156 高畠種夫, 「夏季シーズンの朝鮮各コース」『GOLF』7-9, 目黒書店, 1937, 61쪽.

처럼 송도원해수욕장 근처 풍경이 뛰어난 수 만평의 땅에 마련되었다.[157] 원산골프장은 준공 후 송도원구락부를 설치하기 위해 동호인이 모임을 가져 회칙을 제정하고 이시하라(石原), 스즈키(鈴木), 사토(佐藤), 도리이(鳥居), 고바야시(小林), 오타(大田), 가메타니(龜谷) 등 7명의 간사를 선정했다. 그리고 오는 7월 20일 일요일 멀리 경성 팀을 맞이해 코스개장을 겸한 대회 개최의 준비를 진행하고 있었는데 당일의 우승자에게는 만철 경성관리국 안도 국장 기증의 우승컵을 수여한다고 했다.[158]

그런데 이 대회는 우천으로 7월 27일로 연기되었다가,[159] 다시 날씨가 좋지 않아 결국 8월 3일에 개최되었다.[160] 이처럼 원산골프장은 원산해수욕주식회사에 의해 1924년 7월 전망이 좋은 송도원해수욕장 근처에 만들어졌으며 송도원구락부를 설치하기 위해 동호인이 모여 회칙과 간사를 선정하고 골프장 개장을 겸한 대회를 개최하면서 탄생하게 되었다.

원산골프장은 평지와 산지를 교묘하게 이용해 코스를 안배했기 때문에 시야가 매우 넓었고, 특히 4홀, 5홀, 6홀의 3코스는 이상적이었으며 그린의 상태는 골퍼가 손에 땀을 쥘 정도라고 했다.[161] 원산골프장은 [그림37]과 같이 지형의 특징을 잘 이용해 만들어진 것으로서 골퍼들에게 이상적인 코스였다고 할 수 있다. 이러한 골프장의 특징은 다음의 내용을 통해 엿볼 수 있다.

· · · · · · · · · · · ·
157 『경성일보』 1924년 7월 19일.
158 『경성일보』 1924년 7월 19일.
159 『경성일보』 1924년 7월 26일.
160 『경성일보』 1924년 8월 4일.
161 『경성일보』 1924년 7월 19일.

그림 37. 원산골프장(출처: 손환 소장)

골퍼에 있어 원산만큼 혜택을 받은 곳은 아마도 이 세상에는 없을
것이다. 코스는 시내에서 걸어 15분정도의 해변에 있다. 전망이 좋
은 산도 있고 바다도 있다. 여름에는 골프로 땀을 흘렸을 때 그대
로 바다에 뛰어들어 해수욕을 할 수 있다. 근처에는 송도원호텔이
있어 음식은 무엇이라도 먹을 수 있고 숙박도 가능하다.[162]

다른 곳의 골프장은 대부분 산지에 설치되어 있는 것에 대해 원
산해수욕주식회사 설치의 골프장은 그린을 해변에 만들고 숲 사
이에 코스를 배치한 새로운 골프장으로서 골프 후의 해수욕은 다
른 곳에서 찾아볼 수 없다.[163]

이 내용을 보면 원산골프장은 주위에 전망이 좋은 산과 해수욕장
이 위치하고 있었으며, 또한 근처에는 호텔이 있어 숙식하기에도 편

162 楚人冠, 「恵まれたる元山」『GOLFDOM』8-7,8, ゴルフドム社刊行會, 1928, 29쪽.
163 원산해수욕주식회사, 『송도원유원지 안내』, 1929.

리한 시설이 갖추어져 있어 오늘날의 어떤 골프장과 비교해도 전혀 손색이 없는 곳이라고 할 수 있겠다.

원산골프장의 이용은 입회비 무료, 회비는 매월 5전이었고 그린피는 회원 및 비회원 무료였다. 화, 목, 토, 일요일의 4일간은 일정한 장소에서 가솔린비만을 받고 자동자로 마중과 배웅을 해주었으며 캐디는 9홀에 10전이었다. 회원은 불과 20명이었지만 그래도 잘 유지가 되었다. 그 이유는 해수욕주식회사가 신경을 쓰고 있었고, 간사인 고바야시(小林)의 노력에 의해서였다. 고바야시는 이 지역의 백만장자로서 골프애호가였는데 골프용구의 매입에서 클럽의 수선까지 해주고 있었다. 볼도 자비로 구입해 원가로 회원에게 나누어 주었다. 매년 부족한 금액은 혼자서 부담했다. 원산골프장의 코스는 9홀 2,127야드였으며 로컬규칙(저자 주: 코스의 지리적 조건에 맞추어 특별히 정한 규칙)으로 어디에서나 벌점 없이 플레이를 할 수 있었다.[164]

이와 같이 원산골프장은 회원의 유치를 위해 주 4일간 교통편을 제공하고 입회금 및 그린피는 무료였으며, 특히 골프장의 운영은 원산 해수욕주식회사의 관리와 송도원구락부의 간사인 고바야시의 골프용구의 구입 및 수선, 자비부담 등 헌신적인 노력에 의해 유지되었다고 할 수 있다.

4) 평양골프장

평양골프장은 1928년 평양부외에 프로골퍼인 나카가미(中上数一)에 의해 9홀, 2,545야드, 파 33으로 만들어졌다. 주로 철도관계의 임원들이 중심이 되었으며 사무소를 철도호텔 내에 두고 지배인 이나바(稲

---

164 楚人冠, 앞의 책, 29쪽.

그림 38. 평양골프장(출처: 조선총독부철도국, 『평양』, 1930년대)

葉善之助)에 의해 운영되었다.[165]

평양골프장의 개장식은 1928년 10월 28일 오전 9시 평양부외 선교리 사동의 1홀에서 시노다 이왕직차관, 쇼다(生田) 내무국장, 야마자키(山崎) 원산부윤, 이케다(池田) 진남포부윤, 그밖에 전 조선 각지의 골퍼 1.000여명, 평양골프구락부 회원 30여명, 평양 및 부근의 일반인 백 수십 명이 참석한 가운데 아오키(青木) 평안남도 지사의 시구식이 있은 후 경기가 시작되었다. 우천에도 불구하고 9홀을 마치고 클럽하우스와 천막에서 축배를 들고 해산했다.[166]

그 후 9홀 코스는 18홀, 5,110야드, 파66로 확장되었는데 그 규모와 시설은 아직 정식의 골프장이라고 할 수 없었다.[167] 여기서 평양골프장을 보면 [그림38]과 같다.

165 摂津茂和, 앞의 책, 114-115쪽.
166 『경성일보』 1928년 10월 31일.
167 摂津茂和, 앞의 책, 115쪽.

당시 평양골프장의 모습을 보면 수맥이 전혀 없는 높은 언덕에 무리하게 만들어져 주위의 조망은 조선 제일이라고 자부하고 있으나 코스의 상태는 경성, 대구보다 형편없었고 그린도 특수모래로서 골프장이라고 할 수 없을 정도였다. 그러나 코스의 상태와는 반대로 아카보시(赤星六郞)가 기증한 골드메달을 획득한 사카모토(坂本)와 사메지마(鮫島) 등의 우수한 골퍼들이 있었다.[168] 이와 같이 평양골프장은 1928년 10월 철도관계자들에 의해 9홀 코스가 만들어져 개장식을 거행했으며 조망은 조선 제일이라고 하지만 코스의 상태는 그린이 모래로 되어 있어 아직 제대로 된 골프장이라고 하기에는 무리가 있었던 것으로 보인다.

5) 부산골프장

일제강점기 부산에서 골프장 건설은 1928년 말 부산의 정재계와 언론계 인물이 모인 조선연초 부산지점장 환송연에서 골프에 대한 이야기가 나오면서 시작되었다. 당시 경성을 비롯해 조선의 웬만한 대도시에는 골프장이 건설되었는데 동아시아 관문인 부산에만 골프장이 없어 부산의 대외적인 체면을 위해서라도 골프장 건설의 필요성이 제기되었다.[169]

그 후 골프장에 알맞은 지역을 찾았으나 교통문제와 땅값문제 등으로 어려워 해운대로 가는 전차를 부설하거나 도로를 수리해 부산에서 직통으로 가는 저렴한 자동차를 이용하는 수밖에 없었다.[170] 이처럼 부산의 골프장 건설은 제반문제로 적합한 지역을 찾지 못하고 이를

· · · · · · · · · · ·
168 高畠種夫, 앞의 책, 1937, 61쪽.
169 『부산일보』 1928년 12월 21일.
170 『부산일보』 1929년 2월 20일.

위한 해결책이 나온 정도였을 뿐 이렇다 할 진척이 없는 상황이었다.

그로부터 2년이 지난 1930년 12월 부산의 번영책으로서 외부손님 유치와 부산부민의 보건을 도모하기 위해 다니(谷) 경남지사, 다케우치(竹内) 내무국장, 도청간부를 비롯해 미야케(三宅) 동래고보 교장, 아오야마(青山文三) 동래번영회 회원 등이 모여 해운대의 적당한 지역을 선택해 수만평의 골프장을 건설하기로 협의를 했다.[171] 이렇게 해서 부산의 골프장 건설은 순조롭게 진행되어 1933년 5월 잔디심기를 마치고 8월에는 준공, 9월 1일에는 개장식을 거행할 계획이었다.[172] 그러나 부산골프장은 만반의 준비를 하기 위해 준비위원회를 개최하는 등 계획보다 1개월 정도 늦어졌다.

마침내 부산골프장은 와타나베 전 지사의 노력으로 1933년 10월 1일 성대하게 개장식을 거행하게 되었다.[173] 개장식과 관련해 당시의 모습을 소개하면 다음과 같다.

> 조선의 현관 부산을 장식하는 해운대골프장은 마침내 완성해 1일 오전 9시부터 개장식을 거행했다. 명랑한 근대미를 지니고 있는 취미의 스포츠로서 골프장이 부산에 하나정도 있는 것도 괜찮다고 다니(谷多喜磨)와 다케우치(竹内健郎)가 제창하고 나서 점차 실현을 희망하는 사람들이 많아져 학무국으로 영전한 와타나베(渡邊) 전 지사에 의해 급속도로 전개되어 실로 7만평의 지역이 가타쿠라 조직(片倉組)에 의해 제공되어 말 그대로 백사청송 사이에 해운대 경승 제일을 차지하며 실현하게 되었다. 해운대온천은 가깝고 동래온천도 근처에 있어 명소가 되었다.[174]

• • • • • • • • • • • •

171 『부산일보』 1930년 12월 2일.
172 『부산일보』 1933년 5월 19일.
173 『부산일보』 1933년 10월 1일.
174 橫尾信一郎, 「海雲臺ゴルフ場開場式」 『朝鮮と建築』12-11, 朝鮮建築會, 1933, 45-46쪽.

그림 39. 부산골프장(출처: 손환 소장)

　부산골프장의 코스는 전체 9홀에 거리는 2,610야드, 파 33의 구조로 되어 있었으며 현재의 퍼블릭 골프장이라고 볼 수 있다. 그리고 골프장의 설계는 일본의 골프선수 출신인 아카보시(赤星六郎)가 맡았다.[175] 여기서 부산골프장의 모습을 보면 [그림39]와 같다.

　이와 같이 부산은 조선의 현관, 동아시아 관문으로서 그 역할을 하고 있었지만 골프장이 없어 그 필요성이 제기되어 왔었다. 그러던 중 정계의 인물에 의해 주변 환경이 좋은 해운대에 골프장을 개장하면서 그 염원을 이루게 되었다.

　부산골프장은 외부손님의 유치와 시민의 건강을 도모하기 위해 건설되어 전 조선에서 최고의 제반시설을 갖춘 골프장 중의 한곳으로 그 이름을 떨쳤다. 그러나 일제에 의해 1937년 중일전쟁, 1941년 태평양전쟁으로 부산골프장은 병참기지로 비행장 활주로가 되면서 그 기능을 잃고 말았다. 광복 후에는 수영비행장, 컨테이너 야적장을 거

175 摂津茂和, 앞의 책, 115쪽.

처 현재는 신시가지 조성으로 센텀시티가 들어서 있다.

이상과 같이 한국에서 골프는 1921년 효창원골프장을 시작으로 청량리, 군자리, 그리고 지방에는 대구, 원산, 평양, 부산 등지에 골프장이 만들어졌다. 여기서 이들 골프장의 현황을 살펴보면 〈표30〉과 같다.

표30. 일제강점기 골프장 현황

골프장	개장시기	설계자	내 용
효창원	1921.06.01	H. E. Dannt	5만8,000평, 9홀, 2,322야드
청량리	1924.12.07	이노우에	9만평, 18홀, 3,906야드, 파70
군자리	1929.06.22	아카보시	25만평, 18홀, 6,045야드, 파69
대 구	1924.	불명	9홀, 2,870야드, 파35, 더블티 채용 18홀, 5,590야드, 파69
원 산	1924.07.	불명	9홀, 2,127야드
평 양	1928. 10.28	나카가미	9홀, 2,545야드, 더블티 채용 18홀, 5,110야드, 파66
부 산	1933. 10.01	아카보시	5만평, 9홀, 2,610야드, 파33

6) 조선골프연맹

조선골프연맹은 1937년 9월 23일 경성골프구락부에서 개최된 창립총회를 통해 설립되었다. 창립총회에서 임원의 선정, 세칙의 제정 등을 의결했으며 임원은 경성에서 이사장, 상무이사, 이사 각 1명, 평양, 부산, 원산에서 이사 각 1명, 대구에서 간사(연맹의 규약 제7조에는 감사) 1명을 선임하기로 의결했다.[176] 여기서 조선골프연맹이 창립하게 된 배경을 보면 다음과 같다.

주지하는 바와 같이 조선에는 경성, 부산, 대구, 평양, 원산의 5곳

176 小笠原勇人, 「朝鮮ゴルフ聯盟生る」 『GOLF』7-11, 目黒書店, 1937, 83-84쪽.

에 골프장이 있어 종래 각 구락부에서는 매년 1회 초청 토너먼트를 행해 구락부 상호간의 친목을 유지해 왔는데 이를 통일해야 할 기관이 없기 때문에 유기적인 연락이 없어 하나로 합쳐지는 느낌이 없었다. ...중략... 조선 내 골퍼의 기술향상을 목적으로 1935년 이래 경성과 대구, 부산연합군의 대항시합이 행해지게 되었는데, 이것도 평양, 원산을 유치하지 못해 전 조선을 하나로 할 수 없었다. ...중략... 그리고 작년 봄 경성골프구락부가 일본골프협회에 가맹하게 되고, 한편 만주골프연맹의 창립을 보게 되어 조선에도 연맹을 창립하려는 의견이 유력해져 작년 여름 경성골프구락부가 발기해 창립에 착수했던 것이다.[177]

조선골프연맹은 조선의 각 골프구락부가 친목을 도모하기 위해 매년 대회를 개최하고 있었으나 이를 하나로 총괄할 단체가 없었고, 또한 각 골프구락부간의 대항시합도 순조롭게 진행되지 못하는 상황에서 1937년 봄 경성골프구락부가 일본골프협회에 가맹하고 만주골프연맹이 창립한 것에 자극을 받아 설립하게 되었던 것이다.

조선골프연맹의 설립목적은 규약 제2조를 보면 조선 내의 각 골프구락부 상호간의 연락을 긴밀히 하고 골프의 향상 발전을 도모한다고 되어 있으며, 이 목적을 달성하기 위해 전 조선아마추어선수권경기대회, 가맹구락부 대항경기대회, 이사회에서 인정하는 각종 경기대회의 개최, 각 구락부를 통일한 본연맹의 핸디캡 제정, 기타 목적달성에 필요한 사업을 한다고 되어있다.[178] 그러나 실제로 그 외에 기관지인 「클럽라이프」도 발행했다.[179]

여기에서는 조선골프연맹의 사업 중 대표적인 활동이라고 생각되

• • • • • • • • • • • •

177 渡邊彌幸, 「クラブライフ発刊の辭」『ゴルフィング』 17, 關西ゴルフ聯盟, 1938, 26쪽.
178 小笠原勇人, 앞의 책, 84쪽.
179 渡邊彌幸, 앞의 책, 26쪽.

는 전 조선아마추어선수권경기대회와 기관지 발행에 대해 알아보기로 한다.

(1) 전 조선아마추어선수권경기대회

조선골프연맹은 창립일인 1937년 9월 23일 군자리골프장에서 전 조선아마추어선수권경기대회를 개최했다. 참가자는 시국관계로 경성은 물론 각 지방에서도 거의 없었고 전부 30명이 참가했다. 이날 오전에 내린 호우로 코스에 많은 영향을 주었으나 경기 직전에 비가 그쳐 대회는 순조롭게 진행되었다. 그러나 유감스럽게도 인코스가 여름의 폭염으로 잔디상태가 나빠 사용이 불가능해져 아웃코스만을 사용했다.[180]

경기는 9월 23일부터 26일까지 4일간 열렸는데 첫날은 스트로크플레이로 예선전을 거행해 16명을 정하고 이튿날부터 매치플레이로 준준결승, 준결승, 결승전을 거행했다. 여기서 특기할만한 사실은 첫날 예선을 통과한 16명 중 오한영(吳漢泳), 임영식(林英植), 박용균(朴容均), 장승량(張乘良), 김종선(金鍾善) 등 5명의 조선인이 포함되어 있었다는 것이다. 특히 예선의 최상위자는 장승량, 김종선, 오하시(大橋次郞)로서 3명이 동점이 되어 27일 18홀의 스트로크플레이를 거행해 다시 장승량과 오하시가 동점이 되어 9홀의 대결을 펼친 끝에 오하시가 승리했다. 이 대회의 결승전에서는 오하시가 장승량을 2대1로 누르고 우승했다.[181]

준우승자인 장승량은 1940년 6월에 개최된 구락부선수권대회에서 예선을 167이라는 최고성적을 거두고 통과해 그해 9월에 개최될 전

180 高畠種夫, 「全鮮アマチュア選手權記」『GOLF』7-11, 目黑書店, 1937, 82쪽.
181 高畠種夫, 위의 책, 82-83쪽.

조선아마추어선수권대회 우승후보로 꼽히는 실력자였다.[182]

이와 같이 조선골프연맹의 설립으로 조선에서는 전국규모의 대회가 열렸으며, 특히 이때부터 조선인 골퍼가 늘어나기 시작했고 실력 면에서도 일본인에게 뒤떨어지지 않는 모습을 보이기 시작했던 것으로 보인다. 특히 1941년 5월 일본오픈선수권에서 연덕춘 선수의 우승은 우리선수의 실력향상을 단적으로 보여주는 것이라고 할 수 있겠다.[183]

(2) 기관지의 발행

조선골프연맹은 1938년 기관지 「클럽라이프」라는 월간지를 창간해 매월 연맹의 가맹구락부 회원에게 배포했다.[184] 원래 기관지 발행은 창립총회에서 가장 먼저 해결해야 할 문제였으나 조선 유일의 골프잡지 발행소인 골퍼사 다카하다(高畠種夫)의 의협적인 정신과 각 구락부 이사의 이해있는 조치에 따른 것이었다. 즉 다카하다는 연맹 기관지의 발행에 즈음해 잡지 「골퍼」를 폐간시키고 각 구락부의 회원이 전부 구독하도록 구락부에서 책임을 지게하고 기관지 발행의 수지가 충분하다는 전망이 보여 예상한 것보다 빨리 기관지를 발행하게 되었다.[185] 기관지의 체재는 4·6배판, 30쪽이었고 표지에는 각 골프구락부의 코스풍경 사진을 넣었으며 창간호는 1938년 3월 중순에 발행되었다.[186]

이와 같이 조선골프연맹은 기관지를 발행했는데 이것은 창립총회에서 다루어질 정도로 매우 중요한 사업이었다. 발행에 이르게 된 경

---

182 『동아일보』 1940년 6월 4일; 小笠原勇人, 「全朝鮮の今年のチャンピオ予想」『GOLF』 10-8, 目黒書店, 1937, 52쪽.

183 摂津茂和, 앞의 책, 114쪽.

184 久富宗憲, 「朝鮮ゴルフ聯盟」『ゴルフィング』17. 關西ゴルフ聯盟, 1938, 44쪽.

185 渡邊彌幸, 앞의 책, 26쪽.

186 久富宗憲, 앞의 책, 44쪽.

위를 보면 다카하다가 발행하고 있던 기존의 골프잡지를 폐간시키는 그의 의협적인 정신과 각 구락부 회원이 전부 구독하도록 하는 이사의 이해가 있었기 때문에 가능했다고 판단된다. 현재 「클럽라이프」는 소재가 파악되고 있지 않다.

이상과 같이 한국에서 골프는 경성을 비롯해 각 지역에 골프장이 만들어져 활동을 했는데 이들 활동은 관 주도 하에서 유지들의 협력으로 주로 일본인들에 의해 행해졌다. 그러나 이들 대부분의 골프장은 일제말기 전시체제하에서 군사시설로 사용되어 거의 사라지고 말았다.

참고문헌

□ 그림엽서

『경성운동장 육상경기장』『경성운동장 야구장』『경성운동장 정구장』『경성운동장 수영장』『부산공설운동장』『부산공설운동장 야구장』『대구공설운동장 야구장』『대구종합운동장』『대구공설수영장』『효창원골프장』『군자리골프장』『원산골프장』『부산골프장』

□ 메달

『제8회 조선신궁경기대회』『제9회 조선신궁봉찬체육대회』

□ 트로피

『제4회 조선신궁경기대회』

□ 상장

『제18회 조선신궁봉찬체육대회』

□ 팸플릿

『제3회 전 조선육상경기대회』『송도원해수욕장 원산』『원산 송도원유원지 안내』『체력장검정증』『평양』『釜山の道標 電車路線圖』『綠旗パンフレット』

□ 조사서

경상남도편찬, 『경상남도 사회사업시설개요』, 1931.

경상북도, 『경상북도 사회사업요람』, 1930.

경성부사회과, 『경성부 사회사업요람』, 1934.

대구부, 『대구부 사회사업요람』, 1937.

대구부편찬, 『대구부세일반』, 1936.

부산부, 『부산부 사회시설개요』, 1927.

부산부, 『부산부세요람』, 1932.

부산부, 『부산부예규류집』, 1937.

부산부, 『부산부예규류집』, 1943.

부산부내무계, 『부산부운동장사용조례』, 1928.

文部大臣官房體育課, 「殖民地二於ケル主ナル體育運動團體」『本邦二於ケル體
　　育運動團體二關スル調査』, 1937.

文部大臣官房體育課, 『本邦一般社會二於ケル主ナル體育運動場團一覽』, 1934.

□ 신문

『국민신보』『경성일보』『경인일보』『경향신문』『대한매일신보』『대한
민보』『독립신문』『동아일보』『매일신보』『부산일보』『서울석간』『조선
시보』『자유신문』『조선신문』『조선일보』『조선중앙일보』『중앙신문』『중
앙일보』『중외일보』『해방뉴-스』『한국일보』『황성신문』

□ 잡지

『동광』『삼천리』『신동아』『별건곤』『신여성』『부산』『조광』『조선교육
회잡지』『조선체육계』『중앙』『청년』『춘추』『학생』『조선연감』『all
Sports 21c』『朝鮮』『京城彙報』『朝鮮スポーツ』『朝鮮と建築』『文敎の朝
鮮』『アスレチック』『運動年鑑』『オリムピック』『GOLF』『GOLFDOM』
『ゴルフィング』『柔道』『スキー年鑑』『體育日本』『體育と競技』『日本庭
球年鑑』『排球』『籠球』

□ 단행본

강만길, 『한국사연표』, 한길사, 1995.

강형구・이주숙, 『손기정이 달려온 길』, 서울셀렉션, 2004.

고두현, 『베를린의 월계관』, 서울올림픽기념 국민체육진흥공단, 1997.

김보영, 『정말체조법』, 삼천리사, 1932.

김세한, 『배제80년사』, 배재학당, 1965.

김우철, 『경성부 법령자료집』, 서울역사편찬원, 2017.

김정연, 「스포츠와 이상백박사」『이상백박사 회갑기념논총』, 을유문화사, 1964.

김창문, 『체육대감』, 연합신문사, 1957.

나현성, 『한국운동경기사』, 보문사, 1958.

나현성, 『한국체육사』, 교학연구사, 1981.

대한체육회, 『대한체육회 70년사』, 1990.

대한축구협회, 『한국축구백년사』, 1986.

동아일보80년사 편찬위원회, 『민족과 더불어 80년』, 동아일보사, 2000.

민관식, 『대한체육회사』, 대한체육회, 1965.

박상석, 『구한말 운동회 풍경』, 한국학술정보, 2016.

방우영, 『한국골프 100년』, 대한골프협회, 2001.

배재백년사편찬위원회, 『배재백년사』, 배재중·고등학교, 1985.

백용기, 『나의 교직 40여년』, 도문사, 1978.

서상천외 3명, 『현대체력증진법』, 세광사, 1931.

서상천·이규현, 『현대철봉운동법』, 한성도서주식회사, 1934.

손기정, 『나의 조국 나의 마라톤-손기정 자서전』, 한국일보사출판국, 1983.

이길용, 「소위 일장기말살사건」『신문기자수첩』, 모던출판사, 1948.

이동찬, 『한국골프사』, 한국골프협회, 1985.

이병권, 『양정체육사』, 양우체육회, 1983.

이상백평전출판위원회, 『상백 이상백평전』, 을유문화사, 1996.

이의근, 『경북체육사』, 경상북도체육회, 2005.

이제황, 『신유도』, 수상계사, 1976.

이학래, 『한국근대체육사연구』, 지식산업사, 1990.

이홍종, 『한국유도사』, 한강문화사, 1984.

인촌기념회, 『인촌 김성수전』, 1976.

전택부,『남기고 싶은 이야기들』, 종로서적, 1993.

전택부,『한국기독교청년회운동사』, 범우사, 1994.

조선총독부,『조선사정』, 1943.

조선총독부 학무과,『조선교육법규』, 조선행정학회, 1945.

최영일,『향토체육반세기』, 대일, 1999.

한국체육기자연맹,『일장기말소의거 기자 이길용』, 인물연구소, 1993.

한국체육사편찬위원회,『20세기 한국스포츠 100년』, 이길용기념사업회, 1999.

휘문70년사편찬위원회,『휘문 70년사』, 휘문중·고등학교, 1976.

李想白,『指導籠球の理論と實際』, 春陽堂, 1930.

今川百枝,『慶南年鑑』, 朝鮮時報社, 1937.

上野盛一,『慶南旅行の友』, 朝鮮警察協會 慶尙南道支部後援會, 1935.

大阪朝日新聞社,『鮮滿大觀』, 1928.

大島勝太郎,『朝鮮野球史』, 朝鮮野球史發行所, 1932.

大島裕史,『日韓キックオフ伝説』, 實業之日本社, 1996.

學校法人日本体育大學百年史編纂委員會,『學校法人日本体育會百年史』, 1991.

鎌田忠良,『日章旗とマラソン』, 講談社, 1988.

攝津茂和,『日本ゴルフ60年史』, 有明書房, 1960.

鮮鐵ラグビー部,『鮮鐵ラグビー史』, 1980.

孫基禎,『ああ月桂冠に涙』, 講談社, 1985.

大日本體育協會,『大日本體育協會史』上卷, 1937.

出口林次郎,『體育運動競技要覽』, 體育運動協會, 1938.

仲摩照久,『日本地理風俗大系』17 朝鮮編, 新光社, 1930.

西脇良朋,『朝鮮中等學校野球史』, 2000.

日本体育大學同窓會,『日本体育大學同窓會員名簿』, 1991.

日本体育學會体育史專門分科會,『日本スポーツ百年の歩み』, ベースボー
　　ルマガジン社, 1967.

野口源三郎,『最近陸上競技規則の解說』, ヘルメス社, 1922.

山崎柴峰,『日本スキー發達史』, 朋友堂, 1936.

陸上競技硏究會, 『伯林オリムピックの全貌』, 一成社, 1936.

早稻田大學RDR俱樂部, 『RDR60』, 1983.

□ 논문

선봉옥, 「한국 사이클경기의 변천과정에 관한 연구」, 서울대학교 석사학
위논문, 1997.

이태웅, 「구한말 최초 운동회에 대한 이설」『한국체육학회지』, 44-4, 2005.

〈부록 1〉일제강점기 스포츠단체 현황

□ 경기도

단체명	설립연월	대표자	사무소	주요 사업
경성무덕관	1912. 07	陣内鹿雄	경성부 황금정	검도, 경기회, 강연회
강도관 조선지부	1917. 11	篠田治策	경성부 하세가와	유도 보급, 대회 개최
조선체육협회	1919. 06	渡辺豊日子	총독부 학무국	조선신궁경기대회
고려청년회체육부	1920. 06	구창모	개성부 동본정	유도, 탁구, 육상, 축구
조선체육회	1920. 07	윤치호	경성부 종로	각 종목 경기대회
조선무도관	1921. 11	강낙원	경성부 연동	유도, 무도연구
강무관	1922. 10	한진희	경성부 낙원동	유도
중앙회관체육부	1924. 04	최창순	개성부 북본정	정구, 탁구, 빙상
경성승마구락부	1924. 08	久保薫一	경성부 황금정	승마대회, 마술연구
인천체육협회	1925. 12	松島清	인천부청	육상, 야구, 정구, 무도
중앙체육연구소	1926.	서상천	경성부 화동	역기, 체조, 무도, 보건
김포정구구락부	1926. 03	김재헌	김포군	리그전 개최
경기도체육협회	1926. 04	大島良士	경기도청	체육 장려
인천무덕정	1926. 05	김흥완	인천부 모모야마	궁술 장려
수원체육회	1927. 03	홍사응	수원군 신풍리	시민운동회, 정구경기
조선실업야구연맹	1927. 05	日野憲一	경성통체국	야구대회
경성궁우회	1927. 10	思田銅吉	경성부 황금정	전 조선대회
조선럭비협회	1927.	武者練三	경성사범학교	럭비대회
조선권투구락부	1928.	성의경	경성부 연동	권투, 일본 원정경기
이천운동구락부	1929. 04	이규태	이천군 중리	축구대회 개최
개성체육협회	1929. 09	김병태	개성부청	육상, 야구, 정구
조선학생마술연맹	1929.	林茂樹	경성부 황금정	학생마술대회
이천농구구락부	1930. 04	박용원	이천군 창전리	농구대회 개최
연무관	1931. 봄	이경석	경성부 수송동	
강화체육회	1931. 04	서봉준	강화군 신문리	육상경기대회 개최
김포공장운동구락부	1931. 04	實鐘植	김포군 걸포리	야구와 정구 대항경기
광주군체육협회	1931. 07	박제승	광주군청	육상, 정구, 축구
통진운동구락부	1931. 10	조봉소	김포군 군하리	각종 운동장려
김포소년정구구락부	1932. 03	공구택	김포군	정구 장려
금화산조기회	1932. 03		서대문	보건운동
경성육상경기연맹	1932. 05	井上清	철도국 경리과	육상대회, 강습회
인천연식치요다구락부	1932. 08	井上好雄	인천부	정구 장려
경성수상경기연맹	1933. 03	伊達四雄	총독부 철도국	선수권대회 개최
조선빙상경기연맹	1933. 03	林茂雄	경성제대 예과	빙상선수권대회 개최
대일본농구협회 조선지부	1933. 03	奥村重正	경성 메이지초	선수권대회 개최
조선탁구협회	1933. 03	高木市之助	경성의학전문학교	선수권대회 개최

조선정구연맹	1933. 03	吉田浩	총독부 철도국	선수권대회 개최
개성농구협회	1933. 03	고한승	개성부 만월정	농구대회 개최
조선배구협회	1933. 04	高橋濱吉	용산공립중학교	선수권대회 개최
대일본조정협회 조선지부	1933. 04	吉田浩	총독부 철도국	선수권대회 개최
전조선육상경기협회	1934. 03	奧村重正	총독부 사회과	선수권대회 개최
조선연식정구연맹	1935. 03	安井誠一郎	조선식산은행	선수권대회 개최
전조선연식야구연맹	1935. 09		총독부 사회과	선수권대회 개최

□ 충청남도

단체명	설립연월	대표자	사무소	주요 사업
대전체육회	1922. 06	유기동	대전읍	각종 육상, 강연회 개최
대전사쿠라구락부	1924. 04	須々木権次郎	대전읍	정구
대전연식야구연맹	1927. 04	吉原静光	대전읍	연식야구
공주군체육회	1927. 04	饗場英二郎	공주읍	선수파견
충청남도체육협회	1928. 09	윤태빈	도청	각종경기, 선수파견
홍성체육회	1931. 02	이병우	홍주면	정구, 야구
대천체육회	1932. 05	조풍호	보령면	각종 운동

□ 충청북도

단체명	설립연월	대표자	사무소	주요 사업
청주체육협회	1923. 07	山本幸四郎	청주읍	각종 경기대회
괴산군체육협회	1929. 02	군수	군청	각종 경기대회
진천군체육협회	1929. 03	군수	군청	각종 경기대회
영동군체육협회	1929. 03	군수	군청	각종 경기대회
옥천군체육협회	1929. 03	군수	군청	각종 경기대회
단양군체육협회	1929. 03	군수	군청	각종 경기대회
보은군체육협회	1929. 04	군수	군청	각종 경기대회
음성군체육협회	1929. 05	군수	군청	각종 경기대회
청주체육협회	1929. 05	군수	군청	각종 경기대회
제천군체육협회	1929. 05	군수	군청	각종 경기대회
충주군체육협회	1929. 05	군수	군청	각종 경기대회
괴산축구단	1929. 05	유한수	괴산읍	축구대회 개최
충청북도체육협회	1929. 06	矢野桃市	도청	체육 강습회, 각종 경기대회
괴산청천운동단	1930. 06	정영근	괴산군	축구, 정구, 야구대회 개최
괴산역기단	1932. 11	홍원식	괴산읍	역기
제천체회	1933. 06	안한익	서천군	정구, 자전거, 육상경기
진천상산구락부	1933. 10	김인식	진천군	야구, 축구, 정구, 역기, 빙상대회 개최

□ 경상남도

단체명	설립연월	대표자	사무소	주요 사업
부산목도체육회	1917. 10	하성용	부산부	운동회, 정구대회 개최
부산서부체육회	1919. 03	강남석	부산부	육상, 축구, 씨름대회 개최
진주정구구락부	1925. 06	김재희	진주 남산정	정구
경남체육협회	1926. 09	松下芳三郎	도청	선수파견
동래체육회	1927. 03	김용찬	동래군	축구, 시민대운동회
진해체육협회	1928. 02	駒宮庄三郎	진해읍	시민운동대회
동래정구단	1928. 03	이재현	동래군	정구대회 개최
부산체육협회	1928. 06	大島良士	부산부	각종 체육
마산체육협회	1928. 09	田中玄黑	마산부	경기회 개최
부산체육회	1928. 12	전영호	부산부	운동회, 육상대회 개최
진주축구구락부	1929. 08	김재희	진주읍	축구, 야구대회 개최
함안체육회	1931. 01	정의석	함안읍	유도
부산중앙체육회	1931. 05	김장태	부산부	야구, 부민 및 부녀자운동회
진주무도단	1933. 07	이산백	진주읍	유도, 격검, 권투

□ 경상북도

단체명	설립연월	대표자	사무소	주요 사업
대구체육협회	1926. 09	대구군수	대구부	야구, 정구, 육상, 수영 등 각부 조직 체육 강연 및 지도회 개최
김천군체육협회	1926. 09	김천군수	군청	각종 경기대회, 체육 강연 및 지도회 개최
경상북도체육협회	1926. 11	伊達四雄	도청	각종 경기대회 개최, 군·도 체육협회에 강사 및 지도자 파견, 강습회 개최
예도군체육협회	1926. 10	김천군수	군청	각종 경기대회, 체육 강연 및 지도회 개최
울릉도체육협회	1926. 10	울릉도사	도(島)청	각종 경기대회, 체육 강연 및 지도회 개최
경주군체육협회	1927. 05	경주군수	군청	각종 경기대회, 체육 강연 및 지도회 개최
포항체육협회	1928. 03	박명오	영일군	운동회, 각종 경기대회 개최
청도군체육협회	1928. 11	청도군수	군청	각종 경기대회, 체육 강연 및 지도회 개최
영주체육회	1930. 06	김상호	영주군	정구대회 개최
청송군체육협회	1930. 10	청송군수	군청	각종 경기대회, 체육 강연 및 지도회 개최
의성체육회	1931. 06	오병수	의성읍	운동회, 그네, 씨름, 야구 대회 개최

영일군체육협회	1932. 07	영일군수	군청	각종 경기대회, 체육 강연 및 지도회 개최
울산체육협회	1932. 11	김상헌	울산군	운동회, 정구, 야구, 씨름 대회 개최
고령정구구락부	1933. 02	현시웅	고령군	정구대회 개최

□ 전라남도

단체명	설립연월	대표자	사무소	주요 사업
목포체육협회	1923. 08	차남진	목포부	야구, 정구, 육상
목포운동협회	1924. 04	永井照雄	목포부	야구, 정구, 육상
고흥체육회	1924. 08	김상형	고흥군	정구, 축구, 운동회
영암궁도회	1925. 10	高橋種夫	영암면	궁도
전라남도체육회	1926. 04	鈴川壽男	도청	대회개최, 선수파견
목포상무회	1926. 11	多田儀一	목포경찰서	검도, 유도 장려
흑목궁도회	1927. 08	本鄕元榮	흑수읍	궁도
광양체육회	1928. 03	김재후	광양군	축구, 정구
완도체육협회	1928. 06	박노길	완도면	정구, 축구
완도체육회	1928. 08	박노길	완도면	정구, 체육열 고취
제주체육회	1928. 10	黑崎峰三	제주도청	야구, 정구, 육상
진도궁도회	1929. 04	오수건	진도면	궁도
순천체육회	1929. 07	김종필	순천읍	야구
영산포체육협회	1929. 07	黑住猪太郞	영산면	야구, 정구, 탁구
목포유영협회	1929. 08	加藤寮平	목포부	수영지도
광양군체육회	1931. 03	堀口健	광양면	야구, 정구
제주궁도회	1931. 05	山本末弘	제주읍	궁도
여수체육회	1931. 09	近藤彬夫	흑수읍	야구, 정구, 수영, 육상
나주체육협회	1931. 10	오광은	나주읍	정구, 야구
장성체육협회	1931. 10	박영만	장성면	일반체육의 보급
진도체육회	1932. 06	박동일	진도면	정구, 축구
담양체육회	1932. 08	담양군수	담양군청	선수파견
영광체육회	1932. 08	조병연	영광군청	정구, 야구, 축구, 육상

□ 전라북도

단체명	설립연월	대표자	사무소	주요 사업
군산체육협회	1924. 10	佐藤德重	군산부	선수초빙대회 개최, 선수파견
임실군체육협회	1929. 05	임실군수	임실군청	정구대회
남원군체육협회	1929. 05	남원군수	남원군청	
정읍군체육협회	1929. 05	정읍군수	정읍군청	
금산군체육협회	1929. 05	금산군수	금산군청	

단체명	설립연월	대표자	사무소	주요 사업
진안군체육협회	1929. 06	진안군수	진안군청	
무주군체육협회	1929. 06	무주보통학교	무주보통학교	
장수군체육협회	1929. 06	장수군수	장수군청	
김제군체육협회	1929. 06	橋本央	김제군청	
전주군체육협회	1929. 07	전주군수	전주군청	대회 개최, 선수파견
고창군체육협회	1929. 07	고창군수	고창군청	회원 지도, 대회개최
전라북도체육협회	1929. 08	내무부장	도청	대회 개최, 선수파견
고창흥덕정구단	1930. 03	박상근	고창군	정구
순창군체육협회	1930. 05	순창군수	순창군청	
이리체육협회	1931. 04	이리군수	이리읍	대회 개최, 선수파견
고창체육회	1932. 04	조춘원	고창군	정구, 축구, 씨름대회 개최
군산농구구락부	1933. 06	서홍선	군산부	농구
군산야구구락부	1933. 07	이창근	군산부	야구
군산축구구락부	1933. 11	김해욱	군산부	축구
부안군체육협회		부안군수	부안군청	
옥구군체육협회		옥구군수	옥구군청	
고창사천학우회		신상범	고창군	정구

□ 강원도

단체명	설립연월	대표자	사무소	주요 사업
평강체육회	1927. 04	이태윤	평강군	정구, 축구, 야구, 시민운동회 개최
강원도체육협회	1927. 09	甘庶義邦	도청	각종 경기대회. 강습회 및 연습회
철원군체육협회	1927. 07	平井義一	철원군	육상, 정구, 궁도, 체육 장려
통천고저체육회	1929. 01	김창성	통천군	축구대회 개최
춘천군체육협회	1929. 09	雀晚達	춘천군	각종 경기대회, 체육선전
통천청년회	1929. 10	김차득	통천군	축구, 정구, 시민대운동회 개최
강릉군체육협회	1930. 11	瀧澤誠	강릉군	각종 경기대회, 체육선전
삼척군체육협회	1931. 04	任是宰	삼척군	각종 경기대회, 체육선전
복계체육회	1931. 05	서명훈	평강군	
양양체육협회	1931. 06	박연석	양양면	각종 경기대회
화천체육회	1932. 05	김창섭	화천군	시민운동회, 정구대회 개최
철원동주구락부	1932. 08	이병훈	철원읍	각종 경기대회, 선수파견
원주군체육협회	1932. 09	장헌근	원주군	각종 경기대회, 체육선전
홍천체육구락부	1932. 09	김영길	홍천읍	정구, 축구, 보건체조회 개최
운마체육회	1933. 10	권태국	평강군	

□ 평안남도

단체명	설립연월	대표자	사무소	주요 사업
평양체육협회	1920. 10	河野節夫	도청	회칙
성천맹호단	1923. 05	김석범	성천읍	축구대회 개최
관서체육회	1924. 03	조만식	평양부	각종 경기대회
평남체육협회	1926. 10	阿部千一	평양부	회칙
진남포체육협회	1927. 05	中原史郎	진남포부	회칙
남경청년회	1928. 04	유동희	원탄면	축구 대운동회 개최
승호리청년회	1928. 10	김정태	승호리	축구대회 개최
삼등명화청년회	1929. 04	이원일	삼등면	축구, 운동회 개최
승호리번영회	1930. 07	송용현	승호리	씨름, 그네, 시민운동회 개최
강동청년회	1931. 04	김천우	강동읍	축구대회 개최
대성리청년회	1933. 07	전선수	대성리	축구, 대운동회 개최

□ 평안북도

단체명	설립연월	대표자	사무소	주요 사업
선천기독교청년회운동부	1919. 07	주현칙	선천군	정구대회 개최
철옹구락부	1920. 08	김학신	영십군	체육의 장려 및 지도
강계체육협회	1922. 05	樺島年太郎	강계군	육상, 정구, 축구대회 개최
정주체육회	1926. 04	백중빈	정주군	씨름, 그네, 시민운동회 개최
강계석주구락부	1926. 04	김형활	강계군	야구, 축구대회 개최
구성청년회	1926. 05	원봉순	구성군	체육의 장려 및 지도
철산체육회	1926. 07	김기봉	철산군	육상, 정구, 그네, 씨름대회 개최
운향체육회	1927. 05	박경순	용천군	정구, 씨름
창성구락부	1927. 05	홍영선	창성군청	정구, 축구대회 개최
평안북도체육협회	1927. 06	佐々木忠右衛門	도청	육상, 수상, 스케이트, 정구, 야구, 축구의 지도 장려
철산체육협회	1927. 07	김기봉	철산군	체육의 장려 및 지도
희천체육협회	1927. 10	박낙승	희천군청	정구, 육상대회 개최
평안북도체육협회 용천지부	1928. 05	김영배	용천군청	육상, 정구, 축구의 지도 장려
동아지국운동부	1929.	이영학	선천군	정구대회 개최
선천체육협회	1929. 05	오현애	선천군	체육의 장려 및 지도
평안북도체육협회 태천지부	1929. 07	문병서	태천군	운동회, 스모 및 구기대회 개최
선천체육회	1929. 08	오현준	선천읍	육상, 씨름대회 개최
우의구락부	1929. 10	이관도	강계읍	축구, 빙상대회 개최
영미체육회	1930. 11	이문욱	박천군	씨름, 정구, 시민운동회 개최
초산운동구락부	1930. 11	桂淳	초산군청	정구, 야구의 지도 장려

창성기독교청년회	1931. 01	허익선	창성군	축구대회 개최
후창체육협회	1931. 07	이원규	후창군	육상, 야구, 축구대회 개최
차련관체육회	1931. 08	오덕은	철산군	체육의 장려 및 지도
북진청년회	1932. 04	오경식	운산군	정구, 야구, 시민운동회 개최
신의주체육회	1932. 05	고병철	신의주부	육상, 씨름, 그네대회 개최
박천체육협회	1932. 05	홍순용	박찬군	체육의 장려 및 지도
고산진체육협회	1932. 08	梅田七左衛門	간계군	정구의 지도 장려
의주체육협회	1932. 11	大沼喜久衛	의주군	각종 경기대회 개최, 강화회 개최
위원체육협회	1932. 10	박기환	위원군청	정구, 축구대회 개최
석주체육회	1933. 03	김승수	강계읍	체육의 장려 및 지도
삭천체육구락부	1933. 08	김기수	삭천군	체육의 장려 및 지도
강계활빙구락부	1933. 11	김태순	강계읍	빙상경기의 지도 및 장려

□ 황해도

단체명	설립연월	대표자	사무소	주요 사업
장연체육회	1920. 05	이종현	장연읍	씨름, 시민대운동회 개최
연백백호단	1925. 08	김경환	연백군	축구, 정구, 농구, 육상경기 개최
겸이포유학생우회	1925. 08	이상도	겸이포읍	축구, 농구, 육상운동회 개최
해주체육협회	1926. 04	해주읍장	해주읍	각종 운동경기
장연군체육협회	1926. 05	장연군수	군청	각종 운동경기
연백군체육협회	1927. 04	연백군수	군청	각종 운동경기
안악군체육협회	1927. 04	안악군수	군청	각종 운동경기
황주군체육협회	1927. 05	황주군수	군청	각종 운동경기
수안군체육협회	1927. 05	수안군수	군청	각종 운동경기
평산군체육협회	1927. 05	평산군수	군청	각종 운동경기
공미진군체육협회	1927. 06	공미진군수	군청	각종 운동경기
황해도체육협회	1927. 06	황해도지사	도청	각종 체육사업, 체육협회 원조
김천군체육협회	1927. 06	김천군수	군청	각종 운동경기
은율군체육협회	1927. 06	은율군수	군청	각종 운동경기
재령군체육협회	1927. 06	재령군수	군청	각종 운동경기
봉산군체육협회	1927. 06	봉산군수	군청	각종 운동경기
서흥군체육협회	1927. 06	서흥군수	군청	각종 운동경기
곡산군체육협회	1927. 06	곡산군수	군청	각종 운동경기
재령체육회	1927. 08	장인석	재령군	축구, 씨름대회 개최
신주군체육협회	1927. 09	신주군수	군청	각종 운동경기
송영군체육협회	1929. 04	송영군수	군청	각종 운동경기
사리원체육회	1930. 08	최병항		축구대회 개최
신계군체육협회	1930. 10	신계군수	군청	각종 운동경기

신막체육구락부	1931.	곽영근	신막역	체육보급
수안청년흥풍회	1931. 11	조기홍	수안군	축구, 씨름대회 개최
사리원농구협회	1932. 07	홍봉상		농구대회 개최
장연운동구락부	1933. 02	박응엽	장연읍	야구, 축구, 정구, 농구
사리원정구구락부	1933. 06	유인관		정구대회 개최
겸이포정구단	1933. 10	현덕상	겸이포읍	정구

□ 함경남도

단체명	설립연월	대표자	사무소	주요 사업
함흥체육회	1920. 07	이구하	함흥부	각종 체육사업
원산체육회	1922. 03	김경준	원산부	각종 체육사업
함경남도체육협회	1925. 04	関水武	도청	육상, 체육선전
원산체육협회	1925. 07	後藤積	원산부	야구, 정구, 궁도, 육상
단천체육회	1925. 09	이용희	단천군	야구, 정구, 축구, 빙상
함흥체육협회	1926. 04	閑藤唯平	도청	야구, 정구, 궁도, 육상
혜산진체육회	1927.	이창준	혜산진읍	육상경기대회 개최
유담소년회	1927. 05	윤규준	장진군	운동회
함남구락부	1927. 12	白石宗城	함남읍	무도, 등산, 야구, 정구, 승마
홍원체육회	1928. 09	최중경	홍원읍	축구, 정구, 씨름대회 개최
원산스키구락부	1929. 11	中村丘三	원산부	스키 등산대회
하갈청년단	1931. 04	이홍상	장진군	조기회
희성체육부	1933. 02	최병국	간이동	
홍원OB야구단	1933. 10	김봉주	홍원읍	야구

□ 함경북도

단체명	설립연월	대표자	사무소	주요 사업
관북구락부	1920. 04	土屋傳作	도청	야구, 정구
청진연합청년회	1928. 04	前田茂助	청진부	육상
웅기체육회	1931. 04	김기도	웅기읍	육상, 정구, 축구대회 개최
경원정구구락부	1931. 05	沢村義盛	경원면	정구
성진야구후원회	1931. 06	吉嶺柏	성진읍	야구
웅기체육협회	1931. 08	広瀬広治	웅기읍	야구, 정구
함경북도체육회	1931. 09	土屋傳作	나남읍	육상, 체육선전
나진체육회	1933. 02	최도형	신안동	축구

출처: N·Y생, 「전 조선체육단체순례」『신동아』4-3, 신동아사. 1934, 27-48쪽. 文部大臣官房體育
課, 「殖民地二於ケル主ナル體育運動團體」『本邦二於ケル體育運動團體二関スル調査』, 1937,
101-114쪽을 참고로 작성.

〈부록2〉 조선체육회 취지서(원문)

보라半空에솟슨푸른솔과 大地에니러선놉흔山을 그얼마나 雄々하며毅々한고? 天地에흐르는 生命은果然躍動하는도다.

보라空中에나는빠른새와 地上에기는날낸김생을 그얼마나 剛健하며敏捷한고? 天地에흐르는 生命은 果然充實하도다.

보라蒼空에빗나는붉은해와 虛空에도는크고넓은따을 그얼마나 壯烈하며健々한고? 天地에흐르는生命은果然雄壯하도다.

噫라天地의萬物은그오즉生命의한덩어리로다. 사람은元來이躍動의生命과充實의生命과雄壯의生命을受하야生한지라그身體만다시솔나무와갓치雄健하매그精神만다시日月과갓치明快할것이어날 이제 그러하지 못하야 그顔色은茶色갓치아무光彩가無하며그身體는細柳의마른가지갓하야아무氣力이無하고精神이오즉昏迷함은何故오이는安逸한生活에떨어지며修理업는處身에빠져서天理를 거사려生命의暢達을圖謀치못함이니 이個々一人의不幸을作할뿐아니라國家社會의衰頹를招來하며現在에止할뿐아니라또한將來에遺傳하야써子孫에及할지니正히滅亡의途를自取함이라그엇지 吾人의寒心할바-아니리오.

此를回復하야雄壯한氣風을作興하며剛健한身體를養育하야써社會의發展을圖謀하며個人의幸福을企望할진대그途오즉天賦의生命을身體에暢達케함에在하니그運動을獎勵하는外에他道가無하도다.

우리朝鮮社會에個個의運動團體가無함은아니나그러나이를後援하야獎勵하야써朝鮮人民의生命을圓熟暢達케하는社會的統一的機關의缺如함은實노各人의遺感이요또한民族의 羞恥로다.

吾人은玆에鑑한바有하야朝鮮體育會를發起하노니朝鮮全社會의同志諸君子는그來하야贊할진더

출처: 선우전, 『조선체육계』3, 조선체육계사, 1925, 21쪽.

〈부록3〉 조선체육회 회칙(전문 제10장 제28조)

제1장 명칭
제1조 본회는 조선체육회라 칭함.

제2장 목적 및 사업
제2조 본회는 조선인의 일반체육을 장려 지도함으로써 목적함.

제3조 본회는 앞 조의 목적을 달성하기 위해 다음의 사업을 행함.
1. 체육에 관한 각종 경기대회를 개최하는 일.
2. 체육에 관한 도서를 발행하는 일.
3. 기타 본회의 목적을 달성하기 위해 필요로 인정하는 일.

제3장 위치 및 기관
제4조 본회의 본부 위치는 경성부내에 설치함.

제5조 본회의 사무를 처리하기 위해 다음의 기관을 설치함.
1. 서무부
2. 경리부
3. 운동부
4. 지방부

제4장 회원
제6조 본회는 만 20세 이상의 조선인으로써 조직함. 회원을 나누어 다음의 2종으로 함.
1. 통상회원 입회금 1엔 및 회비 매월 50전식 납부하는 자.
2. 특별회원 일시금 100엔 이상을 납부하는 자.

제7조 본회에 입회하고자 하는 자 2인 이상의 서명한 원서를 제출 할 것. 단, 입회여부는 위원회에서 이를 결정함.

제8조 본회 회원이 탈퇴하려고 할 때는 그 사유를 기재한 원서를 제출할 것.

제9조 다음에 해당한 자는 위원회의 의결을 거쳐 제명한다.

  1. 본회의 회칙을 준수하지 않거나 또는 본회의 명예를 훼손하는 자.

  2. 회비 6개월 이상을 납부하지 않은 자.

제10조 탈퇴자 및 제명자에 대하여 이미 납부한 회비는 이를 환불하지 않는다.

제5장 임원

제11조 본회에 다음의 임원을 둔다.

  1. 위원 20인 이상

    단, 위원회의 호선으로 다음의 직원을 둔다.

    1. 위원장 1인

    2. 상무위원 2인

    3. 서무부 주임 1인

      부원 약간 명

    4. 경리부 주임 1인

      부원 약간 명

    5. 운동부 주임 1인

      부원 약간 명

    6. 지방부 주임 1인

      부원 약간 명

  2. 고문 2인

제12조 본회 위원은 총회에서, 고문, 위원장, 상무위원, 각부주임 및 부원은 위원회에서 이를 선정함. 단 보결위원은 위원회에서 이를 선정하되 3분의 1이상의 보결이 있을 경우에는 이에 한하지 않음.

제13조 본회 임원의 직무는 다음과 같다.

  1. 위원장은 본회를 대표하며 일절의 사무를 총괄함.

단, 위원장이 유고할 시에는 상무위원 중 1인이 이를 대신함.

2. 상무위원은 위원장을 보좌하며 회의 일반상무를 집행함.

3. 운동부 주임은 운동에 관한 일절의 사무를 총괄함.

　　부원은 주임을 보좌하며 운동에 관한 사무를 집행함.

4. 경리부 주임은 경리에 관한 일절의 사무를 총괄함.

　　부원은 주임을 보좌하며 경리에 관한 사무를 집행함.

5. 서무부 주임은 서무에 관한 일절의 사무를 총괄함.

　　부원은 주임을 보좌하며 서무에 관한 사무를 집행함.

6. 지방부 주임은 지부 및 지방에 관한 일절의 사무를 총괄함.

　　부원은 주임을 보좌하며 지부 및 지방에 관한 사무를 집행함.

7. 고문은 위원장의 자문에 응하며 총회 및 위원회에 출석하여 의
견을 진술할 수 있음.

제14조 본회 임원의 임기는 1년으로 함.

　　　보결임원의 임기는 전임자의 남은 기간으로 함.

제6장 총회

제15조 총회는 정기총회와 임시총회로 나누어 위원장이 이를 소집함.

　　　정기총회는 매년 1회 6월 중에, 임시총회는 위원회 의결이 있
을 시 또는 본회 회원 3분 1이상의 서명요구가 있을 시에 이
를 개회함.

제16조 총회는 회원 30인 이상의 출석이 아니면 개회할 수 없음.

제17조 총회의 의사는 출석회원의 다수 표결로 이를 결정하고 가부동
수 시에는 의장이 이를 결정함.

제18조 총회에서 결정할 사항은 다음과 같다.

1. 위원선정의 건

2. 사업성적 및 서무보고, 결산 및 예산의 승인

3. 본회 회칙의 개정 또는 본회 재산의 처분

4. 기타 중요사항

제7장 위원회

제19조 위원회의 의결사항은 다음과 같다.

1. 집행사무의 결정에 관한 사항
2. 예산 및 결산에 관한 사항
3. 지부감독에 관한 사항
4. 체육공로자 평가, 결정에 관한 사항
5. 본회 회칙 개정의 심사에 관한 사항
6. 보결위원 선정에 관한 사항
7. 기타 중요사항

제20조 위원회는 위원 반수 이상 출석하지 않으면 개회할 수 없음.

제8장 지부

제21조 본회 회원 10인 이상 거주하는 지방에서 지부의 설치를 요구할 시에는 위원회의 의결을 거쳐 이를 승인할 수 있음.

제22조 지부의 회칙은 위원회의 승인을 거쳐 이를 결정함.

제9장 회계

제23조 본회의 경비는 회원의 회비, 기부금 및 기타수입으로 충당함.

제24조 본회는 기본금으로 매년 총수입의 10분의 1이상을 적립함.

제25조 본회의 회계연도는 매년 6월 1일에 시작해 이듬해 5월 31일로 함.

제26조 본부와 지부간의 회계 관계는 위원회에서 이를 결정함.

제27조 본회 회계는 총회에서 선정한 회계검사위원 2인으로 이를 검사하게 함.

제10장 부칙

제28조 본회 회칙에 미비한 사항은 총회의 결의에 따름.

출처: 선우전, 『조선체육계』3, 조선체육계사, 1925, 24-27쪽.

⟨부록4⟩ 조선체육협회 회칙(전문 제8장 제23조)

제1장 명칭

제1조 본회는 조선체육협회라고 한다.

제2장 목적

제2조 본회는 조선의 체육을 장려하고 회원의 친목을 도모하는 것을
목적으로 한다.

제3조 본회는 제2조의 목적을 달성하기 위해 다음의 사업을 한다.

1. 정구부, 야구부를 두며 그 외의 운동부를 설치한다.
2. 매월 1회 기관지인 「조선체육계」를 발행한다.

제3장 사무소

제4조 본회는 당분간 사무소를 경성부 남대문통 2정목 조선신문사 내
에 둔다.

제4장 회원

제5조 본회의 회원은 다음 3종류로 한다.

명예회원, 특별회원, 보통회원

제6조 본회의 취지에 찬성하고 기금 500엔 이상을 기부한 자는 명예회
원으로 한다.

제7조 특별회원은 다음 사항에 해당하는 자에 대해 평의원회의 의결에
따라 추천한다.

1. 본회의 사업에 공로가 있는 자.
2. 기금 200엔 이상 500엔 이하를 기부한 자.
3. 연액 50엔 이상의 회비를 납부한 자.

제8조 명예회원 및 특별회원에 해당되지 않는 다른 회원은 보통회원으

로 한다. 보통회원은 매월 말일까지 회비 50전을 납부하는 자로
한다. 단 일시에 회비 30엔을 납부한 경우는 이에 한하지 않는다.
제9조 본회에 입회하거나 탈퇴하려는 자는 그 취지를 사무소에 제출해
야 한다. 단 입회의 경우에는 회원의 소개를 필요로 한다.
제10조 본회 회원으로서 다음의 사항에 해당할 때는 간사회의 의결을
거쳐 제명할 수 있다.
  1. 본회의 체면을 훼손하거나 훼손한다고 인정되는 행위가 있을 때
  2. 1년 이상 회비를 납부하지 않을 때

제5장 임원
제11조 본회에 다음의 임원을 둔다.
  회장 1명, 부회장 2명, 명예고문 약간 명, 평의원 약간 명, 이
  사 약간 명, 간사 약간 명, 각부위원 약간 명
제12조 회장, 부회장은 평의원 중에서 선정한다.
  명예고문은 체육에 관해 공로가 있는 자 중에서 회장이 추천한다.
  평의원은 명예회원 또는 특별회원 중에서 회장이 추천한다.
  이사는 간사회에서 추천한다.
  간사는 각부의 위원이 추천한다.
  위원은 각부에서 추천한다.
제13조 회장은 본회 모든 사무를 총괄한다.
  부회장은 회장을 보좌하고 회장 유고 시 이를 대리한다.
  명예고문은 회장의 자문에 응한다.
  평의원은 회의 업무에 참여하고 본회의 발전에 노력한다.
  이사는 회장, 부회장을 보좌하고 회계 및 각부의 사무를 분담,
  처리한다.
  간사는 이사를 보좌하고 각부의 사무를 담당한다.
  위원은 간사를 보좌한다.
제14조 이사, 간사, 위원의 임기는 1년으로 한다. 단 중임할 수 있다.

제6장 평의원회 및 간사회

제15조 평의원회는 회장이 소집하고 본회의 중요사항(재정 등)을 협의
한다.

간사회는 이사가 소집하고 본회의 보통사항을 협의한다. 의사
는 모두 과반수로 결정하고 가부동수일 때는 평의원회에서는
회장, 간사회에서는 이사가 결정하는 것에 따른다.

위원회는 각부에서 수시로 개최하고 의결사항을 간사에 보고
한다.

제7장 회계

제16조 본회는 기부금으로 기금을 마련할 수 있다. 기금은 확실한 은
행에 예금하고 이를 사용할 수 없다.

제17조 본회의 경상비는 회비 및 기금에서 생기는 수입, 기타로 충당
한다.

제18조 본회의 현금은 신용 있는 은행에 예금하고 출납해야 한다.

제19조 매 회계연도 말에 잉여금이 있을 때는 기금에 편입한다. 단 필
요가 있을 때는 이듬 해로 이월 사용할 수 있다.

제20조 본회의 수지결산은 매년 2월 간사회에서 편제이사에 제출한다.
위의 수지예산은 평의원회와 상의하고 회장이 결정한다.

제21조 본회의 수지결산은 매년 4월 임원에 보고하고 기관지에 등재한다.

제22조 본회의 회계연도는 매년 3월 1일부터 이듬해 2월말일로 한다.

제8장 보칙

제23조 회장, 기타 임원에 취임하기까지는 설립자가 필요한 사항을 처
리한다.

출처: 大島勝太郎, 『朝鮮野球史』, 朝鮮野球史發行所, 1932, 128-131쪽.

〈부록5〉 조선체육진흥회 규약(전문 제6장 제28조)

제1장 총칙

제1조 본회는 조선체육진흥회라고 한다.

제2조 본회의 사무국은 조선총독부 학무국내에 둔다.

제3조 본회는 조선총독부의 방침에 따라 체육운동을 지도, 통제하고 국민체육의 건전한 보급, 발달을 도모하며 황국신민으로서 심신을 단련해 전력증강에 도움이 되는 것을 목적으로 한다.

제4조 본회는 체육운동경기에 대해 조선을 대표해서 각 도, 부, 군, 도, 읍면의 각종 체육진흥회를 지휘, 총괄한다. 단지 특별한 사정이 있을 때에는 이에 한하지 않는다.

제2장 사업

제5조 본회는 제3조의 목적을 달성하기 위해 다음의 사업을 행한다.

1. 체육지도계획의 수립과 국민체육운동의 통제강화
2. 체육의 진흥발달을 촉진하는데 필요한 시설
3. 각종 체육운동대회, 체육지도자 수련회, 강습회, 강연회 등의 개최
4. 체육운동관계자의 파견초빙
5. 체육에 관한 조사연구
6. 체육 공로자 및 우수자의 표창
7. 기타 본회의 목적달성에 필요한 사업

제3장 조직

제6조 본회에 다음의 각부를 둔다.

1. 총무부
2. 일반체육부

3. 경기훈련부

4. 국방훈련부

제7조 총무는 다음의 사항을 담당한다.

1. 서무, 회계에 관한 사항

2. 인사에 관한사항

3. 각부의 연락에 관한 사항

4. 체육지도 통제 및 사업의 기획, 그 실행에 관한 사항

5. 체력조사연구 및 통계에 관한 사항

6. 각종 체육시설의 관리에 관한 사항

7. 운동의사에 관한 사항

8. 체육의 보급, 선전에 관한 사항

9. 기타 각부의 소관에 속하지 않는 사항

제8조 일반체육부는 다음의 사항을 담당한다.

1. 체조의 보급, 장려에 관한 사항

2. 수영, 보행의 보급, 장려에 관한 사항

3. 체력장검정의 지도, 연구, 조사에 관한 사항

4. 집단근로 작업의 실시에 관한 사항

5. 후생유희의 지도에 관한 사항

6. 체육지도자 수련회의 개최에 관한 사항

7. 하계 및 동계의 국민 심신단련운동에 관한 사항

8. 목욕재계에 관한 사항

9. 기타 일반국민의 일상생활에서 체육보급에 관한 사항

제9조 경기훈련부는 다음의 각단을 설치하고 각 경기의 훈련지도, 보급, 장려에 관한 사항을 담당한다.

1. 육상경기단

2. 수상경기단

3. 조정단

4. 빙상경기단

5. 설상경기단

6. 체조경기단

7. 스모단

8. 축구단

9. 아식축구단

10. 농구단

11. 배구단

12. 정구단

13. 연식정구단

14. 야구단

15. 연식야구단

16. 송구단

17. 탁구단

18. 권투단

19. 역도단

제10조 국방훈련부에는 다음의 각단을 설치하고 각단에 대한 국방기능
의 훈련, 지도, 보급, 장려에 관한 사항을 담당한다.

1. 국방경기단

2. 등행단

3. 자동차단

4. 자전거단

5. 총검도단

6. 기도(騎道)단

7. 사격단

8. 해양경기단

9. 통신단

제4장 임원 및 직원

제11조 본회에 다음의 임원을 둔다.

1. 총재

2. 회장 1명

3. 명예회장 약간 명

4. 이사장 1명

5. 이사 약간 명

6. 평의원 약간 명

7. 참여(參與) 약간 명

8. 부장 약간 명

9. 단장 약간 명

10. 간사 약간 명

11. 위원 약간 명

제12조 총재는 조선총독부 정무총감을 추대한다.

총재는 본회를 전체 관리한다.

제13조 회장은 조선총독부 학무국장의 직책에 있는 자를 추대한다.

명예회장은 조선총독부 경무국장의 직책에 있는 자를 추대한다.

제14조 이사장은 후생국 체육운동 사무소관 과장의 직책에 있는 자로
한다.

제15조 이사, 평의원, 참여, 부장, 단장, 간사 및 위원은 회장이 위촉한다.

이사 중 1명을 상무이사로 하고 학무국 체육운동사무소관과
체육지도관으로 한다.

제16조 회장은 회의 업무를 총괄하고 본회를 대표한다.

이사장은 회장의 명을 받아 본회의 사무를 담당한다.

이사는 회장이 부의한 중요한 사항을 심의한다.

평의원은 회장의 자문사항을 심의한다.

참여는 본회의 중요 회무에 참여한다.

부장은 회장의 명을 받아 부의 업무를 담당한다.

단장은 상사의 명을 받아 업무를 담당한다.

간사는 상사의 명을 받아 업무에 종사한다.

위원은 담당전문사항에 관한 조사 및 지도, 훈련을 담당한다.

제17조 임원의 임기는 관직에 있는 자를 제외하고 3년으로 한다.

제18조 본회에 고문을 둔다.

고문은 체육공로자와 국민체육에 대해 특별한 식견을 가지고 있는 자 중에서 회장이 위촉한다.

고문은 본회의 중요한 업무에 관해 회장의 자문에 응한다.

제19조 본회에 주사와 서기관 약간을 두고 회장이 임명한다.

주사는 상사의 명을 받아 사무를 담당한다.

서기는 상사의 지휘를 받아 사무에 종사한다.

제5장 회의

제20조 회의는 이사회와 부장회의로 나누고 회장이 소집한다.

제21조 회의의 의장은 회장이 담당한다.

제22조 이사회에서 심의해야 할 사항은 다음과 같다.

1. 수지예산 및 결산에 관한 사항

2. 본 규약의 개정 및 규정의 제정, 개폐에 관한 사항

3. 회장이 부의한 사항

제23조 부장회의에서 협의해야 할 사항은 다음과 같다.

1. 각부의 연락에 관한 사항

2. 회장이 부의한 사항

제6장 자산 및 회계

제24조 본회의 경비는 다음의 수입으로 충당한다.

1. 자본에서 생기는 수입 및 사업수입

2. 보조금 및 기부금

3. 기타 수입

제25조 본회의 회계연도는 국고의 회계연도에 따른다.

제26조 본회는 특별회계를 둘 수 있다.

부칙

제27조 본회의 서무규정, 회계규정, 기타 본 규약 시행에 관한 상세한
내용은 회장이 정한다.

제28조 본 규약은 1942년 2월 15일부터 시행한다.

출처: 조선총독부 학무과, 『조선교육법규』, 조선행정학회, 1945, 137-140쪽.

□ 조선체육진흥회 규약부칙(전문 제8장 제21조)

제1장 설립 및 가맹

제1조 본회는 조선총독부 국민체육운동단체의 일원적 지도통제에 관한
방침에 따라 그 행정 주관국의 지시에 따라 설립한다.

제2조 본회는 규약 제5조의 사업실시에 따라 조선총독부 국민체육운동
에 관한 행정주관국의 지령을 받는 것으로 한다.

제3조 본회는 국민총력조선연맹의 가맹단체로 한다.

제2장 지방조직

제4조 도(道)체육진흥회는 관할 부, 군, 도(島)체육진흥회를, 군도(郡島)
체육진흥회는 관할 읍면체육진흥회를 총괄한다.

제5조 부(府)체육진흥회는 부 거주자로 조직하고, 읍면체육진흥회는 읍
면 거주자로 조직한다.

제6조 도(道), 군(郡), 도(島), 부(府), 읍(邑), 면(面) 체육진흥회는 다음
의 각호에 열거하는 사항을 제7조의 규정에 준해 관할 체육진흥
회에 제출한다.

1. 사업보고서 제1호 양식

2. 회계보고서 제2호 양식

3. 임원명부 및 주소록 제3호 양식

4. 사업계획서 제4호 양식

5. 예산서 제5호 양식

6. 체육운동경기용 필수물자 신청서 제6호 양식

제7조 도(道)체육진흥회에서는 앞 조의 각호 중 전년도 사업보고서, 회계보고서와 임원 명부 및 주소록은 매년 7월말까지, 익년도 사업계획서 및 예산서는 매년 1월말까지, 물자 신청서는 매년 5월말까지 조선체육진흥과에 제출하는 것으로 한다.

제3장 임원의 임면

제8조 조선체육진흥회 임원의 위촉은 규약 제15조 및 제18조에 따르는 것 외에 다음의 각호에 따른다.

1. 고문은 군 수뇌부, 대학총장, 국민총력조선연맹 사무국총장, 기타로 한다.

2. 평의원은 조선군사령부 법무부장, 경성에 근무하는 해군무관, 각 도지사, 대학예과부장, 전문학교장, 국민총력연맹 사무국총무부장, 기계화국방협회 조선본부차장. 주요 신문통신사 대표자 외 체육운동공로자 약간 명으로 한다.

3. 참여는 군관계자, 여러 단체대표 및 체육운동에 특별한 식견을 가지고 있는 자 중 약간 명으로 한다.

4. 부장, 단장, 간사, 위원은 체육운동에 특별한 지식, 경험을 가지고 있는 자 중에서 위촉한다.

제9조 회장은 국민체육운동의 적절한 보급, 발달을 위해 체육지도원을 둘 수 있다.

체육지도원에 관한 규정은 회장이 별도로 정한다.

제10조 회장은 본회의 임원 중 다음에 해당할 때에는 이사회의 결의에

따라 면직시킬 수있다.

1. 본회의 명예를 훼손하는 행위를 할 때
2. 본회의 취지에 위배되는 행위를 할 때

제4장 협찬회

제11조 본회의 유지, 발전을 도모하기 위해 원조하는 자로 협찬회를 조직한다.

제12조 협찬회에는 다음의 임원을 둔다.

1. 회장 1명
2. 부회장 3명
3. 위원 약간 명

제13조 협찬회의 임원은 총재가 위촉하고 임기는 3년으로 한다.

제14조 협찬회원은 다음의 3종류로 나눈다.

1. 통상회원 회비로서 매년 10엔 이상을 납부하는 자
2. 협찬회원 회비로서 매년 100엔 이상 또는 일시금 2.000엔 이상을 납부하는 자
3. 특별회원 회비로서 매년 1.000엔 이상 또는 일시금 1만엔 이상을 납부하는 자

제5장 등록

제15조 본회 국민체육 특기자의 소재, 그 외 필요사항을 명백히 하고 각종 체육계획의 기초를 확립하기 위해 필요한 등록을 한다.

제16조 등록실시에 관한 규정은 별도로 정한다.

제6장 표창

제17조 본회는 국민체육의 보급, 발달에 공헌한 자 또는 운동경기에서 현저한 성적을 거둔 자 등에 대해 총재 또는 회장이 표창한다.

제18조 본회에서 수여받은 상을 반환해야 할 경우는 선량한 관리자의

주의를 가지고 보관하는 것을 필요로 한다.

제7장 벌칙

제19조 회장은 다음에 해당하는 자가 있을 때에는 기한을 정하든 그렇
지 않든 각종 국민체육운동대회에 출전을 금지 또는 경고조치
의 처분을 내려야 한다.
1. 본회의 명예를 훼손하는 행위가 있을 때
2. 본회의 통제를 받지 않고 좋지 않은 행위를 했을 때
3. 본회에 반환해야 할 물건을 반환하지 않았을 때
4. 경기대회 규정에 위반의 행위가 있을 때
5. 기타 본회의 취지에 위배되는 행위를 했을 때

제8장 규약의 변경

제20조 본 규약의 변경은 이사회의 의결에 따라 변경할 수 있다.

부칙

제21조 본회의 창립기념일은 2월 15일 싱가포르를 함락한 날로 한다.

출처: 조선총독부 학무과, 『조선교육법규』, 조선행정학회, 1945, 147-149쪽.

〈부록6〉일제강점기 스포츠시설 현황

□ 경기도

명칭	설립연월	면적(평)	관리자	소재지	용도
경성무덕관	1912. 07	120	陳ノ內鹿雄	경성부 황금정	검도
인천세관 정구장	1913.	80	인천세관장	인천부 야마네정	정구
강도관	1917. 11	120	篠田治作	경성부 하세가와정	유도
정구장	1918.	70	개성전매국	개성부 태평정	정구
경성승마구락부	1919. 08	800	椎名甚六郎	경성부 황금정	마술, 장애물
인천공설운동장	1920. 11	6450	인천부윤	인천부 야마네정	육상, 야구 등
인천정구장	1920. 11	376	인천부윤	인천부 야마노테정	정구
송악구락부 정구장	1921. 07	580	小田正藏	개성부 만월정	정구
인천무덕관	1922. 10	54	인천부윤	인천부 야마노테정	검도, 유도
동산농장운동장	1923. 03	550	동산농사회사	소원읍	테니스, 궁도
야스다은행 정구장	1924. 07	80	은행지점장	인천부 야마노테정	정구
철도야구장	1925. 04	11500	철도국국우회	경성부 한강통	야구
송도광무관	1925. 08		김홍식	개성부 만월정	유도, 역기, 체조
경성운동장	1925. 10	22700	경성부	경성부 황금정	야구, 정구, 육상, 축구, 럭비, 농구, 배구
김포정구구락부	1926. 03	230	김제헌	김포군	정구
인천무덕정	1926. 05	335	김홍완	인천부 모모야마정	궁도
식산은행 정구장	1927. 04	160	은행지점장	인천부 해안정	정구
철도수영장	1927. 07	1245	철도국국우회	경성부 한강통	수영
개성상무관	1927. 11	73	개성경찰서장	개성부 대화정	유도, 검도
감견수영장	1928. 04	250	其田金次郎	고양군	수영
개성법원 정구장	1928. 04	100	개성법원지청	개성부 대화정	정구
식산운동장	1928. 04	3683	식산은행	고양군	야구
고야산수영장	1928. 07	78	龜山弘應	경성부 서사헌정	수영
경성전기운동장	1928. 09	4497	경성전기회사	고양군	야구
개성공설운동장	1929. 09	10500	개성부	개성부 이케정	정구, 야구, 각종운동
인천국우회 스모장	1930. 03	50	인천우편국장	인천부 해안정	스모
김포궁도장	1930. 03	750	김용문	김포군	궁도
죽림파대궁장	1930. 05	40	松本德次郎	개성부 대화정	궁도연습
우메야마정구구락부	1930. 06	180	수원역우회	수원군	정구
평택정구구락부	1930. 07	200	평택곡물검역소	진위군	정구
개성현월회 정구장	1930. 10	130	개성부현월회	개성부 대화정	정구
우편국정구장	1931. 04	170	개성우편국장	개성우편국내	정구
김포공장운동구락부	1931. 04	300	황종식	김포군	정구

정구장					
중앙회관 정구장	1931. 06	200	중앙회관	개성부 만려정	정구
평택무도관	1931. 07	12	박상만	진위군	유도
수원궁도회	1931. 08	154	수원역우회	수원역내	궁도
통진운동구락부	1931. 10	420	조풍소	김포군	정구
이천체육회 운동장	1931. 11	32	신상동	안성군	유도
김포소년정구구락부	1932. 03	320	공구담	기포군	정구
김포공장운동구락부 야구장	1932. 04	2100	황종식	김포군	야구
세검정수영장	1932. 04	418	김병조	고양군	수영
이천체육회 운동장	1932. 07	500	伊藤國雄	이천군	야구, 정구
경성수영장	1932. 07	979	內田元治郎	경성부 삼청동	수영, 빙상
뚝섬수영장	1932. 08	1500	경성궤도회사	고양군	수영
안양석수동 수영장	1932. 08	327	시흥군서이면	시흥군	수영
인천세관 정구장	1932. 11	120	인천세관장	인천세관내	정구
인천국우회 농구장	1933. 01	80	인천우편국장	인천부 해안정	농구

□ 충청남도

명칭	설립연월	면적(평)	관리자	소재지	용도
덕유정		2000	정 섭	논산군	궁도
논산사정	1913. 03	20	이교문	논산군	궁도
대전사쿠라구락부 정구장	1921. 04	400	須々木權太郎	대전군	정구
연무관	1921. 06	52	조치원경찰서장	연기군	검도, 유도
식산은행 정구장	1923. 04	144	조선식산은행	연기군	정구
대전스모협회 스모장	1927. 05	400	畑孝三郎	대전군	스모
철도국우회 궁도장	1927. 09	130	대전국우회지부장	대전군	궁도
연무정	1927. 10	200	유인필	천안군	궁도
조치원궁도장	1928. 05	63	조치원궁우회	연기군	궁도
철도국 소제야구장	1929. 05	4000	대전국우회지부장	대전군	야구
예산상무회 연무장	1929. 10	36	예산경찰서장	예산군	검도, 유도, 총검도
조치원운동장	1930. 06	3780	조치원읍	연기군	일반체육
남산공원 정구장	1930. 07	1000	홍성체육회	홍성군	정구
진수관	1931. 11	34	西田邦吉	대전군	유도

□ 충청북도

명칭	설립연월	면적(평)	관리자	소재지	용도
보은공회당	1927. 04	144	内田定吾	보은군	유도, 검도
음성연무장	1927. 05	30	음성경찰서	음성군	유도, 검도
청주운동장	1928. 10	2282	청주읍	청주군	육상
청주강무장	1929. 10	24	濱田淸太郞	청주군	유도
청주운동장	1930. 09	5900	청주읍	청주군	야구, 정구, 스모
제천연무장	1931. 06	30	제천경찰서	제천군	유도, 검도
충주연무장	1931. 10	40	충주경찰서	충주읍	유도, 검도
음성공설운동장	1932. 10	2500	음성군	음성면	야구, 정구, 육상

□ 강원도

명칭	설립연월	면적(평)	관리자	소재지	용도
평강육일정	1920.	100	평강관덕회장	평강군	궁술
전철정구장	1923.	340	금강구락부	철원군	정구
후동운동장	1923. 03	3000	조선미감리협회	원주군	정구, 축구
군청정구장	1924. 06	250	양구군청	양구군	정구
자강회정구장	1925. 04	295	자강회	이천군	정구
학송정구장	1925. 10	522	횡성군청	횡성군	정구
철도국 복계궁도장	1926.	95	철도국우회 복계지부장	평강군	궁술
평강체육회	1926. 07	130	평강체육회장	평강군	정구
도청식당정구장	1930. 03	300	도청식당	춘천읍	정구
대일본궁도회 춘천지부	1930. 04	600	춘천군체육협회	춘천군	궁술
평창군청 정구장	1931. 03	120	평창군청 청우회	평창군	정구
금강스키구락부	1931. 12	4000	國本一郞	고성군	스키
청년단정구장	1932. 04	1050	이천청년회	이천군	정구
정구장	1932. 05	410	滿田芳雄	철원군	정구
다케니시정구장	1932. 05	200	삼방군체육회장	삼방군	정구
정구장	1932. 08	400	금강산전기회사	금화군	정구

□ 경상남도

명칭	설립연월	면적(평)	관리자	소재지	용도
선녕청년운동장	1912. 04	1500	선녕청년동맹회	선녕군	축구
광평사장	1915. 09	110	김현철	하동군	궁도
제일은행 정구장	1916. 04	300	제일은행부산지점	부산부 대청정	정구
마산구락부 운동장	1920. 04	2000	마산동인회	마산부 상남동	야구, 육상
진주궁도장	1922. 06	100	진주지방법원	진주군	궁도
상림운동장	1923. 10	1000	함양청년회	함양군	야구, 기타
마산부 중앙운동장	1924. 01	4849	마산부	마산부 도정	야구, 육상
부산경찰서 연무장	1924. 05	37	부산경찰서	부산부 영정	유도, 검도
남해면 궁술원사정	1925. 03	100	정숙두	남해군	궁도
진해 해군운동장	1925. 03	4800	진해방비사령관	창원군	야구, 기타
경남경찰관 무도장	1925. 05	65	경상남도	부산부 부민정	검도, 유도
철도국국우회 야구장	1925. 06	3800	국우회부산지부	부산부 수정정	야구
철도국국우회 정구장	1925. 06	436	국우회부산지부	부산부 초량정	정구
경남도청 정구장	1926. 04	475	경상남도정구부	부산부 부민정	정구
국본사 부산지부 궁도장	1926. 11	150	부산궁도회	부산부 용두산	궁도
호연정	1927. 04	2500	함양사정	함양군	궁도
부산상무관	1927. 09	17	山下亦一	부산부 부평정	유도
부산지방법원정구장	1928. 03	264	부산지방법원	부산부 부민정	정구
부산우편국체우회 정구장	1928. 03	220	부산우편 체우회	부산부 부평정	정구
부산공설운동장	1928. 03	21773	부산부	부산부 대신정	야구, 정구, 육상
철도국국우회 마산지부 정구장	1928. 04	300	국우회 마산지부	마산부 중정	정구
동래청년단 정구장	1930. 03	220	동래청년단	동래군	정구
마산우편국 정구장	1930. 05	170	마산우편국	마산부 도정	정구
함양 대궁도장	1930. 10	81	함양궁우회	함양군	궁도
남송정	1930. 11	800	사정친목회	통영군	궁도
동래정구장	1931. 04	200	동래체육구락부	동래군	정구
육일정	1931. 04	500	강진영	선녕군	궁도
마산체육협회 정구장	1931. 06	300	마산체육협회	마산부 연정	정구
방어진공설운동장	1931. 07	2000	방어진체육협회	울산군	야구, 일반경기
무덕관	1931. 10	104	渡邊豊日子	부산부 초량정	유도, 검도
千葉元枝정구장	1931. 10	220	千葉元枝	마산부 궁정	정구
남해면 궁술원사정	1932. 02	60	한태호	남해군	궁도
마산형무소정구장	1932. 03	160	마산형무소	마산부 수동동	정구
함안정구장	1932. 05	30	조재빈	함안군	궁도
김해체육협회 궁술부	1932. 09	2000	김해체육협회	김해군	궁도
마산청년회 검도장	1932. 10	50	마산청년단	마산부 본정	검도
합천군청 청우회 운동장	1932. 10	357	합천군청청우회	합천군	

마산부청정구장	1932. 10	200	마산부청구락부	마산부 설정	정구
철도국국우회 무도장		119	국우회 부산지부	부산부 초량정	검도, 유도
철도국국우회 마산지부 궁도장		400	국우회 마산지부	마산부 진정	궁도
철도국국우회 궁도장		374	국우회 부산지부	부산부 초량정	궁도

□ 경상북도

명칭	설립연월	면적(평)	관리자	소재지	용도
경북무덕전	1917. 10	575	경북무덕회	대구부 동운정	검도, 유도, 궁도
대구부공설운동장	1919. 03	1750	대구부윤	대구부 동운정	수영연습 및 경기
대구부공설운동장	1925. 06	5551	대구부윤	대구부 동운정	야구, 정구
경산궁도회장	1926. 09	15	足代守民	경산면	궁도

□ 전라남도

명칭	설립연월	면적(평)	관리자	소재지	용도
환선사정	1912.	2492	순천읍장	순천읍	궁도
연무장	1923. 02	29	제주도경찰서	제주도경찰서	검도, 유도
순천운동장	1924.	2804	순천군향교	순천읍	야구, 정구
풍덕정	1924. 03	85	김화옥	구례공원	궁도
연무장	1924. 12	22	광양경찰서	광양군	검도, 유도
정구장	1925.	200	도립순천의원	순천읍	정구
영암궁도회	1925. 10	120	高橋種夫	영암군	궁도
목포상무관	1926. 10	60	목포상무회장	목포부 대화정	유도, 검도
순천궁장	1927.	90	土器由三郞	순천읍	궁도
여수홍무관	1927. 03	30	古川安一郞	여수읍	유도, 검도
완도연무장	1927. 06	99	완도면장	완도군	유도, 검도
토요회정구장	1927. 07	700	장성토요회	장성군	정구
관덕정	1927. 07	616	최형욱	광주읍	궁도
여수궁도장	1927. 08	68	本鄕元榮	여수군	궁도
전남무덕전	1927. 12	121	전남상무회장	광주읍	유도, 검도
제주체육회운동장	1928. 11	3626	제주체육회	제주읍	야구, 정구
일로체육협회	1929. 02	1000	山口儀一	무안군	정구
송정야구장	1929. 09	800	송정체육협회	광주군	야구
군자정	1930. 04	1200	손의홍	장성군	궁도
육일정	1930. 07	20	김상필	장성군	궁도
목포공설운동장	1930. 07	3557	목포부윤	목포부 호남정	야구, 정구
광주공설운동장	1931. 04	5300	광주읍	광주읍	야구
제주궁도장	1931. 05	108	제주궁도회	제주읍	궁도
구례궁우회장	1931. 06	15	鹿島六雄	구례군	궁도
여수운동장	1931. 09	5000	여수읍장	여수읍	정구, 야구, 육상

명칭	설립연월	면적(평)	관리자	소재지	용도
진도궁도장	1931. 11	60	진도궁도회	진도군	궁도
송정궁도장	1932. 05	50	木村吉太郎	광주군	궁도

□ 전라북도

명칭	설립연월	면적(평)	관리자	소재지	용도
군산부 구운동장	1921. 09	2137	군산부	군산부 금정	각종 운동경기
임실공회당 정구장	1927. 06	220	임실면	임실군	정구
임실군연무장	1929. 05	12	임실경찰서	임실군	유도, 검도
금산군연무장	1929. 06	58	금산경찰서	진안군	유도, 검도
덕진공원운동장	1929. 10	42420	전주읍장	전주군	야구, 육상, 축구
금산유지청년운동장	1930. 07	60	김권식	진안군	정구
이리공설운동장	1931. 05	6342	이리읍	이리읍	종합경기
이리스모장	1931. 08	180	高山聰郎	이리읍	스모
남원법지정구회	1932. 03	200	전주지방법원 남원지정	남원군	정구
남원철도운동부	1932. 05	78	남원철도운동부	남원군	정구, 야구
진안정구구락부	1932. 06	674	田口勉	진안군	정구, 아동운동
금산사정	1932. 09	40	김공준	진안군	궁도
군산부 신설운동장	1932. 10	7000	군산부	군산부일출정	각종 운동경기
무주청년단농구장	1932. 11	80	무주청년단	무주군	농구

□ 황해도

명칭	설립연월	면적(평)	관리자	소재지	용도
유, 검도장	1918.	36	荻野有助	겸이포읍	유도, 검도
궁도장	1918.	80	荻野有助	겸이포읍	궁도
정구장	1919.	800	荻野有助	겸이포읍	정구
스케이트장	1920.	900	荻野有助	겸이포읍	스케이트
야구장	1921.	5000	荻野有助	겸이포읍	야구
재령청년회운동장	1921. 04	2700	재령청년회	재령군	축구
금천구락부	1924. 06	49	금천경찰서	금천군	유도, 검도
장연청년운동장	1924. 06	3544	오성근	장연군	야구, 축구, 기타
법원지청정구장	1926. 03	300	해주서흥지청	서흥군	정구
조선철도테니스장	1927. 09	200	조선철도출장소	사리원읍	정구
무덕관	1928. 08	20	사리원경찰서	사리원읍	검도
무덕관	1928. 08	17	사리원경찰서	사리원읍	유도
해주상무회	1928. 11	47	해주읍장	해주읍	유도, 검도
전매국테니스장	1930. 06	200	전매국출장소	사리원읍	정구
금천야구장	1931. 10	1500	금천군체육협회	금천군	야구
신천야구장	1931. 11	4200	조선철도회사	신천군	야구
봉산금융조합테니스장	1932. 05	150	봉산금융조합	사리원읍	정구

명칭	설립연월	면적(평)	관리자	소재지	용도
형무지소정구장	1932. 05	300	형무지소	서흥군	정구
식산지점테니스장	1932. 07	200	식산지점	사리원읍	정구
소년스모장	1932. 07	40	사리원읍 공우회	사리원읍	스모
소년스모장	1932. 07	40	사리원읍 친목회	사리원읍	스모
소년스모장	1932. 07	40	사리원읍 동윤회	사리원읍	스모
군청정구장	1932. 08	300	서흥군청 요우회	서흥군	정구
해주궁우회	1932. 10	70	大沼惟隆	해주읍	궁도
동척지점테니스장	1932. 10	200	동척지점	사리원읍	정구
신막정구장		300	곽영근	서흥군	정구
철도정구장		300	西端駿雄	서흥군	정구
철도운동장		6000	西端駿雄	서흥군	야구
철도대궁장		200	西端駿雄	서흥군	궁도

□ 평안북도

명칭	설립연월	면적(평)	관리자	소재지	용도
대승정스케이트장	1918. 11	1350	관유재산	영변면	스케이트
운산청산회구락부 정구장	1919. 04	500	운산청년회	운산면	정구
창성군구락부 운동장	1927. 05	300	홍영선	창성면	정구
평북체육협회 야구장	1927. 06	7769	평북체육협회	신의주역전	야구
평북체육협회 스케이트장	1927. 06	5400	평북체육협회	압록강철교하	스케이트
북진청년회운동장	1927. 06	1600	엄희안	운산군	육상, 야구
통군정대광장	1928. 04	1200	의주읍	의주남문동	일반경기
용주군체육협회 운동장	1928. 10	5857	용천군수	용주면	야구, 정구
후창공설운동장	1931. 08	2500	후창체육협회	창성군	야구, 축구
평북체육협회 정주운동장	1932. 07	3015	장문화	정주군	육상, 정구, 축구
약산수영장	1932. 09	495	영변면	영변면	수영
의주체육회 스케이트장	1933. 01	4320	의주체육협회	통군정압록강	스케이트

□ 평안남도

명칭	설립연월	면적(평)	관리자	소재지	용도
조선은행테니스장	1913.	170	조선은행	평양부 남산정	정구
대일본제당 조선지점 야구장	1921. 03	2700	조선지점 운동부	평양부 선교리	야구
대일본제당 조선지점 정구장	1921. 03	182	조선지점 운동부	평양부 선교리	정구
대일본제당 조선지점 궁도장	1921. 03	30	조선지점 운동부	평양부 선교리	궁도
식산테니스장	1921. 05	500	식산은행 행우회	평양부 수정	정구
미츠비시 대보정구장	1921. 09	60	미츠비시대보탄광	대동군	정구
세관테니스장	1923. 04	180	평양세관지서	평양세관내	정구
고방산정구부	1923. 05	450	고방산광업부	임원면	정구
고방산궁도장	1923. 05	250	고방산광업부	임원면	궁술
전흥구락부정구장	1924. 04	300	조선전흥구락부	평양부 선교리	정구
평양장무회	1924. 04	40	평양장무회	평양부 상수리	유도
공설운동장	1924. 11	6602	진남포부윤	진남포부 용정리	종합경기
정구장	1925. 04	220	중화군청	중화면	정구
평양공설운동장	1926. 04	11764	평양부윤	평양부 기림리	야구, 정구, 농구, 배구, 육상
평양전매지국 테니스장	1927.	300	평양전매지국	평양부 경상리	정구
평양병기제조소 야구장	1927. 04	4683	평양병기제조소	평양부 평천리	야구, 축구, 육상
평양철도 야구장	1927. 05	5900	국우회지부장	평양부 약송정	야구
대보궁도장	1927. 10	120	미츠비시대보탄광	대동군	궁도
평남도청직원 정구장	1928.	480	평남도청정구부	평양부 산수정	정구
평양철도 정구장	1928. 04	560	국우회지부장	평양부 약송정	정구
평양철도 궁도장	1928. 04	94	국우회지부장	평양부 죽원정	궁도
원암정구장	1928. 10	124	원암정구구락부	남관면	정구
양무관	1929.	15	神野辰雄	평양부 천정	유도
동척테니스장	1929. 05	200	동척지부장	평양부 황금정	정구
평양병기제조소 정구장	1930. 04	866	평양병기제조소	평양부 평천리	정구
평양병기제조소 농구장	1930. 04	133	평양병기제조소	평양부 평천리	농구
용성테니스회	1930. 04	400	용성역	임원면	정구
전흥구락부궁도장	1930. 04	54	조선전흥구락부	평양부 선교리	궁도
토목출장소 정구장	1930. 05	200	출장소체육부	평양부 빈정	정구
검도 및 유도장	1930. 12	39	평양광업부	추을미면	유도, 검도
진남포체육협회 궁도장	1930. 12	80	진남포부윤	진남포부 명협정	궁술
고방산축구부	1931. 06	2000	고방산광업부	임원면	축구

명칭	설립연월	면적(평)	관리자	소재지	용도
평양부직원 테니스장	1932. 03	100	평양부직원유지	평양부 산수정	정구
삼신동정구부	1932. 04	450	조선광업소	임원면	정구
궁도장	1932. 04	120	金子林次	중화면	궁도
글로프체육부 운동장	1932. 05	2500	出口善一郎	선교리	야구, 축구, 정구, 육상
평양형무소직원 정구장	1932. 05	200	평양형무소장	평양부 암정	정구
임원테니스구락부	1932. 07	500	임원테니스회	임원면	정구
운동장	1932. 09	4300	평양광업부	추을미면	육상

☐ 함경남도

명칭	설립연월	면적(평)	관리자	소재지	용도
철도국국우회 야구장	1920.	1200	국우회 함흥지부	함흥역내	연식야구
사우회 정구장	1923.	120	금융조합이사장	운흥리	정구
신흥경찰서 연무장	1923. 11	23	신흥경찰서	신흥군	검도, 유도
도립함흥의원 정구장	1924.	350	도립함흥의원	도립의원내	직원 정구
함남헌병대 도장	1924. 05	18	함흥헌병대장	헌병대내	유도, 검도
갑산체육구락부정구장	1925. 04	390	갑산학교조합	갑산군	정구
시민운동장	1926. 10	1689	영흥군학교	영흥군	축구, 야구, 정구
동일은행정구장	1927. 09	400	동일은행지점	운흥리	정구
함남무덕전	1927. 11	818	함남경우회	운흥리	유도, 검도
산악부스키장	1927. 12	2600	질소회사오락부	함주군	스키
함흥위수병원정구장	1928.	200	함흥위수병원	위수병원내	직원, 환자 정구
원산부 공설운동장	1928.	20180	원산부윤	덕원군	야구, 육상
송흥정구장	1928. 10	1277	조선질소회사	신흥군	야구, 정구
신풍리스키장	1929.		원산스키연맹	덕원군	스키
조선질소회사 무도장	1929.	230	질소회사오락부	함주군	유도, 검도, 궁도
철도국국우회 정구장	1929. 04	162	국우회 함흥지부	함흥철도관사	정구
조선질소회사 야구장	1929. 05	5000	질소회사오락부	함주군	야구
신흥군청친목회 정구장	1929. 05	247	신흥군청친목회	신흥군	정구
함흥승마구락부	1930. 05	93	함흥승마구락부	운흥리	마술
금광정구장	1930. 05	170	조선광업개척회사	신흥군	정구
철도국국우회 궁도장	1930. 06	108	국우회 함흥지부	함흥철도관사	궁술
송하정구장	1930. 09	300	조선질소회사	신흥군	정구
퇴조스키장	1930. 11	10000	조선총독부 철도국	함주군	스키
조선질소회사 정구장	1931. 06	1000	질소회사오락부	함주군	연·경식정구, 탁구
사우회 정구장	1931. 10	350	철도사우회 함흥지부	신흥리	정구
양산회	1932. 04	25	奧田勇	금융조합	궁술

연식야구연맹야구장	1932. 08	2000	연식야구연맹	원산부 해안통	연식야구
함흥부 공설운동장	1932. 09	3000	함흥부윤	운흥리	연식야구, 육상
함흥위수병원 궁도장	1932. 09	30	위수병원	위수병원	궁술
장진체육회야구장	1932. 10	5000	장진군	운흥리	야구, 축구
함흥반용산스키장	1932. 11	300	岡田義宏	장진군	스키
행우회 궁도장	1933. 01	30	행우회지부	식산함흥지점	궁술

□ 함경북도

명칭	설립연월	면적(평)	관리자	소재지	용도
정구장	1917. 04	400	함북 관북구락부	나남읍	정구
야구장	1920. 04	4000	함북 관북구락부	나남읍	야구
회령철도운동장	1921. 04	6000	元岡政夫	회령읍	야구, 정구, 축구
육상경기장	1928. 04		청진연합청년회	청진부	육사
성진운동장	1928. 05	2500	吉嶺柏	성진읍	야구
정구장	1931. 04	1500	경원정구구락부	경원군	정구

출처: 文部大臣官房體育課, 『本邦一般社會二於ケル主ナル體育運動場一覽』, 1934, 31-42쪽을 참고로 작성.

〈부록7〉 경성운동장 사용조례(전문 제11조)

제1조 본 조례에서 경성운동장(이하 운동장)이라고 하는 것은 1924년 동
궁의 결혼을 기념하기 위해 설치한 운동장을 말한다.

제2조 운동장에 입장하는 자는 입장료를 납부하고 입장권의 교부를 받아
야 한다. 단 부윤이 특별한 사유가 있다고 인정할 때는 입장료를
감면할 수 있다.

제2조의 2 입장권의 종류 및 요금은 다음과 같다.

1회 입장권 7세 이상 15세 미만 2전

15세 이상 5전

회수입장권 22회권 1엔

35회권 1엔 50전

단체입장권		35-100명	100-300명	300명 이상
학생	7세 이상 15세 미만	1회 입장료의 70%	1회 입장료의 60%	1회 입장료의 50%
	15세 이상			
학생 외	7세 이상 15세 미만	1회 입장료의 85%	1회 입장료의 80%	1회 입장료의 70%
	15세 이상			

제2조의 3 부윤이 발행하는 출입증 또는 우대권을 소지한 자는 입장료를
징수하지 않고, 입장자는 제3조 2에 의한 사용을 방해하지 않
는 범위에서 운동장을 수시로 사용할 수 있다. 단 수영장의 사
용에 대해서는 제한한다.

제2조의 4 연습을 위해 수영장을 사용하는 자는 제2조 소정의 입장료 외
에 다음의 표에 제시하는 사용료를 납부하고 수영연습권의 교
부를 받아야 한다.

종류	구분	금액	내용
수영장 개인연습	1인 1회	10전	1회 3시간 이내로 한다.
수영장 단체연습	1인 1회	8전	35명 이상을 단체로 하고 1회 3시간 이내로 한다.
아동용수영장 개인연습	1인 1회	3전	1회 3시간 이내로 한다.

수영연습권은 퇴장할 때 부 계원에게 반환해야 하며 이 경우 수영연습권을 분실한 자 또는 소정의 사용시간을 넘긴 자에 대해서는 앞의 항에 따라 산출한 사용료를 추징한다.

제3조 경기 또는 연습을 위해 운동장의 전부나 일부를 사용하는 자는 부윤의 허가를 받고 다음의 각호에 규정하는 사용료를 납부해야 한다. 단 부윤이 특별한 사유가 있다고 인정할 때는 이를 감면할 수 있다.

1. 경기용으로서 관람료, 기타 이와 비슷한 금전을 징수할 경우는 그날의 총수입금(예매 관람료를 포함)의 1할로 한다. 단 그날의 총수입금의 1할이나 다음 표에 제시하는 금액에 달했을 때는 다음 표에 따른다.

종별	구분	금액	내용
경기장 전부	1일	150엔	
육상경기장	오전 오후	15엔 30엔	
육상경기장 필드	오전 오후	10엔 20엔	
야구장	1시합	10엔	1일 2시합 이상일 때는 1시합 당 5엔으로 한다.
정구장	1일	10엔	
수영장 경영장	오전 오후	30엔 40엔	
수영장 다이빙장	오전 오후	10엔 15엔	

2. 경기용으로서 관람료, 기타 이와 비슷한 금전을 징수시킬 경우 다음
의 표에 따른다.

종별	구분	금액	내용
경기장 전부	1일	80엔	
육상경기장	오전 오후	5엔 10엔	
육상경기장 필드	오전 오후	2엔 5엔	
야구장	1시합	5엔	1일 2시합 이상일 때는 1시합 당 2엔 50전으로 한다.
정구장	1일	3엔	
수영장 경영장	오전 오후	10엔 15엔	
수영장 다이빙장	오전 오후	5엔 10엔	

3. 연습용의 경우는 다음의 표에 따른다.

종별	구분	금액	내용
야구장	1회	3엔	1회 3시간 이내로 한다.
정구장	1회	50전	1회 2시간 이내로 한다.

앞의 항 1호에 따라 사용자가 발행하는 관람권은 부 계원에게 이를 잘 조
사해서 받고 경기 또는 시합종료 직후에 사용자와 부 계원입회하 수입보고
서를 작성해 제출하는 것으로 한다.

제4조 앞의 조에 따라 운동장 사용의 허가를 받으려는 자는 사용할 장소,
　　　사용목적 및 방법, 사용일시, 회합자로부터 관람료, 기타 이와 비슷
　　　한 금전을 징수하는 자는 그 액수 및 수지계산서, 사용자의 주소,
　　　이름, 그리고 설비를 하려고 할 때는 그 개요를 기재한 원서를 제
　　　출한다.

제5조 제3조의 사용자는 제2조 3의 출입증 소지자로부터 관람료, 기타

이와 비슷한 금전을 징수할 수 있다.

제6조 이미 납부한 입장료 또는 사용료는 환불하지 않는다. 단 부윤이 특별한 사유가 있다고 인정할 때는 납부 후 30일 이내에 납부자의 청구가 있을 경우에 한해 사용료의 전부 또는 일부를 환불할 수 있다.

제7조 부윤은 사용자에 대해 필요한 설비를 명할 수 있다. 제3조에 따른 사용자는 부윤의 승인을 얻어 특별한 설비를 할 수 있다. 앞의 2항의 경우 사용자는 그 기간의 만료 때 즉시 이를 철거해 원형으로 복구해야 한다. 만약 이것을 하지 않을 때는 부윤이 시행하고 그 비용을 사용자에게 징수한다.

제8조 운동장 사용 중 장내의 설비, 기타의 물건을 훼손 또는 없어졌을 때는 사용자에게 부윤이 정하는 손해액을 배상한다. 단 제3조 2에 따른 사용의 경우 몇 명의 소행인지 묻지 않고 사용허가를 받은 자에게 이를 배상시킨다.

제9조 다음의 각호에 해당하는 경우 사용을 허가하지 않는다.
    1. 공익을 해친다고 인정할 때
    2. 관리에 지장이 있다고 인정할 때
    3. 기타 부윤이 필요하다고 인정할 때

제10조 다음의 각호에 해당하는 경우 사용허가를 취소하거나 사용의 정지를 명할 수 있다.
    1. 본 조례 또는 본 조례에 따라 발생한 명령에 위반했을 때
    2. 앞 조의 사유가 발생했을 때

앞항의 경우 사용자에게 손해가 있지만 부는 그 책임을 지지 않는다.

제11조 다음의 각호에 해당하는 자에 대해서는 그 입장을 거절하거나 퇴
　　　장을 명할 수 있다.
　　　　1. 타인이 꺼리고 싫어하는 용모를 한 자 또는 전염성의 질환이
　　　　　있는 자.
　　　　2. 만취자.
　　　　3. 타인에게 위험을 주거나 타인에게 폐가 되는 물건을 휴대한 자

부칙
본 조례는 발포한 날부터 이를 시행한다.

□ 경성운동장 입장자 주의사항

1. 운동장 개시시간
　　3월 1일부터 11월 말일, 오전 7시부터 일몰까지
　　12월 1일부터 이듬해 2월 말일, 오전 8시부터 일몰까지
　　시기에 따라 이를 조절하거나 입장 및 사용을 정지할 수 있다.

2. 금지사항
　　모닥불을 피우거나 화기를 가지고 노는 것
　　행상을 하는 것
　　소, 말, 개 및 여러 수레를 반입하는 것
　　타인이 꺼리고 싫어하는 용모를 한 자 또는 전염성의 질환이 있는 자
　　가 입장하는 것
　　만취자가 입장하는 것
　　타인에게 위험을 주거나 타인에게 폐가 되는 물건을 휴대하는 것

조례 제4조 경성운동장 사용 양식

1. 사용할 장소	
2. 사용목적 및 방법	
3. 사용일시	
4. 회합자로부터 관람료, 기타 이와 비슷한 금전을 징수하는 액수	
5. 설비의 필요와 불필요	

출처: 出口林次郎, 『體育運動競技要覽』, 體育運動協會, 1938, 569-573쪽.

〈부록8〉 부산공설운동장 사용조례(전문 제12조)

□ 1928년 6월 7일 부산부 조례 제3호

제1조 본 조례에서 운동장이라 함은 대신정에 설치한 부산운동장을 말한다.

제2조 운동장에 입장하는 자는 다음의 입장료를 납부하고 입장권을 교부 받아야 한다. 단부윤이 특별한 사유가 있다고 인정할 때는 입장료를 감면할 수 있다.
17세 이상 25세 미만 3전
25세 이상 5전
부윤이 발행한 문감 또는 우대권을 소지한 자는 입장료를 징수하지 않는다.

제3조 경기 또는 연습을 위해 운동장의 전부 또는 일부를 사용하는 자는 부윤의 허가를 받고 다음의 사용료를 미리 납부해야 한다. 단부윤이 특별한 사유가 있다고 인정할 때는 감면할 수 있다.

· 경기용

사용구별	회합자로부터 관람료, 기타 이에 준하는 금전을 징수하지 않는 경우	회합자로부터 관람료, 기타 이에 준하는 금전을 징수 하는 경우
경기장 전부(1일)	15엔	60엔
육상경기장(1일)	10엔	40엔
야구장(1일)	10엔	40엔
정구장(1일)	2엔	10엔

·연습용

야구장 1회	4시간 이내 3엔
정구장 1회	4시간 이내 1엔

제4조 앞 조에 따라 운동장 사용의 허가를 받으려는 자는 다음의 사항을 기재한 서류를 부윤에게 제출해야 한다.

1. 사용 장소
2. 사용목적 및 일시
3. 회합자로부터 관람료, 기타 이에 준하는 금전을 징수하는 자는 그 금액
4. 특별한 설비를 설치하려는 자는 그 개요
5. 사용자의 주소, 이름 및 직업

제5조 제3조의 사용자는 제2조 2항의 문감 소지자로부터 관람료, 기타 이에 준하는 금전을 징수할 수 있다.

제6조 이미 납부한 입장료 또는 사용료는 반환하지 않는다. 단 부윤이 특별한 사유가 있다고 인정할 때는 납부 후 30일 이내에 납부자의 청구가 있을 경우에 한해 사용료의 전부 또는 일부를 반환할 수 있다.

제7조 부윤은 사용자에 대해 필요한 설비를 명할 수 있다.

제8조 운동장에 설비를 한 사용자는 사용기간 만료 시 즉시 이를 철거해 원상으로 복구해야 한다. 만약 이를 어길 시는 부윤이 시행하고 비용을 사용자에게 징수한다.

제9조 운동장 사용 중 장내의 설비, 그 밖의 물건을 훼손하거나 소실할 때는 사용자에게 손해를 배상시킨다. 단 제3조에 따른 사용의 경

우 몇 명인지를 불문하고 사용허가를 받은 자에게 배상시킨다. 앞
항의 배상액은 부윤이 인정하는 것에 따른다.

제10조 다음의 각호에 해당하는 경우 사용을 허가하지 않는다.
    1. 공익을 해치는 부분이 있다고 인정할 때
    2. 관리상 지장이 있다고 인정할 때
    3. 그밖에 부윤이 필요하다고 인정할 때

제11조 다음의 각호에 해당할 경우는 사용허가를 취소하거나 사용정지
    를 명할 수 있다.
    1. 본 조례 또는 본 조례에 따라 발포한 명령에 위반했을 때
    2. 앞항의 사유가 발생했을 때 사용자에게 손해가 있더라도 부
    는 책임을 지지 않는다.

제12조 다음의 각호에 해당하는 자에 대해 입장을 거절하거나 퇴장을 명
    할 수 있다.
    1. 타인에게 혐오감을 주는 모습 또는 행위를 하거나 전염병의
    질환이 있는 자
    2. 만취자
    3. 타인에게 위험을 주거나 폐가 되는 물품을 휴대한 자

부칙
본 조례는 발표일로부터 이를 시행한다.
부윤은 당분간 입장료 또는 사용료를 징수하지 않을 수도 있다.

출처: 부산부내무계, 「부산부운동장 사용조례」『부산』3-6, 부산부, 1928, 8-10쪽.

□ 야구장사용료 감면의 건(1929. 1. 14 결정)

야구장은 아직 완성되지 않아 현재의 설비정도로 보면 연습용 1회 3엔, 경기용 10엔의 사용료는 고액이기 때문에 운동장사용조례 제3조 단서에 따라 당분간 3엔을 2엔으로, 10엔을 7엔으로 감면한다.

□ 운동장사용료 감세에 관한 92건(19. 8. 20 결정)

운동장은 아직 완성되지 않아 현재의 설비로 할 때에는 소정의 사용료는 고액이기 때문에 운동장사용조례 제3조 단서에 따라 당분간 다음과 같이 감면한다.

·경기용

사용구별	회합자로부터 관람료, 기타 이에 준하는 금전을 징수하지 않는 경우	회합자로부터 관람료, 기타 이에 준하는 금전을 징수 하는 경우
야구장(1일)	7엔	25엔
정구장(1일)	1엔 50전	7엔

·연습용

야구장 1회	4시간 이내 2엔을 1엔으로 감면
정구장 1회	4시간 이내 1엔을 50전으로 감면

출처: 부산부, 『부산부예규류집』, 1937, 175-176쪽.

□ 부산부운동장 사용조례(1937. 5. 20. 조례 제3호 개정)

제1조 본 조례에서 운동장이라 함은 대신정에 설치한 부산운동장을 말한다.

제2조 운동장에 입장하는 자는 다음의 입장료를 납부하고 입장권을 교부 받아야 한다. 단 부윤이 특별한 사유가 있다고 인정할 때는 입장 료를 감면할 수 있다.

7세 이상 15세 미만3전

15세 이상 5전

부윤이 발행한 문감 또는 우대권을 소지한 자는 입장료를 징수하 지 않는다.

제3조 경기 또는 연습을 위해 운동장의 전부 또는 일부를 사용하는 자 는 부윤의 허가를 받고 다음의 사용료를 미리 납부해야 한다. 단 부윤이 특별한 사유가 있다고 인정할 때는 감면할 수 있다.

· 경기용

사용구별	회합자로부터 관람료, 기타 이에 준하는 금전을 징수하지 않는 경우	회합자로부터 관람료, 기타 이에 준하는 금전을 징수 하는 경우
경기장 전부(1일)	15엔	60엔
육상경기장(1일)	10엔	40엔
야구장(1일)	10엔	40엔
정구장(1일)	2엔	10엔
수영장	오전 10엔	오전 20엔
	오후 15엔	오후 30엔

· 연습용

야구장 1회	4시간 이내 3엔
정구장 1회	4시긴 이내 1엔

제3조 2 연습을 위해 수영장을 사용하는 자는 제2조 소정의 입장료 외 에 다음의 사용료를 납부하고 수영연습권의 교부를 받아야 한다. 단 부윤이 특별한 사유가 있다고 인정할 때는 사용료를 감면할 수 있다.

수영장 개인연습 1회	2시간 이내 5전
수영장 단체연습 1인 1회	2시간 이내 3전

수영연습권은 퇴장 시 부 계원에게 반환해야 하고 이 경우 수영연습권을 분실하는 자 또는 소정의 사용시간을 초과한 자에 대해서는 앞항에 따라 산출한 사용료를 추가 징수한다.

제4조 제3조에 따라 운동장 사용의 허가를 받으려는 자는 다음의 사항을 기재한 원서를 부윤에게 제출해야 한다.
> 1. 사용 장소
> 2. 사용목적 및 일시
> 3. 회합자로부터 관람료, 기타 이에 준하는 금전을 징수하는 자는 그 금액
> 4. 특별한 설비를 설치하려는 자는 그 개요
> 5. 사용자의 주소, 이름, 직업

제5조 제3조의 사용자는 제2조 2항의 문감 소지자로부터 관람료, 기타 이에 준하는 금전을 징수할 수 있다.

제6조 이미 납부한 입장료 또는 사용료는 반환하지 않는다. 단 부윤이 특별한 사유가 있다고 인정할 때는 납부 후 30일 이내에 납부자의 청구가 있을 경우에 한해 사용료의 전부 또는 일부를 반환할 수 있다.

제7조 부윤은 사용자에 대해 필요한 설비를 명할 수 있다.

제8조 운동장에 설비를 한 사용자는 사용기간 만료 시 즉시 이를 철거해 원상으로 복구해야 한다. 만약 이를 어길 시는 부윤이 시행하고 비용을 사용자에게 징수한다

제9조 운동장사용 중 장내의 설비, 그 밖의 물건을 훼손하거나 소실할 때는 사용자에게 손해를 배상시킨다. 단 제3조에 따른 사용의 경우 몇 명인지를 불문하고 사용허가를 받은 자에게 배상시킨다. 앞항의 배상액은 부윤이 인정하는 것에 따른다.

제10조 다음의 각호에 해당하는 경우는 사용을 허가하지 않는다.
　　1. 공익을 해치는 부분이 있다고 인정할 때
　　2. 관리상 지장이 있다고 인정할 때
　　3. 그밖에 부윤이 필요하다고 인정할 때

제11조 다음의 각호에 해당할 경우는 사용허가를 취소하거나 사용정지를 명할 수 있다.
　　1. 본 조례 또는 본 조례에 따라 발포한 명령에 위반했을 때
　　2. 앞항의 사유가 발생했을 때 사용자에게 손해가 있더라도 부는 책임을 지지 않는다.

제12조 다음의 각호에 해당하는 자에 대해 입장을 거절하거나 퇴장을 명할 수 있다.
　　1. 타인에게 혐오감을 주는 모습 또는 행위를 하거나 전염병의 질환이 있는 자
　　2. 만취자
　　3. 타인에게 위험을 주거나 폐가 되는 물품을 휴대한 자

부칙
본 조례는 발포일로부터 이를 시행한다.
부윤은 당분간 입장료 또는 사용료를 징수하지 않을 수도 있다.

□ 운동장 입장료 및 사용료 감면의 건(1938. 7. 20 결정)

부산부운동장 사용조례 제2조 및 제3조에 따른 입장료 및 사용료를 1938
년 8월 1일부터 당분간 다음과 같이 감면한다.

·입장료

경기 또는 연습을 위해 운동장(수영장 포함)의 전부 또는 일부를 사용하
는 자 중 다음에 해당하고 사전에 부윤의 허가를 받은 자에 대해 입장료를
감면한다.

1. 경기에 참가하는 선수 및 해당 경기를 주최하는 단체의 임원 또는 간
   사, 이에 준하는 자
2. 경기의 주최 단체가 학교인 경우 소속 아동생도에 책임 있는 지휘자로
   부터 인솔하는 자 및 그 지휘자
3. 연습을 위해 책임 있는 지휘자에 따라 인솔하는 학교의 아동생도 또는
   부윤이 인정하는 단체원

·사용료

경기용

사용구분		회합자로부터 관람료, 기타 이에 준하는 금액을 징수하지 않는 경우	회합자로부터 관람료, 기타 이에 준하는 금액을 징수하는 경우	내용
야구장 1일		5엔		
정구장 1일		1엔		
수영장	오전	7엔	20엔	오전과 오후에 걸쳐 있는 경우는 합산액의 2할을 감면
	오후	10엔	30엔	
육상경기장		무료		

연습용

야구장 1회 2시간이내 1엔

정구장 1회 2시간이내 50전

수영장 1회 2시간이내 개인 1인당 5전

　　　　　　　　　　　단체 1인당 3전

육상경기장 무료

출처: 부산부, 『부산부예규류집』, 1943, 229-231쪽.

〈부록9〉 대구공설운동장 사용조례(전문 제11조)

□ 1931년 9월 7일 조례 제6호, 개정 1934년 9월 27일 조례 제12호

제1조 본 조례에서 운동장이라 하는 것은 부에서 설치한 운동장을 말한다.

제2조 운동장에 입장하는 자는 다음의 금액 범위 내에서 부윤이 정하는
    입장료를 납부하고 입장권의 교부를 받아야 한다. 단 부윤이 특별
    한 사유가 있다고 인정할 때는 입장료를 감면할 수 있다.
    1. 7세 이상 15세미만 3전
    2. 15세 이상 5전
    부윤이 발행하는 문감 또는 입장증을 소지한 자는 입장료를 징수
    하지 않는다.

제3조 경기 또는 연습을 위해 운동장의 전부 또는 일부를 사용하는 자는
    부윤의 허가를 받고 다음의 금액 내에서 부윤이 정하는 사용료를
    먼저 내야 한다. 단 부윤이 특별한 사유가 있다고 인정할 때는 이
    를 감면할 수 있다.
    1. 경기용
      1) 회합자로부터 관람료, 기타 이와 비슷한 금전을 징수하지 않는
        경우
        야구장 1일 10엔
        정구장 1일 2엔 50전
      2) 회합자로부터 관람료, 기타 이와 비슷한 금전을 징수하는 경우
        야구장 1일 20엔
        정구장 1일 5엔

2. 연습용

　　　야구장 1회(4시간 이내) 2엔

　　　정구장 1면 1회 (4시간 이내) 50전

제4조　앞 조에 따라 운동장 사용의 허가를 받으려는 자는 사용할 장소, 사용목적 및 방법, 사용일시, 회합자로부터 관람료, 기타 이에 준하는 금전을 징수하려는 자는 그 액수, 사용자의 주소, 이름, 그리고 설비를 할 때는 그 개요를 기재한 서류를 제출해야 한다.

제5조　제3조의 사용자는 제2조 제2항의 문감 소지자에게 관람료, 기타 이에 준하는 금전을 징수할 수 있다.

제6조　사용허가를 받은 자, 그 사용을 중지할 때도 이미 납부한 사용료는 반환하지 않는다. 단 사용기일의 전날까지 사용 중지 신청을 한 자는 특별한 사유가 있다고 인정할 때 이에 한하지 않는다.

제7조　부윤은 사용자에 대해 필요한 설비를 명할 수 있다.

　　　제3조에 의한 사용자는 부윤의 승인을 받고 특별한 설비를 할 수 있다.

　　　앞의 2항의 경우 사용자는 그 기간만료 때 즉시 이것을 철거하고 원형으로 복구해야 하는데 만약 이를 어길 때는 부윤이 시행하고 그 비용을 사용자에게 징수한다.

제8조 운동장사용 중 장내의 설비, 기타 물건을 훼손할 때는 사용자에게 부윤이 정하는 손해액을 배상해야 한다.

제9조 다음의 사항에 해당할 경우는 사용을 허가하지 않는다.

　1. 공익을 해치는 부분이 있다고 인정할 때

2. 관리에 지장이 있다고 인정할 때

3. 기타 부윤이 필요하다고 인정할 때

제10조 다음의 사항에 해당할 경우는 사용의 허가를 취소하거나 사용정
지를 명할 수 있다. 단 이 경우 사용자에게 손해가 있더라도 부는
그 책임을 지지 않는다.

1. 본 조례 또는 본 조례에 따라 발표된 명령에 위반했을 때

2. 앞 조의 사유가 발생했을 때
앞항의 경우 이미 납부한 사용료는 반환하지 않는다. 단 앞 조 제3
의 사유에 의해 사용 허가를 취소하거나 사용을 정지했을 경우 이에
한하지 않는다.

제11조 다음의 사항에 해당하는 자에 대해 그 입장을 거절하거나 퇴장을
명할 수 있다.

1. 타인에게 혐오할 만한 모습을 한 자 또는 전염성의 질환이 있는 자.

2. 만취자

3. 타인에게 위험을 주거나 타인에게 피해를 줄 만한 물품을 휴대한 자.

부칙
본 조례는 발포한 날부터 이를 시행한다.
연습을 위해 운동장을 사용하는 자에 대해 당분간 사용료를 징수하지
않는다.

부칙(1934년 9월 27일 조례 제12호)
본 조례는 발포한 날부터 이를 시행한다.

출처: 대구부, 『대구부 사회사업요람』, 1937, 62-65쪽.

〈부록10〉 대구공설수영장 사용조례

□ 1925년 7월 27일 조례 제6호(전문 제4조)

제1조 수영장을 사용하는 자에 대해 다음의 금액의 범위 내에서 부윤이
　　　정하는 바에 따라 사용료를 징수한다.
　　　1회 12세 이상 5전
　　　　　12세 미만 3전

제2조 부윤이 필요하다고 인정할 경우에는 앞 조의 부윤이 정하는 사용
　　　료를 감면할 수 있다.

제3조 사용료의 징수 및 수영장 사용방법은 별도로 부윤이 정하는 바에
　　　따른다.
　　　앞항의 부윤이 정하는 사항은 장내에 게시한다.

제4조 장내 게시의 사항에 위배하거나 계원의 지시에 따르지 않는 자에
　　　대해서는 퇴장을 명하거나 기간을 정해 수영장의 사용을 거절할
　　　수도 있다.

부칙 본 조례는 발포일로부터 이를 시행한다.

□ 1933년 7월 8일 부고(府告) 제75호(대구부수영장 사용규정 전문 제7조)

제1조 당 부의 수영장사용조례 제1호에 따라 수영장사용료를 다음과 같
　　　이 정한다. 단 5세 미만인 자는 이를 면제한다.
　　1. 관공사립학생, 아동, 현역군인, 순경, 교습생, 청년훈련소 생도, 청년

단원, 소년단원, 기타 이에 준하는 자는 10명 이상을 단체로 하고
감독 또는 지휘자 인솔 하에 입장할 경우

1회 1인당 12세 이상 2전

12세 미만 1전

2. 앞 호 이외의 10명 이상의 단체로서 감독 또는 지휘자 인솔 하에
입장할 경우

1회 1인당 12세 이상 4전

12세 미만 2전

3. 앞 각호 이외의 자

1회 1인당 12세 이상 5전

12세 미만 3전

4. 수영경기 출전 선수 및 그 후보자는 앞 호의 규정에 불구하고 1인
당 1전으로 한다.

제2조 수영장을 사용하려는 자는 입장권을 구입하고 입장 시 계원에게
이를 교부해야 한다.

제2조의 2 부윤이 필요하다고 인정할 때는 특히 기일을 정해 수영장을
개방한다. 이 경우 앞 조의 규정에 불구하고 사용료는 면제
한다.

제3조 수영장 사용시간은 매일 오전 9시부터 오후 7시까지로 한다. 단
편의에 따라 변경 할 수 있다.

이 경우 사전에 이를 신문지상과 장내에 게시한다.

제4조 수영 시 수영복을 착용해야 한다. 단 남자는 잠방이를 착용하는
것을 허용한다.

제5조 다음의 각호에 해당하는 자는 입장을 허가하지 않는다.

1. 전염성 또는 공중이 혐오할만한 질환자

2. 만취자

3. 백치, 나병환자, 그 외 정신병자

4. 보호자가 동반하지 않는 6세미만의 자

제6조 입장자는 다음의 각호의 행위를 해서는 안 되고 이에 위배할 때
　　　는 퇴장을 명할 수 있다.

1. 공중위생상 유해한 행위

2. 풍기문란 행위

3. 위험의 염려가 있는 행위

4. 기타 공중에 폐가 되는 행위

제7조 본 규정 외 부윤이 필요하다고 인정하는 사항은 그 사정에 따라
　　　장내에 게시한다.

부칙 본 규정은 발포일로부터 이를 시행한다.

출처: 대구부, 『대구부 사회사업요람』, 1937, 68-70쪽.

저 / 자 / 소 / 개

손 환(전공: 한국근대스포츠사)

학력
경희대학교 체육대학 체육학과(체육학사)
일본체육대학 대학원 체육학연구과(체육학 석사)
일본 츠쿠바대학 대학원 체육과학연구과(체육과학 석사)
일본 츠쿠바대학 대학원 체육과학연구과(체육과학 박사)

경력
현) 중앙대학교 사범대학 체육교육과 교수
한국뉴스포츠협회 회장
국립체육박물관 건립추진위원회 자문위원
대한체육회 스포츠영웅 선정위원회 위원
대한루지경기연맹 대의원
전) 한국체육사학회 회장
동북아시아체육·스포츠사학회 회장
한국체육학회 편집위원장
한국체육사학회 편집위원장
한국연구재단 인문사회본부 문화융복합단 전문위원

수상
문화체육관광부 장관 표창장
한국올림픽성화회 연구상
동북아시아체육·스포츠사학회 최우수논문상

연구실적
일제강점기 부산 송도해수욕장에 관한 연구를 비롯해 논문 70여편
서울체육사를 비롯해 공저, 역서 15권

한국근대스포츠의 발자취

초판 인쇄 | 2020년 9월 21일
초판 발행 | 2020년 9월 28일

지 은 이 손 환
발 행 인 한정희
발 행 처 경인문화사
편   집 김지선 유지혜 박지현 한주연
마 케 팅 전병관 하재일 유인순
출판번호 406-1973-000003호
주   소 파주시 회동길 445-1 경인빌딩 B동 4층
전   화 031-955-9300 팩   스 031-955-9310
홈페이지 www.kyunginp.co.kr
이 메 일 kyungin@kyunginp.co.kr

ISBN 978-89-499-4910-9 93910
값 30,000원